刘正荣◎主编

刘绍华　赵润斌◎副主编

青春期
密码

——GSG青春期整体教育方案

漓江出版社

图书在版编目（CIP）数据

青春期密码——GSG 青春期整体教育方案 / 刘正荣主编 . —桂林：漓江出版社，2017.5

ISBN 978-7-5407-8078-4

Ⅰ．①青…　Ⅱ．①刘…　Ⅲ．①青春期—自我管理—教育方法　Ⅳ．① G479

中国版本图书馆 CIP 数据核字 (2017) 第099991号

青春期密码——GSG 青春期整体教育方案

主　　编　刘正荣
责任编辑　秦　灵
　　　　　甘智洪
　　　　　林晓鸿
美术编辑　林晓鸿

出 版 人　刘迪才
出版发行　漓江出版社
社　　址　广西桂林市南环路22号
邮　　编　541002
电子信箱　ljcbs@163.com
网　　址　http://www.lijiangbook.com
印　　制　北京汇瑞嘉合文化发展有限公司
开　　本　185 mm × 260 mm　1/16
印　　张　28
字　　数　530 千字
版　　次　2017年6月第1版
印　　次　2017年6月第1次印刷
书　　号　ISBN 978-7-5407-8078-4
定　　价　58.00元

青春期教育是人的发展教育

（代序）

接触并喜欢青春期教育，始于2009年，也是我进入中小学班主任教育领域的第六年。最开始的时候，对于青春期的认识，是建立在帮助中小学的班主任们解决"困惑"基础上的，当时的目的很简单，就是想要搞清楚：这些让广大中小学班主任老师们感到头痛的孩子，他们到底要干什么，他们为什么要这样干。

带着这些任务，我开始了关于青春期的研究。于是，我跟老师聊，跟学生聊，跟家长聊，跟学者们聊。几年下来，对于青春期的认识逐渐清晰起来。也正是对于青春期的研究，让我进入到了一片新天地，使我对自己之前从事的教师教育工作有了更广泛的认识。这几年来，在不断学习国内外青春期研究和心理研究专家著作的基础上，我多次到学校进行调研，更感觉到青春期教育的紧迫性和推广这件事情的意义所在，更清楚地认识到"抓好青春期教育，是从源头上解决目前中国婚姻家庭问题"的真正意义所在，这更坚定了我从事青春期教育研究和推广的信心和决心。

今天的中国青少年，正处于一个"非常"的时期。整个国家的高速发展和日新月异的变化，使他们不仅面临着青春期的生理变化，更面临着其推理能力、决策能力、责任、性别、关系及其他主题的变化，需要他们在不断适应个人发展变化的同时，也要适应中国的社会变革。如何使其不屈服于现代生活中的诸如吸烟、喝酒、吸毒、少年犯罪、早期性行为等众多诱惑，有一个正确的人格，是我国青春期教育的重要内容。

近年来，我们先后在数百所学校开展青春期教育的调研和试点，真切感受到青春期教育的处女地地位。从热情投身其中，到冷静思考现实，我自己也经历了一个对青春期和青春期教育的认识成长阶段。并且，剥茧抽丝，慢慢地对青春期教育的内涵和方式的认识逐渐清晰起来。

一、青春期教育的核心点是人的发展教育

目前的中小学青春期教育大多有一个致命的弱点：习惯用普遍的真理来教育学生，忽视了青春期的青少年是不同的个体这一事实，分析事的多，研究人的少，即使研究事，也没有做到具体问题具体分析，不能对症下药。许多专家和学校把青春期教育等同为"防"早恋教育，而在"防"早恋的教育中，又把"防"早恋教育简化为性教育，在开展性教育时，其主要内容又被简化为性知识教育。目前，学校、社会都喜欢抨击早恋现象，其入手处多是社会影响、社会风气、家庭教育等方面，但在解决早恋问题时，却喜欢从学生的生理因素入手，大力开展性教育。

这一点，非常让人觉得不可思议。试想，学生的性知识固然缺乏，但他们的长辈当年不是更缺乏吗？那时的早恋为什么不像现在这样普遍？因此，我们要承认早恋有其合理性，但在青春期教育时则不应过分强调这种合理性。也就是说，我们可以承认青春期孩子的"性"反应都是正常的，是不应该视为洪水猛兽的，但这并不等于说学生在中小学写"情书"、谈恋爱甚至发生性行为等是合理的。其理由是，规则是为每个人制定的，也是为每个人服务的。学校既然有制度，有纪律，学生就要遵守这些制度和纪律，这是学生的义务和责任。我觉得，这个底线不能突破。

有时我在想，为什么当今青少年的问题让学者、家长和教育工作者那么头疼？其问题的根源就是青春期教育的缺失造成的。一个人出生后，首先应该使其有人性。什么是人性？就是人与其他动物相区别的特有属性，如善良、尊重别人、懂得包容、遵守规则等。你得首先是个人，得先习得有人性。等他完成了人性的社会化后，才会具有初步的个性。只有将个性升华为人格后，这个人才能叫真正有个性。那些拒斥规则建立起来的无视他人权益的所谓的"个性"，是把无知当作了个性。

所以，青春期教育应是人的发展教育，而非性教育。青春期教育是为孩子的未来奠基的教育，是在这个阶段开发孩子的智力和各种基本生活技能教育，是对学生进行健康感情教育、责任教育、自尊教育、幸福观教育。只有这样，青春期教育才能与社会发展相衔接。

自2009年以来，我和我的团队在几年不懈怠的努力下，坚持对我国青春期

教育的理论和方法进行持续不断的探索。期间，山东省淄博市第四中学为课题的研究提供了平台，全校400多名教师，7000多名初中、高中学生成为青春期教育的研究对象，使这个在"整体课堂管理"课题研究平台下的青春期教育实践得以顺利实施。在具体研究方面，我们在四中以"学科班会"为实践平台，开展青春期教育研究与实践，和淄博四中的老师、学生们进行了有益的探索。在这个过程中，首届齐鲁名校长刘绍华校长在百忙中亲自参与课题设计、课题研究、课题验证工作，为青春期教育的研究和实践付出了大量心血，从而最终形成了 GSG 青春期整体教育体系的核心思想，提出了"GSG 青春期整体教育管理体系"。

GSG 为英文"Guided by educators self growth"的缩写，意思为引导被教育者自我成长。GSG 整体青春期整体教育管理体系是在美、英、德等西方发达国家家庭和青春期教育研究成果和实践经验总结的基础上，由我的团队结合我国实情，从心理学的角度，优选社会学的方法，运用管理学的手段，提出的引导被教育者自我成长的整体教育方案。其核心内容是针对学生、家长和培训者（教师）的包括生理、心理、智力、家庭和社会五个部分的青春期教育，帮助被教育者以"行动"内化"理念"。GSG 的目的是帮助家长和教师了解并掌握家庭教育的正确策略和陪伴孩子度过青春期的有效方法，帮助孩子掌握科学的青春期知识，实现人的全面发展，从源头上解决未来婚姻家庭中可能出现的问题。

GSG 体系中的青春期教育，包括了以下方面内容：

1. 生理教育

让孩子认识自己的身体发育过程和特点是非常重要的。生理教育应该包括两个层面：一是性成熟和身体发育。要让孩子对自己的身体发育有一个科学的认识和理解。二是对身体健康的行为和态度的教育。要让孩子认识到身体"健康"是什么意思，如何才能保持"健康状态"。对身体意象、早熟和晚熟、体重、饮食障碍、与健康有关的行为反应甚至痤疮等有一个清楚、科学的认识。

2. 智力教育

青春期的孩子，精力相当充沛。如果他的精力没有转移到学习上来，就一定会奔向纪律方向。因此，青春期教育重点应是对学生的学法指导。一个人的发展，智力教育非常重要。青春期教育重点应是孩子的智力教育。教师和家长都应该了解或掌握诸如皮亚杰的认知发展等相关基本理论知识，并结合国家考试制度的改革趋势，帮助学生掌握思辨、信息加工、决策等基本方法。除了帮助学生掌握学习的基本策略与方法，还要帮助孩子掌握生活的技能和方法。

3. 心理健康教育

青春期教育中的心理教育虽然必要，但应该找到适合青少年的方式，不能用专家、学者、家长、教师自己的方式。现在许多的青春期教育著作和讲座都把青春期学生"性化"，在他们看来，男孩个个"好色"，女孩人人"怀春"，早恋不可避免，不可抗拒，这是缺乏心理学常识的表现。心理学研究早有结论，孩子度过青春期的状态各不相同，其注意力重点和精力发泄重点也各不相同，对异性的兴趣也不一样。那些在青春期没有早恋的孩子，也是正常的。青春期心理教育就是要帮助学生正确处理人际交往特别是异性交往的关系，让孩子有一个负责任的阳光的健康心理。

4. 家庭教育

家庭教育的核心是爱和责任教育。青春期教育主要应引导孩子认识到家庭的特点和意义，弄清楚自己在家庭中的角色和地位以及责任，认识到如何处理与家人的关系等。让孩子在这个阶段学会感恩，能够正确认识并处理父母对自己成长的期望，能够力所能及地帮助父母分担家庭负担，从而树立起对家人负责的意识。

5. 社会教育

社会教育的重点是责任教育和合作教育，也包括友谊教育、人际交往技巧教育、对社会文化的认同和甄别教育等。通过社会教育，帮助青少年认识到自己在社会中的位置、作用，以及应该遵从的基本社会道德，从而拥有自己的价值观，做到能够融入社会，与社会和谐共处。

二、青春期教育的主阵地是学校，主力军是教师

青春期教育不能完全用"我理解你"的方式来进行，这容易发展为纵容。在青春期教育的实践中，需要用"我引导你，我帮助你，我陪伴你"的方式来完成，靠肩并肩的方式来实现。引导者不能以自我为中心，应该首先弄清楚孩子的发展"路线图（情感和思维路线）"，然后陪他一起走，在走的过程中，暗中推他一下，拉他一下，让他在不知不觉中回到正确的轨道上来。

一个事实是，在现代班级授课制下，青春期的孩子基本上是在中小学校度过的，教师对其的影响力甚至要超过家长。众多小伙伴一起学习、生活，使学校教育具有先天的优势，无论从体制上还是从软件硬件上，学校都是进行青春期教育的最好地方。因此，青春期教育的主要阵地应是在学校，而且从事青春期教育的主力军应是教师。只有学校对青春期教育重视起来，把青春期教育融入学校的德育中去；只有教师对青春期教育熟悉起来，在开展青春期教育过程中得心应手，才能使青春期教育取得应有的成效。

三、青春期教育的着力点是工具

要实现青春期教育的目标，首先要解决教师对青春期及青春期教育的认识问题和实际操作问题。目前的青春期教育之所以效果不佳，处境尴尬，主要原因就在于没有解决这两个问题。特别是工具问题，青春期教育到底怎么搞，第一步干什么，第二步干什么；怎么分析问题产生的原因，如何寻求问题解决的办法等，这都需要青春期教育的科研工作者为广大青春期教育的实施者提供科学、可行、具体的工具，也只有这样，才能使青春期教育落地。仅仅提供在理念宣讲上面的青春期教育方案，只能是虎头蛇尾，一阵喧嚣之后便风平浪静了。

四、青春期教育的切合点是家长和教师的良性互动

青春期的孩子是处于监护期的未成年人，教师和家长是其监护人。因此，要想不出现"5+2=0"的情况，学校和家庭、教师和家长的合作非常重要，单靠一方努力，效果都不明显。但是，现在许多的关于家庭教育和学校教育的"著

作"，都是分而述之，各自为政，甚至互相推诿。这些"著作"，虽然也谈到了学校与家庭合作教育的重要性，但大都采用西医中"手术法"而忽视了中医的"调理法"，而且"呼吁"合作的声音多，"怎么合作"的建议少，缺乏一个整体的设计，给出的"处方"自相矛盾，可操作的地方不多。

某种意义上说，现在许多家长和学校教师之间的有些矛盾，可以说就是因为家长读了部分关于家庭教育的"专著"并采纳其中的建议而引起的。因此，我们需要告诉教师，青春期教育在学校里教师该做什么，教师要求或希望家长怎么和你配合。同时，也要告诉家长，青春期教育老师在学校里已经做了哪些事，你需要在家里做哪些事，家长如何跟学校教师进行配合。只有这样的家校互动，才是真正良性的，才是有效的。

正是基于以上认识，我们才决意要编写这部《青春期密码》，力争把青春期的那些事讲明白、讲透彻，即能打通教师和家长之间的青春期教育合作通道。作为对我国青春期教育的一种尝试，《青春期密码》既对国内外开展并进行青春期教育的研究和行为进行了初步介绍，也根据我国中小学教育和家庭建设的特点，提出了在学校、家庭开展青春期教育以及家长与教师合作开展青春期教育的具体方法，还设计了相应的青春期教育工具，供广大中小学教师和家长学习、使用。

这册《青春期密码》的基本特点是：

知识与技能并重，用词条呈现。为方便读者阅读和记忆，并能最大程度地给广大读者提供"干货"，《青春期密码》将青春期及青春期教育的知识和技能同时采用词条的形式进行了呈现，尽量把可能引起读者误解的内容通过图示的方式进行了直观的说明。

过程与方法并行，靠流程引领。为便于读者操作，对于青春期教育的过程和方法采用流程图的形式进行引领，从而帮助读者按图索骥，最快地找到青春期教育适合的方式与方法。

理论与工具并存，以工具为主。为帮助读者理解青春期教育的特点，《青春期密码》对国内外一些重要并适合我国目前青少年特点的青春期教育理论进行了简明的介绍，重点提供给读者的是各种青春期教育的工具，以便于广大读者使用。

攻心与束身并用，借修炼成形。在青春期教育的策略方面，《青春期密码》坚持"引领孩子自我认识并自我成长为主，借用管理手段促使孩子修炼形成良好心理和习惯为辅"的原则，强调孩子的自我体验、自我感悟、自我修炼。

家长和教师互通，可比读使用。《青春期密码》为教师和家长架起了一座合作的桥梁，教师和家长通过阅读《青春期密码》中各自的内容，并在《青春期密码》找到自己需要合作的部分进行"合作"，从而使青春期教育的有效性得到保证。

毋庸讳言，由于时间紧张，加之我们的学术水平还有不少欠缺之处，本书中的分析和举例也许相当不成熟甚至有失偏颇，但我希望通过本书的出版，使广大中小学教师和家长能对青春期教育有一个全面的认识，并能帮助广大教师和家长真正提高自己的青春期教育技能，从而使自己和孩子都能乐享人生。同时，也希望抛砖引玉，有更多更好的相关论著问世。

最后，如果教师和家长有任何需要探讨和需求专业上的支持，都可以通过发送电子邮件来联系我，邮件的地址是：1164859826@qq.com。希望能与您多加交流、沟通，共同进步。

刘正荣

2016年6月于北京荣一堂

目 录
Content

1

青春期与青春期教育的概念

QING CHUN QI YU QING CHUN QI JIAO YU DE GAI NIAN

某种意义上说，青春期并不是一个时间或阶段概念，而是一个过程，是通过教师、家长、社会的引导帮助我们的孩子成为独一无二的个体的重要过程。

本章，您将了解到：

·**什么是青春期**？
·**青春期始于何时？终于何时**？
·**青春期的主要特点有哪些**？
·**青春期教育的内容有哪些**？

在本章中，还可能帮助您回忆到您的这个时候：

·**您的当时有什么与众不同**？

在本章中，甚至可能会提醒您思考：

·**什么才是家长、教师与青少年相处的正确方法**？

　　还有，不得不在本书一开始的时候就提醒您的是：这本书并不会让您马上改变对自己孩子的某些看法和相处的方式，也不一定会让您的孩子看到后马上转变什么，也许他们依然是那么的难以驾驭！但它可能会帮助您更好地理解为什么他们的行为举止那么不让人理解？为什么会没有自信？为什么他们会对大人的建议"翻白眼"？为什么不知道努力？为什么不去规划自己的人生……

某天早上起来，突然发现邻居的那个孩子似乎一夜之间长高了好多，变成大人了！但——

刚才还滔滔不绝，却突然关进屋子不出来！

为什么早上总是赖床？

为什么打扮变得怪异起来？

为什么总是不按时回家？

为什么总是无法完成家庭作业？

为什么总是和父母对着干？

为什么能和朋友聊一整天，而和父母说几句话就不耐烦？

为什么不向家长倾诉？

为什么要追星？

为什么要喜欢名牌？

……

GSG 案例库

　　一天清晨，陶妈妈准备去洗手间，猛然发现里面站着一个人，吓了她一跳，仔细一看，是自己刚满12岁，现上初一的儿子小涛！只见他正神情专注地站在镜子前面，不停地用手沾上水将自己前额有些散乱的头发。一边将，还一边不停地摇晃着脑袋，想把那几根"不听话"的头发弄整齐了。

　　看着他漫不经心的样子，陶妈妈急了："都几点了，还不去上学？快迟到了！"小涛看都没看陶妈妈一眼，自顾弄自己的头发，直到把那几缕头发弄顺了，才拎起地上的书包出门上学去了。

　　"什么时候变得开始爱美了？"陶妈妈这才感觉到，自己的儿子与以前不一样了！

而作为老师的您，有时会变得手足无措，更是百思不解——

学生总是不停地出现问题，自己总是担任消防员的角色？

为什么要"另类"？

为什么喜欢出风头？

为什么会喜欢上某一个人？

为什么会吃醋？

为什么总是精力充沛？

为什么总是喜欢"动手"解决问题？

为什么总是想入非非？

为什么偏要冒险玩游戏？

为什么情绪变化如此快？

……

是的，突然有一天，我们会发现孩子变得让我们大吃一惊，会突然发现以前乖巧、懂事、讨老师和父母喜欢的他们变得让人发愁起来！对于这样一群少年，老师和父母们有时会完全无计可施。对于成年人来说，很难解释这些变化是如何以及为什么会发生的。孩子脑子里在想什么，对我们来说就像谜一般，变得深不可测起来。

于是，社会学家、心理学家、医学家等学者联合起来，为孩子们的这个"狂风暴雨"阶段起了一个诗意般的名字：青春期。

多年以来，青春期往往被人们笼统地当作是连接童年和成年之间的一段时间，许多的研究机构和国际组织甚至给青春期划出了9~19岁这样的年龄段。事实上，青春期具体哪一天开始，哪一天结束，没有人知道。人们对于某个人的青春期是否到来或结束的判断，也只能是根据其个体表现确定一个大致的时间段。但毫无疑问的是，个体在经历这个阶段之后，会发生翻天覆地的变化，就像是换了一个人似的。

首次提出"青春期"这一概念的是被誉为"青春期心理之父"的美国著名心理学家斯坦利·霍尔（Granville Stanley Hall，1844~1924）。"青春期"这个词，正式出现的时间是1904年，霍尔在其出版的专著《青春期：他的心理学及其生理学、人类学、社会学、性、犯罪、宗教和教育的关系》两卷本中提出了这一概念。在这部作为青少年发展学说的重要著作中，霍尔认为12~25岁的青少年正处于一个人生发展的全新时期，充满了内部和外部的冲突，这时，更高级、更完善的人类特征开始出现。之后，霍尔在1906年出版的《青春期：青少年的教育、养成和健康》一书中，对青少年的身体发育、心智成长、能力发展、意志培养、道德形成、社会理想等进行了系统的解释。可以说，是霍尔开创了青春期研究的先河。

由此看来，青春期不应是一个时间或阶段的概念，更像是一个过程，是人在身体上的迅速长高、生理上的迅速成熟、智力上的潜能开发、情绪上的任性扩张，以及其行为上的管理能力以及对于同龄人观点的感知能力等，都以独特的方式得到开发的一个过程。因此，青春期并不只是一段除了等待困难重重的大脑重新稳定下来就别无他法的时间，而是一个通过对人进行生理卫生教育、智力潜能开发、心理健康教育、家庭责任教育、社会规则教育等手段为核心的青春期教育，帮助我们的孩子成长为独一无二的个体的重要过程。

对于每个人来说，青春期都是其一生中变化最大的时期，是人的一生中最关键、最重要、最具活力的时期，而且是一个非常美好、留下众多回忆的时期。毋庸置疑，一个人的整个青春期阶段，虽然是人生中最重要、最灿烂的年华，却是学校和家庭教育最重要、最困难的时期。这个阶段的青少年既是未来的夫妻和父母，也是国家建设的储备人才。在这个由儿童逐渐发育到成人的过渡时期，人的身体素质、心理素质、道德素质、情感储备、知识智慧等人格都会基本形成。能

GSG 案例库

对于青春期的孩子来说，他们似乎感觉到在学校和家里都没有了自己容身的处所：妈妈总是不停地唠叨一些鸡毛蒜皮的事情；总是不断地让自己这样做那样做……而老师呢？总是说一些不让人高兴的话，让人特别讨嫌……

对于有些家长来说，最担心的就是，这孩子都已经进入青春期了，还总是和小时候一样不懂事，就知道玩！眼看着别人家的孩子天天忙着上各种补习班，他们的爸爸妈妈总是在朋友圈晒自己孩子各种优秀的照片！那种煎熬般的焦虑感是无法用语言来表达的。

于是，家长们开始行动起来：虽然也不懂得去跟自己不熟悉、不喜欢的人交流，但还是不断地鼓励自己凑上去，打听该怎么"对付"自己孩子。在交流的过程中，逐渐梳理出一些问题，随着这些问题逐渐浮出水面，特别是与其他家长及学校老师在商量过程中听到了诸如"发展问题"之类的说法，再参加一些所谓家庭教育的忽悠课程后，更开始为自己孩子的将来担心。于是，家长不得不费劲地考虑如何与孩子沟通的方法问题，这让各种各样的家庭教育培训火了起来。

否得到全面、科学的青春期成长指导，对一个人能否阳光、健康地度过青春期、成就未来事业和享有幸福美满人生具有决定性意义。

由于青春期教育的缺失，近年来，越来越多的悲剧正在我国发生：各类学生厌学、自杀、弑父母、堕胎、未婚生育、青少年性犯罪，毒品和艾滋病在青少年中肆虐……某大学的一份《中学生自杀现象调查分析报告》显示：中学生每5个人中就有一个人考虑过自杀，占样本总数的20.4%，而为自杀做过计划的人占6.5%。如此严峻的形势，对下一代人的幸福人生、家庭和谐及社会文明构成严峻挑战，已成为当今未成年人教育特殊难题。因此，加强科学的青春期教育势在必行。

近年来，有无数的专家学者，包括我们的政府和媒体，都在无时无刻地提醒和呼吁：加强青春期教育。谁都明白，对于青春期的孩子，光有爱是远远不够的，还必须要掌握相应的知识，才能够真正理解、接纳、帮助被重重危机和问题困扰着的孩子。

但现实的困难在于：我们究竟该怎么做才能达成这个目标，才能引领孩子顺利度过青春期呢？

这正是作者试图在本书中努力寻找的答案。现在，就请您和我们一起走进书中共同寻找吧。

GSG 案例库

9岁以前，雯雯是一个懂事听话爱学习而且成绩特别好的小姑娘，家人邻居常拿她和自己的孩子比较。但最近，雯雯的妈妈发现她变了：总是莫名其妙地发脾气，做作业也不认真了！雯雯妈妈一脸愁容，每天总要说的一句话就是："我一直在提醒自己，不要发火，不要发火……"

这可能说明一点，雯雯开始进入青春期了，而且比同龄人来得稍微早了一些。青春期确实是一个烦恼众多、情绪不稳的时期，正因如此，才被霍尔称为"狂风暴雨"的时期。

一、青春期的概念与特点

安妮·弗兰克（Anne Frank，1929~1945）在《安妮日记》(第四卷)中有这样一句著名的话："我在青少年时还未变得冷酷。人们总是分不清冷酷和强大。我们必须强大，但却不可以麻木不仁。"这是安妮·弗兰克在第二次世界大战期间，为躲避德国纳粹的屠杀，在全家人藏匿的"隐秘之家"里完成的描述全家人逃亡生活的日记，展示的是一个在极度危险的环境下，逐渐走向成熟的少女的思想、情感经历。安妮在日记中，记录了对自己外表不漂亮的担心，希望父母能够真正地理解自己，对父亲偏爱自己姐姐的失望，自己强烈的性冲动，父母对自己的道德管教，还有随着自己所处环境的越来越恶劣，自己变得更深沉起来……在这些令人动容的故事中，展示了安妮在一种极其不正常的环境里长大成人的艰难：虽然她的生理发育是在正常地进行着，但她那些伴随着大量认知和心理上的变化，都由于自己所处的险恶环境而突显出来。从这些日记中，我们可以清楚地看出，青少年在进入青春期后，生理变化以及这些变化会对他们的情绪产生多么大的影响！

这就是我们想要在本书表达的一个观点：青春期的来临，并不会因为个体所处的环境而发生变化。无论个体处在什么样的环境，即使像安妮在这样危险的环境中，青春期也照样如期来临了。

对于青春期的定义，大多数从事青春期研究的学者和出版的青春期研究著作都是这样表述的：青春期是介于儿童与成人之间的一个成长阶段。

但这样的定义，容易使老师和家长们产生这样的疑问：

青春期到底始于何时？
青春期到底终于何时？
孩子的表现特征是否不同？
分别具有哪些特征？
是什么促使孩子的发展？
作为老师和家长，该怎样做才能帮助孩子顺利度过青春期，并使孩子实现教育的目标？

确实，到底什么时候青春期确切的开始了呢？这是许多人困惑的问题。
青春期的英文表述"adolescence"源自拉丁文"adolescere"，意思是"成长至成熟"，指的是儿童个体完全成熟，能够承担责任之前的那个阶段。

关于青春期年龄段的划分，目前大多数机构包括世界卫生组织和学者都赞同的年龄段为10~20岁。我国的大多数学者也按这个标准划定青春期的年龄范围：其中，10~13岁为青春前期，14~16岁为青春中期，17~20岁为青春晚期。也有学者把青春期分为两大阶段：一是性的萌发期，年龄一般在11~14岁之间，这正是初中时期；二是性的成熟期，年龄一般在14~18岁之间，在我国，这正是孩子们的高中时期。事实上，人们会发现，青春期实际开始的时间似乎提前了，而青春期结束的时间延后了不少！

在青春期，个体会形成以性成熟为主的一系列的形态、生理、生化、内分泌及心理、行为的突变。由于人的心理和行为的发展过程始于受孕，终于心脏跳动，历经出生、成长、发育、成熟、衰老等阶段。因此，要准确、科学、全面地理解这些"突变"过程中的青少年行为，需要我们从青春期的生理概念、青春期的心理概念、青春期的社会概念、青春期的法律概念这几个方面进行多维理解，以帮助我们进一步从多个角度来认识青春期中的孩子。看看案例中的小强就知道了，在他们的内心深处，同样存在着许多激烈的碰撞，与自己搏斗，他们本身也不容易。

GSG 案例库

14岁的小强长得很快，快1米7了！长得英俊的他开始注意自己的形象，他弄了自己喜欢的发型，以至于在学校的篮球场上经常有其他班的女生为他加油，当她们在他运球准备投篮时，"易建联，加油！易建联，加油"的欢叫声让他觉得自己就是在NBA的赛场上！

但没人明白小强的苦恼。他看上去和朋友们聊得很好，但他自己非常清楚，每次聊天的时候，他根本跟不上他们说话的速度，大多没有弄明白什么意思就囫囵吞枣地混过去了！更让他苦恼的是，他在女生面前总是不由自主地说脏话，让人鄙夷。

小强的这种不擅长交流会给他带来很大的麻烦，但没有关系，因为这些技巧实际上是可以通过一系列专门的训练方法改善的。

（一）前青春期的概念

由于与儿童的身体发育相关的身体变化要比儿童真正成熟的时间要早一些，因此，儿童在进入青春期之前会进入发育期。现在的大多数学者认为这个时期就是青春期开始的年龄，也被称为前青春期。心理学家常以月经来潮为基准，将青春期划分为两阶段：月经（遗精）之前为前青春期，月经（遗精）之后为青春期。

大多数儿童会在10岁至13岁的时候进入发育期。在这个时期，男女性器官加速生长、身体各部位快速发育。

这是人生中一个独一无二的阶段！在我国，这个阶段的儿童大多在小学校园里度过。

大部分孩子的出牙期已经结束；

大脑的大小和重量与成人相差无几，发育渐趋完整；

身体的健康状态处于最佳时期；

活动量显著增加；

活动的多样化程度超越人生任何时期；

耐力超常；

活力四射，不知疲倦；

在家庭外有了自己的生活圈子；

开始有了自己的、脱离成人影响的兴趣与爱好；

感知力变得敏锐起来；

观察力也变得不一样了；

自我保护意识增强，能让自己远离寒冷、饥饿、危险、事故、引诱……

GSG 案例库

青春期最容易变现的三大问题：

执着于自己的想象不动摇。对不在自己、老师、父母计划内的，未知的事情缺乏想象力；对一些规则性的、计划性的以及能满足自己的兴趣和爱好的事物才感兴趣；不懂得灵活地变通……

迫切地想与人沟通但不得法。与人沟通的时候，大多知道问语的意思，但却不能理解对方的真正意图以及身体语言所要表达的意思。因此，沟通很多时候表现出无效：能及时和别人对话，但根本没有理解别人的意思。

已有一点社会关系但不强。很难配合周围的人一起行动；喜欢标新立异，引人注目；不太注意场合和对象；遵纪守礼意识脆弱。

我们一般把上述的行为称为青春期发展障碍，也就是发展不平衡。除了上述三类外，其他还有知觉或感觉过敏、运动能力差等表现。这些发展上的不平衡容易被他人误解为发展迟缓，这是不正确的。发展的不平衡主要指的是一个人在某一方面十分擅长，但在其他方面却非常差的不平衡现象。包括学习障碍、注意障碍、多动缺陷等阿斯伯格综合征广泛性的发展性障碍，高功能自闭症、自闭症，此外，还有雷特综合征等。

前青春期是一个人的童年结束，即将开始塑造新人格，一个新"我"诞生的必经阶段。这也是儿童的第二次独立意识发生时期。所有的家长，包括幼儿园的老师们都要注意的不是显出不耐烦或者大为恼火，而是应尽量平静地和他们相处。在这个时期，他们必须重新开始反抗，以证明自己的存在。

一般地，儿童在接近3岁时，有过一段"独立意识"发生时期，我们称为"第一次独立意识发生时期"。这个时候，他们喜欢说"不"，喜欢什么事都要自己来，自己做；他们看见什么，就去接触它们，就模仿着什么。那是他们摆脱被动的婴儿世界所采取的第一次独立行动。也是在这时期，孩子们的语言中出现了"我"。

前青春期孩子非常活跃，很有建设性，也极具进攻性。这个时期的女孩子喜欢做一切事情，除了强加在她头上的事情。前青春期孩子的学习会变得起伏不定起来，做事也没有什么规律可言。相反地，这个阶段的孩子起哄、逃学却频频发生。

GSG 案例库

观察下您的孩子或学生，是否有以下现象发生？

· 与人聊天的时候，大多只挑自己喜欢的话题抢着说；

· 聊天时喜欢自言自语；

· 经常用一些自创的词语来与人交流；

· 发音跟以前不一样了；

· 使用修辞手段能力弱，只能按照字面的意思来理解；

· 不能理解别人的表情、动作、手势所要传达的意思；

· 被老师点名回答问题时，答非所问……

在青春期，这些情况如果不断地出现在某个孩子身上时，就会被他的朋友看作是"没法沟通的人"。由于跟不上朋友的说话思路，很容易被孤立。

遗憾的是，对于孩子的这些"很有建设性，也很具进攻性"的"新能量"行为，往往得不到父母的期待，因为无法得到疏通而变得让大人烦躁起来。

前青春期是青少年时期的导入期，它提醒每个孩子，转进享受自己为时不多的童年吧。在这段前青春期危机中，女孩子更多地会受天性支配。她们的性本能意识较弱，这也是潜伏期的最后阶段。女孩的所有精力都集中在建立强烈的"自我"上面。由于身体出其不意的开始发育，女孩子们开始反感别人称她们为"小孩"，因此，她们总是尝试着冲破束缚，从禁锢自己日常生活的禁令和命令中挣脱出来。于是，她们变得不再顺从。

这对大多数的家庭来说，将变成一个艰难时期：大人会被她们搞得疲惫不堪。但无论怎样，大人都需要明白的是，您的女儿正是以这种"反抗家庭"的方式学会了自我肯定。对她们来说，这只不过是抗争而已，家庭对她们来说依然是不可缺少的。家长不要被她们一些表面的叛逆行为所蒙蔽，也不要为此而大动干戈，这个时期的家长应避免无条件地平息冲突或强硬扼制抵触行为这两种行为，因为，这个时候的她们可能会做出一些过激的事来。

GSG 案例库

你必须学会面对以下情况：

· 他们可能随时会闯祸，你会时刻为他们感到担心；

· 他们可能突然做出很坏的选择，你会为他们的未来担心；

· 你会担心他们在学校里的学习跟不上；

· 有时候，孩子会比看上去成熟，就像你无法掌握这一点一样，孩子也很难掌握；

· 他们会上网搜索一切，你将考虑自己是否需要网络；

· 他们会提出购买手机；

· 他们想要隐私；

· 你会让他们觉得尴尬，即使你不是故意的；

· 当孩子回家说不上学或好朋友不理他时，他会哭；

· 孩子受伤时，你会发现亲吻这种方式不再有效；

· 你要准备给孩子说对不起；

· 你想在孩子青春期时跟你的关系更牢固，但有风险；

· 你会精于鼓舞士气；

· 你会依赖朋友谈关于孩子的事情；

· 孩子不再愿意在公共场所抓你的手，总有一天，他们会头也不回地跑向朋友。

越来越多的研究结果显示：性反应在儿童时期就已经存在，大约1%的人在3岁左右，4%的女孩在5岁左右有过性反应，累计有27%的女性正是自己在青春期前曾产生过性唤起。"自慰"是我们常能观察到的。

杨洋是一位5岁孩子的母亲，她曾好几次看到自己女儿的"自慰"行为。她看到自己的女儿脸朝上地躺在床上，用右手触摸自己的外阴，脸上现出愉悦的神情。一些心理学家通过自己的研究也证实，至少在一些儿童中，性反应甚至性高潮是存在的。一些幼儿园的孩子通过玩具、床、被子或其他东西来摩擦外生殖器，而一些体能较差的孩子（多数是女孩）则没有发现自我刺激的技巧。

这就是男孩与女孩在性方面的区别：男孩的自慰技巧多从别人那里学习而来，而女孩，无论青春期前还是青春期后，绝大多数是她们自己独立发现的。

（二）青春期的生理概念

青春期的生理概念是从人的生理发育角度来对青春期进行定义的。按照这样的定义，青春期是指人的生理迅速发育并走向成熟的时期。处于青春期的个体，其生理发育最重要的表现为性发育和性成熟，包括了从女子初潮、男子首次遗精开始，到性成熟整个期间。现有的科学研究已经证实，由于男孩女孩身体发育有差异，一般女孩较男孩早两年进入青春期。

根据青春期不同阶段的生长发育特点，可将青春期分为早、中、晚三期。其主要特征及表现为：

青春早期。生长突增，出现身高的突增高峰；性器官和第二性征开始发育，一般约持续2年。

青春中期。以性器官、第二性征的迅速发育为特征，出现月经初潮（女）或首次遗精（男），持续2~3年。

青春后期。人的体格生长速度逐步减慢，直至骨骺完全融合；性器官、第二性征继续发育，直至成人水平；社会心理发展过程加速，通常持续2~3年。

需要说明的是，每个人在生理上的表现是不确定的，其过渡也是渐进的，而且不同个体之间是不等的。毋庸置疑的是，大多数青少年最终会成为成熟的个体。

青春期是一个人生理发育突飞猛进的阶段，是性成熟期，是决定一个人一生的体质、心理和智力发育的关键时期。青春期的生理概念这一定义最重要的内容在于：青春期在生理方面的发育不是单纯的身体的增大，而是从儿童身体到成人身体的一个质变过程。通过这一发育，个体在生理上确立了男女的分化。正是这种以"性成熟"为主要内容的生理成长，才使许多人相信，青春期确实是一个人发展中的过渡时期、发展时期、变化时期。

由于不能以身高或其他标准来对青春期和儿童期进行划分，人们通常把青春期与儿童期以性成熟为依据进行区分，根据一个人是否性成熟来判断个体由儿童向成年人过渡的时期，这个性成熟的标志是：男性遗精，女性第一次来月经。正是个体以性成熟为核心的生理方面的发展，才使少年具有了与儿童明显不同的社会特征、心理特征，才使青春期和青春期教育有了更丰厚的研究实践土壤。

GSG **案例库**

　　小英正和丈夫商量生二胎的事，原因很简单：第一个孩子已经12岁了，身高还只有1米。夫妻俩带着孩子看了医院的矮小门诊。医生耐心地解释说他们的孩子只是正常偏矮，面对夫妻俩要给孩子吃激素的要求，医生有些无可奈何。经过检测，孩子的骨龄只有9岁，偏矮只是暂时现象，可能与营养不均衡、孩子不爱吃肉等有关系。像这类孩子，家长完全没有必要担心，只需要增加营养即可，并不需要吃药治疗。

　　为什么许多家长都担心孩子长不高，甚至不惜代价要给正常孩子增高？这与"不能让孩子输在起跑线上"的理由一样，"不能让孩子输在身高上"也成为目前许多家长的心态，加之现在社会普遍以高为美，个高对以后结婚、就业有优势，所以，大家都把169厘米说成170厘米，这样"有面子"。

　　孩子矮不矮，一般是通过测骨龄来判断的。比如，一个8岁儿童，虽然与正常儿童平均身高相同，但如果发育比其他孩子早，骨龄达到了11岁，他与11岁儿童平均身高相比则属于矮小。同样是8岁的儿童，身高低于平均身高5厘米左右，但骨龄只有7岁，则成年身高完全有可能是正常的。

　　除了青春期是一个人发展中的过渡时期这个内涵之外，青春期的生理概念还包括青春期是人的身体发育完成的时期这一内涵。现有的科学研究表明，人的一生中，有两个阶段身体生长迅速，身体各部分的比例产生变化最为显著：一个是在产前期与出生后的最初半年时间里，另一个则是在青春期这个阶段。

　　这种被称之为"青春期急速成长现象"的个体在青春期的快速生长发育，常常出现在我们的眼前：某天早上起来，突然发现邻居的那个孩子，似乎是一夜之间，孩子长高了好多，变成大人了！

　　这种现象开始于性成熟之前或与性成熟同时开始，终止于性成熟后的半年到一年这段时间。一般地，男孩的急速成长大约从10.5～14.5岁开始，在14.5～15.5岁左右达到顶峰期，以后逐渐减慢，到18岁左右时身高便达到充分发育水平。这个时候，他的体重、肌肉力量、肩宽、骨盆宽等都得到增加，与此同时，男孩的性机能和第二性征也发育成熟。女孩的急速成长从9.5～11岁开始，高峰时期每年可长6~8厘米，然后逐渐减慢，直至骨骺闭合不再生长。至

18岁左右，女孩的身高可增加25厘米左右，女孩体内皮下脂肪沉积增多，同时，骨盆髋部增宽，形成女性曲线柔和的体态。正是由于身体及性的发育，才对少年的心理特征及社会生活产生了重大的影响，由此才产生了一系列的心理卫生问题。

因此，青春期生理教育的重点是帮助孩子认识到自己的身体变化是人生的必经之路，是正常的成长现象，帮助他们树立尊重生命、珍惜生命、感恩父母的良好品格，并在思想上充分做好迎接人生的这个重要阶段的任务。

GSG 案例库

青春期个体出现的各种反应，似乎很早以前就存在了，只不过以前的人受认识的限制，或者是因社会经济条件的不允许，将注意力放到了生计方面，而没有或者不太关注罢了。GSG 专家小组在 2000 年、2003 年、2016 年分别在北京、河北、山东、甘肃、内蒙古、四川、云南、广东、上海等地开展了青春期主要问题的以家长、教师为对象的专项调查，调查共列出 10 个问题，每次调查的问题一致。其问题排序变化值得深思。在 2016 年的问题最新排序中，前三个问题分别是：不想学习（不仅限于成绩差的孩子）；和父母对着干（习惯上称之为叛逆）；不想活（低年级自杀呈上升趋势）。

问题不仅仅如此，我们的数据显示，上述提及的这三个问题，已非城市和农村有何区别，如果有，这一差别也变得很小了。如近年来的青少年自杀人数中，农村地区人数已基本接近城市了。这从某种意义上说，青春期问题已经不再是"城市青少年的专利，而是我国普遍存在的一个社会问题了"。

(三) 青春期的心理概念

　　青春期的心理概念是从人的心理发展角度来对青春期进行定义的，从心理学的角度，把青春期定义为人的心理发展逐渐走向成熟的时期，并认为这是个体身心成长、自我意识逐渐形成的时期。在心理学概念里，认为青春期最重要的表现是个体在这个阶段的智力发展达到顶峰。与此同时，这个时期的个体在个性发展、人格成熟、自我意识形成等方面处于形成决定时期，在这一时期，人的世界观、人生观、价值观初步确立。

GSG 案例库

　　许多人都感觉到，青春期的孩子比过去更难相处了。这并非完全正确。事实上，从古至今，青少年都是轻率和冲动的，易受周围人的影响，对家长也不尊重，并不是今天的孩子才这样。每次和教师、家长谈孩子的青春期教育问题时，总是哀声一片，总会不断地被老师和家长追问"怎么办"。这表明，对于正在成长期的青少年，家长和教师表现出了"集体性焦虑"，许多时候无计可施。他们不能理解，更多是疑惑或惊讶：今天的孩子到底怎么了？孩子在他们的心中，变成了一个谜一样的团。

　　处于青春期的青少年，不同的大脑区域的活跃程度是极不稳定的，控制行为的脑区会在瞬间转换。这说明，青春期孩子的大脑区块之间的交流功能还没有达到最佳状态。所以，青春期的孩子总是表现出反复无常的现象来。

　　由于心理发展骤然加快，也会产生相应的心理行为变化，并会出现一些青春期特有的心理行为问题。

　　变得有心事起来，总是显出心事重重的样子；

　　许多事情不愿与父母和老师讲（女孩子比男孩子明显）；

　　在青春期早期，仍保持着儿童的某些心理特征（如女孩子依然还喜欢毛绒玩具）；

　　初具成人心理特征，如知道有些话可以说，有些话不可以说；

　　能掌握更多的抽象概念；

　　思想开始活跃；

慢慢地会对异性产生爱慕情结，童年的友谊开始变得复杂起来；

性格变得成熟，稳重，自信；

不断地将自己置身于与父母和另一个自己的对峙之中；

对父母的有些行为变得不认同起来；

……

我们可以断定，青春期是一个人的大脑从生长发育走向日趋成熟的时期，正是因为大脑结构上的成熟，才保证了功能作用的发挥。因此，青春期孩子的心理活动总是千变万化，丰富多彩，让人目不暇接。

青春期心理表现有两个突出的方面：多种矛盾的结合，自我意识的发展。

1. 多种矛盾的结合

进入青春期后，由于青少年的心理发展相对落后于生理发展，他们在理智、情感、道德和社交等方面都处在人格化的过程中，会产生各种矛盾心理。

思维矛盾。进入青春期后，青少年的思维处于从经验型向理论型的过渡时期，其思考问题的时候表现为单纯幼稚，导致他们在分析问题、处理问题时带有片面性和表面性。

自控不足。自我控制能力不强是这一时期令成年人担心的事情。由于这个时候的青少年缺乏坚强的意志和顽强的毅力，所以，他们一旦遇到挫折或打击，就容易产生心灰意冷、悲观失望或厌世情绪。

内心孤独。大多数青少年在这一时期，对其身体发育上的巨大变化缺乏思想准备和必要的生理卫生知识，又找不到正当的途径，也不愿意对家长和老师说出自己的困惑，容易产生许多无以名状的烦恼、孤独和苦闷。

思辨不清。这个时期的青少年缺乏辨别是非的能力，容易在一些敏感的、模糊的问题上辨别不清楚，需要成年人给予正确、有益、具体的帮扶。

心理闭锁。由于这个时期的青少年会积极关注自我，从而使其心理活动会更多地指向自己的内心世界，因此出现心理上的闭锁性。其结果就是他们变得与家长教师难以沟通，并因觉得不被人理解而产生孤独感，这往往与他们内心的强烈交往需要相矛盾。如能得到解决，则会形成正向积极的情感体验，有助于青少年形成和发展积极的个性品质。相反，则会影响其个性的健康发展。

为什么说现在的孩子和以前的孩子相比，在青春期的表现大同小异？不用查找科研专著，从我们熟悉的文学作品中也能找到。莎士比亚著名的戏剧作品

《罗密欧与朱丽叶》展现的是发生在中世纪晚期的爱情故事。男主人公罗密欧与女主人公朱丽叶为了爱情，最后选择了殉情。而殉情的真正原因是罗密欧认为朱丽叶已经死亡，冲动之下，罗密欧服毒自杀。这样的冲动行为，与今天的青少年是多么的相像：因为寒假作业没有做完被妈妈说了两句，于是跳楼自杀了；因为母亲给的零花钱没达到自己的要求，就残忍地把母亲杀害了……

2. 自我意识的发展

青春期个体的自我发展主要表现为独立性增强、现实性增强、自我意识觉醒、评价能力发展等几个方面。

GSG 案例库

姗姗今年15岁，是一个爱与朋友们黏在一起的女孩。她的好朋友豆豆也是一个胆大冒失的姑娘。于是，姗姗的父母希望她不要与豆豆过多来往。姗姗对父母的决定很不以为然。有一天，她在豆豆的带领下，竟然去文了身……

前面说过，青春期孩子的大脑中的一个区域比另一个区域更活跃，因此，青春期的孩子容易做出一些冲动和不计后果的决定。总的来看，这个时期的孩子会表现出不愿与父母同行外出，不愿与父母沟通，常因小事与父母顶撞等。他们不再依赖父母来维持自己的安全感，开始寻求朋友伙伴关系扩大自己的交流圈子。这些都是正常的心理特征，是以自我意识为中心的个体化心理发展的标志，有助于青少年自我意识、独立人格的发展和完善，更好地适应人际关系和社会生活。

独立性增强。青春期的到来会使青少年的自我意识发生急剧变化。他们开始强烈地关心自己的容貌特征，非常在乎别人对自己的评价。青春期的个体具有强烈的成人感和独立感，他们从内心深处要求独立自主不受限制和约束。成人需要注意的是，这个时期的青少年，他们希望被人尊重的愿望比过去任何时候都要强烈。同时，他们在遭受误解、经历失败时，所体验到的挫折感也比以前任何时候格外强烈。这个时期的青少年不喜欢成年人用强制的口吻对他们发号施令，不喜欢什么事都要跟他们商量。但是，当他们在处理某个问题遇到困难时，又不能不依靠成年人的帮助和指导。成人能否帮助他们正确处理这种矛盾，对于其自尊心、自信心都有重大的影响。

　　警告：独立性和自主性增强带来的直接影响是可能形成所谓的"心理断乳期"。这会使其陷入一种矛盾状态：既依赖父母帮助自己解决问题和困难，又不愿意跨越与父母因价值倾向和生活环境不同所形成的代沟。这种倾向于在同龄人中寻找朋友作为精神上的寄托心理，容易被成年人视作是"早恋"。

　　现实性增强。青春期来临后，青少年的自我意识的逻辑性和现实性增强了。于是，他们的世界观开始逐步形成，也使他们对很多社会现象有了自己的认识，并对自己的未来和职业开始进行初步定位。

　　自我意识觉醒。自我意识觉醒，简单地说，就是青春期的青少年开始意识到自己也具有了跟他人一样的、不依附于其他任何人的、平等的人格，也就是有了自己的主意和想法。随着身体的发育、性机能的成熟和知识经验的增长，青少年的自我意识开始趋向于自己的内心世界，能够自觉地认识和评价自己的个性品质、内心体验或内部世界，从而能够独立地支配和调节自己的活动和行为。

　　研究发现，具有较强自我意识的人能够考虑他人的需求和感受；为自己的错误负责，对自己的强项表现得谦逊礼让，常常三思而后行；完全了解自己的语言和行为是如何影响他人。这类人是极佳的合作伙伴。自知之明也是成功领导者重要的特征之一，提升这一能力对我们的个人生活以及职业发展都具有非常重要的意义。

　　自我意识强的人可以更频繁、准确、细致地关注到自己以及自己与外界的联系，能够主动调节维持行动，并敏感地注意到问题所在并予以解决。自我意识更强的人的一生显得更长，因为相比之下，意识模糊状态下的时间被大大压缩了。

　　而如果自我意识薄弱，则会出现很多问题意识不到的情况，甚至根本意识不到！如下面一些例子：

反复刷朋友圈的时候根本意识不到自己在拖延。

几次恋爱受挫之后仍然意识不到自己的缺陷。

做任何事情，比如写文章时意识不到提高的空间在哪儿。

......

如果根本就意识不到问题所在，还有什么好解决的呢。当你不开心或者有负面情绪的时候，可以尝试下面这个技巧。以前是"我不开心了"，现在是"我知道我不开心了"。

警告：这个时期青少年的自我意识发展是不平衡的。虽然他们的自我意识发展将在高中阶段接近成熟，但在如自我批评能力发展水平等方面，仍然还有进一步的发展空间。正是由于这种不稳定，才会出现青少年对自己的缺点缺乏坚决改正的决心，有言行脱节的现象。

评价能力发展。青少年的自我评价能力在青春期会得到迅速发展，并逐渐成熟。其自我评价不仅受暗示性和片面性减少，而且自我评价的范围也比小学时扩大了。从自己的外貌、体态和外显行为，到行为背后的动机和自己的个性品质，他们都开始自觉地进行分析、评价。

青少年由于身心的逐渐发展和成熟，喜欢或热衷于对生活采取消极反抗的态度，甚至会否定以前发展起来的一些良好本质。这种"反抗"，可能会引起孩子们对父母、学校以及社会生活的其他要求、规范的抗拒态度和行为，会使他们产生困扰、自卑、不安、焦虑等，从而会引起一些不利于他们的心理卫生问题，甚至产生不良行为。

因此，我们可以这样说，在这个时期中，一个人从儿童向成人的发展是可预测的，但是，在其发展过程中，会出现什么情况或问题，则是不可预测的。

GSG 案例库

　　雯雯上初一了。一天早上上学时，妈妈让她穿一条格子裙，并说，这条裙子穿起来非常好看。谁知雯雯竟然一口回绝道："以前我还小，我不在乎别人怎么看我，但现在不一样了，我已经12岁了，我已经不是小孩了。"

　　确实，孩子已经长大了。他们经常会说："我有自己的主意。""我现在一听命令就心烦。""本来还想做的事，我还偏就不干了。"

　　雯雯开始关注自己对事情的看法，开始评价自己的行为，这是青少年对自己产生兴趣的一个特点。这时候的他们，会结合周围发生的事情进行思考，如，别人的行为、自己和他们的关系等。正因为如此，在开始的时候，他们会特别注意自己的缺点，并极力想去克服这些缺点。

　　一些父母常为孩子的成绩不理想而发火："怎么这样呢？成绩不好，我说说她，难道我们错了吗？"

　　家长没有错，但忽视了孩子内心的想法，孩子成绩不好并不意味着他放弃了对好成绩的追求。不管他的成绩有多差，他都在试图找到一种方法建立一个可实现的目标，如果他们一时还找不到目标，又没有人去激励他要付出努力的话，不管说什么，孩子都是无法信任你的，他认为你说的都是废话。你一张嘴，他就知道你要说什么了。

(四) 青春期的社会概念

　　青春期的社会概念是从社会化的角度来对青春期进行定义的。按照这个角度，青春期应是个体基本完成由自然人到社会人的转化，最终成为符合社会要求的一员的重要时期。这个时期，是个体接受教育和学习的重要阶段，人的一生的许多基础知识和基本经验都是在这个时期获得的。与此同时，这也是个体具有生殖、生育能力的开始阶段，是一个人可以参加劳动的开始阶段。

　　青春期的社会表现特征主要有：
　　对社会现实生活中的很多现象感兴趣；
　　喜欢探听新鲜事；
　　喜欢对周围的问题做出褒贬的评论；

对社会活动的参与日益活跃，集体、国家主人翁的思想开始萌发并日益强烈；

开始思考未来；

……

社会自我是青少年对自己社会胜任的感知，包括以下两个内容：一是对自身人际关系交往状况的认识，即人际自我（角色关系）；二是对自身社会角色的认识，即角色自我，包括对自身角色地位、角色规范、角色技能和角色体验的认识和评价。

在社会自我方面，青春期学生的社会自我存在性别差异：女生的社会自我发展水平要高于男生。男孩子在男子气概、成就、领导等方面有较高水平的自我概念，而在社会性等方面的水平较低。在整个中学阶段，女生的整体心理素质水平要高于男生，在年级方面，表现为高三年级高于初一、初二、初三、高一、高二年级，呈现出 V 形发展的趋势，初中高年级和高中低年级是学生身心发展与心理冲突加剧的时期，也是学生自我意识发展的关键期。但没有数据表明重点学校和普通学校的青少年的自我发展水平存在着显著的差异。

社会的复杂性表现在对某些人的身心健康有害的现象中，如吸烟、酗酒、赌博、吸毒、卖淫、制售淫秽出版物及各种违法犯罪行为等，虽然违法犯罪的主体是成人，但青少年也很容易沾染或陷入。

在儿童时期，孩子主要依赖成人而生活，孩子的行为由成人来约束并由成人来决定儿童生活和活动的主要内容和方面。这个时候，儿童不需要对自己的行为承担责任。随着年龄的增长，孩子的生活范围逐渐扩大，其活动的内容也逐渐变得复杂起来，慢慢地，他们开始具有了与儿童时期不同的一些特点。这些特点主要表现在，作为个体的他们，逐渐有了一定的特定的意向和完成某一件事情的责任感，并喜欢而且尝试着自己决定某些活动如何按照自己的方式来进行。他们虽然有了一定的独立性，但是还没有完全独立，尤其是在物质生活方面，他们还要依赖父母的帮助。许多时候，他们不得不对父母的要求进行一些附和，以换取他们所需要的东西。青春期个体的这种介于儿童和成人的过渡阶段的地位，使得他们成为社会学上所说的"边缘人"。

青春期的孩子，因为要应付各种问题，要逐渐承担一部分由成人来完成的工作，这些负担虽然是他们成长过程中不可缺少的，但有些事情未必符合他们的心愿，他们还要应对因为身高、体重，特别是性发育成熟所引起的各种变化及问题，心理压力也相对增大。因此，对他们来说，青春期这个时期，实际上也是一个负重时期。

在青春期这个时期，孩子们必须要做出取舍，不管他是否愿意使自己幼稚的思想观念、行为模式逐步变得成熟起来，变得更加符合社会规范起来。他们在应付自己的反抗倾向的同时，还要极力维持与社会的正常关系。此外，性刺激、异性交往、繁重的学习任务等也给他们的身心造成极大负担，有时候还成为主要矛盾。由于个体从自然人到社会人的转化是在外因的助力下完成的，因此，青春期的学校教育是这个时期青少年发展的核心，体验生活是青春期的一部分。

马塞尔把青春期称为混乱的生活："我参照的是那些属于自我形象范畴的问题：我们想留给别人的形象，以及我们对自己的印象。进入青春期的特征是开始质疑，比如：我讨人喜欢吗？怎样才可以有我自己的朋友圈？怎样让别人高兴？很多的疑问都与自己在群体和社会上的整体地位有关，尤其还与自己在家庭中的位置有关，怎样才能抹掉那些被父母理想化了的印象？怎样才能摆脱他们所认为的我是个完美孩子的印象？这就是青春期。"

青春期的孩子常表现为消沉沮丧，因为青少年开始自我怀疑，会焦虑不安，因为他们体验的是现在，而不是过去和将来。正是在这个时候有了初吻，有了第一次失恋，第一次迷醉，第一次危险行为……体验生活是青春期的一部分。马塞尔曾经这样分析道："因为那些我们掌控不了的东西不能为我们所有，冒险，对青年人来说，就成为一种对生活和未来的征服手段。可以说，他们是通过这些危险行为来排遣死亡。但在某种意义上，我们甚至可以说他们对生活的恐惧更胜于对死亡的恐惧。"

作为家长和老师，当我们面对今天的孩子或学生时，不应该也没必要生气。其实，想想我们自己的青春期，不也曾做过一些连父母也未曾料到的事情吗？对生命来说，任何体验都是获得，当然也包括犯必要的错误。想想你自己的当时，有没有在学校偷偷吸过烟？幻想过性？撒过谎？打过架？干过父母不让干的事？

（五）青春期的法律概念

青春期的法律概念是从法律的角度来对青春期进行定义的：青春期是获得公民资格的时期。从这个时期开始，个体不仅开始逐步享受法律赋予的一定权利，同时也开始承担法律规定的一定责任和义务。

青少年犯罪在我国还不是严格法律意义上的概念，而是在犯罪学研究中及现实生活中经常使用的概念。青少年犯罪泛指青少年这一特殊主体所实施的犯罪，亦即主体由儿童向成年过渡这个特定年龄段（一般指进入青春期及青春期结束），由于主客观原因而实施的各种犯罪的统称。

我国的青少年犯罪主要是指已年满十四周岁至未满二十五周岁的人触犯了刑事法律而应受到法律规定处罚的行为。按照我国法律规定，未满十八周岁的人为未成年人，已满十八周岁的为成年人。所以青少年犯罪既包括未成年人中的少年犯罪（已满十四周岁至未满十八周岁），也包括成年人中的青年犯罪（已满十八周岁至未满二十五周岁）。但我国的少年司法制度主要是办理已满十四周岁至不满十八周岁的少年刑事案件的法律和制度，其中包括立案、侦查、强制措施、检控、审理、判处刑罚、矫正与康复等。

正确地从生理、心理、社会、法律等不同角度来理解青春期的概念，有助于我们避免青春期教育中的误区，科学地开展青春期教育。

二、青春期教育的概念与特点

目前，社会上对青春期教育的理解分为广义和狭义两个方面。狭义上的春期教育是以性健康教育为核心和主线的教育，主要包括生命的孕育和诞生的基本知识，青春期发育的生理规律，少男少女青春体貌的变化，性欲望、性吸引、性冲动和性宣泄的生理与心理动因，性的安全和身心保护的知识，预防意外怀孕、预防性病、艾滋病和反对滥用毒品等知识进行教育，主要涉及生物学、医学、公共卫生、护理学、心理学等方面的知识。广义的青春期教育指爱的教育，即帮助青少年学习关于两性之间的友情、爱情、择偶、婚姻等人生课程，懂得性别差异与性别角色的基本概念，获得关于男女相互尊重与平等的道德含义。此外，还包括了两性之爱的价值观念、性爱的社会行为规范与道义责任，性爱的法律界限与防止性暴力等，主要涉及哲学、社会学、伦理学、精神文化等领域。

我们认为，这些关于青春期教育的概念和定位都有一定的缺陷。青春期教育应是人的发展教育，应对与青春期有关的三种人，即学生、家长、教师进行科学、系统、全面的青春期教育。在教育的实施方式上，应是GSG形式的教育。GSG为英文"Guided by educators self growth"的缩写，意思为引导被教育者自我成长。GSG整体青春期教育管理体系是在美、英、德等西方发达国家家庭和青春期教育研究成果和实践经验总结的基础上，由刘正荣专家团队结合我国实情，从心理学的角度，优选社会学的方法，运用管理学的手段，提出的引导被教育者自我成长的整体教育方案。其核心内容是针对学生、家长和培训者(教师)的包括生理、心理、智力、家庭和社会五个部分的青春期教育，帮助被教育者以行动内化理念。GSG的目的是帮助家长和教师了解并掌握家庭教育的正确策略和陪伴孩子度过青春期的有效方法，帮助孩子掌握科学的青春期知识，实现人的全面发展，从源头上解决未来婚姻家庭中可能出现的问题。

(一) 青春期教育现状

　　青春期教育在发达国家是由社会、学校、家庭三方共同努力完成的。而且，根据儿童的发育年龄，青春期教育应该从小学开始，目的是让孩子正确对待自己的生长发育，坦然欣喜地接受自己的生理变化，并懂得怎样做好青春期保健卫生，及早地帮助儿童做好心理和生理上的准备，以便将来能够从容面对青春期到来时可能出现的一系列问题。这本是教育部门和家长的共同责任，但我国目前的青春期教育主要由家长承担，无疑是有缺陷的。

　　主要问题：
　　青春期教育等同于防早恋教育；
　　青春期教育简化为性教育，性教育又被简化为性知识教育；
　　小学生接受青春期教育为时尚早，也不愿过多提及；
　　青春期教育师资缺乏；
　　青春期教育内容缺乏科学性；
　　以生理卫生课代替青春期教育课；
　　没有正规教材；
　　缺少硬件设施；

无教育时间保证；

……

其实，学校青春期教育要让学生意识到这只是成长道路中的必修课而已，是为了让学生能够在将来更好地面对生活。因此，要尽量创设轻松的学习环境，以学生为主体，充分调动学生的积极性，避免教师满堂灌。

青春期教育会随着社会的发展而发展。由于信息技术的发展，如果学校不去占领青春期教育的主阵地，就会被网络上的混乱、垃圾"知识"消耗青少年大量的时间和精力，会影响他们的健康成长。因此，教育部门要加强中小学青春期教育师资培训，保证青春期教育教师有较高的专业素质。学校应创造条件开设青春期教育课程，把青春期教育纳入学校的整体德育构建。

（二）青春期教育的意义

青春期教育有助于青少年正确地认识和对待自身的变化，提高身体素质、科学文化素质和思想品德素质，促进身心全面发展。

1. 帮助青少年顺利度过青春期

处于青春期发育期的青少年，由于生理上的成熟和心理上的成熟在程度上存在差距，会遇到各种困难和产生许多心理矛盾，极需要成人的理解、关怀、引导和帮助。如果能够引导进入青春期的青少年正确对待自己身体的变化，正确处理男女同学之间的交往，理智地控制自己的情绪，陶冶高尚的情操，就能够帮助他们较好地度过这个特殊时期。

2. 促进青少年个性发展和社会化发展

青春期是人的智力高速发展的时期，如果在青春期引导、教育方面科学进行，把青春的活力引导到努力学习、全面提高自己的思想道德和科学文化素质上来，从而使他们的智力潜力得到开发，其人生观、世界观等得到正确确立，促进了青少年的个性全面发展，加速社会化的进程，强化社会角色的责任、义务感，使他们成为符合社会期望的一代，为他们今后事业上的成功和家庭幸福奠定基础。

3. 预防青少年犯罪

由于青春期青少年比较冲动，青少年犯罪一直呈高发态势。这与青春期教育中的生理教育、心理教育、智力教育、家庭教育和社会教育缺失有关。如果在青春期教育中能够及时对其进行科学引导和指导，可以大大减少青少年犯罪行为的发生。

GSG 案例库

　　小山最近有点烦。从来没有在交新朋友这个问题上遇到过什么麻烦的他，现在却不得不面临这样一堆问题：脸上长满了青春痘，声音变得又粗又哑……班里的女生常常取笑他，这让他觉得很难看且越来越缺乏自信，更让小山气恼的是，他竟然还很在意女生对自己的评价！他不明白的是，为什么她们的一举一动会让自己感到不自在？结果是，小山自己申请退出了学校的篮球队，他不想在众人面前让自己不自在……

　　青春期在带给孩子们身体剧变的同时，也会给他们的心理带来同样的变化。小山虽然接受了自己身体上的变化，但他确实在乎同龄人的看法。这种身心变化的不一致，让他们背负着较重的包袱。青春期教育则是帮助像小山这样的青少年扔掉包袱的一种重要方式。

(三) 青春期教育的内容

　　青春期教育，狭义上指青春期性教育，其内容包括生命的孕育和诞生、青春发育、生理与心理现象等知识。我们认为，青春期既然是指在青少年进入青春期前后这一特定阶段的教育，那么，就应该根据其生理心理发展的特点与需要进行针对性的教育。因此，青春期教育应包括青春期的生理教育、心理教育、智力教育、家庭教育、社会教育等方面的内容，并通过这些教育，帮助青少年养成良好的生活习惯，树立正确的生活态度，培养自我保护意识，健康快乐地学习和生活，从而形成健康的人生观、交友观、恋爱观、婚姻观等，平稳度过这段时期。对于学校来说，青春期教育是学校德育的一个重要组成部分。

　　青春期教育具体包括以下内容：

1. 青春期生理教育

青春期是性成熟和身体发育的阶段。因此，青春期教育的首要内容是青少年的生理教育。其内容应该包括性成熟和身体发育以及健康的行为和态度两大内容。

性成熟和身体发育教育应包括的内容为：身体发育知识，器官知识，第二特征形成知识，身高和体重增长知识等。

健康的行为和态度教育应包括的内容为：康健状态，身体意象，早熟与晚熟，体重问题，饮食障碍，与健康有关的行为，痤疮等。

青春期生理教育的目标是：引导学生了解青春期的生理特点，掌握正确的身体保健常识，进而做好心理准备，顺利度过人生发展的黄金时期，为将来的事业发展、知识储备形成健康心态打下坚实的基础。

青春期教育是对青少年终身发展负责的教育，同时又是关系到家庭幸福及社会安全和谐的教育。不仅如此，青春期教育还可以整合学校中现有的心理健康教育、安全教育、性教育、法制教育等内容，大大减少学校课程安排的困难和学生课业负担。

2. 青春期智力教育

青春期是一个人的智力高速发展的时期，因此，青春期智力教育应是青春期教育的核心。其基本目的是塑造能够处理新问题，即具有创造性和探索精神的人，帮助个体形成有批判性的思维头脑。青春期智力教育的内容主要是如何培养孩子的认知能力、动手能力、学习能力等，其重点是如何开发或者激活孩子的智力潜力。

认知能力。指人脑加工、储存和提取信息的能力，是人们成功地完成活动最重要的心理条件。美国心理学家加涅（R.M.Gagne）提出人应具有5种认知能力：言语信息（回答世界是什么的问题的能力）；智慧技能（回答为什么和怎么办的问题的能力）；认知策略（有意识地调节与监控自己的认知加工过程的能力）；态度（情绪和情感的反应，形成学习者对态度，指使学习者形成影响行为选择的内部状态或倾向）；动作技能（有组织、协调统一的肌肉动作构成的活动）。一个人应基本具备的认知能力主要包括知觉、记忆、注意、思维和想象等能力。

智力教育表面上看是对大脑思维能力的训练，实际上也是儿童养成教育的策略之一。儿童时期的习惯培养就像一粒种子，如果等到秋天要收获的时节才匆匆忙忙开始播种就太晚了。因此，动手能力既然是孩子的一个非常重要的能力，它的培养就应从儿童时期开始，在青春期加速。很多家长都有"长大了自然就好了"的想法，这对孩子太冒险了。因为，在孩子的成长道路上，会有很多不确定因素，我们不知道孩子会遇到什么。如果一切都寄托于随着孩子的年龄增长来解决本应该由我们承担的责任，这似乎没有尽到为人父母应尽的义务。

GSG 案例库

　　一个人的学习成绩所反映的更多的是智商(IQ)，即认知能力。然而，一个人的能力除了认知能力，还有非认知能力，即情感、社会适应性、人际沟通交往能力等。我们发现，优秀的人恰恰是社会适应性强和人际沟通交往能力强的人。也就是说，进入社会后，非认知能力强的人会更好地发挥自身的潜能。认知能力可以培养，非认知能力也可以培养。但非认知能力的培养在儿童早期进行最有效。一些专家通过让孩子每天制定自己的计划并实施和回顾，通过这样的循环，有效地锻炼了儿童自我管理的能力，并使其内心推动力不断地自我完善。3岁以前的儿童，家庭是其成长的重要环境，父母则是第一位和最重要的老师。因此，能力的培养不在于早教机构，更多的还是在于家庭和家长，应该利用日常生活中养育孩子的各种机会进行教育。3岁以后，学校成为孩子成长的重要环境，教师和家长共同成为孩子的人生导师。除了学校的科学课程外，德育课程应该承担更重要的对孩子的认知能力和非认知能力培养任务。

　　动手能力。动手能力的词源是 hands-on，除了动手操作意思外，还有亲身体验、亲自实践的意思。因此，动手能力最好理解成实践能力、应用能力、表达能力、表演能力等比较准确。

GSG 案例库

　　婷婷从小就很优秀，学习成绩更不用家长操心。中学进了一所很著名的学校，在一群同样优秀的孩子中，她不仔细的小毛病逐渐显现，考试时常会因此丢分。在高考前夕，这种现象更为明显。她的班主任注意到了这一情况，并及时向她和她妈妈指出。

妈妈恍然大悟，这些年为了让婷婷专心学习，从未让她做过家务，什么事包括水果都是由妈妈削好切成块让婷婷直接吃就行。没想到，正是自己的这种无微不至，剥夺了婷婷成长的机会。

马虎的根源在于动手能力欠缺。因此，要加强训练孩子的动手能力。如让孩子自己的事情自己做，这可以锻炼她的手眼协调能力，促进其大脑发育。此外，还可以提升孩子的能力，培养孩子的责任感。如让孩子收拾房间、整理物品，可锻炼孩子的逻辑推理能力。一个整理房间有技巧的人，也一定是主次分明的人，可以分清重点，成为做事有条不紊的人，并且能具有合乎逻辑的归类性。所以，会动手的人，也一定是聪明能干的人。

学习能力。指怎样学习的能力，是一个人在环境和教育的影响下形成的、概括化了的学习经验。学习能力主要指的是学习的方法与技巧而并非是学到什么东西。一个人在掌握了这些学习的方法与技巧并学习到知识后，就转化为自己的专业知识；学习到如何执行的方法与技巧后，就形成其执行能力。因此，学习能力是一个人所有能力的基础。评价学习能力的指标一般有学习专注力、学习成就感、自信心、思维灵活度、独立性和反思力六个方面。其中，最重要的学习能力可具体分解成三个方面：抓住事情本质，精准把握概念的内涵和外延；通过观察现象分析理解事情的机理；搜集所需要的信息并提出解决问题的办法。

GSG 案例库

李晓是一名初中二年级学生，他在课上、课下学习都很认真，但就是对历史知识掌握不好，考试成绩也总是不理想。教历史的张老师非常着急。于是，他向历史教研组长李老师提出帮助请求。

李老师和张老师一道，仔细分析了李晓学习历史学科中存在困难的原因，是因为他不会运用所学的知识去分析新知识、新概念，不会把知识归类、汇总及综合运用。据此，李老师和张老师一起，帮助李晓制定了学习的策略：以重视历史知识的归纳和训练为主。具体的学法包括：一是让李晓掌握归纳历史事件的学习步骤——概括历史事件的时间、人物、地点和过程特征，表述这些步骤的具体内容。二是让他掌握归纳历史现象的学习步骤——概括特征，分析历史现象出现的原因、影响，表述这些步骤的具体内容。三是让李晓掌握归纳关于历史人物的学习步骤——明确人物的事迹，从中能学到什么，对现实学习生活有什么作用。四是让他掌握归纳多个历史事件或现象的学习步骤——回忆这些历史事件的具体内容，概括其特点和发展规律。

从这个案例中我们可以看出，在训练学生的学习能力时，要尽量帮助学生通过自身分析、归纳、概括等方式来构建起相应的知识体系。这样，学生的印象就比较深刻，容易联系起历史知识。学生在学习的时候，就比较容易找到规律，较好地掌握各种知识。

3. 青春期心理教育

青春期的心理教育是以培养青少年拥有健康阳光心理为目标的教育。针对青春期学生的心理特征及心理发展差异，以青春期心理健康知识为基础，通过对学习困难、厌学、网恋、暴力、人际交往、自残（自杀）、性困惑、早恋、逆反、抑郁甚至睡眠等心理方面的教育引导，培养其自尊、自爱、自重、自强的品质，帮助他们认识和正确对待青春期身心发展的特点，树立科学的健康观，更好地认识自我，及时对可能发生的心理问题进行必要的预防，增强心理健康自我教育的自觉性、主动性和积极性，最终形成一定的身心自我调控能力，能适应身心的变化，正确对待异性间的友谊。

GSG 案例库

青春期青少年的心理问题从本质上说，可归纳为身心发展不平衡问题、社会适应不良、精神疾患的早期症状三类。常见的心理问题表现如下：

抑郁症。其中最常见也较严重的是青少年抑郁症。主要表现：在一段时间内体验到心情不愉快、烦闷，平时感兴趣的事情变得乏味，思考能力下降、注意力难集中、记忆减退，学习失去动力、人变"懒"甚至厌学，对成绩下降变得无所谓或对什么都无所谓，失眠、全身乏力、食欲不振，感到活着没意义。

社交恐惧症。表现为见到异性表情不自然、脸红、怕跟人对视或怕被别人注视，控制不住用余光看人或控制不住目光看对方的敏感部位，觉得别人能看出他的表情变化和窘态，能洞察到他内心的想法等。本人因此而焦急痛苦，但不敢就医。

性烦恼和性困惑。性烦恼是因性意识觉醒后青少年的生理需求与社会行为规范的矛盾所致。性困惑是青少年对自身性发育、性成熟的生理变化产生神奇感及探索心理。他们常认为"性是不好的""对异性长辈出现性幻想是可耻的""手淫对身体是有害的"等，出现对性的消极评价和过度的性压抑。

学习压力。因学习负担过重带来沉重的心理压力，其思想压力常来源于他们对学习现状的不满和不恰当的比较，不能接受自己的现状，过分注重结果，而体会不到学习的兴趣。

人际交往压力。通常表现为自卑、过分注意他人评价、容易受到伤害、虚荣心强、怕丢面子等。

4. 青春期家庭教育

所有的青少年都知道自己是家庭的一部分，但家庭的具体组成形式则可能是不同的。特别是近年来，我国社会出现的单亲家庭、留守家庭、混合家庭、领养家庭等现象，会给青少年的家庭概念带来概念模糊。所以，青春期的家庭教育，其目的就是要让青少年明白家庭对于自己的重要性是独一无二的，每个人与家人的接触也是强烈而充满感情的，让青少年明晰家庭的概念、功能、作用以及每个家庭成员的责任和义务，如何处理与家庭成员的关系，从而为自己将来健康、幸福的家庭生活打下基础。

GSG 案例库

公交车上，小明占好了一个座位，欣喜地让给了爸爸，因为爸爸患有严重的胃病。车刚走一站地，爸爸就将座位让给了刚上来的一位女士。小明非常生气，心想：座位应该让给老弱病残啊，为什么要让给这个年轻的阿姨呢？碍于礼节，小明没有质问爸爸，而爸爸也装着没看见。下车后，爸爸看出小明的疑惑，笑着说："傻小子，你没看出来，人家是位孕妇。"接着，爸爸给小明讲述了妈妈怀小明时是多么的不容易，最后，爸爸动情地说："是你妈十月怀胎，才把你带到人间的。"

这位父亲利用生活情景对小明进行了一场尊重妇女，热爱母亲的教育，是一位非常智慧的父亲。的确，家庭就是一部复印机，孩子是家庭的一份复印件，父母则是原件。原件是什么样，复印件就是什么样。许多时候，我们总是抱怨甚至斥责孩子做得如何如何不好，殊不知，孩子的身上有多少不是我们自己的影子。

青春期的孩子，主要有两个场合影响他的成长，一个是家庭，一个是学校。这就是我们为什么要坚持 GSG 青春期整体教育的理由。家庭和学校是孩子成长的场所，家长和教师是影响他们最重要的人。青春期教育，光教育孩子是没有意义的，必须要对与他们朝夕相处的家长和教师进行教育，掌握了系统的、科学的青春期教育知识，才能教育好青春期的孩子。

5. 青春期社会教育

我们一般把社会教育与学校教育、家庭教育并列为教育的三大组成部分。这里的社会教育是指社会生活中对人的身心发展起积极促进作用的各种教育性因素的总和，包括人们在社会生活中通过耳濡目染、潜移默化的方式，在不经意间所获得知识、技能和道德启示。

与上面的社会教育定义不同的是，青春期的社会教育则是指对影响青少年发展的社会现象认知及如何与社会"打交道"的教育，即掌握认识社会、了解社会的主要方法，学会如何与社会合作，属于社会常识的教育。在青春期的社会教育中，主要内容是社会发展中的友谊、异性交往、沟通合作、文化认同、法律常识、安全常识、生活常识、道德观形成等。其目的是要让青少年明白，青春期是一段同伴关系发生变化的时期，但是，随着他们离开自己的家庭，他们最终会融入社会中，必将会与自己的朋友，但更多的是各种各样的陌生人"打交道"，且要独立地解决许多出现在自己面前的问题。如何融入社会并妥善地处理各种关系，是他们构建自己幸福人生的重要内容。

GSG 案例库

小A初中就辍学了，是典型的"啃老族"。他没正经干过一份工作，钱花完就问父母要，或是骗，或是威胁，回家后要么睡觉，要么不见人影，床底下全是空的饮料瓶……

"啃老族"出现的主要原因是个体社会化教育的失误，由于家长过分溺爱，使他们从小缺乏独立意识，以至于适应社会的能力较差，缺乏家庭和社会责任感。

那么，社会教育的主要内容是什么呢？

首先是责任教育。教育不能什么都传授，但必须培养有责任感的公民，它使人甘于自我克制并勇于为社会行为承担起积极责任。这是社会教育的第一个要求。

其次是标准教育。教育必须给自身的目标、严肃性和生活质量树立高标准。这是社会教育的第二个要求。

第三是理想教育。社会教育必须树立一个关于什么是成功和失败以及目标和成就的崇高而纯粹的理想典范。社会教育必须是美德的教育，其目标必须是创造出对美德的向往。

(四) 青春期教育的基本原则

1. 尊重原则

尊重是爱的基础，也是青春期教育的基础。青春期教育会涉及青少年生活和思想中最隐秘、最敏感的领域，因此，青春期教育是一项细致而复杂的教育任务，它要求教师和家长都要充分尊重青春期孩子的人格和自尊心，不但要有真诚耐心的态度，还要掌握循循善诱的教育艺术。切忌不能粗暴地、随意地闯入他们不愿被人窥视的神秘的心灵。充分地尊重要教育的对象，不但要学会干预，也要学会静等花开，冀望他们自省，这是青春期教育的基本要求。

2. 发展原则

青春期教育是人的发展教育，不能把它从人的全面发展教育中分离出来。青春期教育要解决的是每个人都必须面临的最实际的课题，这需要专门的知识和方法，因此，这是其他教育所不能代替的。青春期教育应考虑到人个性发展的各个方面，考虑到人的全部社会关系和社会生活，应渗透到德智体美劳所有教育中，并应服务于德智体美劳的全面贯彻。

3. 活动原则

青少年精力充沛，活动量大。青春期教育不能以简单的说教为主，应通过开展丰富多彩的健康活动，吸引青少年的兴趣，满足他们的精神需要，从而培养他们对科学、艺术的兴趣，转移他们的兴奋点，置换他们的追求目标，净化和升华他们的思想感情，把青少年旺盛的精力引导到正确的方向来。

4. 适度原则

针对不同的年龄阶段，青春期教育的内容和教育的方法都应有所不同。但不管采取什么样的教育方法，青春期教育都应适合青少年心理发展的年龄特征，做到及时而教，适可而止。如小学主要开展养成教育，初中主要进行生理卫生知识和心理健康方面的教育，使他们对生理成熟有充分的思想准备，能正确对待同学之间的友谊交往；高中则可以开展责任教育、家庭与社会等教育。

5. 主动原则

教师和家长要注意观察，尽早发现青春期少年心理上出现的骚动和不安、生活中的麻烦和困扰，不失时机地主动介入进行疏导而非批评或恐吓，通过深入了解情况，全面分析原因，掌握思想脉搏，主动关心帮助，因势利导，防患未然。

6. 同步原则

青春期教育涉及心理学、卫生学、社会学等多学科，涉及学校教育和家庭教育的各方面工作，既需要班主任和任课教师的密切配合，也需要学校各个部门共管齐抓，还需要家长的通力合作，更需要社会的积极支持，才能达到理想的教育效果。但由于我国正处于变革时期，新旧思想斗争激烈，外来影响盘根错节，由于观念的差异、视角的区别、认识层次的不同，学校教育、家庭教育、社会教育三者之间出现脱节，青春期教育的主战场放在学校就在所难免了。

还有一些青春期教育的方法原则需要我们牢记：

多观察，少定论。如孩子和异性在一起交往，就不要动不动说早恋了。

多引导，少训诫。家长不擅长描述事情的本质，只能用责骂来应对孩子的错误。

多预防，少惩罚。如家长要给女孩定一条"不能在外面过夜，最迟10点回家"的规矩，这比事后惩罚效果要好百倍。

多学习，少想象。凡事不要想当然，不要凭自己的习惯来解决问题。

多间接，少直接。当孩子出现状况时，一定要明确地告诉他们一个正确的观念和想法，说不定他们就是在说自己的事呢。

需要强调的是，青春期的性教育是一个十分复杂而敏感的内容。虽然它是青春期教育中一个重要且不能回避的内容，但在实践中，应考虑到各地的民族风俗、文化传统以及学生和社会的心理承受能力等诸方面的因素，必须严肃慎重。在开展性教育时不仅要注意科学性，而且要讲究思想性，防止产生负面的效应。那种不分场合与对象，随便使用人体图像与具体描绘性的语言进行性教育的做法，往往会产生消极的后果。

(五) 青春期教育中学校及教师的角色与职责

1. 学校及教师的角色定位

科普工作者。由于学生大部分时间是在学校度过的，因此，学校成了青春期教育的主阵地。青春期知识的科学普及任务主要是由教师完成的。这是因为教师的专业性，特别是科学课教师、生理卫生教师、生物教师、心理教师等对青春期知识的掌握程度决定的。

心理疏导者。青春期教育中，心理教育地位很重要。这是因为心理方法侧重于学生内心世界的研究和引导，鼓励学生自己认识自己。因此，这就需要教师学会采用心理学知识帮助学生解决问题，承担起心理教育工作者的角色，通过细致的工作，引导他们自己就某些问题自己得出结论，这要比老师直接告诉他们怎么做效果要好得多。

问题咨询者。学生在青春期遇到的大多数问题，都是需要学校和教师来解决的，学校和教师应为学生在青春期遇到的各种问题提供咨询建议。这种咨询教育是建立在对学生充分尊重基础上的引导，而不是带有某种强制意义和色彩的说服。

困难帮扶者。帮助学生解决困难，是学校青春期教育的核心。对于青春期的学生来说，解决他们在课堂上的困难是最重要的。此外，智力发展是人生幸福的基石，学校和教师应把重点放在学法指导上，充分挖掘其潜力，帮助学生完成智力发展。还有，当学生处于一些"特殊情况"时，比如体育课女生来例假等，学校和教师应该提供心理和物质上的帮助。

青春期教育在教师这个行当里，一直是一块热豆腐，都知道它应该做，但也都知道它所面临的风险。这就是尽管各路媒体掀起一浪高于一浪的青春期教育热潮，青春期教育在学校里还是保持着慢半拍节奏的原因。

家教辅导者。青春期教育本应是以家长为主，但目前的家庭教育正处于转轨时期，最头疼的问题就是许多年轻的家长缺乏教育孩子的能力。一部分家长从网络、电视、出版物中获得的一些碎片式的教育孩子的方法会与教师产生矛盾。如果教师指导不了家庭教育，学校指导不了家庭教育，社会上就会出现大批家庭教育机构，出现大批"家庭教育专家"，出现大量家庭教育"指导手册"，而这些社会家教的出现，只能给教师带来更大的困惑，"5+2=0"现象就是这样来的。许多老师发现，老师在学校里辛苦教育了5天，结果，2天的周末时间就让孩子回到了原点。如今的教师如果没有指导家庭教育的本领，就会面临重重困难。教师只有学会了对家长的辅导，家长才会与自己形成合力。在青春期教育中，教师在指导家庭教育时，一定要具体而明确，切不可以让家长妄猜你的意图。

2. 学校及教师的职责

统一规划。学校应将青春期教育纳入学校德育整体构建的内容，实行统一规划，统一实施。作为学校德育特色的一个重要内容，学校应开设固定的青春期教育专门课程，组织并实施青春期教育班级活动，着力打造青春校园。

即时观察。教师要及时观察班级学生身体的变化及异常情况，以便在第一时间内对需要帮助的学生进行青春期知识，特别是生理卫生知识的辅导。根据学生的年龄、心理特点，应安排专门的青春期生理卫生讲座或课程，对学生进行生理卫生宣传辅导。

有效指导。学校要根据学生的年龄和性别差异，分别授予其不同的知识，利用学校的心理辅导室和学校健康教育资源对学生进行有效的指导。其重点在于摈弃空洞的说教和简单的批评，通过设计和组织"无痕迹"的青春期教育集体活动，让学生在不知不觉中自我认知，自我成长。

GSG 案例库

以前的教师没有家庭教育的义务，但现在不同了。以2015年10月11日教育部发布《教育部关于加强家庭教育工作的指导意见》为标志，家庭教育正式纳入学校教育体系。《意见》明确规定：充分发挥学校在家庭教育中的重要作用。在具体措施上，明确提出了以下四条：

强化学校家庭教育工作指导。要"将家庭教育工作纳入教育行政干部和中小学校长培训内容，将学校安排的家庭教育指导服务计入工作量"。

丰富学校指导服务内容。各地教育部门和中小学幼儿园要坚持立德树人根本任务，将社会主义核心价值观融入家庭教育工作实践，将中华民族优秀传统家庭美德发扬光大。

发挥好家长委员会作用。各地教育部门要采取有效措施加快推进中小学幼儿园普遍建立家长委员会，推动建立年级、班级家长委员会。

共同办好家长学校。中小学幼儿园要把家长学校纳入学校工作的总体部署，帮助和支持家长学校组织专家团队，聘请专业人士和志愿者，设计较为具体的家庭教育纲目和课程，开发家庭教育教材和活动指导手册。中小学家长学校每学期至少组织一次家庭教育指导和一次家庭教育实践活动。

检查督促。在学校德育整体框架下，学校应阶段性地组织校园或者班级进行青春期教育知识考核，以加强学生的自主教育能力。在设计考核评价方式的时候，应适当地把法律、道德等知识结合起来，以帮助学生形成正确的道德认知。

深度合作。青春期教育需要教师与家长进行深度沟通，才能达成一致的教育方案。目前，我们的青春期教育基础较弱，机制形式单一。教师要认识到青春期教育是一个系统工程，会受多方面因素的制约，如家长意识、社会文明程度及学校对开展青春期教育的重视程度等。教师只是这个教育体系中的一个角色，因此，教师要注意把握青春期教育的度，针对青少年的心理特点和行为表现，采取引导性教育而非强制性教育，才能取得效果。此外，班主任老师要和学科教师，特别是学校的生物教师、心理辅导教师及学校管理人员彼此配合，构建青春期教育的复合机制。

3. 学校开展青春期教育的课程设置

青春期生理教育

☆ **生命起源奥秘的探究**
◆ 探秘生命的起源
◆ 尊重生命的意义
◆ 创造生命的器官
◆ 生命孕育与诞生
◆ 男女性别的形成
◆ 胎儿营养与保健
◆ 遗传与健康生命
◆ 避孕与夫妻保健

☆ **人体器官功能与保健**
◆ 骨骼肌肉与皮肤
◆ 消化系统的保护
◆ 循环系统的保护
◆ 呼吸系统的保护
◆ 排泄系统的保护
◆ 神经系统的保护
◆ 分泌系统的保护
◆ 生殖系统的保护

☆ **青春期身体发育现象**
◆ 青春期与性成熟
◆ 孩子们第二性征
◆ 女孩青春期烦恼
◆ 男孩青春期躁动

◆ 早熟晚熟的焦虑
◆ 奇怪的发育现象
◆ 经期卫生与保健
◆ 健康行为与态度

☆ **健康行为与不良习惯**
◆ 健康概念与内涵
◆ 打扮吸引有招数
◆ 健康体重可保持
◆ 饮食行为得节制
◆ 营养观念需科学
◆ 运动休闲要适度
◆ 睡眠质量应保证
◆ 健康计划早制定

☆ **自我保护与尊重生命**
◆ 对身体说对不起
◆ 习惯将成为自然
◆ 坏习惯与坏结果
◆ 拒绝诱惑务自重
◆ 远离危险勿好奇
◆ 警惕艾滋病侵袭
◆ 如何对待性骚扰
◆ 远离毒品和烟酒

青春期心理教育

☆ **心理发展与自我成长**

◆ 青春期心理发展

◆ 认识自己的心理

◆ 心理发展的差异

◆ 自我价值与实现

◆ 青春期心理健康

◆ 异性交往心理学

◆ 学习心理的调节

◆ 负性心理的应对

☆ **情绪管理与负性清理**

◆ 情绪产生的基础

◆ 情绪心理的原理

◆ 行为与情绪关系

◆ 情绪管理的策略

◆ 消极反应的培养

◆ 恐惧害怕的克服

◆ 警惕心理学诈骗

◆ 建立人格的魅力

☆ **性价值观与两性行为**

◆ 态度行为的变化

◆ 性态度与性行为

◆ 避孕和传播疾病

◆ 未婚先孕与流产

◆ 同性恋成因分析

◆ 性知识与性教育

◆ 自我改变与自尊

◆ 同一性与性别差

☆ **差异调节与积极应对**

◆ 厌学行为的调节

◆ 叛逆行为的调适

◆ 言语与思维分析

◆ 懒惰心理的矫正

◆ 自律偏差的纠正

◆ 冒险行为的调控

◆ 人体潜能的开发

◆ 战胜恐惧的方法

☆ **心理疏导与行为管理**

◆ 纪律问题的监理

◆ 学习问题的帮扶

◆ 品德问题的管控

◆ 性心理分流疏导

◆ 性偏离解决方案

◆ 发展性心理问题

◆ 适应性心理问题

◆ 障碍性心理问题

青春期智力教育

☆ **大脑发育与智力发展**
- 青春期大脑发育
- 学习中大脑反应
- 计划机能的开发
- 自制机能的开发
- 记忆机能的开发
- 灵活性机能开发
- 计算机能的开发
- 语言机能的开发

☆ **智力能力与潜力发展**
- 认知能力的发展
- 智力测量的运用
- 观察能力的发展
- 记忆能力的发展
- 思维能力的发展
- 想象能力的发展
- 操作能力的发展
- 综合潜能的开发

☆ **思维发展与智力发展**
- 可贵的质疑现象
- 发现闪光点策略
- 价值观的定向力
- 基础思维的训练

- 高级思维的训练
- 分析与综合练习
- 比较与分类练习
- 抽象和概括练习

☆ **学习能力与学习方法**
- 青春期大脑发育
- 阅读与思考能力
- 写作能力的训练
- 信息收集与加工
- 学习习惯的培养
- 归纳与总结能力
- 偏科行为的矫正
- 学科班会的实施

☆ **实践能力与展示能力**
- 体育天赋与能力
- 音乐天赋与能力
- 写作天赋与能力
- 计算天赋与能力
- 美术天赋与能力
- 演讲天赋与能力
- 其他天赋与能力
- 创意天赋与能力

青春期家庭教育

☆ **家庭结构与家庭成员**
- ◆ 家庭成员与结构
- ◆ 父母的教育类型
- ◆ 父母的行为影响
- ◆ 青春期家庭困惑
- ◆ 家庭关系与成长
- ◆ 家长对孩子认知
- ◆ 家庭的教养方式
- ◆ 家校合作的模式

☆ **健康教育与家庭发展**
- ◆ 健康教育的内容
- ◆ 健康与家庭发展
- ◆ 生命教育的策略
- ◆ 生理健康的教育
- ◆ 心理健康的教育
- ◆ 安全教育的内容
- ◆ 关系家人的健康
- ◆ 家庭的健康计划

☆ **价值教育与家庭发展**
- ◆ 价值教育的内容
- ◆ 价值观的重要性
- ◆ 人性引导的教育
- ◆ 人格教育的内容

- ◆ 人际交往的策略
- ◆ 责任教育的内容
- ◆ 个性培养与约束
- ◆ 家庭价值观形成

☆ **智能教育与家庭发展**
- ◆ 智能教育的内容
- ◆ 智能与家庭发展
- ◆ 智力品质的教育
- ◆ 核心素养的教育
- ◆ 特长培养的策略
- ◆ 智能资源的组合
- ◆ 智能教育的规划
- ◆ 家庭智能一体化

☆ **情感培养与人生指导**
- ◆ 亲情即为怎样爱
- ◆ 情感品德的关系
- ◆ 审美的培养路径
- ◆ 理智的培养策略
- ◆ 踏实做事的培养
- ◆ 关注弱小的群体
- ◆ 爱家就是爱国家
- ◆ 能说善写会做事

青春期社会教育

☆ **社会特点与社会成员**

◆ 社会的概念特点

◆ 社会成员与组织

◆ 社会化概念特点

◆ 社会化过程内容

◆ 社会化途径分析

◆ 个体内化的方式

◆ 社会化障碍因素

◆ 人性个性与人格

☆ **社会角色与社会地位**

◆ 社会成员的角色

◆ 社会地位的获得

◆ 分析自己的优势

◆ 学业成就与辍学

◆ 离家出走的预防

◆ 青少年犯罪原因

◆ 自杀成因与预防

◆ 和非主流说再见

☆ **社会关系与人际交往**

◆ 群体合作的特点

◆ 如何才能受欢迎

◆ 契约精神与信用

◆ 沟通与交流策略

◆ 合作中的进与退

◆ 职场生存的法则

◆ 职业生涯的规划

◆ 风险与权益保障

☆ **友情发展与爱情世界**

◆ 友谊发展与变化

◆ 异性交往的策略

◆ 群体接纳与人缘

◆ 约会技巧与保护

◆ 未婚同居的后果

◆ 婚姻的责任教育

◆ 青少年群体友谊

◆ 青少年文化特点

☆ **社会责任与个人发展**

◆ 家庭和道德学习

◆ 社会化发展理论

◆ 道德的影响因素

◆ 性别与职业抉择

◆ 职业发展的趋势

◆ 个人的社会影响

◆ 爱岗敬业做表率

◆ 树立远大的理想

4. 教师应具备的知识和教育技能

一是要系统掌握青春期知识。教师应掌握青春期的生理卫生知识、心理发展知识、智力发展知识、有关家庭和社会等方面的知识。除了理论方面的认知和掌握外，更要掌握与此有关的"如何解决问题"的知识与技能，只有掌握了这些知识和技能，才能在开展青春期教育活动中有的放矢，事半功倍。

二是要全面掌握青春期教育技能。青春期教育过程中，教师应具备的主要技能包括观察技能、理解技能、沟通技能、管理技能等。

观察技能是指教师对青春期的人和事进行全面细致了解的能力。对于青春期学生的思维和行为，教师应在细致深入观察的基础上得出正确的结论，切忌根据其表面的、偶然的、片面的现象轻率地做出结论。即先问为什么，再说怎么办。

理解技能是指教师对学生在青春期的任何反应的接纳能力。学生在青春期可能会出现一些让人匪夷所思的言行，教师要做到不急不躁，给予宽容和理解，能够对其言行进行分析、综合、抽象和概括。此外，理解能力中还应包括教师的自我调控能力，即教师要主动适应教育过程外部变化，及时自觉调节智能结构和工作方法，以及善于控制自己的情感、行为。

沟通技能分为语言表达能力和非语言表达能力。语言表达能力包括口头表达能力和文字表达能力。非语言表达能力包含两个方面：教师善于通过自己的人格形象，来影响和教育学生的能力；教师能把教育内容形象化，来影响和教育学生的能力。

管理技能是指教师对学生言行的管理能力。一要有获取信息的能力，二要有筛选和控制信息的能力，三要有加工信息的能力。此外，还包括组建班集体所必需的能力；参与学生活动和组织指导学生活动的能力；制订班级工作计划的能力；贯彻执行学校教育计划的能力；调节班内人际关系和班级人际关系的能力；协调各种教育力量，疏通各种教育渠道的社交能力；较强的创造能力，能从实际出发，不断研究新情况，探索新的工作途径和方法，创造新的经验。

检验教师应具备的青春期教育技能的标准是：能听懂学生说话，能让学生听话，能让学生愿意对你说话，能让家长认可，能让学校说不出什么。

能听懂学生说话，就是教师能够走进学生中，能够了解他们的心理变化，能够明白他们的表达方式，能够知道学生的语言代表什么意思。能让学生听话就是教师的建议应能打动学生内心，使其觉得教师是真心为他们好，能让学生愿意跟你说话，就是学生绝对地信任你，能够把你当作知己而愿意与你分享他们的内心独白。能让家长认可，就是取得家长的信任，让家长对你的专业能力认可。能让学校说不出什么，就是你能够将一些问题解决，而不致让问题扩大，甚至让学校处于被动的境况。

(六) 青春期教育中家长的角色与职责

目前，家长对孩子青春期教育的态度有两种极端倾向：一是无所谓，认为孩子到时自己就明白了。二是太敏感，严厉管教，寸步不离。

青春期教育不是孤立的，既然它是孩子成长教育的一个有机组成部分，家长的角色和作用就显得更为重要。某种意义上说，孩子的青春期问题很大程度上根源在家长。家长的问题要是没有解决好，孩子就可能出现这样或那样的问题。因此，要想让孩子顺利地度过青春期，为其幸福的人生打好基础，家长首先要补上青春期教育这一课。

1. 家长的角色

信息收集者。在学校里，班级多，每个班的孩子也多，老师不可能对每个孩子的问题都能及时发现。在这种情况下，家长要学会当情报员，注意发现孩子的情况，主动且及时和老师取得联系，介绍自己孩子的特点，使老师全面地了解孩子，进行有针对性的教育。例如，自己的孩子上课容易走神，表面上看是在听讲，实际上，其脑子已游离于课堂之外。如果家长能及时和老师沟通，并使老师能充分了解自己孩子的特点，做到课堂上及时向他提问，就会取得很好的效果。反之，家长如果不能和老师保持这样的沟通，就可能使老师忽视一些孩子的生理、心理特点，给孩子带来困惑痛苦。一个老师就因为不知道孩子"撇嘴"习惯而认为学生看不起他，将学生赶出教室，造成了非常严重的后果。

消防灭火者。处于青春期的孩子，容易对老师产生误解，进而"仇视"老师，影响学习成绩。因此，家长要学会做消防员，教会孩子如何正确地看待误解，及时给孩子灭火。家长如果发现自己的孩子放学回家后情绪不高，闷闷不乐，就应主动询问是不是遇到什么事。当发现孩子说自己被老师批评、恨老师之类的话时，不要着急，一边慢慢地了解情况，一边对孩子进行疏导，以消除孩子心头之火，帮助孩子理解老师的行为。

调解劝导者。有时候，孩子会在学校做一些被老师、同学误解的事。家长不仅要真诚地听取老师和同学家长的意见，取得一致，也要认真倾听孩子的心声，了解到事情的真相，学会做调解员，消除彼此的误解。如老师反映最近学生总是不交作业，家长就不能简单批评孩子，应了解清楚原因是什么，是精神不济还是听不懂？是作业太多还是其他原因？了解清楚原因后，家长要和孩子主动交流，共同寻找解决办法。

GSG 案例库

　　小美今年14岁，有一个幸福的三口之家。父亲长年在外做生意，家中只有母亲与她一起生活。平时，妈妈总是担心女儿早恋，成绩下降，每天不停地问这问那：今天跟谁一起上学？跟谁一起回家？有没有男生找你？每次问小美的时候，她都以沉默来回应。母亲更加着急，为了了解女儿在学校的学习，以及她接触的同学情况，每天在女儿睡觉后翻她的书包，查看她的 QQ 聊天记录……尽管女儿多次强烈提出不满和抗议，但小美的妈妈总以对孩子负责为理由不做任何改变，结果母女俩关系越来越紧张。

　　家长要想知道孩子的青春期信息，最好是和老师沟通，互通有无。靠"侦查"的方式获取孩子的青春期信息，多半会造成与孩子关系的紧张。特别是女孩子进入青春期后，情感发展使她内心更为敏感，也更为丰富，只要父母和孩子间缺乏共同语言，她就会选择和父母保持距离，以此来逃避父母的关注，甚至是教育。

　　困难帮扶者。简单地说，就是帮助孩子排忧解难。青春期的孩子每天都会遇到让他不解或让他烦恼的事情，这些事情会使他生气、痛苦、紧张、焦虑、情绪低落。如果没有一个人能为他们提供帮助，他就会把这些消极的情绪压抑在心里，时间一长，这些负面的能量，由于得不到及时的释放，会越积越多，等到他承受不了的时候就会以歇斯底里的形式爆发出来，使得孩子的精神世界崩溃。因此，对于孩子在青春期面临的心理上和生理上的困难，家长要责无旁贷地承担困难帮扶者的角色。所谓困难帮扶者，是指家长应给予孩子更多的支持和帮助，而不是指责，对有些事情，特别是性问题，家长就必须要面对，不能回避，逃避更不可取。有些生理问题，如女孩子来例假，如果班主任老师是男的，就不太方便处理。男孩子遗精了，女老师会让他更尴尬。这个时候，需要家长，特别是母亲和父亲来帮助孩子消除恐怖和难受，提供相应的帮助。

GSG 案例库

　　一天放学后，小强回到家显出一副闷闷不乐的样子。妈妈看见后，问他是怎么回事，小强回答说："老师今天批评我了，我恨死他了！"妈妈吃了一惊，连忙询问怎么回事。经过了解，原来是小强今天上课时借笔给同学，结果被语文老师批评他上课不认真听。小强解释了几句，被老师说他学习态度不好。因此，他觉得十分委屈。

　　冷静了一下，两人进行了简单对话。

　　妈妈：老师看见同学向你借笔了吗？

　　小强：没有。

　　妈妈：老师只看见你不听讲，所以批评你很正常，至于老师说你态度不好，你回想一下，你是不是每节课都认真听讲了？都积极回答问题了？是不是每次作业都写得认真？如果不是，那么老师的批评就是正确的。再说了，老师批评的目的是想让你变好，是好事，老师是关心你的。

　　听了妈妈的话，小强心里平静了下来，理解了老师的行为。

　　处于青春期的孩子，在学校里很容易对老师产生误解，从而仇视老师，影响学习成绩。在这种情况下，家长要学会做消防员，及时给孩子灭火，教会孩子如何正确地看待别人的误解。

2. 家长的职责

　　多交流，做一个名副其实的倾听者。取得孩子的信任，是青春期父母和孩子交流的基础。家长应留出只属于你和孩子的固定的时间和孩子交流，而且做到认真地、安静地听他说话才会有好的效果。青春期的孩子已经不喜欢总是听家长"教训"自己了，如果你的孩子不喜欢和你交谈，而你又想和他愉快地交流，那就一定要先尝试着去做一名忠实的听众。面对青春期的孩子，家长只有耐心地倾听孩子的想法，他才会向你敞开心扉。在听他们讲完以后，你可以帮他们理清思路，提出一些解决问题的建议。

GSG 案例库

"丁零零……"

成成妈妈正在厨房做饭，电话铃响了起来，是孩子的英语老师打来的。电话中，英语老师特别生气，告诉成成妈妈，因为成成的英语小测改错一直没有交，于是，放学后老师让他补，结果成成逃跑了！

成成妈妈没有生气，仔细询问了事情的原因。原来，成成特别发怵的学科就是英语，他不知道如何更改错误，问同学，同学也不告诉他，结果就一直拖到了放学。因为妈妈要求他放学后必须按时回家，他怕回家晚了挨批，又怕妈妈发现他英语不改错，所以就逃跑回来了。

了解了事情的原因后，成成妈妈给英语老师写了一封信，先对老师的关心和负责表示感谢，并将原因告诉了英语老师。于是，老师专门召开了班会，要求同学们在学习上要相互帮助，并给成成找了学习伙伴，帮他解决了改错难的问题。

与此同时，成成妈妈也做好了儿子的工作，告诉他，上课要专心听讲，才能少出错。如果改错真的没做完，必须要改完后再回家，回来跟父母说清楚就可以了。

做好双方的沟通工作后，孩子的学习积极性很高，期末考试也取得了较好的成绩。

有时候，孩子在学校做的一些事容易让老师产生误解，家长不仅要真心听取老师的意见，也要认真倾听孩子的心声，学会做调解员，及时做好双方的沟通工作，消除彼此的误解。

警告：千万不要把跟孩子的谈话演变成你滔滔不绝的说教，这可是很多父母在跟孩子交流时最容易犯的错误。

多关注，尽可能多地了解孩子。希望做到什么或不做什么，家长是可以做到的。做到这些的最好办法就是多了解孩子的情况，鼓励孩子多谈谈他生活中遇到的事情。家长应知道孩子喜欢待在哪儿，喜欢跟谁待在一起，还需要跟孩子朋友的父母保持联系。

GSG 案例库

小华又哭了！作业不会做，妈妈却在一边不停地骂她笨，说别人家的孩子怎么怎么好……

在学校压力大，课程繁多会让孩子内心产生阻力，无法持续主动地去做事。在现实生活中，孩子"磨作业"也成了家长共同的心结。适当把要求的水准降低，让孩子有一个过程去突破内心的阻力，并树立责任心更主动地去做功课。比如说，先让孩子做不喜欢的科目；用同一步调增强孩子的主动行动力，可以和孩子商定，当妈妈干完家务，如果孩子能完成作业，就和他一起阅读一本新买的故事书；不在孩子挫败时痛骂他，培养孩子主动自我激励，引导孩子养成自觉主动的习惯，是比简单督促更为有效的家庭教育方法。

必须强调的一点是，家长不要在家中把社会上发生的负面案例当成别人家的笑话，拿来当教材利用。比如，我国每年都会发生大量的青春期少女出问题的案例，有些是惨痛的，甚至危及生命。理性的家长可以结合这些案例对女儿进行教育和引导，让孩子清楚，一旦失去父母的保护，仅靠她们柔弱的身躯，一旦不顾后果轻易地逃离出家，就像草原上离群的羔羊，很容易落入狼口。当女孩子深刻地认识到社会远非她们想象的那样后，会有一种心理畏惧感，绝不会轻易动离家出走的念头。特别是在网络和社交平台非常便捷的今天，家长一定要对女儿的手机和网络的使用进行规范，绝不能任其随意使用，否则，网络陷阱很容易吞噬单纯无邪的少女。

警告：家长要关心孩子的生活，但不必过多干涉他的生活！家长应给孩子足够的空间，让他自己去探索。如果你从一开始就给孩子制定了合理的规章，就更可以放心地让他去做了。

多引导，给孩子树立明确的价值观。家长不能指望你的孩子能够自然而然地成为好公民，也别指望他们的同伴、学校或媒体能教给他们正确的行为准则。家长必须给孩子制定规则，让他们明白哪些举止和品质是非常重要的。家长可以给孩子列出一个价值观清单和负面清单，明确地告诉孩子，你希望孩子具备什么样的素质。清单列出后，最好能在定期举行的家庭会议上强化它们在孩子头脑中的印象。

GSG 案例库

　　林女士说："我这个妈妈当得真失败，母子俩连最起码的交流都成问题。"
　　是不是许多家长都碰到过这样的问题？问题的根源在哪里？主要在于家长要有青春期意识。许多家长对孩子的青春期变化感到突然，没有思想准备，更不要说有预先干预的理念和调整自己的教育方式了。这些家长由于没有青春期意识，对孩子的心理发展后知后觉，看到孩子不同以往的表现，只是一味强调孩子"不乖了""逆反了"等，情绪就会烦躁不安，进而直接影响到对孩子的无端干涉的频率、范围和方式，引起进入人生第二加速发展期的孩子的强烈不满。

　　警告：如果希望孩子具备什么样的素质，家长首先就要先具备什么样的素质。家长是最好的青春期教育教材，光说不练，后果很严重！

　　多合作，共同引领孩子度青春。青春期教育需要家长与教师、与周围的人保持深度沟通并建立合作关系，为孩子创建一个良好的人际环境才能取到理想的效果。青春期教育本是一个系统工程，会受多方面因素的制约，当学校和社会功能不是很完备的时候，家长要防患于未然，提前做好合作方案和合作准备，有意识地建立合作渠道，引导并取得周围人的帮助，引领孩子顺利度过青春期。

GSG 案例库

　　妈妈陪儿子小晨参加周六兴趣班，因出门晚了，妈妈一边走一边看表一边焦急地催促："儿子快走，要不就迟到了。"说到第三遍时，小晨猛一回头，非常气愤地说："迟到了关我什么事啊？"妈妈委屈地流下了眼泪。

　　现实生活中，孩子放学回家，许多家长会立即帮孩子摊开书本，准备纸笔，自己拉过凳子坐在孩子旁边督促做作业。这样做的结果是，让孩子觉得做作业，父母比我着急，我可以不把作业放在心上？因此，尽管你急得不行，他却胜似闲庭信步。注意，父母越主动，孩子就越被动。

　　一位妈妈看到儿子有时作业不认真、吃饭时挑肥拣瘦，几次发脾气后，儿子开始不吱声，后来再吼孩子也跟着吼。于是，妈妈改为写日记的办法，用文字和儿子交流。过了一段时间，妈妈发现儿子也开始在日记本上面倾诉了。母子俩你来我往，既加深了母子感情，又提高了孩子的写作能力。

　　警告：合作的目的是为孩子营造一个好的环境，这需要家长的提早、精心设计和运营！

3. 家长应具备的技能

　　青春期教育中家长应具备会辨、能引、擅导等技能。

(1) 会辨

　　家长要能辨别孩子在青春期来临时所遇到的问题和现象，以便充分理解这一时期学生由于生理发育所带来的心理困扰。

◆ 性觉醒与性朦胧 ◆

　　性觉醒：性开始成熟的标志，带有很大的理性成分，是自觉的。

　　性朦胧：是性萌动的外在表现，是感性的，无心的。青春发育初期，男女生之间相互产生好感，在一起时心情愉悦，彼此会产生一种爱慕之情，这属性朦胧的自然表露。

家长需要注意的是，男女生之间互有好感、彼此爱慕并非自觉追求性的爱抚，完全是一种自然反应。如果对这种现象不加分析研究，错把本来无心的性朦胧的自然表露看成是性觉醒的有意追求，就有可能把事情弄糟。

◆ 友谊与爱情 ◆

爱情：以性爱为基础，以结婚为目的。

友情：以友情为出发点。

青春期发育初期的学生，内受荷尔蒙的刺激，外受社会风气的影响，会自然地开始寻找心灵的慰藉，渴望找个异性朋友倾吐烦恼，这是纯洁的友谊，对人的身心发展都有着积极的作用。爱情与友情大多数时候难以分清楚。作为家长，应头脑冷静，多观察、多分析、多思索，不可混淆友情和爱情的界限。

◆ 怀春和早恋 ◆

怀春是孩子进入青春期后的一种正常的、健康的生理和心理现象，是性渐趋于成熟的反应。大多数男孩女孩都会在13岁以后，萌发怀春心理。

早恋则是青春期男女向往异性的一种强烈心理活动。由于个体在交异性朋友的年龄较他人提前，因此被称为早恋。其基本特点是：情感强烈但较肤浅，波动性较大，是一种不适时的失控行为。

父母肩负教育孩子的重任，但需弄清楚的是，父母不是老师，也不是老师的助手，父母就是父母。尽管父母有义务配合学校、老师共同教育孩子，实现"家校共教"，但父母跟老师之间不是从属关系，也不存在谁主谁次的问题。如果父母被定位为老师的助手，那父母理所当然就成了"协助老师做事的人"。如果形成这样的情况，父母实际上就相当于消失了。为什么这样讲？如果老师是老师，父母也是老师的话，孩子的生活空间中就变成了处处都是老师。如果父母和老师都做完全相同的事情的话，对孩子来讲，这是多么单调、多么乏味、多么令人窒息的事情啊！

(2) 能引

家长要能尊重科学，尊重事实，及时对孩子进行性生理和心理方面的知识引导，使其掌握必要的性生理卫生、性心理卫生知识，养成良好的卫生习惯，破除对性行为的神秘感。

(3) 擅导

对于孩子在青春期出现的各种性压抑、性紧张等，家长要能理解、尊重、指导和宽容，要能够帮助孩子通过转移和升华解除。

理解：能设身处地地从孩子的角度去看待其言行和情感，能平等地与孩子进行交谈，不能着急。

尊重：要尊重孩子的人格、感情和隐私，不能不问情由一味指责，简单粗暴，更不能动辄训斥谩骂，吓唬威胁。

指导：家长要帮助孩子明白什么是可以或应该提倡的，什么是错误的必须反对的，帮助孩子正确处理异性间的友谊，划清友情和爱情的界限，懂得道德和责任的关系，指导孩子用理智战胜冲动，学会融入集体之中，按社会的期待、教育的要求行为。

宽容：对于问题较多和常发作的孩子，应有宽容之心，多关怀少处理。家长要把握教育的分寸，实事求是，通情达理，不说过头话。

GSG 案例库

孩子回家刚刚丢下书包，妈妈就问："宝贝儿，你作业写完了没有啊？赶紧去写作业，然后把功课复习一下哈。"到了晚上9点，孩子的家庭作业终于在妈妈的督促下完成了。爸爸拿起语文书严肃地说："把今天学习的课文背给我听，然后把明天要学的课文先读两遍。"进入青春期的孩子正欣喜地体验着自己的长大，父母必须逐渐实现从父母心态向成人心态的过渡。如果仍抱着孩子小时对他的那种"父母心态"居高临下地与孩子沟通，期望孩子还能像"以前那样乖"，孩子是不会向你敞开心房的。

 特别提醒：

老师和家长都要清楚自己的身份，明白各自的教育任务：老师的任务是"传道、授业、解惑"，父母的任务是教会孩子做人。

在传授系统的文化科学知识方面，老师是经过严格训练的专业人士。而在教孩子做人方面，父母有自己的优势和不可推卸的义务。虽然父母和老师在教育方面有交集，但不是重叠，不是互相取代。如果家长和老师能够了解这一点，使两种教育优势互补，就会很好地实现家校合作，从而实现教育的效益最大化。若父母放着自己的位置不坐，拼命地去挤占老师的位置，那就可能会"种了别人的田，荒了自家的地"，甚至于别人的田没种好，自家的地也荒了。现在许多的家校合作效果不佳，与此有很大的关系。

(4) 懂陪

陪伴孩子顺利度过青春期是家长的责任和义务。家长应深入学习，懂得陪伴的方法和策略，从而给孩子提供科学、有效的帮助。

本章，我们已经讨论了以下青春期知识内容——

◎ 青春期不应是一个时间或阶段的概念，更像是一个过程，是人在身体上的迅速长高、生理上的迅速成熟、智力上的潜能开发、情绪上的任性扩张，以及其行为上的管理能力以及对于同龄人观点的感知能力等，都以独特的方式得到开发的一个过程。

◎ 关于青春期年龄段的划分，目前大多数机构包括世界卫生组织和学者都赞同的年龄段为10~20岁。

◎ 心理学家常以月经来潮为基准，将青春期划分为两阶段：月经（遗精）之前为前青春期，月经（遗精）之后为青春期。

◎ 青春期的生理概念：青春期是指人的生理迅速发育并走向成熟的时期。

◎ 青春期的心理概念：青春期是指人的心理发展逐渐走向成熟的时期，并认为这是个体身心成长、自我意识逐渐形成的时期。

◎ 青春期的社会概念：青春期应是个体基本完成由自然人到社会人的转化，最终成为符合社会要求的一员的重要时期。

◎ 青春期的法律概念：青春期是获得公民资格的时期。从这个时期开始，个体不仅开始逐步享受法律赋予的一定权利，同时也开始承担法律规定的一定责任和义务。

◎ 青春期教育包括青春期生理教育、青春期智力教育、青春期心理教育、青春期家庭教育、青春期社会教育五个方面的内容。

◎ 青春期教育中学校及教师的角色为科普工作者、心理疏导者、问题咨询者、困难帮扶者、家教辅导者。其职责为：统一规划、即时观察、有效指导、检查督促、深度合作，教师应掌握的技能为：系统掌握青春期知识、全面掌握青春期教育技能。

◎ 青春期教育中家长的角色是：信息收集者、消防灭火者、调解劝导者、困难帮扶者；其职责是：多交流、多关注、多引导、多合作。家长应具备会辨、能引、擅导等技能。

教师行为清单	◎ 能设身处地地从孩子的角度去看待其言行和情感，能平等地与孩子进行交谈，不能着急； ◎ 开设科学系统的青春期教育课程，组织并实施青春期教育班级活动，及时观察班级学生身体的变化及异常情况，以便在第一时间内对需要帮助的学生进行青春期知识，特别是生理卫生知识的辅导； ◎ 根据学生的年龄和性别差异，分别授予其不同的知识，利用学校的心理辅导室和学校健康教育资源对学生进行有效的指导； ◎ 培养学生的自主教育能力； ◎ 做好与家长的合作； ……
家长行为清单	◎ 引导孩子正常交往：应关心和了解，不大惊小怪，不主观推测，不当面责备，不放任不管，不硬性禁止。 ◎ 引导孩子感情转移：鼓励和帮助孩子积极参加社会活动，创造健康宽松的交往环境，丰富其精神生活，培养各种浓厚兴趣，共同遵守社会生活规范，锻炼理智分析和冷静控制能力，促进身心健康发展。 ◎ 尊重孩子的个人隐私：不随便翻阅孩子的个人隐私记录。 ◎ 懂得陪伴的方法和策略，从而给孩子提供科学、有效的帮助。 ◎ 为孩子顺利度过青春期提供精神和物质上的支持。

青春期生理教育

QING CHUN QI SHENG LI JIAO YU

青春期生理教育的核心是帮助青少年充分认识到自己的身体构造，掌握身体保护的基本常识。当然，更为重要的是，让青少年牢固地树立起"尊重生命，珍惜生命"的意识。

本章，我们将讨论男性和女性的身体是如何发育、变化的，甚至会讨论发生这些变化的原因，您将了解到：

- **我们的身体是如何构造的**?
- **人体各个系统是如何一起工作的**?
- **青春期会出现怎样的发育现象**?
- **为什么身体发育会对我们产生如此巨大的影响**?
- **男孩和女孩性身体差异有哪些**?
- **青春期生理教育的内容有哪些**?
- **那些在青春期不易观察的身体内部的改变对青少年产生的行为变化有哪些**?
- **如何对青少年开展青春期生理教育**?

在本章中，还将重点了解到这个时候的青少年：

- **青少年为什么不能很好地照顾自己**?
- **为什么会有那么多青少年过度肥胖**?
- **为什么会有厌食**?
- **为什么有的青少年在上课时间不能保持清醒状态**?

在本章中，甚至可能会提醒您思考：

- **我用了哪些不恰当的方法**? **什么才是正确方法**?

本章将帮助您了解到，我们的身体是多么的复杂，身体的每个器官和机能是那么的令人着迷。通过本章的阅读，我们应当记住自己的身体，她是父母送给我们的一件多么伟大的礼物，我们应该用一生的付出去好好照顾她……

一、人体的主要器官与功能

人体是由细胞、组织、器官和系统构成的。细胞是最小的单位，其次是组织，然后是器官，最高层次是系统。

◆ 细胞 ◆

细胞进行各项生命活动使人体产生活力，需用显微镜才能看到。

构成人体的细胞大约有100万亿个。

细胞能够生长和复制，以及排泄生命活动中产生的废物。在整个人体中，每分钟有1亿个细胞死亡。大脑的神经细胞的神经冲动传递速度超过400公里/小时，相当于777飞机速度的一半。

◆ 组织 ◆

组织由一群执行相同功能的细胞组成。包括肌肉组织、神经组织、结缔组织、上皮组织四类。

◆ 器官和系统 ◆

器官由几种不同的组织按照一定次序结合在一起构成。包括骨骼系统、肌肉系统、神经系统、循环系统、消化系统、内分泌系统、呼吸系统、泌尿系统等11个系统。

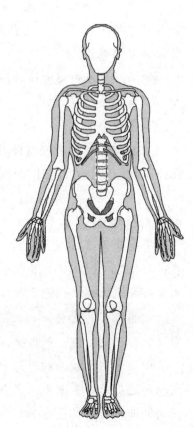

（一）骨骼、肌肉、皮肤的功能 与自我保护

1. 骨骼系统

骨骼有塑造体形、支持躯体、支持和保护身体、运动、保护内脏器官、制造血细胞、储存身体所需要的某些物质等七个功能。健康的骨骼会让你自由跳跃或翻转。人要是没有骨骼系统，身体就没有形状。

骨骼系统也称为骨架，由206块骨头组成。

骨和骨之间是通过关节连接在一起的，许多关节很灵活，使得骨骼能够自由活动。

脊柱是人体骨骼的中心，由26块小骨组成，帮助人体进行各项运动。

骨骼执行着人体所必需的很多功能，特别是在发育阶段，保持骨骼的健康十分重要。

骨骼系统的三种常见损伤为：骨折、脱臼、扭伤。任何关于骨骼的损伤都要及时去医院就诊，以便得到及时有效的治疗。

骨折：摔倒和被重击都可能会引起骨折。

脱臼：用力不当或外力影响引起的骨的末端脱离关节。

扭伤：韧带被拉得太长或在某处被撕裂引起，常见的是脚踝处的关节扭伤。

◆ 骨骼保护 ◆

饮食：平衡膳食可使人在生长发育期摄入足够的钙和磷，从而保持骨骼强壮。多吃谷物、肉类、绿色蔬菜、牛奶等；如果饮食中没有足够的钙，人的骨骼就会变得脆弱。

锻炼：保持锻炼能使骨骼发育得更加坚固紧密，保持强健。

2.肌肉系统

人的肌肉系统能使身体和内脏器官运动，将食物运输到消化系统，使心脏保持正常跳动。人体内的肌肉有600多块，都具有不同的功能。

◆ 肌肉健康保护 ◆

有规律的锻炼对于保持肌肉的力度和柔韧度很重要。其锻炼的频率应保持在一周3次以上，每次不少于20分钟的游泳、走路、骑车、跑步，可使你的肌肉更有效地工作，让你更健康。

骨骼肌容易受伤，因此在锻炼时，一些避免骨和关节受伤的预防措施也能帮助肌肉避免受伤。如热身，配备适当的安全装备。

即使采用了适当的预防措施，也难免会使肌肉受到伤害。当肌肉过于疲劳或拉伸过度就会引起肌肉紧张和拉伤。肌腱也会被拉伸过度或局部撕裂，长时间的锻炼，骨骼肌会痉挛。

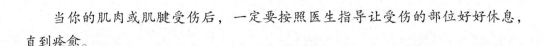

当你的肌肉或肌腱受伤后，一定要按照医生指导让受伤的部位好好休息，直到痊愈。

3. 皮肤

人体内最大的器官是皮肤。人体的皮肤厚度仅有0.5~4毫米，但却重达5000克，面积超过1.5平方米。皮肤使人体内部与外部形成屏障，它覆盖在人体表面，能阻止水分的流失；保护身体避免受伤和被病菌感染；帮助调节体温，排除体内的垃圾，收集周围环境的信息；在阳光照射下合成维生素D。

◆ 保持皮肤健康 ◆

好习惯会使你的皮肤保持健康：一是合理饮食。每天应摄入足量的水分。二是保持皮肤干净。进入青春期后，皮脂腺活动特别活跃，如果被油脂堵塞会导致细菌感染，应用中性肥皂清洗皮肤，除去皮肤上的灰尘和细菌。三是避免长时间在烈日下曝晒，以避免皮肤过早老化和引发癌变。

4. 毛发和指甲

毛发：人体毛发有数百万根，这是毛囊中生长出死细胞形成的细丝状物质。每个毛囊底部毛球中的细胞不断产生毛发，并使其直立于皮肤的表面。

指甲：其主要作用是覆盖和保护指（趾）尖，可挠痒、捡拾体积较小物体。

◆ 毛发保护和指甲保护 ◆

多吃含丰富蛋白质、ω-3脂肪酸的鱼类与坚果类食物，绿叶蔬菜、胡萝卜、豆类食物则是加强头皮角质层的优良选择。

用温水洗头，别忘了洗头时好好地按摩一下头皮。少用吹风机，不染发。

游泳前洗洗头，游泳时戴泳帽。

减少太阳曝晒和梳发的次数，过多地梳头也会对头发造成伤害。

（二）消化系统

1. 消化系统的功能

消化系统将食物摄入身体并分解食物，吸收营养物质。消化系统的主要部分是长管状的消化道，上自口下至肛门，包括口、食管、胃、小肠和大肠。其他的器官如齿、舌、唾液腺、肝、胰和胆囊等与消化道相连，协助消化。消化系统器官从头到尾约9米长。

消化系统具有三大功能：首先是将食物分解成能被身体利用的分子；其次，这些分子被吸收到血液中并被运送到身体各处；最后，将废物排出体外。食物在消化系统中不断移动，消化、吸收、排出连续不断地发生着。

在食物消化的过程中，肝脏和胰腺对人的生理活动起着非常重要的作用，肝脏制造的胆汁，能将大的脂肪颗粒分解成小的脂肪液滴，通过化学消化被胰腺产生的酶分解掉。

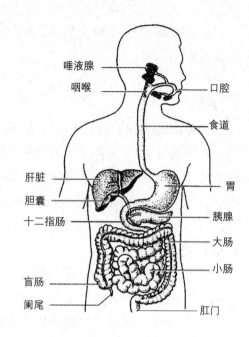

2. 健康饮食行为

任何生命都离不开食物，它不仅提供生命生长发育和修复组织所需要的营养物质，同时也为其各项活动提供能量。人体需要的营养物质包括碳水化合物（即糖类）、脂肪、蛋白质、维生素、无机盐和水。碳水化合物（即糖类）、脂肪、蛋白质为身体提供能量。因此，膳食平衡是拥有一个健康身体的基础，不能偏食。

人体每天所需要的能量依据人的年龄和日常活动水平而定，会随人的生长发育而变化。幼儿生长发育迅速，需要的能量较多。13岁的女孩每日需要6720~9240千焦能量，13岁的男孩每日需要7560~10080千焦能量。活动水平越高，所需要的能量越多。

◆ 消化系统保护 ◆

不偏食。人体需要营养物质包括碳水化合物（即糖类）、脂肪、蛋白质、维生素、无机盐和水。碳水化合物（即糖类）、脂肪、蛋白质为身体提供能量。因此，膳食平衡是拥有一个健康身体的基础，不能偏食。

限制糖类和脂肪的摄入量。含糖的食品、富含油脂的食物（如油炸食品、蛋糕等）能够给人带来额外的热量，但带来的营养却少得可怜。

(三) 循环系统的作用与健康呵护

1. 循环系统

循环系统也叫心血管系统，由心脏、血液和血管组成，输送人体细胞所需要的物质，将代谢废物排出体外，帮助抵抗疾病。循环系统在保护身体免受感染和保持体温恒定在37℃方面具有重要作用。从细胞流出或流入的物质由被称为血液的红色物质带路，由心脏泵出，沿管状血管网在体内循环。

(1) 心脏

心脏由心肌组成，能永不疲倦地收缩。它每跳动1次，就能推动血液流经循环系统的所有血管。一年内，心脏输送的血液能灌满一个能同时容纳30人比赛的游泳池。

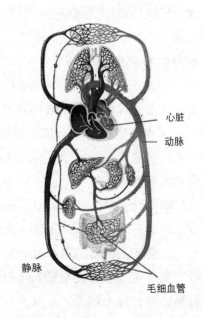

心脏

动脉

静脉

毛细血管

心脏有左右两个心房，中间分隔的组织壁叫隔膜。每一边各有两个腔，上面的两个空腔叫心房，接受来自心脏的血液；下面的两个空腔叫心室，将血液推出心脏。心房和心室被瓣膜隔开。血液通过两条环线在人体内实现循环。一是从心脏开始，到达肺部后又重新返回心脏；二是在全身各处实现血液循环。

◆ 保护我们的心脏 ◆

戒烟少酒。烟酒对心脏的影响虽不是直接的，但是长期嗜烟酗酒的人，发生心肌梗死的概率比普通人高好几倍。

少吃肥肉，减少饱和脂肪酸的大量摄入，避免引发冠心病等心脏疾病。每周最好吃几次海鱼、鸡肉等鱼类肉类，有助于提高体内的好胆固醇水平。

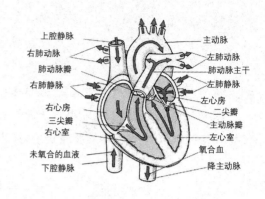

适当摄入食盐。成人每天摄入盐不能超过6克，有心脏不适的人，吃饭还要清淡一些。

多吃坚果。每天只要一小把，尽量吃原味的坚果。

保证足够的睡眠，坚持每天运动半小时，保持平和的心态。

(2) 血管

血管穿过人体内所有的组织，少部分血管有大拇指那么粗，但大多数血管比头发丝还要细。如果把人体所有血管相连，约有10万千米长。

◆ 保护我们的血管 ◆

脑出血、脑血栓、心肌梗死……这些由动脉粥样硬化引起的心血管疾病，不再是老年人的专利，它越来越多地发生在中青年的身上。

注意观察血压。血压是由于心室收缩产生的力而引起的，人们可以用血压计来进行测量。正常成年人的血压为120/80或更低一些。血压高于140/90通常被认为是高血压。

注意饮食习惯。像山楂、燕麦、黑木耳、金橘、茄子、红薯、大蒜、洋葱这些能疏通血管并保持血管壁弹性的食物可常吃一些。醋能软化血管，降低血脂。

饭前适度运动，保护血管的效果更好。

黑巧克力含有天然抗氧化剂黄酮素，能防止血管变硬，同时增加心肌活力，放松肌肉，防止胆固醇在血管内积累，对防治心血管疾病有一定功效。

适当喝点绿茶。绿茶中的儿茶酚能减少血液中坏胆固醇的含量，增加好胆固醇的含量，增加血管柔韧性、弹性，预防血管硬化。

(3) 血液

血液是一种非常复杂的组织，由血浆、红细胞、白细胞和血小板组成。血细胞约占血液体积的45%，其余部分为血浆。

血浆主要是运载一些调控机体活动的化学信使，细胞在生命过程中产生的许多废物也是通过血浆运走的。红细胞主要是在肺部获得氧气并将其输送到全身各处的细胞。白细胞是与疾病做斗争的卫士。血小板在止血、凝血方面起着重要作用。

血液有 A、B、AB、O 型四种类型，如果要输血，就必须找到与你的血型相匹配的健康献血者。

(4) 淋巴

一些组织液从血管的血液中渗漏出来后，会进入淋巴系统。淋巴系统与静脉相似，能使组织液流回到血液中，就像城市里的雨水槽，能收集暴风雨之后的过多雨水一样。

淋巴是指在淋巴系统中流动的组织液，由水、葡萄糖和一些离开毛细血管的白细胞等物质组成。由于没有泵，其移动非常缓慢。组织液流过淋巴系统时经过的一些组织结叫作淋巴结，能够过滤淋巴、吞噬细菌及其他引起疾病的微生物。当身体与疾病做斗争的时候，淋巴结会肿大。

◆ 保护心血管健康 ◆

随着我国社会经济的发展，由于锻炼的缺失，不科学、不正确的生活方式和不良饮食习惯等原因，心血管疾病已经成为人类健康的第一大敌人。心血管疾病包括由于高脂血症、血液黏稠、动脉粥样硬化、高血压等所导致的心脏、大脑及全身组织发生的缺血性或出血性疾病。即使应用目前最先进、最完善的治疗手段，仍有50%以上的脑血管意外幸存者生活不能完全自理，全世界每年死于心脑血管疾病的人数高达1500万人，居各种死因首位。

心血管疾病应从预防做起，主要在发病前预防。其手段有注意保暖，防止栓塞；避免大运动量晨练；控制饮食总量，调整饮食结构；坚持运动，循序渐进；戒烟少酒，劳逸结合；减少钠盐摄入，多吃富含精氨酸的食物，控制血压，适当进补。核心是改变不良的生活方式。

(四) 呼吸系统的功能与保护

人每天的呼吸约2万次，且不会停止。呼吸系统的作用是将氧气带入身体内，并将二氧化碳排出体外。呼吸系统包括肺和气体进出的管道。空气从体外进入肺部，要通过鼻腔、咽、气管和支气管。它使从外界进入到肺的空气保持清洁、温暖和湿润。一旦空气进入到肺内，空气中的氧气就可以进入血液中。

◆ 保护呼吸系统 ◆

不吸烟。烟草中含有焦油、一氧化碳和尼古丁，这些致命物质对肺的伤害特别大。长期吸烟的人，容易得慢性支气管炎、肺气肿、动脉粥样硬化和肺癌等疾病。此外，吸烟者并不是吸烟的唯一受害者，被动吸烟者也会受到伤害。因此，现在的公共场所一律禁止吸烟。

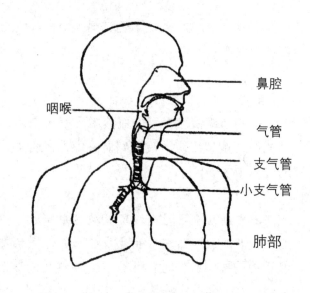

避免吃油炸、油腻和辛辣刺激性食物，如胡椒、辣椒、花椒等，对烟酒也要少碰。

不要过饱饮食。过饱饮食可加重肺的负担，研究证明过饱还可引起低氧血症。

长期工作在具有粉尘或有毒气体的环境下，应使用呼吸防护产品，如口罩、防毒面具等。

咳嗽或者呼吸道感染，除了季节的因素，也常常和居家生活有关。如在不影响隔光的情况下，居室以挂薄纱窗帘为好，并经常清洗，避免挂较厚面料的窗帘。

要多呼吸新鲜的空气，少到网吧游戏厅以免吸进有害气体。

要多喝开水洗净喉咙里的垃圾物。

冬季要重视耐寒锻炼(坚持用冷水洗脸、洗鼻等)，可进行呼吸操、扩胸运动、腹式呼吸等训练，增强体质，提高对气候的适应能力和机体免疫力。出门者应戴口罩。

选择正确的呼吸方式，用鼻呼吸。

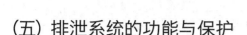

（五）排泄系统的功能与保护

排泄系统在体内收集细胞产生的废弃物，并将其排出体外。通过排泄，及时清除人体内的有害物质，保持人体内环境的稳定。排泄系统负责排出体内的尿素、水和其他废弃物，其结构包括：肾脏、输尿管、膀胱和尿道。

人有两个肾脏，像一个过滤器，能保留身体所需要的物质，并将血液中的尿素和其他废弃物排出体外。

人体产生的大部分废弃物都是通过肾脏排出体外，只有少部分是通过其他器官排出的。如通过肺呼吸排出二氧化碳和水分，水和尿素也可通过汗腺以汗液的形式排出，肝脏会在一些废弃物被排出体外前对其进行分解……

◆ 保护排泄系统 ◆

肾脏保护。坚持低脂、低盐饮食，控制热量摄入，适当运动。其次，避免大鱼大肉的高蛋白饮食，预防血尿酸异常。避免使用损害肾脏的药物，少用劣质化妆品，以远离重金属的毒害。

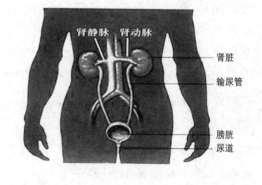

输尿管保护。避免外力损伤。

膀胱保护。多饮水，少喝咖啡和饮料；养成良好的如厕习惯；多参加户外运动；吃一些如甘蓝、花椰菜、黑木耳之类的食物。

尿道保护。除外力损伤外，主要应注意尿道炎的发生。应养成洗手习惯，经常清洗外阴和肛门，女性应选择弱酸性的护理液和卫生巾，尽量多喝水，讲究个人卫生，穿棉织品内裤，尽量少穿紧身裤或牛仔裤，保证睡眠充足和性生活规律，性交后尽快排尿。

共同注意事项就是不能憋尿。

正常的尿液中几乎不含有葡萄糖或蛋白质。如果尿液中的葡萄糖含量超标，就表明这个人患了糖尿病。患这种病的人，身体细胞不能再从血液中吸收足量的葡萄糖。

尿液中如存在蛋白质，证明人的肾功能衰退了。

(六) 神经系统的功能与保护

与互联网一样，人的神经系统也是一个信息网络。它能接受来自身体外部和内部的信息，控制身体的大部分功能。没有神经系统，就不能运动、思考，不能感觉到疼痛，更不用说品尝香喷喷的饭菜了。

神经系统是人体中最复杂的系统，它不眠不休地在同一时间控制着数百种不同的活动。中枢神经系统是身体的控制中心，它包括脑和脊髓。

◆ 保护神经系统 ◆

神经系统损伤会影响其功能。脑震荡和脊髓损伤是神经系统发生损伤的两种方式。当大脑的软组织与头盖骨碰撞时，会引起脑震荡。当脊髓被切断或压碎时会导致脊髓受伤。因此，骑车、滑冰或做其他有可能碰伤头部的活动时，应戴上头盔，开车或乘车时一定要系好安全带。

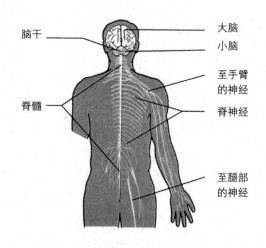

(七) 内分泌系统的功能与保护

和神经系统一样，内分泌系统控制着人体内的变化，只不过神经系统是高速运行，内分泌系统则反应较慢而已。

内分泌系统包括释放被称为激素的化学物质进入血液的内分泌腺，它们可靶向作用于特定的组织和细胞，并改变它们的活动。

当人受到惊吓时，身体会自然而然地产生像流汗、心跳加速等反应，这主要是由人体内分泌系统引起的。人的内分泌系统主要通过分泌化学物质，来控制

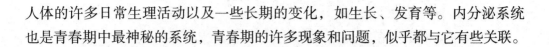

人体的许多日常生理活动以及一些长期的变化，如生长、发育等。内分泌系统也是青春期中最神秘的系统，青春期的许多现象和问题，似乎都与它有些关联。

内分泌腺包括下丘脑、垂体、甲状腺、甲状旁腺、肾上腺、胸腺和胰腺等，还包括女性的卵巢和男性的睾丸等。

内分泌是人体生理机能的调控者，它通过分泌激素在人体内发挥作用。比如，细菌进入人体，胸腺素便会自动增加分泌，以抵抗病菌；女性经期，孕激素也会增多，而雌激素则相应减少。但是如果因为某些原因引起内分泌腺分泌的激素过多或过少，新陈代谢功能紊乱，就会造成内分泌失调，导致内分泌疾病发生，诸如脾气急躁、肌肤恶化、肥胖、妇科疾病、乳腺增生、不孕、白发早衰，女生还可能出现体毛多的症状。

应该了解的是，自然生态系统的每个单元系统平衡与否，决定生态的平衡。人体本身就是一个系统，同样需要器官（心、脑、肝、肾、肺、脾、胃等）和非器官（血、脉、气、水、骨、肉等）的平衡，生命才存在。这就是我们中华传统文化中始终强调的阴阳平衡。

◆ 保护内分泌系统 ◆

每天保证8小时的高质量的睡眠，会对内分泌的调理有很大帮助。

每天喝8杯水，尽量少饮用咖啡型饮料。

适当运动。

少吃不健康食品，远离毒素。

保持愉快、乐观的情绪，学会自己放松，尽量保持冷静，保持平和心态。

一定要吃饱吃好，不可以因减肥而节食。

少吃辛辣、油炸、高热量的食品。

（八）生殖系统的功能与保护

1. 男性生殖系统

男性生殖系统包括外生殖器官和内生殖器官。外生殖器官主要由阴茎和阴囊两部分组成，内生殖器官主要由睾丸、附睾、输精管、尿道和附属性腺等组成。

◆ 男性生殖器官发育不良 ◆

男性生殖器官发育不良主要有小阴茎和小睾丸两种情况。

小阴茎指阴茎正常但是短小，一般较少，主要是因为染色体异常、性腺发育异常和男性激素低下引起。阴茎长度只要不小于5厘米，均属于正常范围。

小睾丸表现为睾丸体积小于3mL，同时表现出缺乏男性第二

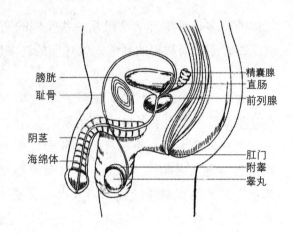

膀胱
耻骨
阴茎
海绵体

精囊腺
直肠
前列腺
肛门
附睾
睾丸

性征，即无胡须、喉结小或无喉结、阴毛少或缺、女性乳房，临床表现为无精子症。此外，还表现为阴茎小，性功能低下。这些都应由正规医院的专业医生进行内分泌检查和染色体检查确诊后治疗。

◆ 男性生殖器官保护 ◆

男性生殖器保健一直被人们忽视，青春期男孩要正视生殖器保养。

每天睡前清洗外阴有利健康。包皮过长容易藏垢纳污，容易招致生殖器炎症，婚前如能割治，更符合性卫生。

养成良好的生活习惯，不抽烟、不喝酒、不吸毒，少手淫，不穿过紧的牛仔裤。

平时注意清洁生殖器卫生，做到天天清洗包皮内的脏东西。

避免阴茎损伤和睾丸损伤。

避免高温环境，避免放射线。阴囊易受放射线的伤害，影响精子数量和质量，使婚后优生得不到保证。

忌性生活太早。有些孩子在小学时就开始谈恋爱，甚至有十几岁就当父母的案例。但男性生殖系统要到二十四五岁才发育成熟，过早的性生活，性器官还没有发育成熟，易引起不同程度的性功能障碍，成年后易发生早泄、阳痿等性功能障碍。

2. 女性生殖系统

由于女性在生殖过程中有妊娠、分娩过程，因此，其结构要比男性生殖系统复杂得多。

女性生殖器官包括外生殖器官、内生殖器官、骨盆和骨盆底四个部分。外生殖器官也称外阴，是生殖器官的外露部分，包括阴阜、大阴唇、小阴唇、阴蒂、阴道前庭。在阴道前庭区域内有前庭大腺开口、前庭球、尿道口、阴道口和处女膜等，内生殖器官包括阴道、子宫、卵巢、输卵管。

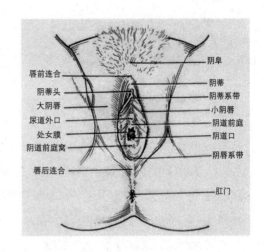

◆ 女性生殖器官发育不良 ◆

女性生殖器官发育不良主要有处女膜闭锁、先天性无阴道、先天性卵巢发育不全。这些在青春期发现后都能得到有效治疗，不用担心。

◆ 女性生殖器官保护 ◆

注意阴部卫生。进入青春期后，因月经和白带等易患阴道炎，应注意经期卫生。正确使用消毒卫生巾，内裤要在日光下照晒；经常洗澡；睡前用温水清洗外阴，洗盆专用；大便后，手纸应由前向后擦，小便后用卫生纸擦干净。

注意穿衣。应少穿或不穿体形裤，尽量选用合体、布料弹性好、透气性良好的衣物。

洁身自爱，守身如玉。应自强、自尊、自爱，正确认识人生价值观，洁身自爱，守身如玉，杜绝性乱。

合理应用抗生素。长期大剂量用抗生素和激素治疗某些疾病，导致体内菌群失调，易患霉菌性阴道炎。

防止性病间接感染。公共浴所洗浴应自带浴盆、浴巾，尽量淋浴。应掌握一些性病知识，防止性病的间接接触感染。

保护好子宫。人流会伤害子宫，造成不孕。少女保护好子宫的最佳之举，就是杜绝婚前性行为。

GSG 案例库

　　高考结束了，小梅跟着妈妈去新马泰旅游了一趟，以补偿这几年学习的遗憾。听妈妈说只要每天换护垫，就可以天天像穿新内裤一样干干净净的了。于是，小梅只带了一条内裤和一瓶清洗液就出发了。但到了第五天，就觉得下身痒痒的，很不舒服……

　　青春期的男孩女孩都要养成讲卫生的好习惯，这是预防外阴疾病最经济的办法。但要走出下列误区：一是长期使用卫生护垫。女孩在排卵期（分泌物增多时）、月经期可用卫生护垫，但要注意及时更换且不可长期使用。因为卫生护垫的底层和温度增加，都会为细菌特别是霉菌滋生创造条件，导致白带增多并可能引起阴道炎症。有些女孩喜欢使用加香的护垫，但长期使用会刺激局部皮肤引起发炎，也不建议用肥皂等碱性强的物品清洗外阴，以减少对外阴皮肤的刺激。二是多次清洗外阴即可保持清洁。每天清洗是必要的，但是反复多次清洗可能消除皮脂腺对局部的润泽，会感觉干燥，越洗越痒。三是外阴、阴道发生炎症，应当用热水烫洗、消毒。日光中的紫外线具有消毒杀菌作用，所以内裤适宜在阳光下晾晒；外阴发生炎症时，局部已有充血、水肿，用热水烫非但不能消毒，反而加重刺激。此外，炎症的感染源不同，应当由医生诊断后针对性地进行治疗，千万不要自作主张，随便使用药物，随便处理。四是月经期不必清洗外阴。经期子宫内膜剥脱出血，机体抵抗力下降易感染，经血可成为培养细菌的温床。如不清洗，比平时更容易患病。清洗时最好淋浴，不可以坐浴或进行阴道灌洗，以免细菌逆行感染。五是患外阴、阴道疾病是不干净、不卫生的表现。不能一概认为患外阴、阴道疾病都是不干净所致，由于其他原因，如长期服用抗生素或服用孕激素治疗其他疾病就容易发生阴道菌群失调，引起霉菌性外阴阴道炎。

　　人体是一个庞大而复杂的系统，不同的系统在共同工作时，必须相互依赖才能顺利完成某项生理活动，所有的系统共同作用使人的体内环境保持稳定状态。如当你感觉很热的时候就会出汗，出汗后身体就会感觉到凉爽。无论环境温度怎么变化，人的体温都恒定在37℃左右，出汗和打寒战可以帮助人调节体温。

　　有时会发生很多的事情破坏这种平衡，如心跳加速和呼吸加快。我们把这些人在受到威胁、挑战或骚扰时身体和大脑做出的反应称为压力。只有当这些

干扰因素消除后，平衡才会再次发生。我们把这些解除干扰因素的方式和策略称为抗干扰。

 GSG 提示：
给自己一个强健的身体。无论年龄多大，能力水平如何，运动都是既有趣又有益于健康的首选。

二、我们从哪里来

很小的时候，我们就读到过小蝌蚪找妈妈的故事。也正是从这个故事里，我们知道了小蝌蚪怎么变成了大青蛙。其实，我们人类新生命的孕育和诞生，这个"十月怀胎，一朝分娩"的过程同样充满了奥妙。

（一）受精

一个新的生命通常始于男性的精子和女性的卵子的结合，即受精开始的。当男性的阴茎插入女性的阴道，经过抽动达到性高潮后，男性就会在阴道里射精。精子被排出后会争先恐后地游向女性的子宫，其中跑得最快的一些精子到达输卵管口，如果正好

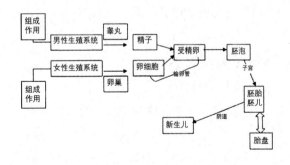

遇到女性从卵巢里排出的卵子，这些长得像小蝌蚪似的精子就会迅速将卵子包围，每个精子都试图穿透卵细胞膜而进入其中，但只有一个"幸运者"得以成功地与卵子结合，形成受精卵，受精卵因输卵管的收缩被推入子宫，新生命的孕育就开始了。

　　一天，我收到了小李同学的一封来信，他在信中问道："刘老师，我很想知道我是从哪里来的。为什么爸爸妈妈总是说我是从河边捡来的或者别人送来的？这究竟是怎么回事呢？"

　　许多爸爸妈妈会用这样的回答来敷衍孩子关于自己怎么来的提问，这是不对的。我们应该告诉他们父母创造生命的奥秘，还应让他们懂得生命的来之不易。在教育他们要衷心地感谢父母的同时，还要让他们崇敬自己的父母，珍爱自己，特别是要珍惜生命。

（二）怀孕

　　受精卵进入子宫后，女性的子宫内膜成了胎儿所必需的生存环境。这时，受精卵会不断地进行细胞分类，逐渐发育成胚胎，然后胚胎发育成胎儿。经过近10个月的妊娠，婴儿出生。我们把受精卵在母亲子宫内发育的过程称为妊娠，即怀孕，令人惊异的人类发育过程就开始了。

　　胎儿生活在子宫内呈半透明状的羊水中，通过胎盘、脐带从母体获得其需要的营养物质和氧分，并通过胎盘排出胎儿产生的二氧化碳等废物。

　　为了母亲安全，子女健康，科学家们对大量的资料进行了研究，认为怀孕的最佳年龄为25~29岁，不宜早于20岁，不宜超过30岁。由于怀孕后，女性身体反应较大，出于营养、气候等方面的考虑，怀孕的时间以6月份较为合适。

◆ **早期妊娠的表现** ◆

　　月经停止；

　　嗜睡、乏力、精神不振；

　　口味发生变化，偏食、厌食、贪食；

　　头晕、恶心、呕吐；

　　乳房肿胀；

　　尿频……

　　怀孕判断——

　　最简单的办法是发现原本按时到来的月经突然停了，超过一周，就应前往医院检查是否怀孕了。

怀孕过程——

第一月：胎儿的脑、眼、嘴、内耳、消化系统、手、脚具备雏形，长约半厘米；

第二月：胎儿的面部、肘、膝、手指、脚趾开始成形，骨骼开始发育；

第三月：胎动，胎儿会踢脚、握拳、转头、眨眼等，牙齿、嘴唇和生殖器开始发育；

第四月：胎儿的头发、眼睛、睫毛、指甲开始生长，声带及味蕾亦长成；

第五月：胎动越来越强，胎儿头发长成，身体各部分器官逐渐成长；

第六月：胎儿可以开闭眼睛和听到母体内的声音；

第七月：胎儿皮肤呈红色，略带皱；

第八月：胎儿逐渐长大，骨骼更强健，能听到母体外的声音；

第九月：胎儿发育基本完成，出生准备完成，准备分娩了！

（三）分娩

受精卵在子宫里经过近10个月的生长发育，婴儿就出生了。成熟的胎儿和胎盘一般由母亲子宫收缩经过阴道推出体外，这个过程叫分娩。有的母亲由于身体的种种原因不能自然分娩的，就需要医生实施剖腹手术取出。

分娩之前要经过阵痛。分娩的时间通常比阵痛时间短，只要几分钟到一小时左右。分娩时，通常是婴儿的头先出来，这时候，婴儿仍然通过脐带与胎盘相连。医生会在距离婴儿腹部5厘米的地方剪断脐带，经过7~10天，脐带的剩余部分会慢慢变干和收缩，留下一个伤疤叫作肚脐。婴儿出生大约15分钟后，子宫肌肉的收缩会将胎盘和其他囊膜通过阴道推出子宫。

GSG 案例库

小耿特别好奇自己怎么会是一个男孩而不是一个女孩，他经常会问爸爸或者妈妈：我的性别是由谁决定的？是由爸爸决定，还是妈妈决定？

其实，男女性别不由任何人的主观意志决定，而是由爸爸精子里携带的性染色体类别决定。每个人的生命都是从精子与卵子结合的那一瞬间开始的。精子的性染色体有两种，一种是X，一种是Y。而卵子的性染色体只有一种，那就是X。如果带有Y染色体的精子与卵子结合，未来的婴儿就是男性，反之就是女性。不管男性还是女性，都是由X+Y的受精卵和X+X的受精卵在后来的发育过程中分泌的激素成分不同所致。

性染色体的主要功能就是赋予男女不同的生殖器官特征，而生殖器官是性别的最初标识。精子与卵子结合时，究竟是哪个精子成为幸运者，纯属偶然。所以性别是不能选择的，也不该因为想要男孩女孩而进行医学选择。无论男女，都是同等宝贵的生命。

◆ 第一声啼哭 ◆

当婴儿离开母体，收缩产生的压力作用在胎盘和脐带上，切断了婴儿的氧气，于是，婴儿的内分泌腺释放出肾上激素，心跳加快，在分娩几秒钟后，婴儿会啼哭或咳嗽。这能帮助婴儿除去肺部的液体，同时得到氧气，使婴儿的心跳减缓，逐渐恢复到正常状态。因此，新生婴儿的啼哭有助于适应周围环境的变化。

三、青春期的身体发育

从表面上看，青春期带给人的直接印象是孩子们的身体都长高了，做事变得和以前不一样了！但从根本上说，伴随青春期发生的身体上的变化是大脑控制的不同内分泌腺分泌激素增多的缘故。这个激素，就是我们通常所说的荷尔蒙，它被称为青春期的化学信使。

（一）性成熟与身体发育

荷尔蒙（激素）是我们生命中的重要物质，它对机体的代谢、生长、发育、繁殖、性别、性欲和性活动等起着重要的调节作用。荷尔蒙像是一种通过血液运输的化学信使，影响着其他细胞活动。

激素（荷尔蒙）的希腊文原意为"奋起活动"。虽然至今我们还不太清楚大脑这种机制开启的精确原因，但可以肯定的是，人到了青春期，其下丘脑开始变得活跃起来，开始促使更多的性激素分泌。下丘脑产生的一种叫作促进性腺激素释放激素的化学物质，可以控制垂体的黄体激素和促卵泡激素的分泌。

女性卵巢分泌的雌性激素可以刺激女性第二性征如乳房、阴毛、脂肪等发育，还维持着子宫和阴道的发育和功能。它们通过与脑垂体相互作用，控制着各种垂体激素的分泌。

男性的睾丸在来自脑垂体的换体激素刺激下，分泌雄性激素。其中的睾丸激素可刺激和保证男性第二特征包括脸毛和体毛的生长、声音的改变、肌肉和骨骼等的发育，还有男性性器官的发育。

目前，还不知道为什么会出现青春期发育现象，也没有人能知道青春期发育的准确原因，但现有的医学和心理学研究，都肯定青春期与人的大脑中下丘脑的区域变化有关。

性腺分泌大量的性激素。男孩和女孩的体内都存在雄性和雌性激素，只是在他们未进入青春期之前，这些激素的量不多，可以忽略不计。进入青春期后，激素水平显著增加。如果成长的男孩和女孩的性激素分泌失衡，将导致第一和第二性征的背离，进而影响到身体特质方面形成。如女生体内雄性激素过高，将会长出胡须和体毛，拥有男子气概，阴蒂增大，或出现其他男性特征。同样，男生体内雌性激素过高，将导致其力量和性欲下降，胸部增大。

GSG 案例库

　　小梅今年才10岁，让她和父母担心的是，她已经来了月经，而且乳房隆起，身体也比较肥胖。爸爸妈妈一直在寻找原因：由于家里经济条件较好，是不是给小梅吃了太多的营养品和补品的缘故？但爸爸妈妈的目的是为了使她的身体更健康，脑子更聪明啊！难道是小梅早熟？

　　性早熟指性征出现超常。女孩的性成熟表现为女性性征发育，如乳房隆起、乳头颜色变深、臀部变宽、月经来潮等。一般认为，女孩8岁前月经来潮，男孩9岁前出现阴茎、睾丸等，即可视为性成熟。事实上，每个人的发育时间和发育状况可以有几年的差别。有的孩子，青春期发育开始早，结束也早，但他们的身体发育状况最终与其他同龄人并无多大差别。由于女孩一般比男孩早发育，因此，小学高年级女孩比男孩高也是正常的。对于发育较早的孩子不能轻易扣上"早熟"的帽子，因为发育早并不一定是性早熟。

　　性早熟有体质性早熟和病例性早熟之分。体质性早熟与遗传基因有关。他们在发育初期超过同龄人，但一般在15岁后与同龄人并无太大差别，虽然他们的第二性征出现较早，但各种发育均衡，并没有某一种特征加速的现象。

　　病理性早熟是需要警惕的。引起病例性早熟的疾病有两类：一是脑部的良性肿瘤，如脑瘤、松果体瘤等；二是脑损伤，如出生时发生的脑外伤、脑积水，婴儿时患脑炎、脑膜炎后遗症等。病理性早熟需要及时到医院医治。

　　本例中的小梅是否早熟，需要进一步了解才能确定。一是到医院检查其体内激素分泌水平是否正常，以此来判断是否早熟；二是由于补品中含有激素，容易形成性早熟，应少吃。

为什么男性和女性青少年体内会同时存在雄性激素和雌性激素？这是因为男性和女性都有肾上腺，而肾上腺能分泌少量的雄性和雌性荷尔蒙。人们之所以认为青春期是一个"荷尔蒙暴动"时期，就是指男性的雄性激素和女性的雌性激素和黄体酮，此外，还包括促进性腺激素释放激素、黄体激素和促卵泡激素。

男性的性激素调节受其体内的下丘脑、脑垂体和睾丸共同作用，由它们控制着激素的分泌。女性的性激素调节则是由其体内的下丘脑、脑垂体和卵巢共同作用的。男性和女性激素分泌系统最主要的差异是男性睾丸激素的水平保持相对恒定，而女性雌激素和黄体酮的分泌是周期性的。

（二）性器官的成熟与功能

既然青春期发育的最终是要达到身体的成熟以繁衍后代，因此，弄清楚人体性器官发生的变化是非常有意义的一件事情。

1. 男性性器官的成熟与功能

男性的性器官在青春期会发生一系列的重大变化：睾丸的长度增加2.5倍，重量增加约8.5倍，其快速生长的时期大致为9.5岁~13.5岁，在13岁~17岁时结束。11岁左右：睾丸、阴囊生长加速；13岁左右：生长非常快，之后速度放缓。附睾在青春期发育之前一般比睾丸大，成熟之后，其大小只有睾丸的1/9了。

到了青春期，由于脑垂体分泌的促卵泡激素和黄体激素刺激了精子的产生和生长，因此，睾丸最重要的变化是精子细胞的成熟。精子从最初的简单的精原细胞的形成到它离开输卵管，大约需要10天的时间。

到了青春期，男性最大的性器官变化就是阴茎了。其快速生长一般出现在14~16岁时，其长度和大小在青春期大约要增长一倍以上。大多数男性的外生殖器需要三年左右的时间达到成人的水平。一般地，在平常状态下，成人男子的阴茎平均长度约为8厘米，直径为2厘米多一点。勃起时，平均长度可达12~16厘米，直径可达4厘米以上。一旦阴茎开始发育，其勃起就会变得很明显。在青春期，因性幻想和受性刺激会导致阴茎勃起，这是无意的、不可控制的、很平常的一件事情。

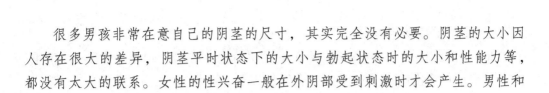

很多男孩非常在意自己的阴茎的尺寸，其实完全没有必要。阴茎的大小因人存在很大的差异，阴茎平时状态下的大小与勃起状态时的大小和性能力等，都没有太大的联系。女性的性兴奋一般在外阴部受到刺激时才会产生。男性和女性感受到快感的程度与男性生殖器的大小没有关系。

阴茎的顶端（龟头）被一层带有褶皱的皮肤覆盖，被称为阴茎包皮。如果包皮不能够自己缩回，被认为是包皮过长，可采用包皮环切手术进行切除，否则会影响龟头的清洁。

大部分青少年男性都会有梦遗。大多数男孩会在13岁之前首次射精。这标志自己已经成为一个成熟的个体，不用大惊小怪。需要说明的是，射精只有到了青春期才会出现，虽然在此之前阴茎会勃起。

GSG 案例库

小何是一个16岁的帅男孩，品学兼优。不知为什么，最近总有些心神不宁：只要在大街上看到貌美的女孩，或在电视中看到男女拥抱接吻的镜头，就会异常兴奋，头脑发蒙，阴茎悄然勃起。甚至在课堂上，看到教英语的赵老师也会胡思乱想。他也觉得不好，强迫自己不去想，但就是做不到。

小何同学出现这样的情形是正常的，完全没有必要担心，更不必自责。这是青春期身心发展的正常的生理、心理现象，每个青少年都有这样的经历，这是体内性激素作用的结果，但并不意味着可以随心所欲地放纵自己。因为个人的性行为要受到诸多社会条件的约束。其实，每个人在绝大多数的场合和时间，都是要克服本能的性欲冲动的。因此，青少年必须学会理智地驾驭自己的行为。要做到这一点，首先要培养自己良好的生活习惯，从心理上克制性冲动。

警告：在青春期发育成熟时，常会分泌一种名为科伯腺体的物质，它能润滑尿道使精子更容易通过。因为，我们发现龟头的开口处性兴奋的时候会分泌这种液体。由于其中含有精子，所以如果有性交行为发生，就可能受精。

2. 女性性器官的成熟与功能

女性的大阴唇、小阴唇和阴蒂在青春期会快速增大，阴阜也由于脂肪叶的发育变得更加突出起来。阴道长度会增加，颜色变深，黏液外膜增厚，变得富有弹性。尿道的长度在10~18岁这段时间会快速增长。

卵巢在青春期变化最明显。一个卵泡成熟后形成一个卵细胞大约需要28天，这意味着女性在其生育期内仅能产生大约500个卵细胞，也只有它们才能够离开卵巢进入子宫。成熟的女性每月会释放一个卵细胞，称为排卵。这种循环会持续40年。卵细胞如果没有受精，它就会分解，子宫黏膜随之脱落，厚厚的黏膜中积聚的大量血细胞和组织通过阴道排除，称为月经。

月经周期是在为女性怀孕做准备。女孩会在下一次月经周期开始之前的14天时排卵，卵细胞进入输卵管。如果在这个时候发生性行为，很容易怀孕。但大多数女孩青春期的月经循环完全无规律，因此，并不能准确预料自己的排卵期。

◆ 怎样判断月经是否正常 ◆

判断月经是否正常，可以从以下几个方面进行判断——

月经周期。一般女性的月经周期为28~30天，也有40天来一次月经的。只要有规律，均属于正常情况。如果这月20天，下月40天，或者来一两天停止后，后几天又来了，失去了周期性，则属于不正常。

月经期。月经期一般为2~7天。一般的行经规律是第一天经血不多，第二、第三天增多，以后逐渐减少，直到干净为止。如果长达10~20天，月经断断续续不停止，或者时间极短仅一天，则属不正常。

经血量。一般为30~80毫升，每天换3~5次卫生巾，即为正常。如果换一次卫生巾很快湿透，甚至经血顺腿下淌，则属不正常。

经血颜色。正常的经血为暗红色，无血块。如果经血完全是凝血块，也属不正常，可能另有出血部位，应及早就医。

◆ 怎么知道月经期会何时开始 ◆

女孩子进入青春期后，乳房开始发育，通常在乳房开始发育的一年到一年半，便会经历初潮，即第一次月经。这之前可能会注意到自己的内裤上经常有一些发白的分泌物。这时要准备几片卫生巾，放在书包一个隐秘的地方。以备突然

N

发现内裤上的殷红时及时应对。

　　还有个规律：就是女性来月经的年龄可能和自己妈妈初潮的年龄相似，可以问问妈妈是什么年龄第一次月经来潮。

　　建立月经卡。自初潮开始，纪录每次月经来潮的日期和天数，以便掌握月经的规律，这既对自己的健康有利，也可向医生提供有价值的资料，有助于防治月经紊乱症。如有不正常的情况，应及时找医生治疗。

　　第一次月经来潮也就是初潮的时间非常重要，因为它不但是女孩生长发育的一个重要标志，而且在以后有不舒服访问医生的时候会经常被问到，一定要记住哦！

GSG 案例库

　　倩倩每月来月经时都会感觉到腹痛难忍，吃不下饭，睡不好觉，有时不得不请假休息。因此，她每个月都特别害怕这几天。为什么许多女孩会出现这样的情况？主要原因有：

　　一是精神因素。疼痛的个体感觉差异较大，同样程度的疼痛，有的人能忍受，有的人因为紧张，感觉过敏，则难以忍受。有些女孩听别人说来月经会疼痛，从心理上产生紧张感，感觉疼痛加剧。要缓解痛经，一定要消除不良的心理暗示。心情忧郁也能诱发痛经。

　　二是子宫内膜整块排出。月经期间，子宫内膜一般成碎块随经血一起排出。有的女孩来月经时，子宫内膜较大块地从子宫颈口排出，由于其宫颈口紧而小，加之不注意保暖，子宫血液循环不畅，使子宫内膜不容易排出，子宫体必然加剧收缩，从而出现腹痛。只有等整块内膜排出后，收缩缓解，疼痛感才会消失。

　　三是体质因素。有些女孩在健康状况不佳时会出现痛经现象。

　　四是子宫发育不良。如子宫肌肉和纤维组织比例失调，致使子宫产生不协调收缩而引起痛经。也有的女孩子宫颈狭窄，子宫过度倾曲，导致血流不畅，刺激子宫剧烈收缩，导致痛经。

　　五是不注意经期卫生。如月经期剧烈活动、受寒、不注意饮食吃了刺激性食物。

　　六是前列腺素可刺激子宫肌肉和血管强烈收缩，引起子宫局部缺血和经血不能顺利排出而发生痛经。

　　七是邻近生殖道的器官发生病变，如膀胱炎、结肠炎、阑尾炎等，经期盆腔充血，也会发生痛经。

痛经：一些女孩会在月经期来潮时出现疼痛现象，甚至会出现腹部绞痛或痉挛，还可能伴有背酸、头疼、呕吐、疲劳、易怒、抑郁、乳房疼痛、胸部肿胀、腿疼、踝关节肿胀、皮肤出现丘疹等现象。有些女孩在此期间会胃口大开，从而使体重上升。

血崩：指月经期过量失血。

◆ 解决方法 ◆

服用抗前列腺素，如布洛芬（异丁苯丙酸）、阿司匹林等。

月经初潮是女孩一生中的重大事件，它标志着其正式成熟。女孩实际上不太喜欢和别人分享这些和成熟有关的信息。但帮助自己的女儿度过月经初潮，指导女儿做好月经期自我保护，却是母亲必须要做的一件事情。母亲要帮助自己的女儿澄清负面信息，祛除恐惧和产生不舒服的感觉。更要帮助自己的女儿采取足够的保护措施，以避免其衣物变脏、外漏和产生异味。

作为家长，在孩子青春期来临时，应该注意了解以下内容：

离异家庭特别是父爱缺失家庭，女孩的初潮时间会提前；

父母之间发生冲突的次数多，女孩的初潮时间会提前；

抑郁的情绪状态和糟糕的家庭关系会影响月经初潮；

家庭条件较好、营养条件高的家庭孩子发育时间要早一些……

由于疲劳、过度锻炼、情绪激动、气候变化、内分泌紊乱等原因，可能使一些女孩不出现月经，称为不正常闭经，这在运动员中较为常见。还有可能在非月经期间时常在阴道中出现血液，应及时就医，以确定是身体还是情绪原因，以便及时调理。

经期教育是一项长期的工作，父母特别是母亲要在女孩初潮之前有所准备，要引导女儿以积极的心态对待月经到来。

以坚定的信心认为月经是正常的和健康的，阳光快乐的情绪支持最为重要；

有任何疑问可以向母亲说说；

将关注的焦点从生理方面转向更加个人化的、主观的方面……

GSG 案例库

　　玉琼的月经来潮已近一年了，但一直没有规律。曾有两个多月没来，也有十几天就来的情况，而且有时量多有时量少。最近，有三个月没有来了，这是闭经还是月经紊乱？对身体有没有影响？

　　应当说，玉琼的这种情况也是正常的。我们知道，月经是由排卵引起的。初潮之时，女孩的卵巢发育还不成熟，控制卵巢的内分泌系统不够完善，这就使月经还不能形成规律，没有准确的周期性。现有的资料显示，有的女性甚至一年半载不来月经，有时即使来了，也可能是无排卵月经。

　　月经初潮与第一次排卵有一定的间隔期。有资料显示，初潮后一年内开始排卵者仅占18%。因此，初潮后1~3年内无排卵均属正常。无排卵的月经一般无下腹痛，经期体温维持正常，出血时因为雌激素停止产生，子宫内膜仍处于增殖期。由排卵的月经经常伴有轻微的下腹痛，基础体温可增加0.3~0.5度，子宫内膜呈增殖期及分泌期改变。因此，初潮来临后的少女由于卵巢功能的不完善，月经周期忽长忽短是完全可能的。

　　随着卵巢发育的成熟，今后即使形成了有规律的月经周期，也有可能因身体的变化或环境的改变，或精神因素的影响使月经周期出现紊乱，或一月两次，或推迟十余天才来。月经紊乱的种类包括周期紊乱、血量增多、血量减少或者闭经。另外，频繁的考试、紧张的学习、心理压力过大、情绪波动、过度悲伤、恐惧、从城市到农村、从农村到城市、从南方到北方、接受大运动量的训练、减肥使身体所需要的营养不足等，都可能导致月经紊乱。

　　月经紊乱还可能因为女孩不懂得经期的保健知识而引起，如不注意保暖、身体受寒，或在经期无节制地吃生冷水果、喝冷饮，或不注意经期卫生，造成生殖道细菌感染等。

　　当然，也有可能是身体健康原因，应在医生的指导下，服用一些药物导致月经暂时停止。一旦停药，月经便会来潮。

　　月经是女性具有生育功能的标志之一。正常的月经是全身功能正常的综合反映。青春期的少女应具备关于月经的保健知识，减少因为月经失调或闭经而造成的健康损害。

"你带卫生巾了吗?"下课时,好友玲玲悄悄问小月,"借我一个,我今天忘记带了。"小月没好气地推开她的手。她正为此烦恼,看见周围的女生都在卫生间换过卫生巾,可自己一点动静都没有,想到自己都15岁了,小月开始着急了……

月经初潮大约在13~14岁,现在由于营养状况等因素,月经初潮年龄有提前的趋势,但由于遗传等个体差异影响,也有15~16岁开始初潮的。所以,如果你14岁还没有来月经,不要着急,不要乱服药物,若过了16岁还没来月经,就需要到医院检查,寻找原因。

◆ 月经血为什么不凝固 ◆

来过月经的人会发现,月经血不凝固,或只有一些小血块。这是为什么呀?原来,月经血在刚刚离开血液循环时是凝固的,但开始脱落的子宫内膜中含有一定量的激活剂,能激活混入经血中的纤溶酶原,使已经凝固的纤维蛋白裂解为降解产物,所以月经血流出时呈液态,不凝固。

梅梅应该15号来月经,可都过去1周了,月经还没来,妈妈不断地问她怎么回事。看着妈妈怪怪的眼神,她也开始着急了……

梅梅非常奇怪:这个月我怎么会没来月经呢,以前一直很准的,到了15号一定会来啊,是不是身体出了什么毛病,以前只听说过怀孕会停经,可我不可能怀孕啊,这是怎么回事呢?

前面说过,月经调节是一个非常复杂的过程。主要涉及下丘脑、垂体和卵巢。下丘脑、垂体、卵巢之间相互调节、相互影响,形成一个完整的神经内分泌系统,称为下丘脑—垂体—卵巢轴。我们知道,在雌激素的作用下,子宫内膜发生增生期变化,随着雌激素逐渐增加,对下丘脑的负反馈作用增强,随着优势卵泡的不断发育成熟,雌激素出现高峰,对下丘脑出现正反馈作用,促使垂体释放大量黄体生成素出现高峰,卵泡刺激素同时也形成一个较低的峰,大量的黄体生成素与一定量的卵泡刺激素协同作用,使成熟卵泡排卵。排卵后,循环的黄体生成素和卵泡刺激素都迅速降低,黄体分泌孕激素,使子宫内膜转变为分泌期。如果没有怀孕，黄体开始萎缩，孕激素和雌激素分泌减少。子宫内膜失去性激素的支持，发生坏死、脱落，形成月经来潮。总之，下丘脑、垂体和卵巢之间相互依存，相互制约，调节正常月经周期。而青春期时，下丘脑—垂体—卵巢轴发育不成熟，功能不稳定，因此月经初潮后的头几年，月经常常不规律，也许十几、二十几天频繁来潮，也许几个月才来一次，而且出血量时多时少。这都是正常的，是正常发育成熟过程所要经历的。等到内分泌轴发育成熟，月经自然会规律起来，因此初潮前几年月经常常不规律。但要注意，如果过于频繁或一次大量出血可能会导致继发性贫血，严重时会危及生命。此时一定要及时就医，积极治疗。

当然，月经周期还受外界环境、精神因素和体液的影响，大脑皮质也参与生殖内分泌活动的调节。如果任何一个环节发生障碍，都会引起卵巢功能紊乱，导致月经失调。

GSG 案例库

点点从小就是个小不点儿，从小学到中学就一直当"小排头"，仿佛别人都在长个只有她没长。升入高中后，这种心理压力更大了，周围都是亭亭玉立、高挑的朋友，只有她觉得自己好像是只丑小鸭。无论是班里排座位还是上操升旗她都站在第一个，尤其是在上体育课时，老师把她安排到男生队尾，老师每次说男生向后转时，她都十分尴尬……

点点心里想：是不是因为我月经来早了，影响长高？

点点的担心没有科学依据。人长高主要是靠骨骼的增长。骨骺与骨干之间有一个软骨层，软骨层的细胞不断增长并吸收钙离子，使新的细胞骨化，骨骼就是这样一点点加长，人就这样一点点长高了。人一生的生长速度有几个高峰：胎儿期及幼儿期，再就是青春期。月经初潮是青春期的开始，不是发育的结束。青春期发育一般要经历4年左右的时间，这段时间每年要长高4~5厘米，甚至达到8~10厘米。组织学家认为，人体的长高关键在于长骨的增长。长骨的两端骨骺板与骨的生长或骨长轴的增长或身高的进展关系极为密切。X线诊断时，发现如其骨骺线业已形成，就不会有再长高的希望了。

（三）第二性征的形成

人们通常把男孩子的睾丸和阴囊发育、女孩子的迅速增高称为孩子青春期发育的第一标志。

如图所示，人的一生有两个身高增长高速期，一个是胎儿出生后到婴儿期这段时间，另一个则出现在青春发育期。在儿童时期，女孩通常要比男孩子长得慢一些，但由于女孩发育比男孩要早，所以，到了10岁~14岁，体重要比男孩重一些，在12~14岁时，身高要比男孩高一些。

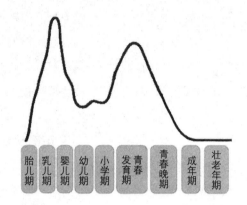

到了青春期的中后期，女孩的身体比男孩显得更小，与此同时，她们的骨骼和肌肉也少，覆盖身体的毛发也变得少了。除此之外，还会发现男孩和女孩更多的不同。

男性的下颚比女性宽，眉脊更突出。这是因为男性体内睾丸激素水平高于女性的原因。

男性的声音更低。因为他们的喉结很大。

男性的肌肉、毛发比女性发达。因为睾丸素能促进肌肉、毛发生长，并导致前额发际线后移，从而使前额暴露。

女性体内的雌激素会刺激乳房发育和皮下脂肪积累，使女孩臀部变宽，有利生育。

男性的心脏和肺比女性要大，因此，其血压相对较高，新陈代谢速率快，爆发力强。

以上这些差异导致男性比女性更加强壮，由于男性有很强的爆发力，他们能吸收和携带更多的氧气并快速消耗，从而为肌肉提供能量。女性的身体结构则是为了保持持久，因此，她们比男人更能忍耐。

1880年，男性长到成年身高的年龄为23~25岁，今天已经下降到了18岁。

1982年中东战争，美国海军的平均身高为157.5厘米，这就是美国军舰规定甲板不能高于167.64厘米的原因。

目前，有许多的研究都表明这样一个事实：那就是孩子的生长都加速了！在过去的100年间，女孩的平均身高要比母亲高出1~2.5厘米，月经初潮的时间提前了10~12月，男孩的平均身高增加了6~8.5厘米，但这种增长的趋势已经放缓了。

男孩女孩在青春期前的体型差别并不大，进入青春期后的不同阶段，才使其身体各部位发生一系列的变化，使第二特征凸现出来。现有的研究证明，虽然并无必然联系，但青春期发育能够引起生殖结构变化的那些激素，却能促进第二性征的形成。这种青春期的性成熟使男孩女孩开始注意异性，甚至会花很多时间去关注、谈论、思考异性和性问题。正因为如此，男孩子开始花时间整理发型，注重穿衣，关注体型，浏览情色内容，并开始采取一些行为来吸引女孩。女孩开始注重发型，尝试化妆，对爱情故事变得敏感起来，与男生一样，她们也开始在朋友间谈论有关男性的话题……

1. 男孩的第二性征

男孩的第二性征发展是一个渐进的过程。比如，阴毛开始长出时，是稀疏而且是直的，后来才变得浓密拳曲起来，并逐步形成一个倒三角形状，有些孩子会一直延伸到脐部。腋毛的出现比阴毛差不多要晚两年，胡须则在稍后出现。最后阶段，男孩子的发际线会向后移。随着体重、肌肉力量、肩宽、骨盆等逐步增加，一个身材较高、强健阳光的男人形象已然呈现。

重要提示：

孩子进入青春期后，意味着他（她）要开始负责了。一个人要想培养他（她）的责任感，首先得让自己先负起责任来。比如，无论在学校里还是在家里，只要他（她）自己能干，而且是属于他（她）干的事情，就得让他（她）自己干，别人不能帮忙。像现在学校里的有些同学花钱请别的同学洗衣服、做值日，家长早上上学时替孩子整理书包、督促孩子写作业等都是必须禁止的。

◆ **思考与判断** ◆

下列哪些选项是责任培养的内容?

讲究信用;

做事有原则;

遇事讲道理;

对人懂礼貌;

懂得节约,不乱花钱;

勤奋学习,不偷懒;

讲究卫生;

对人有爱心;

喜欢帮助别人;

对自己说过的话负责;

遇事敢于担当;

关心他人,保护弱者;

喜欢分享;

爱国情怀;

民族精神;

团队精神;

法治意识;

家庭归属感;

孝敬父母;

……

GSG 案例库

突然有一天,小马被自己说话的声音吓了一跳!变得又粗又哑,难听死了。

"咦,爸爸,我的声音怎么变成这样了啊?"

"恭喜你,你已经长大,进入变声期了!"爸爸高兴地对小马说。

恭喜这位爸爸,也为爸爸掌握了这些青春期的基本常识而高兴。孩子确实进入了变声期,但作为家长应提醒孩子,在变声期一定要注意保护嗓子,否则会破坏美丽的歌喉的。

不要过度用嗓子;

不宜唱高音或者迎风用嗓子;

少吃姜、蒜、辣椒等刺激性食物;

不要喝过烫或过凉的水;

不喝过甜的饮料;

不饮酒、不吸烟;

躲避灰尘和烟熏;

嗓子不舒服时含一些润喉片……

◆ **男孩第二性征出现的顺序** ◆

11~12岁：

身高突然快速增高；

睾丸、阴囊开始生长；

阴茎开始发育；

阴毛开始直线生长；

喉结出现；

13~14岁：

声音开始改变；

腋毛出现；

阴毛颜色开始变深；

身高突增高峰期到来；

15~16岁：

首次射精；

胡须出现；

阴茎、睾丸快速生长

阴囊前列腺快速生长；

精囊也快速生长；

阴毛开始卷曲生长；

17~18岁：

腋毛快速生长；

体毛接近成年人；

声音明显变粗；

前额发际线缩进；

19岁后：

骨骼开始愈合；

身材变得高大起来；

肩变宽；

皮肤变得粗糙起来。

GSG 案例库

刘老师，我今年15岁，是一位男生，前一个月的时候，我发现自己身上一侧的乳房隆起来了，开始以为是自己开始发育了，就没有当回事，最近，我发现另外一侧也隆起来了。我现在都不敢穿背心或紧身T恤出门了。我本来很爱运动，可现在连球都不敢打了，我该怎么办？

看到这位男生的留言，我马上给他做了回复。我告诉他，作为男孩必须要知道一个常识，那就是男孩进入青春期后，体内在大量分泌雄激素的同时，雌激素的分泌液亦随之增加。在这个阶段，如果雌激素经常比雄激素先增高，就会出现性激素比例失调。因此，进入青春期后，由于雌激素水平的升高，加之生长激素和肾上腺皮质激素对乳腺产生刺激作用，从而使乳头部位的乳腺细胞增大、分裂、数量增多，使乳房隆起。仔细抚摸，还会发现里面有一个小硬结，这种现象一般要持续1~2年。男性乳房增生表现为双侧性对称或不对称增大，也有单侧性增大，有时可能会伴有胀痛、压痛或触痛，发育后期会自行消退，不必治疗。但也有病理性增生的情况，如怀疑有病变可能，应及早就医，以免耽误治疗。

青春期第二特征的发育程度能反映个体青春期发育的进程及身体发育的进程及身体发育的成熟程度，因此，它常常被用来作为评价青春期生长的常用指标。特别是男性，这些特征易于辨认，在形态上从开始发育到完全成熟有一定的规律性和时间性。也就是从这个时候起，男孩子开始产生性欲，并已具备了生育能力，成为真正意义上的男人。

男孩在青春期最明显的变化就是个子长高了。这是一个人一生中的第二次快速生长期（第一次是在产前期和出生后的最初半年）。男孩的急速成长大约从11岁开始，15岁左右达到高峰，19岁左右达到充分发育水平，21岁后逐渐停止长高。

GSG 案例库

刘老师：

　　我叫峰峰，今年14岁，读初二了。我现在特别苦恼，因为我在班上个子最矮，同学们都取笑我，并给取了一个外号，叫我"根号二"（1.414米）。我的爸爸1米7多，妈妈也1米6多一点，为什么我这么矮？面对同学的取笑，我该怎么办？

峰峰同学：

　　你好。你的年龄正好进入青春期，这个阶段以身体的急速成长为特征。但每个人生长发育的时间点是不一样的，有的人会比较早发育，有的人会较迟一些。在一般情况下，女孩比男孩的青春期要早2~3年开始，早2~3年结束。但不论男女，偏早或偏晚2~3年都属于正常现象。你现在正处于这个阶段，无须过分担心自己的身高问题和在意他人的评价，只要做到饮食合理，适当的运动就可以了。

　　这个同学情况很普遍，一般家长和孩子都会着急，但在整个青春期，都没有必要过分担心，只需要知道影响身高的主要因素，并在这些方面多加注意就可以了。

　　遗传：父母的身高与孩子的身高密切相关，孩子身高的70%由父母身高决定；

　　营养：营养均衡、充足，有利于孩子身高增长；

内分泌：生长激素分泌不足以及性激素分泌过早会影响身高；

运动：运动能促进生长激素分泌，使人长高；

睡眠：深度睡眠时，脑垂体分泌的生长激素量最高；

精神：精神愉悦状态的人身高发育较好，青春期个体长期精神压力过大、父母离异、家庭暴力等，会影响孩子的生长发育。

在青春期，身高增长非常快，主要原因是骨骼的发育，男孩平均每年可增高7~9厘米，最多可达10~12厘米；女孩平均每年可增高5~7厘米，最多可达8~10厘米。这主要靠下肢和脊柱的增长，男孩一般在青春期都会迅速发育，特别是身高的变化最为明显。男孩的身高能够长到20多岁，因此，如果男孩想要长得更高的话，在青春期就别"偷懒"，要多加运动，比如打篮球、跳高等运动有助于男孩在青春期这个阶段长个子。其次，要注意营养方面的均衡，女孩注意饮食方面的合理搭配，不应挑食，也不要天天吃自己喜欢的相同食物，尽量每天吃不同样的食物，少吃奶油、油炸类食品。还有一点非常重要，那就是要保证有良好的睡眠时间。

现有的许多研究都开始证明，性成熟的年龄提前了。监测表明，我国青少年目前性成熟年龄普遍比上世纪七十年代提前了4~5岁，婚前性行为更是呈低龄化的趋势。像九岁孩子怀孕的事情现在已经不算什么新闻了。据世界人口组织的一项调查显示，每隔25年，温带地区孩子的性成熟年龄就提前一年。目前，全球孩子性成熟的平均年龄已提前到了12岁左右。

青少年性成熟的主要原因应是营养、环境和卫生保健等因素造成的。首先是气候因素。有证据显示，印度青少年的营养卫生状况虽然不如西伯利亚的青少年，但青春期发育却偏早。其次是环境因素，主要是环境中的激素含量对青少年性早熟和发育异常有影响。第三是文化影响。现代信息传播快，渠道多，特别性资讯对其他大脑中的生殖发育中枢刺激增多，导致发育年龄提前。

青春期的男孩，一定要做好青春期的保健，主要从以下几个方面着手。

 GSG 案例库

　　小西是一位住校生，他对宿舍里的同学最近老是讨论生理问题而苦恼：大家总喜欢拿他开玩笑，经常趁他不注意的时候掀他被子，看看他床上有没有湿；有时候，大家还要互相比较"那个"的大小，因为他自己的比较小，弄得他特别尴尬。

　　由于男孩子正常发展速率不一样，其发育呈现差异性。这时候，在比如公共浴室、更衣室这些地方，一些男孩会因为必须要在外人面前暴露自己的身体，会因为自己的发育较慢而感到自卑，也会因为在他们面前不自觉的阴茎勃起而尴尬，这叫更衣室综合征。

　　许多男孩都会担心自己的生殖器比别人小。特别是在他们通过观察同龄人的阴茎之后，会产生"他们发育比我好，比我大"的想法，从而产生自卑感，甚至担心起自己的未来婚姻的生育来。

　　现代医学研究表明，阴茎在没有勃起时候的大小与勃起后的大小没有直接的关系，也就是说，不论平时的大小如何，勃起时差异不明显。因此，青少年没有必要为自己的阴茎大小与别人不同而忧心忡忡。虽然临床上有阴茎畸形的病例，但这种情况极为罕见。

　　由于阴茎的发育依赖于雄激素（睾丸酮）的作用，而雄激素主要由睾丸素分泌产生。因此，睾丸病变可引起睾丸机能低下，从而导致睾丸分泌雄激素的障碍，这是引起阴茎畸形的关键因素。临床上，以原发性睾丸机能低下所致的阴茎畸形较为多见，所以属于阴茎先天异常范畴。但如果阴茎仅为稍微短小，又不伴随睾丸及第二性征的不发育，就不是真正的阴茎畸形，自然也不会对性功能造成妨碍。

　　青少年要注意不要把因肥胖或阴囊肿胀而使阴茎显小的情况误认为是阴茎畸形。更不要为了促进阴茎生长而相信各类广告，通过手术或滥用药物来解决，大多数青少年不需要进行治疗。

　　养成良好的生活习惯：一是生活方式要健康。如按时作息，多喝水，保证充足的睡眠，积极参加体育锻炼和文娱、公益活动，培养良好的爱好等。二是不挑食，保持膳食平衡。青春期男孩发育快，运动量大，能量消耗多，应注意营养补充和合理的膳食，不挑食、不偏食。三是不抽烟，不喝酒，更不能尝试

接近毒品。四是少穿如牛仔裤之类的不透气的紧身裤，这可能会导致不育。五是尽量少使用如镇静剂、激素类的药品，尽量免受放射性线照射，防范有毒有害的物质的伤害。当然，最重要的还是要每天保持好心情。

养成正确的卫生习惯：每天清洗外生殖器；内裤尽量每天更换；大便时不看手机或书报等；便后应擦干净；外出旅游住宿时最好自备毛巾和洗漱用品。

防止生殖器损伤和注重自我检查：青春期的男孩好动，应注意防止生殖器损伤，更不要寻求所谓的快感，往尿道口插入异物。另外，要注重自我检查，如检查尿道口和阴茎头是否异常，检查阴茎大小和形状有无改变，睾丸和阴囊有无异常，等等。一旦发现异常或不适，应马上寻求医生的帮助。

 GSG 案例库

刘老师，为什么每天早上"陈伯（晨勃）"都会找我？

一次咨询时，一个男孩不好意思地以自嘲的口气问道，他甚至还羡慕起女生来。"她们的大姨妈（月经）是一个月来一次，而我这陈伯（晨勃）每天早上都来找我！"

其实，正常男性的阴茎，除了因性刺激和某种外界刺激会勃起外，通常处于松弛状态，但有时内脏器官的反射作用也会导致阴茎勃起。最明显的就是早晨清醒前，由于膀胱内尿液积存压力增加而产生刺激作用，导致阴茎发生一种潜意识的反射性勃起，也就是通常我们所说的让尿给"憋"醒了。这是一种正常的生理现象，医学上称为清晨勃起。这种情况在男性进入青春期后会增多，中年以后逐渐减少，而且，当男性在疾病状态下，这种情况也会减少。所以，有人提出，清晨阴茎勃起现象可以作为观察男子精力和健康状况的参考指标之一。

阴茎不仅会在清晨勃起，睡眠时也常有勃起的情形。在睡眠过程中，会有3~5次勃起，平均勃起时间为15分钟，也有长达1小时以上的。

◆ 拓展训练 ◆

写出你每天大致固定的作息时间段，如果没有，请重新制定。

刘老师:

不知怎么回事,我最近总在梦里出现遗精,其中有几次还是在梦中和女同学拥抱、接吻时发生的,还有一次甚至是梦见和我妈妈有亲密举动时遗精了。这不是乱伦吗?遗精会不会伤害身体?会使自己的记忆力下降吗?怎么样才能改变这种状况?

看来,遗精这件事给这位同学带来了很多的烦恼。无论是家长还是老师,应该让孩子明白的是,遗精作为一种男孩走向成熟的自然健康的生理现象,肯定是不会影响身体发育的,更不会影响他的智力和记忆力了,作为男孩,也完全没有必要感到担心和羞耻。老师和家长应该祝贺他长大了!

男孩进入青春期后,身体内的性腺发育逐渐成熟,使其睾丸开始产生精子。睾丸制造出的许多精子就会跑到附睾里面储存起来,与各种液体混在一起,直到装不下了,就会通过输精管流出来。遗精有的是在白天清醒的状态下无意识地溢出,有时是在梦中或生活中因为某种事情,如比赛、考试感到紧张时而发生的。但大部分则是在晚上做梦时流出,梦境则多与性有关。

特别是媒介发达的今天,人们接触性刺激的机会大大增加,性欲频发。但由于礼数、道德规范、健康和安全等约束,青少年不能用性交的方式满足性的欲望,他们在清醒的时候能控制自己的性欲,但在梦里,自我控制能力就变得非常薄弱,此时,隐藏在自己内心的欲望就会自然凸显出来。梦境有时很荒诞,许多青少年大都有这样的经验:有时白天从没有想到的人会在梦中出现,从未发生过的事也有可能在梦中发生。所以,青少年不能给自己扣上"乱伦"的帽子,而且,梦中的内容只有你一个人知道,也没有必要告诉别人,否则就会给你自己和别人招来不必要的麻烦。记住,这是你的隐私。

青少年之所以担心伤害自己身体,多是受了民间那些关于"一滴精,十滴血"的说法,这是没有科学根据的,因为精液中90%是水分。专家指出,将体内多余的精液排出,有利于缓解性紧张,达到生理上的平衡。

2. 女孩的第二性征

青春期的女孩开始变得体态丰满、面色红润、亭亭玉立，她们开始展示自己的身体曲线，全身上下充满了活力和朝气。但女孩的发育要比男孩早一些，一般在9~10岁时就开始了。

青春期的女孩会关心自己体形，变得特别爱美起来，这可能是因为社会上对女性身材的过分关注。除了乳房，这一时期变化最明显的还有臀部会变宽变圆，这些变化的出现约需持续到18岁。

◆ **女孩的第二性征出现的顺序** ◆

11~12岁：

乳房开始发育；

身高突然快速增高；

出现阴毛；

13~14岁：

月经初潮；

声音开始变细；

腋毛出现；

15~16岁：

月经逐渐变得有规律起来；

脂肪积累开始增加；

臀部开始变圆；

17~18岁：

骨骼开始闭合；

19岁后：

身材变得苗条起来；

皮肤变得细腻。

 GSG 案例库

大多数处于青春期的女孩比男孩对自己身体变化更敏感。许多女孩很在意自己身体是否肥胖，这是因为她们热切地希望自己能被社会接纳，她们期望得到所有人的肯定。因为，她们相信这会使她们变得如何如何的有魅力。

小丽喜欢在朋友面前展示自己的身材，全然不会顾忌别人特别是朋友们羡慕的眼光："我来过，干吗不留下身影？"

小华："我讨厌别人看我胸部时那种异样的眼光。特别是上体育课时，好多男生都看我的胸，还在那里开玩笑，让我特别不舒服！"

莫莉："我发育比较晚，身材瘦小，学校什么活动都轮不到我，还经常被班里人欺负！"

对于女孩来说，青春期最明显的变化就是乳房的发育了。作为女孩最先发育和最早出现的第二性征，大约在 10 岁的时候，女孩的乳房就开始发育了。在未发育之前，女孩的胸部较平。乳房发育萌芽期通常在月经初潮的前两年至一年半的时候，乳头的位置会提高并增大，颜色加深，逐渐出现乳晕。在乳房发育的第一阶段，由于乳头和乳晕附近的脂肪增加使胸部开始隆起。到了乳房发育的第二阶段，乳房因乳腺组织的防御而变得更大、更圆，乳晕与乳房合为一体，乳头突出。乳头从胸部突出来发育成乳房一般需要三年的时间。

女孩的阴毛发育过程与男孩相似：大约在 11 岁时沿着阴唇开始长出，到了青春期时完成。腋毛也是比阴毛晚两年出现，体毛最后长成。

GSG 案例库

小慧特别担心的是，最近自己的阴道里流出的白带增多了，黏糊糊的，感觉很不舒服，换内裤时还闻到一股异味。她担心自己是不是得了什么妇科病，但自己只是初中生，还不是妇女啊！

白带的主要成分是子宫颈腺体的分泌物，也包括阴道黏膜的分泌物以及子宫颈和阴道在新陈代谢中脱落的上皮细胞等。白带有少许的酸味，沾在裤子上，干后带些黄色，有点像汗渍。白带的多少受卵巢分泌的雌激素影响。月经刚结束时，卵巢分泌的雌激素不多，子宫颈腺体分泌的黏液少，所以白带少。月经周期的中期，卵巢分泌的雌激素增多，子宫颈腺体分泌的黏液多，这时白带量多而稠。

对付白带主要是注意卫生，加强锻炼。但是，当白带的分泌量、颜色、气味、质地等都变化了，就预示着体内发生了异常，应及时到医院去检查。白带异常有以下几种情况：

泡沫状白带。呈灰白色或灰黄色泡沫状，且有酸臭味，可能是滴虫性阴道炎所致。

豆腐渣样白带。常伴有外阴瘙痒及烧灼疼痛感，可能是霉菌性阴道炎所致。

黄色脓性白带。多为细菌感染所致，如淋球菌、大肠杆菌等。

水样白带。体质较差、营养不良、出现低蛋白血症时，有水样白带出现。此外，恶性肿瘤也会导致出现此种状况。

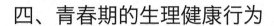

四、青春期的生理健康行为

在经历了脆弱的婴儿期、易受伤害的儿童期后，进入青春期的个体应是一个人生命历程中最健康的时期了。但是，这个健康也是一个相对的概念，与我们自己的行为有直接的关系。因此，在青春期养成一些好习惯十分重要。这些好习惯会带入成人期，直接影响到我们后半生的生活和健康，成为我们一生的财富。

目前，青少年的健康状况堪忧。从营养不良到超重超胖，近视率居高不下，心肺功能低下……我国青少年儿童的营养与健康状况可谓喜忧参半。特别是由于青春期生理教育的缺失，许多青少年将自己置身于一个危险的环境中。从目前的有关资料来看，青少年死亡案例中，70%以上属于非医学原因引起。伤害死因顺位依次为意外跌落、车祸、自杀、意外中毒和溺水，在15~19岁，其顺位为自杀、车祸、意外中毒、溺水、意外跌落和他杀。

伤害发生的个人因素包括个体差异，如生理节律、神经系统成熟度、智力及事故倾向性等；性格与行为，如病态性格、社会心理失衡等；生活与遭遇，如紧张、压力等。儿童的身体和心理发育水平及状态是影响儿童意外伤害发生的重要因素。环境因素包括家庭因素和社会因素等。这些问题我们都要在本书中进行讨论和涉及。本节主要讨论生理健康内容。这是因为，青少年健康问题是可以预防的。这需要从健康的概念开始了解。

教育部等部委从1979年开始组织实施"中国学生体质与健康调研"，对学生体质健康状况进行了持续、系统的调研、监测，建立了完善的中国学生体质健康调研制度。检测资料显示，近三十年来，我国学生总体上的形态发育水平不断提高，营养状况得到改善，常见病患病率持续下降。但是，耐力、力量、速度等体能指标有明显的下降趋势，肺功能持续降低，视力不良率居高不下，城市超重和肥胖青少年的比例明显增加。这一点，我们不陌生，经常会看到学校升国旗，国歌没奏完，学生就因体力不支倒下去的报道。

（一）健康的概念

按照世界卫生组织关于健康的定义，健康应是一种在身体上、精神上的完满状态，以及良好的适应力，而不仅仅是没有疾病和衰弱的状态。也就是说，健康包括身体健康、心理健康、社会适应和道德健康四个方面的内容。

◆ 健康的标准 ◆

身体健康：身体的主要系统、器官功能正常无疾病；体质状况和体力水平良好。

心理健康：人格完整，情绪积极稳定，自控能力较好；自尊、自知、自爱、自信；有安全感；能保持正常的人际关系；生活事业有目标。

社会适应：能适应当前复杂的环境变化，其行为能为他人所理解和接受。

道德健康：遵守规则，能辨是非，不损人利己。

一个人每天都在做出不同的决定，其中有些是正确的，有些是有问题的，甚至是危险的。进入青春期后，青少年通常会忘记或不在乎一些行为存在的危险。比如暴饮暴食、偏食、吸烟、滥用药物等。他们会对一切未来的东西盲目乐观，认为那些危险的、不好的事情只会发生在别人身上，距离自己太遥远。更有甚者，他们会认为这些都是家长和老师为了约束自己的某些行为而"杜撰"或"夸张"了的结果。

青少年还有一些行为，是受环境影响而形成的。比如，家中的亲人和周围朋友的一些不良健康习惯对他们影响很大，有些是决定性的。此外，明星和所谓成功人士的一些关于吸毒、酗酒等报道也会使他们"积极模仿"成自己的"超酷"行为，并形成习惯。

青春期的孩子之所以会做出一些让大人们大吃一惊的行为，主要原因在于他们对青春期保护知识的缺乏。在他们的头脑中，关于健康的概念，主要是从父母、朋友、医生以及媒体渠道获得的信息，而非知识和技能。如果他们本身不具备对危险做出判断和理性决定的能力，这些信息有时就会导致他们的行为逆向发展。

此外，青春期的孩子会模仿父母的行为及价值观，并将父母的这些行为和价值观进行演绎。如果父母对孩子的健康漠不关心，孩子也就有可能自己也不会感兴趣。但是，如果父母对孩子的行为进行过度的"指导"和监控的话，这会让孩子失去一些合理的"冒险行为"，对其发展不利。如何掌控这个度？需要父母把握一个原则，那就是全面掌握，重点布控，非险从宽。

　　总之，青春期的孩子对环境十分敏感。如果住在脏乱差或者危险的环境里，孩子本身就无法获得正确的健康知识。他们的同伴可能会说服他进行一些健康的行为，也可能让会他染上一些不良的习惯。所以，古时就有"孟母三迁"的事情发生。

　　父母的行为对青少年健康的影响非常大，因为这些行为和习惯是孩子从小在家中就耳濡目染、习以为常的。

　　张老师发现班上的小强同学总是和别人发生冲突，而且每次都是因为一些小事引发的。经过了解，并和赵小强同学沟通，张老师发现，小强同学主要问题在于说话方式上，三句不离脏话，诸如"我×你妈"之类的话常常挂在嘴边。张老师费了很大的精力，效果总是不明显。后来，张老师在家访时找到了答案。原来，小强同学的父母说话也是这样。

（二）外表吸引力

　　进入青春期后，许多青少年会凭感觉来选择自己的行为，凭自尊来决定自己的方式。有时候，这种感觉和自尊的选择依据却十分奇怪，那就是自己身体的吸引力。有吸引力的青少年，其自尊水平较高。事实上也容易解释：那些外表吸引力强的孩子与那些外表吸引力不足的孩子相比，他们的朋友就是要多一些。

　　体型是对人体形状的总体描述和评定。按照美国心理学家谢尔登（W. H. Sheldon）制定的人体分类法，体型被分为三种：内胚层体型或圆胖型，中胚层体型或肌肉型，外胚层体型或瘦长型。内胚层体型软、圆、厚，躯干和大腿粗壮，上肢和小腿特细，属于摔跤型身材，是一种极端的身材。中胚层体型身体呈方形，肌肉、骨骼及结缔组织颇为发育，体格健壮、结实，有粗壮的外表，属于运动员型身材。外胚层体型高、瘦、窄，显得身材苗条、紧致、细长。

大多数青春期孩子对自己的身体都不会满意。许多青春期的女孩对自己的身体不满意，是因为她们希望自己成为外胚层体型。许多青春期的男孩对自己的身体不满意，是因为他们希望自己成为中胚层体型。这与人们的审美情趣和媒体的宣传有很大的关系：电视上的女性都是身材高挑、腰身纤细，男性都是阳光强壮，身材魁梧的。这对女孩的影响特别大，她们对自己的体重要求会变得十分苛刻，经常性地对自己的体重不满意，她们总是认为自己又胖了。

GSG 案例库

小美早上又和妈妈吵了一架，原因是妈妈总是让她吃这吃那，说要让她保证营养。但小美为了保持美妙的身材，自己正琢磨着控制饮食呢。小美希望找到一个既不使身体发胖又能保证足够营养的办法。

青春期的孩子处于发育高峰期，所需营养比成人高13%~15%，其热量消耗比成人高25%~50%。偏食挑食会造成因营养缺乏而瘦弱，由食欲驱遣会因摄入过多的营养而肥胖，迷恋保健品的"神奇功效"会造成发育畸形。只有注意养成科学的膳食习惯才能保证健康成长。所以，要保证以下营养物质的摄入。

蛋白质。主要是满足人体组织生长、更新和修复的需要，同时供给人体热量。应多吃蛋类、鱼虾、瘦肉、乳类、花生、豆类等富含蛋白质的食物。

碳水化合物。给人体提供热量，主要来源是米和面。

脂肪。主要作用为供给热量、保护内脏和保温。因此，动植物油脂不可少。

矿物质。主要作用是补钙，像坚果之类的零食是可以吃一点的。

维生素。主要是增强抵抗力，促进新陈代谢。应每天吃蔬菜和水果。

水。帮助消化，调节体温，滋润皮肤，排出废物，促进健康发育。

青春期的女孩对自己的身体不满意，加之男孩更愿意喜欢身材苗条的女孩，朋友和父母嘲笑体重超标的女孩，这会引发对自己的消极态度。比如，外表焦虑，出现自卑，这些都会导致其学习成绩下降，严重的甚至会产生抑郁问题。

身材较好的男孩子肯定会吸引更多的人，肌肉发达的运动型男孩社会更喜欢接纳他们，而那些个子较矮的男孩子容易给人留下不好的印象。与女孩不同

的是，大多数男孩子在青春期的时候对自己的身体自我感觉良好，他们相信自己的身体会越来越好。

越来越多的人迷恋上了整容，虽然他们并不明白改变一个人的外表并不一定会让他变得更受欢迎。青少年需要明白的是，身体的变化是永久的，而且达成这种变化需要多种手段，这需要付出很大的努力和成本。因此，最好的解决办法是发挥自己拥有的积极特点，增强自己的自信，由内而外的美更具有吸引力。

GSG 案例库

中学生小钟咨询时问道：睡眠不足对身体发育和智力发展有什么影响没有？

回答是肯定的。青春期孩子的身体长高，是由性激素和生长素一起作用而成的。生长素在身体长高中起的作用更大。研究表明，生长素的分泌量在入睡70分钟后达到高峰，在熟睡阶段保持着分泌的最大量。而睡眠少的孩子，生长素分泌不足，个子一般较为矮小。

研究还表明，睡眠不足的孩子智力发育也较差。因为生长素的含量和脑内蛋白质合成的速度有直接关系。生长素分泌越多，脑内蛋白质合成的速度就越快。这样，就有利于神经细胞之间建立联系，即有利于智力发展。

（三）早熟与晚熟

青春期的发育年龄存在很大的差异，具有多样性。什么时候开始发育对一个人的影响是深远的。

1. 男孩的早熟与晚熟

早熟男孩一般比晚熟男孩的身体更强壮一些，肌肉更发达，适应性更良好，因此，他们在运动方面表现出很大的天赋。由于这种天赋会提升他们的社会名望，随着他们参与的社交活动的增加，他们拥有晚熟男孩无法比拟的社交优势和技能，因此，常常会担任一些领导者的角色。

早熟男孩容易对异性表现出兴趣，也更容易受到女孩的欢迎。这使他们过早地性成熟，并与异性建立起关系。

成年人更喜欢早熟的男孩，认为他们让人感觉轻松、有能力，更愿意让他们尝试成人的角色和义务。这使早熟的男孩容易得到一些特权，但容易使他们享受儿童自由时间变短，因此，早熟的男孩不能掌控他们想要的自由。

由于早熟男孩的社交比晚熟男孩早，因此，他们接触的大多是比自己年长的同伴，这使他们比晚熟的男孩更可能出现违法行为，如抽烟、酗酒、吸毒等。当然，也可能出现较多的心理症状。

GSG 案例库

小华的问题是：我需要做包皮手术吗？

这主要看实际情况。当你在上翻包皮清洗阴茎头时，若发现包皮盖过了阴茎头，不容易翻起，就可能是包皮过长了，要找医生咨询一下，看看是否需要做环切手术。如果包皮紧紧地包裹着阴茎头，根本翻不动，或者翻动时疼痛，应当立即去医院实施手术。

许多男生担心这个手术的危险性，其实，割包皮是很小的手术，只需要进行局部麻醉，很快就可以做完，没有任何危险，卧床休息两三天就可以上学去了。

相比之下，由于体型、力量和协调程度等的显著差别，晚熟的男孩通常在社交场合因自己的不熟练而自卑：个子比较矮，体重比较轻，朋友不多……而成人也容易认为他们没有吸引力：好动、不讲理、好反抗……因此，晚熟的男孩比较敏感。这样，他们有时会通过一些吸引关注的过度做法，来吸引人的注意，通过蔑视、攻击、嘲笑他人等其他策略吸引人的注意来补偿自己的不足。如将一些毫无价值的东西拿出来炫耀，为一点小事和别人打架……

所有的青少年都希望获得同伴的尊重和喜欢，他们会以补偿性的行为来保证自己的受接纳程度。

GSG 案例库

晚熟的男生的表现：

胡子较少；

不长腋毛；

声音没有发生变化；

第二特征没有出现。

发现孩子性晚熟后，要及时就医，看孩子是青春期延迟还是病理性性晚熟。男孩性晚熟能较快地观察出来，所以还是需要父母的细心。

那么，面对性晚熟的孩子该怎么办呢？

父母需要足够的爱和耐心，不要责骂，要鼓励和支持；

老师需要足够的信任，不取笑，多鼓励；

父母和老师多沟通、不要看分数，要看孩子的努力。

孩子晚熟是可以通过治疗得到控制的，面对晚熟的孩子，父母需要多一点耐心和理解，同时孩子身边的朋友、家人不要耻笑孩子，要多鼓励孩子。

大多的研究表明：男孩比女孩更"危机"。在英国，女生几乎在所有的考试科目上都比男生表现优异。在美国，男生比女生更早辍学，脱离正式的教育制度。因此，男孩需要"因性施教"。父母千万不要让男孩在6岁前入学。男孩爱冒险、爱跑动，许多学校出于安全和安静的考虑，常常禁止学生课间奔跑等，这是对男孩的虐杀。在家庭教育中，父亲要成为男孩的榜样和引路人，母亲要勇于"放养"男孩。

2. 女孩的早熟与晚熟

由于女孩发育比男孩要早两年，所以，早熟的女孩会显得更高一些，性发育更成熟，这时常会使她们感到尴尬。因此，早熟的女孩通常比较敏感，心理压力较大，可能出现如焦虑和抑郁之类的心理障碍。

早熟的女孩在身高、自我意识及人际关系方面都有更多的优越性，会造成自我意识过强而忽略同龄伙伴，更愿意和比自己年龄大的人一起交往，继而出现行为问题的风险就大大增加了。早熟的女孩在生活中，容易受到一些应激源的影响。由于关注自己的体型和体重问题，有时候，为了获得其他人的承认，她们更喜欢选择和大一些的男孩交往。她们也可能在学校制造混乱，也可能较早地出现性行为。

同时，她们还容易自我设限，影响认知、思维与社会化的正常发展；过分早熟的孩子没有童年，而没有童年的孩子长大后心灵是荒芜的；过分早熟的女孩儿会更早地关注异性关系，分散更多的注意力。

许多的研究都发现，早熟的女孩比正常发育和晚熟的女孩更可能出现吸烟、酗酒、吸毒、异性交往时间更长等问题。

晚熟的女孩一般很少出现社会功能的缺陷。虽然她们看起来还像个小女孩，但她们讨厌别人这样看她们。这些女孩一般很少参加什么聚会，也不太喜欢凑热闹。她们会主动躲避比她们大的群体，更多地对比自己小的群体感兴趣。因此，她们与男生约会的时间也比较晚。

晚熟女孩的优势是她们不会像早熟的女孩那样经历父母和成人的尖锐的批评。但是，晚熟女孩的嫉妒心比较强。

GSG 案例库

小美热衷于减肥。殊不知，长期限制饮食，会阻碍身体发育并导致某些疾病。

脂肪对保持女孩的曲线有重要的作用：使皮肤饱满、柔软而富于弹性；增添皮肤的光泽润滑感；使身体显得丰满、匀称、曲线优美。

脂肪与月经息息相关：脂肪组织达到体重的17%时，才会出现月经；达到全身重量的22%时，才能维持规律的月经周期；盲目节食减肥，会造成体内大量蛋白质和脂肪被耗用，雌激素分泌不足使月经推迟、失调甚至闭经。

无论男性还是女性，都存在青春期开始的时间快慢不一致的问题。但不管怎样，过早或过晚都属于不正常发育问题。有研究表明，过早或过晚成熟的男孩群体的犯罪率都相对要高一些。这是由于早熟的男孩因为常和比自己大的男孩在一起而受到嘲笑，容易受到比自己大的男孩的煽动而出现行为偏差，晚熟的男孩则因为受到嘲笑和排斥，为增强自尊，获得社会地位而出现行为问题。

应当指出的是，很多的少男少女对性早熟还是晚熟特别敏感，往往产生不必要的顾虑。这种顾虑大约分为两个阶段：青春期发育开始时，男孩和女孩都害怕自己的身体发育冒尖，他们会对生殖器的变化感到害羞，生怕别人取笑自己，因而不愿去公共浴池和游泳池。随着大多数同龄人的发育成熟，他们就会不再紧张，变得十分坦然。但这时，不少人又害怕自己"掉队"，跟不上同龄者的水平了。总之，青春期的少男少女特别容易产生对"早熟"和"晚熟"的疑惑。事实上，青春期的发育存在着较大的差别。如果没有科学的检测报告作为依据，是不好下"早熟"和"晚熟"结论的。

(四) 体重

我们发现，即使是儿童，也十分关注自己的体重，许多女生很早就开始节食了。

关注肥胖本没有什么错。确实，肥胖会带来很多的健康危机：青少年肥胖会使其患Ⅱ型糖尿病的危险大大增加。而且，会出现高血压和胆固醇含量增高，可能出现心脏病。更别说因为肥胖而引起的社会问题了。他们会因肥胖受到排斥，自尊水平变低。

◆ 肥胖引起的健康危机 ◆

个人因素：基因构成(父母的肥胖基因遗传)；过量饮食(以吃为乐，为习惯，为解决某类问题的方式)；饮食习惯(如不吃早餐，吃东西快等)；偏食(摄取高热量食物)；缺乏锻炼。

人际交往：家庭因素(家庭用餐还是外面餐厅用餐，食物的类别，饭后是否散步等)；同伴因素(经常性快餐)。

环境影响：学校(食物供应方式)；社区(体育娱乐设施等)。

社会影响：高热量食物供应；已加工的半成品食物，运动量减少等。

 GSG 案例库

刘老师：

我是单亲家庭，跟爸爸过。我的乳房已经开始发育了，但我在做运动和上体育课时觉得不方便。班里有的女生已经开始戴乳罩了。我不知道该如何选择。

青春期的女孩对自己发育中的乳房应倍加注意，她们比较关心要不要、什么时候戴乳罩的问题。有些人认为乳房隆起就应该戴，有些人则认为要等到产后乳房分泌乳汁后再佩戴。这些想法都不科学。

及时佩戴乳罩是衬托女性特有的曲线美、保护乳房的理想而简便的方法。佩戴乳罩能保持乳房清洁，支持和衬托乳房使其血液循环通畅有助于乳房的发育；可减少因行走、运动和劳动造成的乳房摆动，防止下垂；促进乳房内脂肪的集聚，使乳房丰满；当然，还可弥补乳房过小的生理缺陷。

佩戴乳罩应根据乳房发育的速度和大小来定。青春期女孩不要对乳房进行束缚或压迫，以免阻碍乳房发育。到了16~18岁时，其胸廓和乳房的发育均已接近成熟，或用软尺从乳房的上底部经过乳头到乳房的下底部测量，上下距离大于16厘米就应佩戴乳罩。低于16岁小于16厘米则不宜佩戴，会影响乳房发育，而且会影响今后的乳汁分泌。

乳罩的类型和标码选择：

锻炼乳罩。通常为统一型号，专门为乳房还未发育或刚开始发育女孩制作。如乳房太大或太小则不适合。

特异乳罩。其尺寸由两部分组成。一部分是数字，为28~44之间，表示胸围的大小；另一部分为字母，从A到E，表示乳罩碗的大小。用A表示乳罩碗逐渐减小，如较小（A）、特小（AA）。E则表示乳罩碗逐渐增大，如较大（E）、特大（EE）。

加垫乳罩。即乳罩碗里有一层衬垫，以使乳罩看起来更丰满。

乳罩的材料和选择：

最好买棉质的，以免皮肤过敏。根据个人习惯选择不同工艺。其佩戴应以松紧合适为宜，不可太紧以免影响乳房和发育。此外，应注意吊带的调节，使其松紧适当。

（五）饮食

青春期孩子的饮食障碍问题在今天已经普遍存在，主要包括神经性厌食症和贪食症两种。

1. 神经性厌食症

神经性厌食症主要表现就是不想吃东西。其体重至少低于标准体重的15%，但她们不认为自己体重偏低，她们对体重增加感到恐惧。

神经性厌食症一般出现在青春期性征发育之后。神经性厌食症者具有顺从、自我缓役、依赖、完美主义、易焦虑等特点，她们很少看到自己真实的样子，觉得自己的身体令人厌恶。这与家庭有一定关系，主要跟家庭不和谐有关。这些家庭管教孩子十分严格，过度保护，对孩子的健康过度关心。

孩子到青春期后，经常和父母发生冲突（尤其是和母亲）。这是由于青春期女性的生理变化可引发焦虑，其身体发育必须要和自己的女性性别认同一致，如果不能接受自己的女性身份，她就会试图压抑自己的身体发育以期回到青春期之前的状态。因此，她会通过不吃食物等一些极端的方式来减轻自己的体重，以期望自己呈现一副修长的身体模样。

处于青春期的女孩是厌食症的高危人群。治疗神经性厌食症的医学方法主要是监控其身体状况，试图使其重新恢复到正常范围。行为矫正则采用奖励和剥夺的办法，关注其饮食行为和体重增加。

2. 贪食症

贪食症即无节制地进食，主要特征是在短时间内强迫性地快速摄取大量高热量食物。如果一个人的暴饮暴食行为每周发生两次以上且持续三个月，就可以认定为贪食症。

贪食症一般出现在青春期中后期，可持续到20岁左右，比厌食症的年龄范围稍微晚一些，主要是女性，男性很少，不足10%。贪食者一般对自己的身体外表不满意，虽然希望自己拥有一个好身材，却不能控制自己的过度进食，特别是在感受到压力之后，焦虑、抑郁会出现，这时候，在进食和进食之后会产生自我轻视的想法。

与厌食症患者的家庭不同的是，贪食症患者的家庭比较混乱、充满压力，其父母将大量精力放在吸引力、身材、成功方面。

目前，治疗贪食症的方法主要是认知行为疗法，帮助当事人鉴别自己不现实的和自我挫败的认知和假设。

3.痤疮

青春期孩子会遇到痤疮的苦恼。在青春期，局部分泌汗腺和顶浆分泌汗腺会分泌一种气味明显的游性物质（即体味），当脂肪分泌腺体的分泌速度快于通过皮肤这一通道分泌油脂的速度时，会造成皮肤毛孔堵塞，形成痤疮。由于痤疮主要由睾丸激素引起，而男孩体内的睾丸激素多于女孩，因此，男孩出现痤疮的可能性要大一些，这和个人卫生关系不大。用香皂洗脸、挤压等方式都是不可取的，这有可能使痤疮恶化。

痤疮是一种重要的青春期生理现象，许多孩子都会碰到。虽然痤疮不是很严重的疾病，但会令许多青春期孩子感到苦恼。其实，轻度痤疮使用非处方药即可解决。如含有过氧化二苯的面霜能杀死引起脓疱的细菌，水杨酸有助于防止皮肤毛孔堵塞。痤疮严重的话，需要医生开具处方药。

（六）生理健康教育

事实上，健康概念中，包括避免危害健康的行为和促进健康的行为两个方面的内容。后者主要包括保证有营养的饮食供应、足够的运动锻炼、有充分的睡眠等。

1.营养

保证对青春期孩子的营养需求是青春期最重要的事项之一。由于孩子处于人生最快速的生长发育时期，他们需要大量的食物和特定的营养来满足身体发育的需要。对青少年而言，健康的饮食包括大量的蔬菜和水果、谷物、瘦肉、鱼、蛋、低脂肪的奶及奶制品。此外，少量的乳糖、饱和脂肪（如黄油和冰激凌等）以及淀粉（土豆、红薯等）也是必需的。

目前，大多数关于青春期的研究都表明青少年饮食营养不足，女孩比男孩更常见。这是因为女孩的进食量比男孩少或者节食的原因。

节食的不一定都是女孩，男孩也会这样。主要原因可能是：

睡懒觉，来不及吃早餐；

吃零食；

偏好某类食品；

营养知识缺乏；

社会压力促使自己节食（以保持身材）；

家庭影响；

经济状况……

如果要孩子养成健康饮食的习惯，父母和其他人应该形成良好的饮食习惯，为他们准备好营养均衡的食物。父母和教师最起码的要求就是要知道并能使用食物金字塔模型。

2. 运动

虽然运动的概念现在已经被人普遍接受，但运动总量的下降是不争的事实。特别是青少年运动量要远远低于老年人的运动量。公园里、广场上，锻炼身体的几乎都是中老年人，很少看到青少年的影子。

以正常速度走路2小时、游泳（滑雪）1小时，可燃烧掉500卡路里，还会增加人的新陈代谢，使其在运动结束后依然能消耗卡路里。

运动对于人来说确实非常重要。最明显的好处就是能够使自己的身体变得更加健康起来。这是因为运动能使人身体各系统的功能得到锻炼，同时，还可以促进生理和精神健康，缓解紧张、抑郁和焦虑的情绪。由于运动可以消耗能量和抑制食欲，因此，许多人还怀着减肥的愿望加入到运动中来。确实，运动能够使人的体形变得健美。

青春期孩子应保持一定的运动量：每天保持或尽量保持至少平均30分钟的适当强度运动量。对于学生来说，最好的方式就是保证学校的各项体育活动，能让每个孩子都参与其中。

3. 睡眠

许多学生在上课时间不能保持清醒状态，其主要原因是睡得太晚了。由于没有足够的睡眠，上课自然就处于不清醒状态。睡眠对于青春期孩子来说是至关重要的，每天最少应保证8小时的有质量的睡眠。

总之，青春期虽然是人生中非常健康的时期，但也要预防因为自己的行为习惯导致健康受到损害，特别应注意车祸、他杀、自杀之类的恶性事件发生。

许多关于此类的恶性事件发生，与青少年缺乏相关健康知识，不会自我保护有关，预防甚于矫正，这是GSG青春期整体教育的一个核心理念。

4. 青春期生理教育内容清单

<table>
<tr><td rowspan="1">小学版</td><td>

◎ 什么是青春期？

◎ 青春期是从几岁开始的？

◎ 青春期的主要变化有哪些？

◎ 是什么决定了男女身体的不同变化？

◎ 青春期的男孩有什么特征？

◎ 青春期的女孩有什么特征？

◎ 青春痘是怎么回事？

◎ 我们的生命是从哪里来的？

◎ 妈妈创造生命的器官有哪些？

◎ 爸爸创造生命的器官有哪些？

◎ 小生命在妈妈的肚子里是怎么长大的？

◎ 谁决定了孩子的性别？

◎ 什么是遗传？

◎ 爸爸妈妈是怎么避孕的？

◎ 女孩来月经是怎么回事？

◎ 女孩怎么知道自己来月经了？

◎ 什么是月经周期？

◎ 来月经会疼痛吗？

◎ 月经异常是怎么回事？

◎ 女孩要注意哪些卫生？

◎ 多大年纪才会停止月经？

◎ 乳房为什么会隆起来？

◎ 如何选配乳罩？

◎ 我有点胖，要减肥吗？

◎ 什么是遗精？

◎ 男孩也要讲究阴部卫生吗？

◎ 什么情况的男孩要做包皮手术？

</td></tr>
</table>

小学版	◎ 变声期要注意什么？
	◎ 什么是自慰？
	◎ 什么是男子汉？
	◎ 勃起是不是下流的？
	◎ 酒精中有哪些有害物质？为什么要少喝酒？
	◎ 为什么不能吸烟？吸烟有哪些危害？
	◎ 如何拒绝第一支烟？
	◎ 什么是毒品？
	◎ 毒贩子会用哪些花招来诱惑青少年？
	◎ 青少年怎样远离毒品？
中学版	◎ 生命是怎样孕育和诞生的？
	◎ 男女性别是怎样形成的？
	◎ 什么是早熟和晚熟？
	◎ 为什么会有性冲动？
	◎ 女孩为何有月经？
	◎ 女孩痛经该怎么办？
	◎ 月经紊乱是怎么回事？
	◎ 怎么判断月经是否正常？
	◎ 白带多、有异味是不是有病？
	◎ 处女膜有什么作用？
	◎ 少女乳房怎样发育才算正常？
	◎ 男孩乳房为什么也会隆起？
	◎ 男孩阴茎为什么会勃起呢？
	◎ 阴茎是否有大小标准？
	◎ 为什么早晨阴茎容易勃起？
	◎ 睾丸时常疼痛是怎么回事？
	◎ 从未遗精的人有生育功能吗？
	◎ 梦遗是怎么回事？"一滴精，十滴血"的说法正确吗？

本章，我们已经讨论了以下青春知识内容——

◎ 青春期是一个人的性成熟和身体发育的重要阶段。期间发生的变化将使身体为今后生殖做好准备。通过青春期的发育，男孩和女孩的身体会变得完全不同起来。

◎ 青春期的主要变化有三个方面：一是身体外形变化显著，身高、体重增加明显，男女外貌形体区别明显；二是女孩出现月经初潮，男孩出现遗精；三是对异性产生好奇心和好感，出现性幻想和性冲动。

◎ 现有的研究已经证明一个事实：青春发育期的变化是由下丘脑和内分泌腺引发和控制的，它们分泌激素，刺激和调节发育过程。

◎ 脑垂体分泌的人类生长激素会影响骨骼的生长和塑造。

◎ 卵巢将分泌雌激素和黄体酮。雌激素能刺激女性性征的发育，黄体酮则调节月经循环，并对乳房的发育产生影响。

◎ 睾丸分泌出的雄性激素可刺激男性性征的发育。

◎ 肾上腺同时分泌雄性激素和雌性激素。

◎ 下丘脑分泌促性腺激素释放激素，控制着脑垂体中促卵泡激素和黄体激素分泌。

◎ 在青春发育期，男性的性器官都增大了。睾丸分泌的睾丸素开始增多，成熟的精子开始形成。

◎ 青春发育期的女性性器官也增大并成熟。卵巢分泌的雌激素和黄体酮增多，开始形成成熟的卵细胞。

◎ 青春期的男孩在夜间睡眠时会有梦遗或自发的射精现象。

◎ 事实上，大多数的女孩在青春期早期就会出现月经。

◎ 一个人的月经循环会受激素水平的起伏控制。

◎ 无论如何，在女孩初潮之前，父母都应该为她介绍有关的知识，这非常重要。因为这样可以减轻她们的焦虑，也有助于女孩对自己的身体形成良好的认知和态度。

◎ 提前向女孩介绍关于月经循环的知识，会让她对月经的到来有一个积极的态度，也有利于减少经期问题的发生。

◎ 容易让人混淆是性成熟这个概念。其实，青春期的性成熟也包括第二性征的发育。如男性出现阴毛、身高激增、变声、肌肉发育、腋毛和胡须的生长；女性出现阴毛、乳房发育，圆润的女性特征更明显。

◎ 女孩的发育通常比男孩要早两年。

◎ 不管是男孩还是女孩，都会对自己的发育很敏感，特别是当他们认为自己发育不正常时，他们更会在意别人的态度。

◎ 青春期最明显的身体变化之一就是身高快速增加。决定一个人的身高的因素包括遗传和环境因素。

◎ 随着体重的增加，身体中的各个结构也会发生改变，器官的功能逐渐成熟。

◎ 一般地，一个人性成熟时间越早，身高的猛增会越快地减缓至停止。

◎ 许多数据都表明，随着良好的营养状况和医疗卫生条件的改善，今天的男孩和女孩的成熟年龄比以前的孩子要早一些。

◎ 睾丸激素可以引起男孩和女孩体形上的诸多变化，促进骨骼、肌肉和毛发的生长。

◎ 女孩体内的雌激素促进乳房的发育和皮下脂肪的累积。

◎ 对于青少年来说，青春期健康最大的危险都是因为他们自己行为习惯造成的，许多悲剧其实是可以预防的，如车祸、溺水、自杀、他杀、触电、煤气中毒等。预防甚于矫正，应及早做好相关知识的教育。

◎ 青春期的孩子非常注意自己的身体吸引力。在青春期教育中，应着力帮助孩子实现这些目标。这将使他们形成积极的自我概念和人格，从而让他们变得更受人欢迎，而且也会让他们的社会调节能力变得更强。

◎ 有些男孩女孩会早熟，这让他们在开始的时候变得与众不同，但这些都是暂时的，没有必要大惊小怪。当他发育成熟后，一切都会改变。

本章行为清单

教师行为清单

　　青春期的生理教育，教师和家长虽然在许多方面有共同的事要做，但还是有所侧重，教师应明白自己的责任，清楚自己的任务，只有这样，才能做好与家长的沟通与合作。

教育的主要内容：

◎ 认识我们的身体。

◎ 生命是怎么诞生的?

◎ 青春期生理卫生及保健常识。

教育策略与方法：

◎ 集中与分散相结合。即将不适合男生女生一起听的内容分开讲座。如在讲授青春期生理时，男女生应分开进行，女生讲座的内容重点放在月经期卫生上，男生讲座的内容重点放在遗精现象和杜绝手淫习惯上。在讲授青春期心理时，可集中进行。

◎ 在教学过程中，教师要抛开传统陈腐思想的影响，打破教学中的"性的禁区"。但要注意某些内容的提出方式，做到自然过渡。

◎ 与我们的传统文化有关的内容，如在讲授"生命是怎么诞生的"时，牵涉到性交的内容，不适合让学生自习，应指导学生理解。

◎ 进行讲座时，可充分利用学校的现代化教育手段，如播放光盘、教学软件等，更直观地对学生进行教育，还可举办"青春期教育"专题板报或墙报解答疑难问题。

◎ 多与学生身边的、耳闻目见的社会生活实际结合，不能讲大道理。

◎ 青春期的许多问题，牵涉到学生的隐私，教师不宜在大庭广众下进行讲解，要做好个别教育，做学生的知心朋友帮其解决成长中的困惑。

◎ 请家长配合做好一些工作。青春期的孩子甚至与父母有代沟。应通过家长会、家访等与家长建立密切联系，请家长注意孩子平时听看的书籍、报刊、歌曲等，经常与孩子交谈，形成民主的家庭氛围，发现异常情况及时与教师联系。

◎ 青春期的生理教育，教师重点教学生知识，家长主要教孩子常识。家长要始终相信，教师只是代表国家完成对孩子的教育任务，其主要任务是"传道、授业、解惑"，要想让孩子成才，真正拥有幸福的人生，你得教会他做人。这是你的"主业"。

教育的主要内容：

◎ 学会保护我们的身体，远离危险源。

◎ 让孩子明白他的出生是一个幸福的过程，同时也是一个艰难的过程，为此，他要学会感恩。

◎ 指导孩子平衡膳食，帮助孩子克服挑食的毛病；孩子无论是厌食和贪食，大多都与家庭成员习惯有关，这需引起成人的注意。青春期孩子可能缺乏的营养物质有：钙、铁、蛋白质和维生素 A、C 及 B_6。应注意满足他们在这个时期的营养摄入。

◎ 指导孩子参加各种锻炼，练就好的身体；督促孩子参加运动，保证每天的有效运动量达到 30 分钟以上。关注孩子的睡眠，睡眠不足会对他们的学业和心理造成影响。

◎ 帮助孩子建立自信心，培养孩子的责任感。帮助孩子确立兴趣，指导孩子规划自己的人生。

◎ 帮助孩子解决青春期遇到的实际困难，指导他如何应对。如女孩月经来潮，妈妈就要教会孩子如何注意经期保健，如何挑选和使用卫生巾等。

教育策略与方法：

◎ 走进孩子的世界，做孩子的知心朋友。父母和孩子在交流过程中，应该各自独立为前提进行平等的对话。父母和孩子的交流，不是"贯彻"父母的思想和意图。这样的谈话，其信息流动不是对称的，即如果把对话和交流变成让孩子"坦白、交心、汇报思想、承认错误"，这就不是对称的信息交流，谈话就没有探究色彩，缺失专业性。

◎ 不回避谈性知识。如家长可针对孩子提出的性知识问题，从人类进化的生理角度，从婚姻的基础、人生的价值实现的角度去阐述，既淡化了孩子的好奇心，又帮助孩子树立正确的世界观和人生观。

◎ 要熟悉孩子的爱好。家长要做孩子的知心朋友，就必须与孩子有共同语言。要能谈出孩子熟悉并很想了解的话题，进而拓展开来，引导深化。

家长行为清单

青少年行为清单

这些行为和习惯将改善孩子青春期健康状况，使孩子在青春期免受伤害。

◎ 遵守规则，注意潜在危险。

◎ 注意精神卫生，保持情绪稳定，精神愉快。

◎ 积极参加体育锻炼，以促进生长发育，强身健体。

◎ 科学营养，不挑食、不偏食，增加各种营养物质的供给。

◎ 培养良好的卫生习惯，不吸烟，不喝酒。

◎ 保持足够的睡眠时间，每天8小时以上。

◎ 保持良好的坐、立、行姿势，预防骨骼的畸形发育，如驼背等。

◎ 积极防病。

◎ 女孩不用束胸。束胸会影响体内脏器官发育，影响呼吸，使血液循环不畅。

◎ 不要穿紧身裤和化纤内裤。

◎ 合适的胸罩能显示女性的体形美，可预防乳房下部血液淤滞而引起乳房疾患。

◎ 不吸烟、饮酒。烟酒对人体心血管系统、呼吸系统及人的意志力危害较大，成为嗜好后易发展成吸毒、酗酒，危害身心健康。

◎ 男孩要注意生殖器官卫生。①除擦洗阴茎和阴囊外，应将包皮向上翻，使龟头完全暴露后用温水洗净，水温不要超过60℃。②每次遗精后需换内裤，及时擦洗阴茎，清洗时不玩弄阴茎，以免诱发手淫。③内裤应常洗换，选用透气性好的棉织品，要略微宽松一些。

◎ 女孩要注意经期卫生。①注意卫生，防止感染。养成每天用温水清洗外阴的习惯，经期不宜盆浴。所用的卫生巾要柔软、清洁、勤换。②注意保暖、避免寒冷刺激，如游泳、冷水浴等。③购买合格且在有效期内的卫生巾。④避免精神刺激和情绪波动。⑤避免长时间和剧烈运动。⑥勤洗澡，勤换内衣裤，避免细菌感染。⑦合理补充营养，吃新鲜、容易消化、清淡、富含营养、润肠通便的食物，如豆浆、鸡蛋、瘦肉、新鲜蔬菜、水果等，不宜吃生冷、酸辣、酒类等刺激性食物，多饮开水，保持大便通畅，减少盆腔充血，劳逸结合，保持充足的睡眠。⑧痛经可以用热毛巾热敷腹部，可以喝红糖水。

青春期智力教育

QING CHUN QI ZHI LI JIAO YU

青春期是人一生中身体发育和智力发展的重要时期，进入青春期后，人的大脑结构和功能不断发展和完善，使大脑对人体的调节功能大大增强，兴奋过程和抑制过程逐步平衡，分析、理解和判断问题的能力有了很大的提高，个体的好奇心、求知欲、记忆力大大增强，容易接受食物，这使青春期成为一个人发展智力的"黄金时期"。因此，青春期智力教育应成为青春期教育的重点。

青春期是一个人一生中身体发育和智力发展的黄金时期。这个时期不仅身体其他器官的功能明显增强，而且，神经系统发育更完善。在本章，我们将讨论青春期孩子的智力教育问题，重点是帮助您认识到智力发育的途径与智力开发的方法。您将了解到：

· **为什么青少年总有那么多稀奇古怪的想法？**
· **为什么他们会叛逆？**
· **为什么他们对权威持怀疑态度？**
· **为什么他们的反应总是那么快？**
· **为什么他们的记忆力不错？**
· **为什么他们总是言行不一？**

在本章中，还将重点提醒您应帮助这个时候的青少年：

· **智慧究竟是什么？**
· **如何才能形成并提高自己的思维辨别能力？**

在本章中，甚至可能会提醒您思考：

· **父母和老师怎样才能帮助青少年做出正确的决定？**

本章帮助您了解到，一个人的智力潜力是无限的，只要能够找到打开大脑的钥匙。如果能在青春期找到这把钥匙，那么，摆在你面前的将永远是鲜花，是绿草，是蔚蓝的天空，是微微泛波的河流……

许多学者将青春期视为男女智力定型的标志和智力可能发生逆转变化的分界线。在青春发育期结束后，男女智力差异发展变化的年龄倾向已不十分明显并逐步消失。男女智力差异的性质和大小在青春期后，虽然还会发生新的变化，但这个变化并不表现为智力差异发展变化的年龄倾向，更多是由青春期前的智力开发情况和青春期后从事的实践活动、社会职业的性质、继续获得文化知识的多少决定。因此，做好青春期的智力教育就显得非常重要。

　　关于智力发展的限度问题，目前还没有一致的结论。虽然观点各异，但有一点似乎是一致的：18岁左右，人的智力已达到与成人相接近的成熟时期。之后，虽然随着知识、经验的增长，某一方面的智力可能还会以不同的速度继续增长，但总的智力能量在一般情况下已不会再有显著的增长。

　　本书除强调做好青春期的智力教育外，还有一个很重要的理由，那就是青春期孩子的精力非常充沛，如果他们的精力不能奔向学习方面，就自然会奔向纪律或心理方面。对于青春期的孩子来说，智力发育的结果是显而易见的。但智力发育的好坏和快慢需要环境和手段加以改善和促进。

　　小史的各科学习成绩平平，在课堂上过得十分不顺心，但只要一离开学校，她就变得非常快活起来：和朋友煲电话粥、上网聊天、上舞蹈班的课……老师在课堂上布置的家庭作业被忘得一干二净。对小史来说，单独处理其中的任何一件事都很容易，但当把这些事一起放在她面前时，就变得困难重重起来。对她来说，把课堂上老师讲的所有内容都记在笔记本上，这几乎是不可能的，即使记录下来，上面的字潦草得让她自己都不认识了。她也希望自己在合理安排作息时间方面能够控制自己，但她的大脑好像不怎么配合。

　　如何破解一道数学题？为什么有的孩子学儿歌、认字很容易，表达力强，而识数和计算就很困难，怎么也记不住？而有的孩子说话紧张，但一到算术、数数的时候，就来情绪了？为什么有的孩子天生就比其他孩子聪明？这些有关学习的问题，都与特定大脑区域的功能有关。近年来，随着脑科学研究的兴起，其在青少年学习中的运用也得到了广泛的关注，从而诞生了教育神经科学这门全新的学科，它试图帮助青少年建立一个最佳的学习环境，使其顺利度过青春期。

一、青春期的大脑发育与智力发展

迄今为止，智力没有一个公认的概念。但大多数人还是接受了"个体能很容易地习得新知识，能较好地解决问题和做出明智的选择，能灵活地适应新环境"这样的概念。作为人在认知能力方面的心理特征，智力不是人的能力的全部。

思维能力是智力的核心。某种意义上说，人的思维能力是其智力发展的标志。

（一）青春期的大脑发育

之所以认为青春期的智力能够取得飞速的发展，一方面是由于青春期的孩子大都已经上学，有大量的时间学习，因而能够学习并实践大量的知识和技能，逐步熟悉并了解到哪些认知策略对自己来说是有效的。另一方面，青少年这一时期的大脑发育成熟有决定性的因素。

大脑这个由数百亿甚至是数千亿神经细胞组成的复杂人体器官，每个神经细胞又与大量另外的神经细胞相连，并与脊柱一起组成人的神经系统。大脑各个部位具有不同的功能：小脑位于大脑半球的最后方，主要负责调节躯体平衡和肌肉张力；脑桥位于脊柱最顶端的一小部分，负责将上部接收到的信息传递给小脑；位于脑桥上方的中脑，对感官和行动信号非常重要；中脑前方的丘脑和下丘脑，负责控制荷尔蒙分泌以及身体功能，同时调节着体温。

大脑皮层位于大脑的最外部，平铺之后大概有一个篮球场大小，它对接受新的信息十分重要。大脑皮层主要由枕部皮层（枕叶）、太阳穴皮层（颞叶）、顶骨皮层（顶叶）和前骨皮层（额叶）组成。大脑皮层还可划分为两个部分（也称左半球和右半球），由可以传递信息的神经纤维组织胼胝体连接在一起，胼胝体位于大脑中央，主要负责灵活调控左右两侧大脑半球之间的交流。

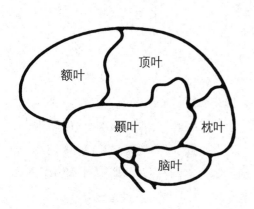

大脑片叶对思维方式所起的作用是不同的，每一片叶对思维方式都有不同的作用。

　　枕叶：为大脑里的视觉中枢。

　　顶叶：主要负责逻辑思维以及解决空间推理相关问题。走哪条路最近？车能停进停车位里面吗？

　　额叶：参与高级思维过程，如计划和冲动控制。一个人的额页如果受到损伤，他的行动将不受自己思维的支配，不关心其行为后果。

　　颞叶：最显著的功能为语言、听觉及记忆。其右半部分与解释非语言交流有关。

　　顶叶、额页、颞页在青春期会继续发展，它们之间的连接也在继续发展。如额页和颞页之间的神经纤维变厚且髓鞘增多、胼胝体增厚，这会使人脑的不同区域可以更有效地共享信息。

　　海马和杏仁核位于颞页的深处，前者与学习、记忆和动机有关，后者也和记忆有关，可以解释输入的感觉信息，引起人对信息最初的情绪反应，它们在青春期发育成熟。青少年比成人更容易情绪化，就是因为他们的杏仁核比额页发育快的原因。女孩的海马发育成熟比男孩快，男孩的杏仁核发育成熟比女孩快。一个人如果杏仁核功能活动强烈，额页功能减弱，将会变得易怒或因一点小挫折而痛哭。

　　某些脑部位在青春期这段时间里会变得非常脆弱和容易受到影响，任何损伤或缺少刺激都会带来非常不利的后果。如一个孩子出生前后在母体中受到酒精和尼古丁的侵害，她出生后就有可能出现神经发育上的缺陷。

　　大脑的各个部位都有自己建立联系的最佳时机，一旦错过，将很难再成功。如学习外语语音最好的时机是在某个特定的发育阶段完成，如果错过了这个最佳时机，就很难再掌握完美的外语语音。之所以强调青春期孩子大脑发育环境的重要性，就是因为这个时期脑结构发育迅猛的原因。

　　细胞的快速生长自出生开始一直持续到16岁左右。其特点是生长速度快，以至于生成一些连接，即出现大量突触。

　　16岁后，细胞数量和彼此之间的连接开始减少。一些细胞继续变大，另一些使用较少的细胞开始死亡。减少的兴奋性突触数量比抑制性突触的数量多。

在青春期，兴奋性突触数量比抑制性突触的数量比由7买1下降到4买1。脑结构之间的联系增强和消失都与青少年的经历有关。

青春期孩子信息加工速度的增加、记忆力的提高、对语言更加熟练地应用、自我意识增强等，都是大脑变化带来的认知水平进步的表现。而那些如冒险、冲动、情绪化等，则与大脑的这种不均匀变化有关。

(二) 学习中的大脑

青春期的大脑处于发育状态，大脑的许多功能还没有成熟，要求青少年完全具备管理好自己的学习能力是不太可能的。如负责计划工作的脑区正处在发育过程中，他们之间的交流还没有达到最佳状态。因此，我们经常会发现一些青少年不能妥善地安排好自己的学习时间，比如，什么时候做家庭作业，什么时候玩，放学回家后是先学习做作业还是先玩。这时候的他，其大脑已经不够用了。这样的话，他的学习成绩就会下降。于是，一些家长为孩子选择留级，这实在是不可取的，他只是无法合理规划自己的时间而已。

额叶是认知能力的主导者，是否能够做好工作、学习规划，这类工作多半由额叶来完成。由于额叶在额头的后方又囊括了脑皮层三分之一的面积，因此，额叶拥有大量的连接和次区域。也正因它"面积太大"，人们才将它分成上区和下区（也有称腹区和背区、前区和后区的）。但如果按照功能来分区的话，将其分为运动区、外侧额叶、内侧额叶比较好一些。

运动区的位置靠后，主要负责激发并支配身体运动；外侧额叶在头骨前方，控制各种各样的针对某一特定目标的行为，并运用事先获得的规定好了的行为方式和按照指令行事，此外，还负责接收新信息；内侧额叶位于外侧额叶的下方，除引导目标行为外，还影响一个人的情绪以及在群体活动时做出什么样的决定。

什么是自控能力？是为达成某一目的自己能够掌握如何行动的能力。从脑科学的角度看，自控能力是由于大量的规划技能在额叶处被融合形成的。如上课的时候，旁边的同学总是在窃窃私语，但某位同学能保持专心听讲的能力，就是自控能力。

　　要解决前面案例中小史的问题，我们可以这样来寻找解决办法：她的问题既然是不能很好地规划自己的时间，但为了继续自己的学业，小史就必须要做到这一点。怎么办？流程法应该可以解决这个问题。首先，准备一个专门的笔记本，在笔记本上记录下课堂上老师讲的所有内容。在记录时，尽可能地把每个问题的重要信息提取出来。需要自己注意而且必须做到的是，在这个过程中，强迫自己不被同学们的交头接耳声甚至下课铃声打扰，不然，就可能记录不全面。其次，在做作业过程中注意力不能被分散。方法上，要尽可能忽略与作业无关的事情，如手机接收短信等。最后，要确定一个什么先做什么后做的顺序。因为不可能所有的事情都同时开始做，应制定一个目标顺序，这个目标顺序要列出大概完成的时间信息。从这个案例中，我们可以看出，计划是多么的复杂，因为它需要动用到非常多的大脑区域，并使它们合作才能完成。

1. 计划机能

　　外侧额叶在存储信息、解答问题方面扮演着重要角色，对一个人的学习能力和规划能力起到的作用是至关重要的。因此，必须保证外侧额叶不受到伤害。如果外侧额叶受到伤害，这个人就很难根据反馈调整自己的行为，会禁锢在原有的行为模式中很难灵活地变化。如他在表达自己的意思时往往是不得体的；他可能理解不了别人听笑话时为什么会笑得那么甜；几乎无法按照老师的要求更改某项事情……

　　根据外界的信息反馈调整自己的行为，是一个人在青春期迅速发展起来的一种能力。正因如此，在学校青春期教育中，为了开发学生的智力，在学校生活中创设类似的情景是非常重要的。如果能以同样的方式完成某项任务和学习作业，会给学生们带来安全感。不然，一旦某个老师被更换，他就很难适应新的老师的教学方法。

　　一个人的规划能力和变通能力需要到了青春期才能成熟，额叶的发育也会持续到20~25岁。智力教育的重点之一在于，根据青少年的大脑发育功能特点，为他们创造一个更适宜的环境。如孩童时代学外语比较好，那就不要错过这个大脑已经准备好了的机会。如果一个人的规划能力到14岁时还没有发展成熟，那就提一些宽泛而非具体的任务要求，如要求孩子合理计划花自己的每一分零花钱，这是不可能做到的事情。

GSG 案例库

已知：

1=5；

2=10；

3=15；

4=20；

5=？

正确答案是10。但为什么许多青少年包括成年人会选择"5=25"？表面上看是一个思维方式问题，但实质上是一个人大脑中解决问题的能力形成问题。大部分用于解决问题的脑功能是在一个人4~12岁之间形成的。孩子在之前回答这类问题有困难是很正常的事，跟智商关系不大，他需要一点时间而已。这一点，也能从这个年龄段儿童和青少年快速发展的修辞能力中反映出来。

2. 记忆机能

以前有观点认为，一个人的记忆力在10岁就已成熟，但现代科学表明，青春期记忆力的进步更为明显。而让人兴奋的地方在于，记忆力在青春期的增长空间，取决于在这段时间里人们给予的支持力度的大小。

科学家在实验室的实验也证明了这一点。实验证明，一个人的大脑中，从信息输入到消失的时间上，12岁以后的孩子与成年人基本上处于相同的水平。在信息量保存上，小孩比成人要差，因此，小孩不可能把过多的任务都记在脑中。研究结果还证实，记忆能力在3~15岁这个区间里与年龄增长相关，但有的孩子15岁以后，其记忆能力也未达到成年人的水平。但在进行信息重组，也就是在大脑里对信息进行二次加工时，成年人具有优势。这是由于它不仅需要个体大脑额叶的各个次区域协调一致，也需要它们之间能够建立成熟的交流。因此，抽象操控信息的能力基本上到青春期仍有发展空间。这对学生来说就很重要，如在做数学习题时，每个数字都要在脑海中重新排列，制定学习计划时，要考虑各种任务和时间如何安排，这都对加工信息的能力要求非常高。

当人们需要记忆的地点、图像越来越多，需要信息在头脑中保存的时间越来越长时，外侧额叶发挥的作用就会逐渐增大。由于后外侧额叶发育缓慢，青春期的孩子无法很好地发挥属于工作记忆的操控机能。

瑞典卡罗林斯卡研究所的神经学家托克尔·科林贝格（Torkel Klingberg）通过实验表明：成年人与位置相关的工作记忆准确率更高，儿童随年龄的增长而增强。他们还找到了大脑区域间的关联性所扮演的角色，即关联性越强，工作记忆能力越好。

GSG 案例库

　　荣爸爸正躺着给3岁的女儿读故事《变色旅馆》，在读到"住"的时候，女儿大声说："爸爸，您读错了！应该是——往！"爸爸仔细看了一下，诧异地回答说："没有啊，就是住啊！"女儿说："不对，不对，就是——往！妈妈昨天读过了！"原来，妈妈昨天给她读这个故事的时候，因为近视，错把"住"看成"往"，结果被女儿记了下来。

　　你是否观察到，如果你当着8个月大的婴儿的面，将一个玩偶放在某个地方，他可以毫不费力地找到。但时间稍微长一点，也许只过去那么10秒、20秒，他就会忘记放的位置。这是很正常的现象，因为他的工作记忆能力还没有发育成熟。但过了那么一两年，童年时期的他的记忆就会大大提高，就像本案例中的女儿一样。

3. 自制机能

　　毫无疑问，年龄越小，自制能力越弱。我们经常在幼儿园看到，老师在不停地要求孩子们坐好，不要说话，但总是有相当一部分孩子做不到，即使能按老师的要求停下来的孩子，过不了多久又会回到原来的状态。神经科学研究证明，14岁以下孩子的自制能力较弱。在8~12岁孩子的大脑抑制区发育状况研究中，发现了其前外侧额叶还没有发育成熟，但其他大脑区域已经足够活跃，说明一个人的大脑抑制区发育要比其他大脑区域发育晚，这也符合这个年龄段孩子冲动的表现特点。而在18~25岁这个年龄段，大脑的抑制机能也正处于向成年人过渡时期。这样，我们就可以推断出结论：由于18岁以前的孩子还不能像成年人那样拥有良好的克制机能，因此，不能指望他们能够在课堂上像成人那样专注，在生活中像成人那样自律，他们需要成人的引导和必要的约束。

如何抗拒干扰，是这个时期青少年的一个重要任务。如有的人就无法在家里人看电视时学习。即使他们看起来能很轻松地同时打电话、上网、写作业，但他们的大脑未必能够抗拒干扰。

GSG 案例库

小马同学今天又迟到了。原因是起晚了，在骑自行车上学的路上，每个路口的红灯都被他赶上了。

像这样明知要迟到，但又遇到红绿灯的情况，都必须要迅速刹车停下以避免闯红灯。也许你正在邻居家做客，遇到电话铃突然想起，你会不由自主去接，但在最后时刻意识到不是在自己家，于是马上停止下来。这些都说明你的大脑自我克制机能发挥了作用。这是一种帮助人们及时减缓或停止自己行为的能力，对于保障安全和确保做出不出格的事情非常重要。

4. 灵活性机能

人们经常会遇到突发情况，因此，培养一个人应对突发事件的能力是非常重要的。大脑的灵活性虽然在儿童早期已经有了显著的发展，但到15岁时仍在发展。虽然对达成目标很重要的脑区直到青春期晚期还在发育中，但青少年的大脑在收到激励和肯定时比遭遇惩罚和批评时的状态更好。如婷婷因为昨晚没有好好预习而今天在课堂上被老师提问时出现了错误。如果在黑板上出的是四道题，她可能就不再往下做了，因为她会觉得再往下做也不一定会正确。另外一个被叫上来的同学实际上也没有预习，但她先做了第三题，结果"蒙"对了，于是，她在老师和同学们的鼓励下一鼓作气完成了第四题。因此，当青春期的大脑对肯定的信息做出强烈反应的时候，其反应效率就提高了。

为了暑假的外出旅行，婷婷准备了好几天。清早起来，一家人齐心协力将备好的物品搬上了车，这场由爸爸开车，一家人说走就走的旅行马上就要开始了。突然，电话铃响了，爸爸拿起电话一听，脸色大变……爷爷病危，住院了！

计划需要改变，这一点是肯定的。在实际生活中，我们经常会遇到这样的情况。如何在反馈中收获，这也是课堂教育中一个非常重要的问题。

5. 计算机能

计算本身是一个非常复杂的过程，比如，人们要先识数，再认识数字之间的关系，然后将它们置于抽象的空间中，通过复杂运算得出结果。这对有些人来说非常困难。科学研究发现，大脑的顶叶主要负责抽象再现数字，额叶负责记忆数字，参加计算的主要是大脑顶叶。如果一个人的顶叶或者额叶受损，都会影响其运算能力。因此，建立顶叶和额叶之间的联系尤为重要。

在对8~17岁青少年的研究中，研究人员发现，年龄越小的人使用额叶的频率越高，随着年龄的增大，顶叶参与的比重越来越大。研究人员由此得出结论，处于青春期的青少年只有在额叶发育成熟的情况下，才能做好复杂的运算。像下面案例中的伟伟，数学老师如果能够给予他足够的支持和引导，这显然是他目前最需要的。

伟伟在幼儿园上学时，感觉不错。在小学阶段，也没有碰到过太多的困扰。到了中学，他很喜欢语文，但讨厌数学，稍微复杂一点的习题，必须要在别人的指导下才能完成。但数学老师是个非常严厉的人，他认为伟伟的努力不够，应该在数学上多下功夫。结果是，伟伟每次都是最后一个才交数学作业，有时索性就不做了，他对数学都讨厌死了。

6. 语言机能

研究人员发现，在人的大脑中，确实存在一个为语言工作的网络：语言区。人在一岁左右会开始说话，之后会迅速积累词汇。对于青春期的青少年来说，他们已经拥有了很好的语言能力，几乎正在或已经度过了语言敏感期。

语言敏感期指儿童能够更好地吸收语言信息的某个时期，大概时间为4~6岁。在敏感期内，大脑首先生成脑灰质，接着生成数量逐渐减少，脑区域的功能性也随之提高。研究人员认为，处于敏感期的脑区域能够被利用的程度非常大，因此，能完美地学习外国口音，7岁之后，这种能力会逐渐减弱。不难理解，如果一个孩子在4~6岁阶段不与外界接触，他将永远无法说出完整的句子。

虽然大脑在我们出生的时候就已经做好了学习语言的准备，但真正意义上的学习确实依赖于出生后的周围环境的刺激。从这个意义上来看，从幼儿时开始学习英语是有道理的。但前提是老师的发音必须是标准的，不带口音。

综上所述，与人体控制技能有关的脑区域，其发育过程一直持续到青春期，而且，在这个发育过程中，存在一个相对更易学习某种能力的敏感期。这为我们开展青春期智力教育提供了科学的依据：培养特定能力时，应尽量配合其对应的敏感区。

GSG 案例库

尽管伟伟的数学学得很困难，但他的语文却非常棒，而且英语也不错，他都有多学几门外语的想法。这让许多人感到吃惊。

（三）认知能力的发展

人们对于智力的认识是不断发展的。20世纪80年代中后期特别是90年代以来，西方很多的心理学家都认为人具有多种智力，且与特定的认知领域或知识范畴紧密相关且独立存在。

斯腾伯格(R. J. s. tennberg)提出了人的智力包括成分智力、经验智力和情绪智力三种三元理论。认为个体的智力差异主要表现为智力在这三个方面的不同组合上。

塞西(s. J. Celi)提出了智力的领域独特性理论。他认为从事不同学科领域研究或不同职业领域工作的人在智力活动方式上存在着明显差异，这种差异并不说明某种智力比另一种智力优秀，只说明不同行业的人其智力特点和表现方式不尽相同。

加德纳(H. Gfrdller)提出了多元智力理论。他不仅强调智力的社会文化性，还特别强调智力是个体解决实际问题或生产及创造出社会需要的有效产品的能力。他提出的七种智力概念(言语—语言智力、音乐—节奏智力、逻辑—数理智力、视觉—空间智力、身体—动觉智力、自知—自省智力、交往—交流智力)，在世界教育领域产生过较深的影响。

一个人的观察能力、记忆能力、思维能力、想象能力和操作能力构成其智力的主干结构，这五种能力是相互联系和制约的。一个人智力的提高，必须使这五种能力全面发展，否则，就会造成智力上的畸形状态。但是，对于不同的人来说，这五种能力的主次轻重又有所不同，一味地要求每个人都要均衡地发展这五种能力，既无必要，也不可能。所以，我们在实践中比较重视团队合作学习或工作，其目的就是将具有不同智力结构的个人按最优化的原则组织起来，以形成集体智慧。

智力是心理学的一个重要概念。绝大多数心理学家把它归属于个性的范畴，突出其两大特点：成功地解决问题，有良好的适应性。其中有代表性的理论主要有皮亚杰的认知理论、信息加工理论、心理测量理论。

研究智力(认知)的方法主要有三种——

皮亚杰方法：强调青少年思维模式的主要模型和质的变化；

信息加工方法：监测青少年在接受、感知、记忆、思考、使用信息时的加工步骤、行为和操作方式；

心理测量法：测量青少年智力的量变。

GSG 案例库

2014年9月3日，国务院发布《国务院关于深化考试招生制度改革的实施意见》(国发〔2014〕35号文件)，在考试内容改革方面明确提出：着重考查学生独立思考和运用所学知识分析问题、解决问题的能力。这是我国今后相当长一段时期基础改革的方向。

什么是独立思考能力？就是能够根据自己观察到的现象，运用所学的知识，独立得出结论，强调的是思辨能力。对世界的认识，应按照观察、体验的顺序，最后形成我们对事物的概念。但如果在你还没有观察事物之前，先告诉你一个结论，就会使你在不知不觉间对这个事物有了偏见。这样的实例有很多，如我们从小就知道蜜蜂和牛是人类的朋友，因为蜜蜂为人类酿蜜，牛为人类耕地，而蚊子是人类的敌人，因为蚊子吸人血。但事实上，不管是蜜蜂还是牛或者蚊子，这些动物作为自然界食物链中的一环，都有其存在的合理性与必要性。

运用所学知识分析问题、解决问题的能力。分析能力是指把一件事情、一种现象、一个概念分成较简单的组成部分，找出这些部分的本质属性和彼此之间的关系单独进行剖析、分辨、观察和研究的一种能力。问题解决能力就是一种面对问题的习惯和处理问题的能力。这种能力体现在：一个人在遇到问题时，能自主地、主动地谋求解决，能有规划、有方法、有步骤地处理问题，并能适宜地、合理地、有效地解决问题。无论分析问题还是解决问题能力，强调的都是实践能力。

1. 皮亚杰认知发展研究

皮亚杰从主客体相互作用、机能主义和建构主义的方法论出发，阐述了智力是什么，智力的性质及其发展机制，并对智力的发展从运算的阶段上做了划分。皮亚杰的认知发展阶段理论能够帮助我们理解青少年的认知发展过程，帮助我们研究青少年的理解、思维和感知能力，以及他们如何利用这些能力来解决日常生活中遇到的问题。需要强调的是，培养青少年"利用所学知识分析问题、解决问题的能力"，是最新版的《国务院关于深化考试招生制度改革的实施意见》中明确提出的要求。

◆ 皮亚杰将认知发展分为四个阶段 ◆

感知运动阶段（出生~2岁左右）：思考就是运动。主要通过运动来学习和感觉。随着视觉、触觉、味觉、听觉、嗅觉的发展，开始对一些简单的动作比如捡拾物体感兴趣，使思维逐渐形成。但这个时候个体思维不灵活，不存在逻辑。

前运算阶段（2岁~7岁）：语言学习阶段。通过学习和动手模仿来应付周围环境，初步具备独立思考能力，能直接思考或想象。这个时期的孩子以自我为中心，他们无法知道别人的想法，会把自己的想法当成别人的想法，因此，使人看起来比较自私。由于他们缺少灵活思维必需的心理运算，致使其逻辑性不足，结论常常错误。

具体运算阶段（7岁左右~11、12岁左右）：在青春期早期出现。其思维特征主要表现在：可逆性、认同、依赖现实和实际的经验、传递推理、序列化、类包含、层级关系等。能够知道具体的成分（客体、关系、纬度等），心理运算发生（如加法或减法），思维灵活，有逻辑性。他们能够很好地理解整层级和部分、整体之间的关系，能够按大小进行排序，能够进行反向思维并依据现在推断过去，这些能力都是青少年智力发展中的巨大变化。但这个时期其思维仍与经验性的现实紧密相连，虽然他们从现实到抽象的转变已有一些进步，但思维的起点必须是现实的。当他们不得不面对从假设出发或遇到与事实相反的问题时，他们就会遇到困难。

形式运算阶段（11、12岁后）：开始于青春期早期。其思维特征主要表现在：假设演绎推理、穷尽式推理、系统性的问题解决、演绎、归纳、反事实推理、抽象思维。思维灵活，能通过推理得出符合逻辑的结论。皮亚杰将这一阶段分为A阶段（11、12岁~14、15岁）和B阶段（14、15岁之后）。A阶段是青春期能做出正确发现和进行某种形式运算的准备阶段，还不能为自己的推断做出系统性的严密证明。B阶段能自如地进行形式运算得出更概括的结论。

皮亚杰将14、15岁作为青春期划分的一个时间点，意义十分重大。这说明另一种重构和不平衡的到来，会导致青春期更高水平的平衡化和智力结构。这一阶段，青少年思维开始出现与儿童根本的差异。这个时期的青少年能通过归纳推理将自己的想法系统化，并在此基础上建构关于这些想法的理论。

能否成为一个科学家，关键要看他能否自发或直觉上使用科学的方法解决问题，是否具有建构和检验理论的能力。

GSG 案例库

科学家的素质是什么?

巴丁曾两次获诺贝尔物理奖。他对物理学问题就像小孩子对感兴趣的事物那样具有一种好奇心,正是这种好奇心让他充满激情,导致他创造了奇迹。正因于此,高普尼克(Alison Gopnik)等人把科学家比喻成长大了的孩子,加德纳(Howard Gardner)把创造性工作所必需的执着同孩子对周围世界的好奇心联系在一起。

应当承认,智能、IQ 等智力因素对科研具有重要的作用。但如果强调过头,也不符合事实。历史上许多著名的科学家,不仅小时候读书成绩并不出众,而且在从事科研时意识到自己的某些不足。如达尔文,他在自己的《达尔文回忆录》中就直接承认了自己的许多不足。因此,只要对探索抱有坚定的信念,只要对自己的不足有清醒的认识并能及时弥补,照样能攀登科学的顶峰。

任何一名优秀的科学家,都具备一些优秀品质,如树立远大的目标,顽强的毅力,探险的勇气,执着的追求,以及以苦为乐的精神等。根据相关心理学的研究,科学家的最重要素质必须与内在动机挂钩,准确地讲就是源自人的心理需要和好奇、兴趣等人的天性,其他任何因素都无法与之相比。今天,好奇心虽不时被提及,但更多只是作为一种点缀、一种摆饰,没有将它作为青少年心理发展内在动力的一部分,他们的好奇心在应试教育的题海战术中被逐渐摧毁,一旦考入名牌大学,将课本统统烧掉的行为表明他们的好奇心近乎荡然无存。

认知能力对进入青春期的孩子的人格和行为影响非常巨大。孩子的理想、价值观、创造能力等都会因为认知能力的发展而不断变化并形成。这正好回答了我们许多人的一个困惑:为什么孩子一进入青春期就会变得让人不可理喻起来?

(1) 理想化让他们排斥不同的意见

随着青少年的反省思维能力的发展,其道德推理能力增加。此时,他们对那些与自己意见相左的人就会变得不耐烦起来。这种能力让他们学会了分辨现实和预测将来,使其趋于理想化。因此,他们常常有些偏激的观点。这源于他们新出现的假设和想象世界会有怎样的能力,但这也会使他们能够针对老问题提出新的解决办法。

GSG **案例库**

小马今年读初三了，高高瘦瘦的个子，长得很精神，看起来有点神经质，很敏感，言谈之中透着一种青春期特有的偏激。妈妈就是他所在学校的一名数学教师，最近，小马总是和妈妈对着干，上课总是看课外书。临近中考，儿子学习成绩下降得很厉害，父母非常着急。

在和小马的交谈中，发现他从小就喜欢看课外书，有自己独特的看法，想当作家。妈妈则在旁边不断地提醒他身上的诸多问题，每当妈妈喋喋不休的时候，小马都会表现出明显的神经质，眼神会四处游移，坐立不安。

从心理学的角度看，对一个孩子来说，最大的灾难就是他的成长过程太过顺利太过简单，这样的孩子长大后更经不住挫折，在适应方面更容易出问题。孩子如果在成长中受到了太多的干涉，比如被关注太多，或是太顺利，一遇到困难父母马上出面，这在小学的时候不会发现问题，但到了青春期，同伴关系不再依赖于外在，而更多的是内在的吸引，他们更关注自我，更希望体现自己的价值感。像小马这样，他的每一步都是母亲设计好了的，因此，他体验不到自我的价值感，体验不到自我存在的意义，结果剥夺了孩子自己思考和体验的机会，成长中会出现停滞，会出现一系列不适应的问题。这样的孩子总会有这样那样的症状在等着他。当一个问题解决了，他的下一个问题就又出现了。

(2)"愤青"开始出现

青少年自己内心的动乱使他们同情那些受苦难的人，这种自身的不安全感让他们很容易认同所谓的社会"弱者"。他们会将可能性与现实性进行比较，成为一个批判者，将自己看成是拯救人类的救世主，变成"愤青"。

克服偏激，需要丰富自己的知识，增长自己的阅历，培养辩证思维能力，全面、灵活、完整地评价事物，冷静、客观地看待问题。同时，多参加有益的社交活动，培养勇敢、顽强、坚韧、机智、果断、团结、互助等良好的意志品质，有效地增强自控能力。此外，还要掌握正确的思想观点和思想方法，不放纵、迁就自己，说话、做事多冷静思考，才能有效地克服这种一叶障目，不见泰山的偏激心理。

　　新生军训时，小廖因身体不适准备向老师请假。这时，旁边的王老师问："你们班的学生请假的很多啊。"小廖听后一句话都没说，马上回到了训练队伍中。老师很奇怪，正要去问原因，却收到了小廖发来的短信："老师，我觉得王老师说的话让我很不舒服，我的确身体不适，不是为逃避军训装病，我没事儿，不用担心，可以训练。"后来，在军训中，因为教官要求严格，说话生硬，他竟然和教官"评理"维权，还带头组织同学要去找校长抗议……在被公开批评后，小廖嚷嚷着要跳楼自杀……

　　班主任老师是心理学专业出身的。她首先联系了小廖的家长、任课老师、室友、班级主要干部、朋友，多渠道多方面地搜集信息，并叮嘱班长对他进行一对一帮扶，密切留意小廖的学习、生活情况，有问题马上及时反映，并定期与小廖的家长沟通。然后，根据所掌握的情况，结合小廖的表现，寻找分析症结所在。在这个过程中，定期与小廖沟通交流，建立信任感，交给他如何处理矛盾的方法，如何去理解别人。经过一学期的努力，小廖的情况有了很大的改善。

(3) 更富有同情心

　　早期的青少年对社会的反抗主要体现在语言上，到了青春期晚期，会将自己的理想与实际行动联系在一起，变得更富有同情心、能忍耐和喜欢帮助别人。

　　夏丽和妈妈补习班下课时，已经快晚上10点了，又累又困。在地铁上，好不容易占了个位置，她先是让妈妈坐下，后来又把自己的座位让给一位孕妇，过地铁通道时还给卖唱的歌手捐了5元钱……

　　在许多人的眼中，青少年桀骜不驯，以自我为中心，不太考虑别人的感受。但事实并非如此，青少年并非缺乏同情心，主要问题在于与别人进行感情交流时缺乏信心。儿童在5岁左右时开始考虑别人的感受。研究发现，同情心不断发展，在青春期可出现飞跃。这既可能是大脑发育的结果，也可能是成长过程中从社会交往、人际互动中学到的。青少年在特定情境下只考虑"我要干什么"，而成年人会进一步考虑"我的行为会让我以及周围人产生什么感受"。所以，青少年先集中精力关注自我，管好自己，然后才能同情周围的人。他们在表面上似乎不愿意关心别人，实际上可能是对情感层面的人际交流缺乏信心。

(4) 价值观逐渐形成

通俗地说，价值观就是人们认为什么事物最重要、最有意义、最有价值的看法。人们的价值观不仅是其对人对事态度的决定因素，也是其行动的决定因素。价值观对人的行为具有导向的作用。可以说，人的一切行为都是在人的价值观系统指导下进行和完成的。

青春期个体会把自己和成人等同看待，关注成人也希望成人关注自己的想法。这种高度自我中心的人格会随着去中心化的过程逐渐消失。同时，伴随形式推理能力的发展，其价值观在逐渐形成。

 GSG 案例库

甜甜又跟妈妈吵了一架，原因还是因为学钢琴的事。妈妈认为女孩子应该学钢琴，不一定要以钢琴为职业，但女孩子应该有点艺术修养，而甜甜则喜欢运动，她更喜欢学跆拳道。

心理学把价值观归于人的个性倾向性，认为它指导着人的各方面行为并渗透于整个个性之中。个性是个人的价值观（努力追求各种目标诸如理想、名望、权力、异性等）及其社会化而来的种种特性（行为和各种反应的个性独特的惯常方式）的总和。（美国心理学家格林）价值观有人生价值观、职业价值观、婚恋价值观、消费价值观等，每个人的价值观是不同的。比如，有的人追求学术成就，有的人追求经济收入，有的人追求艺术创作，有的人追求民众福利，有的人追求政治权力……这是人生价值观的不同；在职业选择上，有的人愿意选择收入高的职业，哪怕要承担极大的风险；有的人则愿意选择稳定可靠的职业，收

入上只要过得去就行……这是职业价值观的不同；在选择配偶上，有的人侧重外貌，有的人偏重地位，有的人看重金钱，有的人珍重感情，有的人注重能力……这是婚恋价值观的不同；在购买商品上，有的人喜欢经久耐用，有的人喜欢时髦新颖，有的人喜欢价格便宜，有的人喜欢功能齐全，有的人喜欢美观大方，有的人喜欢高贵豪华……这是消费价值观的不同。

在本案中，如果甜甜就喜欢运动，妈妈应该尊重她的意见。强迫让她学习不喜欢的，会让她从心理上逆反，引发厌学。

(5) 言行不一

为什么他们会言行不一？因为他们关注的是崇高的理想，但又不可避免出现普通的日常行为，且不一定看到两者之间的联系。有时候，成人会让青少年假装拥有一些他们实际上并不存在的感受，在有意无意中鼓励他们的这种言行不一的行为。

GSG 案例库

今天是发放考试卷的日子。牛牛回到家，便主动帮助妈妈做家务，看到爸爸回来了，忙为他沏茶……等爸爸妈妈稍微闲暇的时候，主动说起了这次考试没有考好的原因，表示要努力学习，让爸爸妈妈放心。爸爸妈妈看他这么"懂事"，没有再说他什么。吃完饭，牛牛和往常一样，又拿起了手机，玩起游戏来……

像牛牛这样自己能明白道理，就是不做的孩子，需要家长和老师反复教育。对他容易忘记的事要反复讲，一次不行，就两次，三次……使他脑海里有个深刻印象。如孩子玩完积木不收拾又去玩别的，可叫孩子过来看大人收拾，一边收拾一边讲做事要有头有尾的道理，时间长了，孩子自然也会收拾自己的东西，不会只说不干了。其次，要发展孩子的控制力，只有能够自制的人，才能言行一致。要发展自制能力，就要善于发现孩子的问题，及时提醒、教育和限制。孩子控制不住遇到的困难，大人要帮助；如有所进步，及时表扬鼓励，使孩子逐步做到言行一致。还有就是父母的要求要严格，要一致，不能父严母宽。

需要强调的是，孩子们有雪亮的眼睛，能够察验是与非、对与错。身为父母和他们的老师，你给青少年阶段的孩子最好的教育，就是做人真真实实，言行一致。若你自己斤斤计较，凡事只争取自己的利益，孩子就会气量狭小；若你常存感恩心，懂得施与和分享，孩子也会心胸开阔。父母一定要为孩子树立一个言行一致的好榜样。

(6) 需要自信

培养一个自信的青少年能使他在进行想象力丰富和创造性活动方面更胜一筹。创造的本质在于发现和鉴别困难所在并检验假设最终得出结论的过程，一些青少年之所以出现创造力随思维的发展而减退的现象，并非他们不能创造，而是外力（父母、老师、同伴）施加给他们的压力造成的。有时候，他们会用丧失创造力来获得别人和社会的接纳。

 GSG 案例库

刘笑是一名初一学生。老师发现，自进入初中以来，他上课不敢举手发言，害怕回答错误；写作业时总觉得自己做得不对，总是问家长以求得帮助；考试时紧张……

像刘笑同学这样的情况，如果仅仅是考试紧张，可能是对考试的期望值过高而出现焦虑造成的，这比较正常。但他又同时伴有上课时由于怕答错了问题而不敢举手发言、做作业时总怕不对而问家长的现象，就可以初步判断为依赖性导致缺乏自信心。解决的办法可以从这几个方面入手：首先，应从做作业开始，不要依赖家长，家长应放手让他自己完成作业，错了不要紧，改了就好，慢慢培养他独立处理学习事物的能力。有了知识上的准备，上课就敢举手了。其次，老师应对他更关爱一些，即使他不举手也可叫他起来回答问题，答对了及时鼓励，答错了耐心讲解，锻炼他在课堂上发言的勇气和能力。再是，帮助他面对挫折，端正对考试的认识，慢慢地改变考试紧张的状况。

每个孩子我们都要让他学会独立地生存，从小养成自尊、自信、自强、自立的性格。要有计划地让他们参加各种形式的社会实践，学会在没有大人可以依赖的条件下自理生活，想办法克服困难、解决问题。独立生活与独立实践的机会越多，越有利于培养学生个性的独立性，从而增强他们的自信心。

(7) 以自我为中心

随着青少年反思能力的发展，青春期孩子的以自我为中心变得明显起来，这是因为他们的头脑中存在他人会注意我的外表和行为的敏感意识。因此，他们希望每个人都能注意到自己，希望自己很酷，希望取得他人的认同。

这个时期的青少年拥有"自己是独特的、唯一的"的信念，这是由于他们头脑中存在自己假想的"观众"，加之他们认为自己对很多人都很重要、自己不会受到任何的伤害等想法存在。所以，他们相信意外只会发生在别人身上。自己只要"做"就可以了，像意外怀孕、即使自己疯狂开车也不会发生车祸等都不会发生在自己身上。如果假设是建立在一定特殊细节的基础上，他们开始分辨一些关于自己行为和感受的正确与错误与否，从而帮助自己"自我"概念形成。如他觉得自己的眼睛很漂亮的话，他就会询问自己的朋友并通过其他方式来检验：你认为我的眼睛长得怎样？

GSG 案例库

珊珊是一个喜欢情绪外露的初中生，有时，为了一件小事喜欢在班上哭泣，高兴起来又嘻嘻哈哈，没完没了，一点也控制不住，为此，没少得罪人，包括自己一个最好的朋友。有一次，她跟同班一个女生开玩笑，将两只手分别拍在她左右两个脸上，可能拍重了，女生竟哭了起来，珊珊道歉也无济于事，周围的同学看到这情形，都说她不对……

青春期青少年自我中心的思维会导致他们重视并固执于自己的感受，忽略他人的感受，从而在人际交往中出现偏差。教师和家长既要帮助他们进行自我意识的建构，又要协调个人与他人的利益，使两者融合。要从角色互换、认知调整、移情训练等多角度来进行辅导，使个人达到自我同一性的良好适应。

青春期的孩子，他们可能会花20分钟甚至更多的时间来决定自己吃什么或者穿什么。这并不是因为他们笨，而是因为他们过多地分析情境。由于问题本身过于简单，他们会努力寻找那些在事实上并不存在的差别。这个时候的他们所具备的形式运算的能力会使他们考虑更多的选择机会。虽然这种能力完全在他们自己的掌控之中。

(8) 注重自己的隐私

为了取得他人的认同，他们会注重隐私。正是如此，独处会让他们感到放松。这就是他们为什么会突然莫名其妙地把自己关在屋里一整天都不出来的原因。

"糟了！"

吃完饭正在小区陪爸爸散步的李娟心里暗叫不好，立即往家里走，发现妈妈手上正拿着自己的手机。当她看到手机微信图标旁有个记号时，明白妈妈已翻看了其中的内容。

李娟气愤得流下眼泪："我都长大了。你是我妈妈，我不想像防贼一样防你！"

这不是妈妈第一次偷看李娟的聊天记录。自从上了高一后，父母就对她的手机来电表现得比她还关心，经常在一旁听她的电话内容。为此，母女俩没少爆发"战争"。

2010年，中国人权发展基金会和谐家庭基金和中国人民大学社会学系，共同组织了中国第一个关于亲子交流现状的大规模网络调查，由父母来回答问题。结果显示，父母的担心随孩子年龄的增长而增加，39%的父母表示偷看过孩子的秘密。而在13岁以上的孩子中，有58%的父母偷看过孩子的秘密。

查看孩子的聊天记录是一个普遍的社会现象，父母应学会放手，尝试让孩子自己解决问题。孩子也应尝试从解决一些简单问题入手，告诉父母"我能行"。这就需要适当的沟通，更需要孩子站在父母的角度思考。孩子可以试着告诉父母，"我知道你们关心我，我自己处理问题不代表我不尊重你们，是我相信我有这样的能力，这会让我更自信"。这样的方式比直白告诉父母"你们不用问，不用知道"有用得多。当父母接收到孩子能够独自处理并处理得很好的信息后，自然会慢慢放手。

(9) 开始质疑

随着青春期的个体自我反思能力增强，他们开始变得深沉和敏感起来，他们会反复地思考一些问题。如××早上跟我说那些话是什么意思，她为什么老是偷看我，这个问题我应不应该告诉老师。他们的头脑中充满了各种各样的问题，正因为对自己的想法和感受着迷，他们才比以前的自己更聪明。

GSG 案例库

"我最烦妈妈说你应该如何如何了！"

几个朋友在一起的时候，小侯先说出了自己今天的烦恼。结果，引发了大家的共鸣。

年龄较小的孩子认为父母懂得一切。一旦进入青春期后，推理过程就完全改变。大多数的青少年变得很有逻辑，并且自认为懂得一切，开始质疑成人所说的，成人的话不再那么有权威。对教师和父母而言，了解青少年子女心智方面的变化发展，是极为重要的事，因为这会影响我们处理冲突的方式。

我们可以把孩子的这种改变当作是自己收到的礼物。礼物刚拆开时，人们总是非常兴奋且急着想马上使用，同样的道理，青少年也想运用他们新发现的能力，而比较好的"实验场所"就是家中，不过前提是父母必须提出健全及建设性的原则才行。所有的家庭都会经历冲突，这是很正常的现象。冲突可以是让家人更亲密的关键。但如果没有好好处理冲突，它可能会导致愤怒，而愤怒可能会产生叛逆、乱交、滥用毒品或酗酒、参与帮派、跟随不好的团体等现象。

研究发现：自我意识水平儿童最低，青少年最高，成年人处于中间（Tice,Beder 和 Baumeister，1985）。

皮亚杰的研究成果对青春期智力教育有许多重要的启发。如"并非所有年龄相同的青少年都会处于发展的同一阶段"、思维和感知依赖于社会经验、那些鼓励孩子进行思想交流和追求远大目标的父母能促进孩子的发展、鼓励学生掌握抽象思维能力和发展问题解决技能的学校能促进孩子认知的发展等，对于今天的青春期教育非常有意义。

父母可以构建一个刺激丰富、支持性的家的环境，这有助于促进孩子认知的发展。

　　无论在真实的环境还是在教室、家庭等环境，青少年都需要进行观察、都需要进行分析、都需要得出结论。因此，无论在家庭还是学校，应使用互动的方法而非单向控制的策略来压制青少年的真实的思维。特别是学校，像讨论小组、问题解决专项、科学实验等都是促进青少年形式运算思维和问题解决能力发展的途径，需要教师进行精心的设计，想方设法来激发学生之间的互动和反馈，留出推理能力发展的时间和空间，并给予及时的帮助和鼓励。

2. 信息加工理论下的认知发展研究

　　皮亚杰的研究在揭示智力发展的具体过程和微观规律方面显得不足。于是，基于信息加工理论的认知发展研究开始兴起。

　　皮亚杰的心理学理论也被称为认知心理学或认知理论，信息加工认知心理学与皮亚杰的结构主义有着特殊的关系，从某种意义上来讲，它们都是"认知革命"的同盟者。皮亚杰的认知心理学具有明显的系统论和整体论的思想，相信宇宙间的万事万物都是一个统一体，信息加工认知心理学同样充分地体现了这种系统论、控制论、信息论的思想，认为人的信息加工不是一种简单的刺激—反应过程，而是在一定的认知结构中的信息加工。强调认知模型、心理定式在信息选择、接受、编码中的积极作用。

　　信息加工理论不是某一种理论的名称，而是一类理论的统称。因此，研究青少年智力所采用的信息加工方法，特别重视青少年的接收、知觉、记忆、思考和使用信息时渐进的步骤、动作和操作。与获得的结果相比，这个过程更为重要。

(1) 信息加工

　　信息加工理论是当今认知发展研究中的一个主要流派。这种观点将人类的心智设想为一个复杂的认知系统，这一系统在某些方面与数字计算机相似。它以各种不同的方式加工信息：编码、重编码或解码，与其他信息比较或结合，存储于记忆或从记忆中提取，纳入或排除注意的中心。信息加工如同计算机原理一样，先要储存，再是加工，然后才是应用。与计算机不同的是，青少年接受、储存、使用这些信息是为了解决某类问题，这是任何机器即使是人工智能也解决不了的问题。

　　把人看作一个具有极大灵活性的信息加工系统。

人类的大脑是一个意义的建构者，从看到、听到、尝到或感觉到事物的那一瞬间开始，你就在进行着一系列的加工：判断它是什么，它如何与已知的东西相联系，它是重要的、应该保留在头脑中的还是应该摒弃的。

信息加工的基本步骤：

刺激：青春期的个体每时每刻都在接受外界的各种刺激，他所听到的、看到的、感觉到的声音、景象、身体接触等，都会使他能够接收到所有的信息。

GSG 案例库

大脑是少年儿童智力发展的生理基础。儿童的时候，感觉器官接受信息的原始能力已发育成熟，因此，他们在青春期发展空间不大。所以，在儿童时期，应注重对其感官能力开发。如学习钢琴，这对儿童大脑的发育、智力的开发，有着突出的特殊效果。因为从人的生理、儿童心理和弹奏钢琴的特殊训练形式可以看出，学习钢琴，能对儿童的视觉感受性、听觉感受性、运动觉、记忆力、注意力及其分配和转移等诸方面，进行全面的特殊训练和培养，对开发智力具有重要意义。

抉择：由于人们无法一次将注意力集中在每件事情上，也不会对所有发生的事情感兴趣，总会去关注一些事情和忽略一些信息。因此，他们就会有一个抉择，将其注意力指向他们感兴趣的事物。青春期的孩子的注意力已经大大增强了，他们开始忽略与自己无关或对自己不重要的信息。

GSG 案例库

　　伟强曾是一名成绩优异的小学生，上中学后成了"网迷"，父母不给他买电脑，他就去学校附近的网吧，经常因为迷恋上网而逃课。此后，他就变成了另外一个人：置学业于不顾，陷入网恋不能自拔……后来，在学校老师和家长的"引导＋约束"下，伟强痛下决心，并接受了学校心理老师的建议，利用暑假的时间努力补课……

　　伟强遇到的问题是具有普遍性的，不仅在使用电脑网络方面，还有学习方式、课外兴趣、升学择校、朋友交往、消费方式、生活方式等方面的观念与行为，都面临着如何选择的问题。进入青春期的中学生，开始关注社会和种种时尚前卫的东西，他们会有自己的想法，有时难免会出现荒唐的尝试或越轨的行为。但是，将十几岁的青少年"禁锢"在教室和家里就安全了吗？好像不是。青春期阶段的冲突，比较集中地表现在孩子是否有自主选择的权利和能力方面。对于每个进入青春期的孩子，首先要教会他们权衡利弊，增强自主选择的能力，树立科学的价值观，自主选择一切与自己有关的行为。二是要与孩子对话，共同制定行为规则。三是对青少年不可求全责备，允许走弯路或犯错，改正就好。四是引导青少年观察社会，树立科学价值观，逐步学会自我控制和明智选择。五是促进孩子人格独立性与成熟，父母与孩子有个基本的共同目标。

　　判断：由于经验的欠缺，青少年对信息的判断会出现不同的结果甚至是错误的判断，并可能产生一些偏激的行为。

GSG 案例库

　　娜娜的父亲总是酗酒，当和朋友喝酒时，即使只喝了一杯啤酒，她会判断他可能醉了，而另一位女孩玲玲则不会持这样的观点。因为青少年缺乏对某一行为的危险程度做出判断的经验，因此，成人们觉得青少年喜欢冒险。实际上是因为他们对危险程度缺乏判断能力的原因，如抽烟的危险、吸毒的危险，才会无知者无畏。

记忆：对那些有用的信息会被记住以做进一步的加工。记忆的过程一般包括感觉储存、短时储存和长时储存三个阶段。当人接收到信息后，它在头脑中的储存是暂时的，那些没有从感觉储存中消失的信息被提取出来进入短时储存，而需要长时间保存的信息则必须经过加工转移到容量无限的长时储存中。在这个过程中，记忆的效率在青春期达到最大值。到了青春期，记忆储存最显著的变化就是长时记忆能力大大增强。因此，大部分人都能记得自己15~25岁时期发生了什么事。

GSG 案例库

为什么青少年的记忆能力要比儿童好？

这是由于青春期的孩子能够更好地把注意力集中在想要记忆的信息上。因此，搁置新的记忆内容的能力比儿童强，这样，他们就会比儿童储存更多的信息。于是，大家都看到，青少年的记忆能力要比儿童好很多。

加工：信息从记忆中被提取后，必须对其加工。加工中，会涉及这三种高级思维过程：推断、思维和推理。在青春期，个体的这三种能力都有提高。

推断：是思维加工最基本的过程，是一个人依据信息产生新的想法的能力，会随年龄的增长而增强。

思维：是对信息进行深入分析和整合的高级加工过程，是有意识的参与。当人需要解决某个问题，或者要在备选中做出选择，就需要思维的参与。青少年的思维比其儿童时期更为清晰，比如，他们会变得更有计划性、更有系统性、比年龄小的人更谨慎一些。此外，他们开始能证明自己假设是错误的信息了。他们在做决策时，更喜欢搜寻和依据不确定的证据，通常使用排除的策略来确认结果。但当个人情绪卷入到某一事件时，他们就不一定会这样做了，而是采用能在争论中发现逻辑错误的做法。这使他们倾向于看到那些与自己观点一致的证据，实际上它们有提升自尊、增强快乐的作用。

推理：是一种复杂的认知过程，是有理性的参与，其思维是建立在本人以前的经验基础上的，而且还加入了成功与否的思考策略。推理的形式主要有类比、演绎、使用原则等。如果要在相似的问题中寻找对等，常用类比的推理策略；在解决熟悉的问题时，常用演绎推理。青春期的孩子能更好地发现问题之间的相似性，他们能够更好地利用过去的经验来解决问题。而且，他们更善于从一般的事实逻辑中推倒问题的特定答案，也能从特殊事例中得出一般结论。

为什么青少年的思维活跃？

这是心理加工速度的问题。心理加工速度与神经的生长和髓鞘化有关。少年的思维快于儿童，是因为他们有更多的髓鞘化的神经纤维。髓鞘是一种绝缘的脂肪类物质，这层外衣能够加速神经传导，使思维变快。

解决：解决问题是信息加工的目的。青春期的孩子能够记忆很多的信息，思考出其中可能存在的关系，可以想出使用哪种策略和采取何种行动之前评价不同的变量和解决方法。需要特别指出的是，青少年合作解决问题的时候，效果比自己单独来解决要好得多。虽然这个过程比自己单独解决问题所花费的时间要长一些，但这种小组合作的形式能使他们对问题的理解更透彻，结果更令人满意。

其解决问题的能力大小取决于青少年的思维速度。

解决问题的步骤有哪些？

发现问题：知道需要做什么。

评估问题：明确需要的信息和将要进行的任务有哪些。

解决问题：列出解决的方式并预测每种解决方式的效果或结果是什么。

(2) 做出决定

青春期是一个充满挑战和变化的时期，因为孩子时常会做出一些决定。也正是因为他们能够自己做出决定，我们才发现他们敢于质疑父母、老师、朋友等权威，并希望自己决定自己的事。

做出决策是青春期孩子成熟和拥有智慧的标志之一。这些决定对于他们的成长非常重要，甚至会影响他们的一生。

青春期早期的青少年对决策活动中许多问题的认识上存在一定不足，比如目标不清晰、选择的方案不多、检验决策结果的方法欠缺等。到了青春期中期，他们就能更好地理解决策所包括的各项行为了。年龄大的青少年会形成更多的选择，对未来的结果更加关注，更喜欢向别人请教，对从在某方面有专长的人那里得来的建议更加敏感。此外，决策经验越多的青少年，其决策能力越强。因此，让青春期的孩子参与决策，是学校和家庭应特别关注的内容，应让他们通过自己的实践，帮助他们学会做出决策，这等于培养他们一种非常重要的技能。

做出决定的过程非常复杂。要想做出决策，必须要掌握一些基本的技能。著名心理学家罗斯提出要掌握五种技能：确定可选择的行动，考虑各种选择设定合适的标准，利用标准评价各种选择，对选择的信息做出概括，评价决策过程的结果。

青春期推理能力主要的变化是青少年思考事实和真理方式的改变，变得敢于质疑起来。其思考方面的最大进步就是抽象思维能力和元认知能力增强。但这种能力使他们容易成为独断论者或怀疑论者：独断论者相信任何与自己不同立场的人都是被别人误导了，怀疑论者认为任何拥有某种信念的人都是愚蠢的。

独断论者认为其他人都具有威胁性，且不对自己的观点产生怀疑。于是，他们无法容忍别人的观点，会和立场一致的人抱成团，固执地坚持自己的一套信念。

怀疑论者认为构成事实的东西经常有变化，因此，权威可能是错误的。他们觉得如果自己不能确定要做什么或者相信谁的话，自己就不需要听从任何人的建议。这样，他们会变得不尊重权威起来，变得容易冲动、凭直觉做事或对做事漠不关心起来。他们容易变得让大多数人替自己做决定，而且变得非常反叛，不喜欢做决定。

当经历过青春期这一阶段后，一些孩子会进入理性阶段。他们认为理性的行为并不需要绝对的真理，相信拥有更多的信息，可以让自己做得更好。他们还可以认识到从他人的错误信息中能够得到对自己有用的结论。

3. 认知的心理测量

心理测量简单地说就是如何对知识和思维能力进行测量。即依据一定的心理学理论，使用一定的操作程序，通过对个体差异的测量，以确定在一定的维度上，某人与其他人如何不同或相似，并给人的能力、人格及心理健康等心理特性和行为确定出一种数量化的价值。目前的心理测量方法主要包括适用于儿童和青少年的团体测量和成就测验等。

智力是一个非常复杂的概念，它分为不同的概念和阶段。大部分研究人员都同意智力在很大程度上与解决问题的能力有关，因此，人们一直在寻找一个能够测量智力的方法。目前，比较常用且得到公认的是韦氏智力测验，其中6个为语言测验，5个为操作测试。受测试者通过测试获得一个言语智力商数（IQ）和一个操作智力商数，二者结合换算出智力商数（基准分为100分）。美国国家卫生研究院在此基础上，将智商水平分为天才组（智商在121~149之间）、高智商组（智商在109~120之间）、普通智商组（智商在83~108之间）。

智力商数测验是目前在学校广泛使用的一种用来预测学生在某些特定学业项目上的合格程度。成就测验主要用来对特定学科知识的掌握程度进行测定，如阅读理解测验等。实际上，很多测验都是智力和成就测验的综合体。

智力测量应注意测验编制和实施的科学性，如量表的信度、效度、标准化等，还要正确看待智力测验的结果，如 IQ 的可用性和解释；此外，还要关注智力的先天性和后天性的探讨，如基因、环境、基因 + 环境等。

著名的智力能力测验主要有斯坦福－比内量表和韦克勒斯智力量表。在中国常用吴天敏教授的中国比内智力量表进行智力测量。

斯坦福－比内量表由法国巴黎大学阿尔弗雷德·比内（Aifred Bine）教授设计，并由斯坦福大学的特曼（Lewis Terman）修订完成，适用于2岁以上的个体使用。

韦克勒斯智力量表是最为广泛使用的成人智力量表，适用于16岁以上的个体（年龄小的可用韦克勒斯儿童智力量表）。

　　吴天敏教授的中国比内智力量表是在前人基础上多次修订形成的。在评定成绩的方法上，把以实际年龄除智力年龄求得智商的方法改为以个人成绩与他所在的群体中的成绩相比较的结果为智商。

　　智力测验只是涵盖智力条件中的一小部分。综合许多的研究成果，IQ分数和其他智力测量分数只是一个指标，并不能绝对地说明某人的智力情况。因为在测量的时候，个人的情况和环境因素会使测量的结果发生一些改变。如焦虑、动机水平、文化偏见等因素都会影响数据结果。而且，一些IQ分数处于中间水平的人同样也取得了成功。

　　约95%的人的IQ分数在70~130之间，其余5%的人平均分布在底端和顶端。高于130的人被称为"天才"，低于70的人被称为"心智发育迟滞"。青春期的个体可能属于其中的任何一组。后者如果受到社会和同伴排斥，会影响到他的社会发展。

　　对于智力测验数据必须谨慎使用。所有测验的数据只是被测试的人在当时这个时间点上的好坏程度的简单反映，体现的是他的态度或生活背景，不真正代表他的智力水平，且容易受环境和心情的影响。但如果用来帮助青少年克服其中的某种不足则显得更有积极意义。

　　IQ结果应成为揭示问题的工具而不是手段，应尽可能让它为青少年的发展服务。否则，就不是真正的教育者。同样，那些关于成绩测验的所有结果也应是如此。

二、青春期智力教育的内容与方法

青春期智力教育也可以理解为智力开发教育。其目的是将青春期个体的智力潜力开发出来。主要包括认知能力的开发和学习能力的培养两个方面的内容。

(一) 培养一个善于创造的大脑

青春期青少年的大脑拥有无数的可能性，青少年富有创造力和想象力，更加倾向于理想主义。而进入成年后，我们将丧失这种能力。

 GSG 案例库

为了让小明更好地学习，爸爸给他新买了一个 ipad。货到后，爸爸首先拿着说明书仔细地研究了起来，等他研究明白了来到小明房间准备教他如何使用时，发现小明已经兴致勃勃地开始用了……

我们都觉得现在的孩子比我们那个时候聪明，他们现在学习的内容比自己当年要难很多。实际上，不是数学题本身变难了，而是青少年的大脑通过训练比你的大脑要转得快多了。这就是青春期的大脑，虽然一个简单的决策会让他们焦头烂额，但随着新兴网络的应用，对于一些智能型问答 (如脑筋急转弯之类) 和科技发明，他们隐藏在大脑中的潜力将被充分挖掘出来。青春期的大脑在功能和结构上的转变使青少年能够给问题找到意料之外的答案，也使他们拥有成年人身上罕见的热情，他们能创造许多的不可能。所以，我们必须要向青少年的大脑里"困难"和"有问题"之类的观点说再见。我们应该相信的是，青春期的大脑具有巨大潜力，需要我们在这个时段把它们挖掘出来。

1. 创新的大脑

我们经常在谈创造力，国家也在号召万众创新。这需要我们的大脑形成一个创造性的思维。事实上，创造力是很难测量的。科学研究发现，在青春期，额叶仍在发育中，即使其他大脑区域已经发育成熟。也许正是还未发育完成的额叶与其余功能正常的脑区域之见的协作，造就了青春期这样一个独特的创造力阶段。因为，只要我们不强行叫停他们的行为与想法，他们便会获得天马行空地去思考的机会。

GSG 案例库

　　和许多家长一样，孩子上网是他们最担心的问题。小刚的爸爸妈妈一直为此焦虑不安。

　　孩子是否可以上网？答案是肯定的。现在的青少年已经离不开网络了，他们能做到无师自通地运用各种搜索功能以及网络程序。保持线上的活跃，开展虚拟的社交，获得网络身份，对他们来说非常重要。有些青少年甚至非常聪明地利用网络来为自己服务，无论是学习上的，还是生活中的事，都通过网络来解决，许多的中学生、大学生甚至开始利用网络来创业，并且已有相当数量的成功案例。

2. 运动的大脑

决定体育才能的除了身体结构，也牵涉到大脑。在大脑中，运动神经元分布在大脑皮层的运动区，控制着身体动作的协调性。人类的大脑中有一个镜像神经元，存在于大脑的运动前区，它对我们学习新动作有着重要的意义：镜像神经元的模拟能力越强，学习新动作就越容易。青少年负责掌握新的躯体动作的这种脑细胞正处在高度敏感的状态，加之他们的大脑又乐于尝试新的事物，与风险和胆量有关的区域过度活跃，因此，任何尝试对他们来说不但不可怕，反而更有吸引力，他们常常以一种兴奋的状态出现在我们的眼前。

 GSG 案例库

　　夏娜从小就喜欢音乐和舞蹈，还在婴儿的时候，就能跟随音乐的旋律手舞足蹈。父母也发现了这一点，在她上幼儿园后，就为她报了专门的舞蹈班。一年冬天，夏娜跟着爸爸妈妈去滑了一次雪，这让她对舞蹈产生了厌倦。没有办法的父母只好为她更换成滑冰训练。结果，她取得了优异的成绩，后来成为一名专业滑冰运动员。

　　类似的情况有很多。一个人的体育天赋往往在青春期更为明显地表现出来。因为这需要人体发育到一定阶段后才能实现。只有孩子的动机每次都能实现时（比如取得比赛的好名次），这种天赋才能被激发出来。这就是我们发现青少年能够比较容易地学习体育项目的原因。

3. 音乐的大脑

　　现在社会上有一种观点（更多是一些音乐业余学校招生时宣传的观点）：只要通过正确的刺激，每一个孩子的音乐天赋都能被挖掘出来。于是，许多的家长开始逼迫自己的孩子夜以继日地练习，以期把他们培养成明星。这是不科学的。刺激虽然很重要，但前提是刺激的对象必须具备所谓遗传上的敏感性，也就是我们出生时携带的遗传基因。一个人的大脑构成为我们的学习提供了一些可能，比如，A 在学钢琴时很容易，老师稍微一点拨就可以了，B 则通过几百次的练习也不得要领。为何会这样？目前还没有科学的解释。

　　在青春期的时候，一个人的运动皮层的可塑性和灵活性都很强，因此，这段时间非常适合使其达到最佳状态。由于青春期的青少年大脑中体现音乐行为的脑区域处于容易被塑造的状态，可以给他们提供更多的社会环境如音乐节、才艺比赛等让他们调整自己的才华。

GSG 案例库

莫扎特举办第一场演奏会时，年龄为5岁；

贝多芬迈开成为钢琴家的第一步，年龄为7岁……

一个人音乐方面的才华在很小的时候就会表现出来。但其音乐天赋却必须要等到青春期才能真正地被发掘。虽然莫扎特童年的时候就谱出了交响曲，但他的名作都诞生在其青少年时期。所以，专业的音乐学校招生都要招13岁以上的学生。这是因为，只有这个年龄以上，除了接受正常的学业课程外，才可以充分挖掘他们的音乐天赋。最终决定他们音乐成就的，是在形成世界观后表现出来的音乐表达能力。

4.辩论的大脑

青少年参与社会问题的思考是一件值得肯定的事，虽然我们不能完全肯定他们意见的可行性，但是应当管理这种大脑开放和富有的探索精神，这对他们及人类的发展是非常有利的。

GSG 案例库

电视上的大学生辩论会正处于激烈的胶着状态。正在看电视的小鹏急得不行，不停地大声吼道：应该这样回……应该这样反击……

有时候，青春期的青少年最让成年人头疼的就是他们的辩论和讨论能力。他们这些充满创造性思维的大脑，一旦参与到社会生活中，就会为解决某些问题发表自己不同的见解。比如，他们会对学校的管理事宜发表自己的观点等。

（二）学校学习教育

　　学生在课堂规则方面会出现这样那样的问题，这是青春期学生的正常表现。这类问题可以分成两类四种。

　　第一类：包括两种。一种是无论哪个老师上课，这个班的课堂秩序都很好；另一种是A老师上课时课堂秩序很好，B老师上课时课堂秩序糟糕。

　　第二类：一种是某些学生在A老师的课堂教学活动中表现良好，但在B老师的课堂上却屡犯错误；另一种是某些学生无论是谁上课都常违反课堂规则。

　　从这两类四种现象中不难看出：课堂规则出现问题，第一类属于教师的问题，第二类属于学生的问题。因此，在处理和解决学生违反课堂规则问题时，要区别对待，分类进行。

1. 课堂违规的表现与原因

　　学生违反课堂规则，主要行为有：课堂违纪、顶撞老师、经常性迟到、打架吵架、偷拿财物、欺负同学、违反宿舍管理规定等。其主要原因有教师和学生两个方面。

　　教师方面的原因主要有教师教学内容方面的原因和教师教学方法方面的原因、教学组织管理方面的原因以及教师作风方面的原因四种。

 GSG 案例库

案例1：教学内容不吸引人

　　王老师教历史已经20年了，每次上课都是打开书本照本宣科。在她的课堂上，很少有秩序好的时候。

　　如果教师所授课程的内容比较枯燥，信息量不够，没有将学科内的魅力展示给学生，这就使学生失去了学习该门课程的兴趣而走不进教师的课堂，像王老师这样照本宣科，课堂自然也就"乱"了。此外，如果教师对教学内容的处理不当，或太难或太简单，学生就会缺乏对课堂所学内容的心理融合，这就肯定会影响学生的学习积极性。因此，教师上课之前，一定要对教材进行深入的研究。要弄清楚这堂课要讲的知识点是什么，课堂的难点是什么，弄清楚与这堂课内容相关联的东西有哪些，如德育资源、社会资源、人文资源、图片资源、

视频资源，等等。这些东西越丰富，教学内容就越充实，学生自然就会被吸引，也就没时间和没精力做别的了。

案例2：教学能力不服人

像王老师这样，明显就是教学能力不足，缺乏必备的教育学、心理学等相关理论知识，或不能以理论指导教学实践，违背学生年龄特征和知识结构实施课堂教学，不可能让学生"服气"，所谓"亲其师，信其道"，教师对教材没研究，对学生没分析，对课堂资源没掌握，对自己的教学风格心中没数，就不可能备好课，也做不到采取什么有效的措施去激发学生的学习积极性，从而形成教学方法千篇一律、死板单调、枯燥无味的"特点"。这种低水平、没有任何吸引力的满堂灌的单调刺激教学，唤不起学生的学习兴趣。如有的学生喜欢听教师讲为主，有的学生喜欢自己看为主，有的学生喜欢老师提示即可，而有的学生则喜欢教师讲透，到底该怎么设计自己的教学方法，教师需要认真研究学生之后才能得出。

案例3：教学组织不管人

教师如不善于维持课堂教学秩序和不善于处理学生违纪行为，就会使矛盾激化、事态严重。如教师不能掌控好上课和下课的时间，就容易造成学生违纪。再如，上课之前，学生们情绪尚未稳定下来，注意力尚未集中，老师就仓促开课，这就容易造成教师在一片吵闹中上课。还如，有的教师利用上课时间收发作业本，人为造成秩序混乱。有的教师则对学生态度生硬、急躁粗鲁、主观武断，或者用尖刻的语言讥讽侮辱、谩骂学生，或者采用体罚和变相体罚对付学生，从而引起师生关系紧张，激起学生对教师的反感和对立情绪，引起学生更多的课堂不良纪律行为。

案例4：教学态度不对人

如教师将个人的烦恼、忧虑等不良情绪带到课堂，板着面孔，动辄发怒，训斥学生，学生在课堂上关心的就不是学习而是老师的脸色了，即使学生"全神贯注"，心思也未必真在学习上。再如，教师上课迟到，工作懒散，或不注意自己的仪表和风度，衣着不整、化妆不当等，还有，像教师在讲课时手势等体态语言不当、手势过频、幅度过大、站位不当或过于频繁的走动或从不离讲台等，都有可能分散学生的注意，从而影响课堂纪律。

学生方面的主要原因有学习困难、学习习惯、个人性格等。

 GSG 案例库

案例1：因学习困难产生对抗心理

由于先天禀赋、后天教育以及本人努力程度不同等原因，都可能会使学生出现学习困难的情况。如果学生的学习困难没有得到重视，没有找到解决的办法，时间一长，就会跟不上。学习跟不上的学生，就会对老师的冷遇、同学的歧视、家长的打骂产生对抗心理。他们由对失败的恐惧而变成叛逆，在课堂上时常表现出玩世不恭的态度，有时故意和老师作对，甚至报复。他们对老师说的每一句话、做的每一件事特别敏感，防范心理比较强，老师一旦"触犯"了他们的自尊心，为了维护自己的"尊严"，他们不管在课堂上还是校园里，都会马上进行"反击"，对于规则，早就忘得一干二净了。

案例2：因学习习惯与方法不适合或不正确而形成"违纪"

有的学生，在课堂上不能遵守学习规范和纪律，是因为他没有养成良好的学习习惯。如下课的时候，他不会事先将下节课的书或学习用具准备好，在下节课老师开始上课的时候才手脚忙乱地摆弄东西，自然造成课堂混乱。学生张某就因为经常在老师讲试卷的时候找不到试卷而受到老师的批评，批评的次数多了，他就变得对老师的批评置之不理，这就越发引起老师的反感，于是产生师生间的对抗：学生认为老师对他有成见，老师认为这个学生不可救药。还有的学生因为没有掌握正确的学习方法，在课堂上学不进去而致注意力分散，他们如果老被批评，就会成为违纪的代名词。

案例3：因气质与性格原因造成违规

青春期的学生，由于精力充沛和叛逆，加之个人性格与气质原因，也容易在纪律方面屡屡"犯规"。如胆汁质类型的学生比较冲动，容易急躁、容易粗暴、容易冲动、易怒、爱发脾气、喜欢挑衅、好斗，特别是容易受外界引诱，言行容易失控。因此，他们的违纪次数和行为可能会多一些，而其他气质类型的学生违纪现象相对要少一些。外倾性格的人喜欢交际，迎合热闹，寻求机会向外活动，善于猎取他们感到奇异的事物，而且胆子也比较大。相比之下，外倾性格的学生更容易违反纪律。

2. 课堂违规的引导

教师可用假设法来对学生的违规行为进行分析。假设法原本是科学探究中的一种重要思维方法，被大量应用于数学、物理研究中，是一种创造性的思维活动。它是确定当某一可变因素的存在形式限定在有限可能（如某命题成立或不成立，如 a 与 b 大小：有大于、小于或等于三种情况）时，假设该因素处于某种情况（如命题成立，则 a>b），并以此为条件进行推理的一种方法。后来，假设法也被许多领域用来作为分析事物的根源。

比如，学生总是上课说话，这除了教师的教学经验不足，缺乏应有的组织方法和教学技能，讲课单调，枯燥乏味，教学方法选择不当，无法激发学生的求知欲和参与的积极性，造成学生注意力分散之外，主要还有学生自己的原因。但是，学生为什么在上课时"乱说乱动"？教师可通过假设法对学生乱说乱动的"为什么"进行分析，再决定自己该"怎么办"。

GSG 案例库

案例 1：基础差，听不懂，学不会

这类学生上课乱说乱动的原因很简单，就是因为基础太差，对教师讲授的内容听不懂，学不会。青春期的学生，精力很充沛，需要发泄。如果他对学习畏难，学不进去，上课对他就是一种折磨：一大堆精力要发泄，怎么办？只好违纪。这类学生完全知道自己的错误在哪里，老师一注意或批评他，他马上会回归到正常状态，但过不了多久，又会"旧病复发"。

学生如果因为基础问题，听不懂学不会，教师就应该想办法帮忙补课，同时也要建议家长给孩子补课。如果是因为教师讲课的方式吸引不了学生，教师要注意改变自己的教学方法，想办法让学生走进自己的课堂。如果是因为学生的智力问题而出现的这种情况，教师要宽宏大量，允许学生做点他自己喜欢的事，但要给他提出建议：不能影响别人。

当然，有些上课乱说乱动的学生，也不一定是听不懂学不会，教师要学会甄别：如果整堂课差不多都这样，可能是属于这种情况。但有时能够安静下来，听得很认真很投入，就可能不属于这种情况，说明他对教师讲的内容有的感兴趣，有的不感兴趣，感兴趣的可能是他不会的，不感兴趣的可能是已经会了的。

案例2：讲课的内容已经掌握

这类学生比较聪明，别看他们平常的课堂纪律一般，但是在期末考试的时候一般都会有好的收获。这种学生，强迫他遵守课堂纪律意义不大，给他提"只要你每次考试打100分"的物理要求也不可能，对这类学生，老师可以允许他上课时干点别的，但不能允许他影响别的同学。如果成绩下降了，再收回这个特权即可。

案例3：自我控制能力不强

这类学生的规则意识较差。他们干什么事都不懂得遵守规则：说话不分场合，做事不知轻重，在学生中属于被反感的对象。这种规则意识缺乏的原因，是由于从小就被家长娇惯而养成的，我们称为"社会化障碍"。这种学生，老师的批评一般不容易见效。如果老师批评的次数多了，反而会使他烦躁和委屈，因为他本身就没有规则意识，自然无法去遵守规则了。老师此时的任务是帮助他重建规则意识。要指导家庭教育，让家长配合，帮助家长选一两件事，制定出规则。

案例4：表现欲望强烈

王老师上课特喜欢提问，他发现，每次提问时，班上的张同学都积极举手。几次过后，王老师发现，张同学每次起来都不会回答。老师特别生气，把他弄到办公室"审问"：你又不会，瞎举什么手？存心捣乱是吗？张同学一脸不服气："我也不想举手，但是我要不举手，同学们都会嘲笑我傻。我一举手，您每次都把我拎起来，您什么意思？"王老师哭笑不得。最后，两人达成"协议"：以后老师提问的时候，如果会请举右手，如不会请举左手。后来，王老师发现，他再提问时，张同学也"积极"举手，不过举的是左手。两人相视一笑，就不再提问他。有一次，王老师发现张同学举右手了，只是举得没有以前高，于是心里判断：张同学对这个问题，可能会，但不肯定。于是，让他回答。结果张同学结结巴巴地回答了问题，还算不错。此后，王老师就发现，张同学每次仍然积极举手发言，有时举右手，有时举左手。慢慢地，张同学举右手的次数越来越多，手也越举越高。到了期末，张同学的成绩有了大幅度的提高。

像这样的学生，违反课堂规则主要是做给别人看的：有的是给老师看，有的是给同学看，他们很清醒自己在做什么。如果老师用心观察他，就会发现：

他们在违纪的同时，一直在留意别人的反应。如有人注意，他们就显出很得意的样子，反之则失望。这种学生，当他们不想吸引别人时，就能做到不违纪。老师在处理这类学生时，一是要找到他们表现的目的，给予回应。如果他是希望得到老师关注，那老师上课的时候就多看他几眼，多给他几次机会表现自己，但也要注意不要过多，要和他保持一定的距离。如果他是想吸引同学（一般异性较多），老师就要搞清他想"吸引"的对象是谁，然后做对方的工作，让其想吸引的对象别搭理他，甚至做出"鄙视"的样子让他自讨没趣。二是创造一些机会，满足他们的表现欲望。如对没有特定吸引对象的学生，老师上课的时候就应多给他们一些发言机会，组织活动时多让他们出面等。三是对有的学生采用"不理睬"政策。同样犯错误，老师可以批评别人，就不批评他，让他自讨没趣。如果再不收敛，平静地执行处罚，还是不和他多说话。这种学生有时会故意激怒老师，应注意不要上当。

　　每位教师都希望自己的教学活动秩序井然，可是，课堂纪律问题却不同程度地干扰甚至破坏了教师精心准备的教学活动，教师必然做出反应，或中止授课训诫学生，或采取措施惩罚学生，或采取其他较为审慎的处理办法，这是正常的教育行为，如果教师对违纪现象熟视无睹，放弃管理，是一种极不负责任的行为。但需要提醒的是，对于学生的违纪问题，教师的要求也不要太严格。哪些属于违纪，首先要做一个界定。比如，怎么判定学生在课堂上的说话和动作是违纪。教师应主要看三个指标。一是看它的破坏面有多大。如果学生上课说话对周围的同学影响较小，如学生说话时，声音比较小，而且时间短，可能是为实现某种需要（如借学习用具），这样的破坏面就不算大，教师可以先不管。二是看这些乱说乱动学生的成绩如何。如果成绩还可以，说明关系不大。反之，教师应该干预。

　　课堂纪律问题产生的原因是多方面的。因此，教师要有全局意识，在处理学生违纪行为时，不要头痛医头，脚痛医脚；也不能简单、粗暴、专横，应该从程度（出现的违纪行为对其自身或其他学生的干扰达到什么程度）、频率（这种行为多长时间发生一次）、持续时间（这种行为已经持续多长时间）以及背景情况等多个方面冷静地分析原因，以便及时做出客观、合理的判断和处理。尽管有些复杂，但是作为教师，应该解决也必须解决，否则，将无法正常驾驭课堂。

3. 学生的学习问题引导

　　学生的学习问题，不简单是一个学习成绩不尽如人意的问题，这只是结果。分析学生的学习问题，主要是分析他的学习方法是否不当、学习习惯是否不好、学习积极性是否不高等具体现象问题，有些学习问题，看起来像是纪律问题，如上课不注意听讲、不完成作业等，如果不认真去分析，就容易忽视其中真实的信息，教师就不可能会有正确的学法指导。

GSG 案例库

案例1：学习方法不当

　　像学习无计划、不会科学利用学习时间、死记硬背等，都属于学生的学习方法不当。对于学习无计划的学生，他们缺乏主动的安排，整天忙于被动应付作业和考试，看什么、做什么、学什么都心中无数，其学习围绕教师的意志转移，即他们以"老师要我做什么"而不是以"我要做什么"为学习内容。对于不会科学利用时间的学生来说，他们经常显得忙忙碌碌，还熬更守夜，但实际效果不佳。有的学生则不善于挤时间，他们经常抱怨："每天上课、回家、吃饭、做作业、睡觉，哪还有多余的时间供自己安排？"还有的学生平时松松垮垮，临到考试手忙脚乱。死记硬背是最低形式，这类学生不能理解知识内容，他们不讲究记忆方法和理解技巧，常常使记忆内容相互混淆，而且不能长久记忆，他们会通过死记硬背来应对考试，一旦考试结束后就会忘掉所学的内容。一般地，当学习内容没有条理，或学生不愿意花时间去分析学习内容的条理和意义时，就会采用死记硬背的方法。还有一类学生，学习时始终不能形成知识结构，他们的单元测验成绩很好，可一到综合考试就不行了。这就是由于他们没有掌握知识间的联系，没有形成相应的知识结构，学生对所学内容与学科之间、对各章节之间不及时总结归纳整理，使知识处于"游离状态"。由于知识是零散的，所以学生很容易遗忘，也容易张冠李戴。没有合理的知识结构，再多的知识也只能成为一盘散沙，无法发挥出它们应有的功效。

　　学生没有正确的学习方法的原因是什么呢？现在中小学生的智力水平差异一般都不太大，这对学习方法形成的影响是有限的，因此，学习方法不当的原因主要应是在像认识水平、动机水平、意志状况等一些非智力因素上。此外，还有来自教师、家长、同学等各方面的外因也可能对学习方法的形成产生一定的影响。如学生对学习方法的重要性认识不足，他们看不到科学学习方法的作用和意义，没有尝到使用正确学习方法的甜头，认为磨刀误了砍柴工，因而不愿意花时间和精力去认真研究和掌握先进有效的学习方法。有的学生是对学习的特点认识不足，对各阶段、各学科的学习特点不适应。比如，初中的课程内容相对简单，进入高中以后，所学知识更加抽象、深入，而初中生的学习对老师依赖性大，老师的指导也很具体，但高中生的学习则有更多的自主性和独立性，如果学生看不到这些变化，就有可能造成方法的不适应。再如，外语学习的特点是多听、多说、多读、多写、多记，而记外语单词又是一种机械记忆，这就和其他科目形成了区别，学习数学的方法就不适应于外语学习。

案例2：个体特征不适应

对个体特征的不适应，主要表现为好高骛远和妄自菲薄。有的学生因为成绩不太好认为自己就是不行，从而丧失学习信心；也有的学生因为学习成绩良好而骄傲自满，看不到自己的缺点和不足。这些不客观的认识会使学生在运用学习方法的时候发生失误，如自以为是的学生在制订学习目标时往往会好高骛远、不切实际。另外，每个人的能力、气质、性格、身体状况、生物周期等各不相同，有的属于百灵鸟型的，他们在白天精神百倍，有的学生属于猫头鹰型的，则可多利用晚上学习。有的学生属于学习动机缺乏，因而没有学习动力，缺乏学习热情，把学习看成是苦差事。他们在学校的学习，完全是一种被动的应付，时间一长，这些学生的学习意志就会变得薄弱起来，他们对学习没有毅力和恒心，往往虎头蛇尾，半途而废，有目标无结果，有计划无行动。

对于因为对个体特征不适应而造成的学习问题，主要靠教师、家长或同学多鼓励、督促、提醒，依靠外界力量的支持来改变，这就是我们平常说的学法指导。目前，在中小学中，绝大多数学生没有接受过专门系统学习方法的指导与训练，对什么是科学的学习方法缺乏明确的认识，在学习中也不能自觉地加以运用。有的学生即使掌握了一些有效的学习方法，也大都是走了很多弯路之后形成的，并且是零散的。科学的、系统的学习方法很难在学习中自然地形成，因此，学生应该接受专门的指导与训练。在学生的学法指导上，无论是学校还是教师，都要开设有关的学习方法指导课，比如，可以通过班级活动来指导学生如何学习，不一定非要把班会开成励志誓师会、情感交流感恩会。

教师和家长要对学生的学习问题进行引导，主要还是要找到问题产生的原因，仍主要采取假设法进行。教师要学会画问题树，通过问题树来寻找学生学习中的各种问题。下面，我们以学生学习偏科为例，来看如何分析学生的学习中存在的问题，并采用什么样的办法来解决。

GSG 案例库

  偏科一般分为原发性偏科和后发性偏科两类。原发性偏科主要与遗传有关，还可能跟父母的学习倾向和知识结构有关，父母的学习倾向和知识结构偏向某个方面，对孩子也会有潜移默化的后天影响，也有可能形成偏科。先天性偏科解决起来比较麻烦，事实上也不太容易解决。家长和老师要调整自己的期望值，走特长发展的路子，想办法让他在自己的长项上加分。

  作为教师和家长，主要应解决的是学生的后发性偏科问题，也就是因为某种原因的出现而导致的偏科，教师是可以帮助学生解决的。

  一是学习中出现的漏洞没有及时补上。无论学什么学科，学生都有可能出现一些知识上的漏洞，如果没有及时补上，时间一长，学生就可能听不懂课了，理科和外语比较明显。结果就是，越是听不懂，学生就越不爱学习，自然而然，学生就会从情感上讨厌这门课，慢慢地就造成偏科了。要解决学生因为知识漏洞扩展而出现的偏科问题，最常用的办法就是查漏补缺，就是先帮助学生找出知识的漏洞在哪里，是什么，然后缺什么补什么，效果比较好。如果学生偏科的时间比较长，首先需要在情感上帮助学生克服厌学情绪。对于这类学生，让他们参加假期补习班，不是一个好办法。因为这种补习班都是大班，无法针对每个学生的具体问题进行补课，学生在这种班上补习，效果不明显，基本上还是不能解决知识漏洞的补救问题。对这类偏科的学生，最好的办法就是建议家长请家教，采用"一对一"的教学模式，找到漏洞后再补漏。

  二是学习上经常遭遇失败而失去学习信心。有些学生学习上的问题，跟知识漏洞没有关系，主要和任课老师有关。这类学生的学生成绩可能属于中等，本来听课是没有问题的。但由于在课堂上总是得不到老师的关注，总是得不到老师的表扬，成绩就可能会滑下来，时间再长一些，就会出现偏科。还有的学生因为不适应某老师的教学风格，他在这位老师的课堂上会自觉"抵制"该老师的课，时间长了，同样会造成偏科。要解决这类学生的问题，主要靠老师转变观念和教学态度。老师在自己的课堂上，眼睛不能光盯住成绩好的学生，要以中等生为主，兼顾全班。如果有学生展示的机会，要尽量让每个学生都有机会。另外，要不断改进自己的教学风格，研究班上学生的特点，选择和使用学生喜欢的上课形式，以吸引学生喜欢自己的课。要让学生喜欢你的课，先要让学生喜欢你这个人。这一点，本书一直在强调。

三是师生关系紧张。老师和学生的关系紧张，学生该科的成绩就会下降，时间长了，自然就会偏科，这是"人祸"。要解决这类问题，主要看问题出在哪里。如果是老师的问题，学校领导要出面做老师的工作，要求老师要为人师表，要宽宏大量，要以对学生负责的态度解决师生关系紧张的问题；如果是家长的问题，也需要学校领导出面要做家长的工作。要提醒甚至劝导家长，协助学校做好学生的教育工作，减少孩子和老师的对立情绪；如果是学生自己的问题，也要由校方出面教育。一般地，师生关系紧张，学生比较激进一些，老师本人或者班主任的话可能听不进去，学校领导出面，学生认为学校很重视这件事，从心理上容易接受一些。

（三）认知能力教育

认知能力是指人的大脑关于加工、储存和提取信息的能力，即人们对事物的构成、性能与他物的关系、发展的动力、发展方向以及基本规律的把握能力。它是人们成功地完成活动最重要的心理条件。像知觉、记忆、注意、思维和想象的能力都被认为是认知能力。

人们的认知特点对于社会经济状况都有显著的影响，增强认知能力也已经被发现与财富增长和预期寿命的增加有关。

一直以来，人们普遍认为，像数学和阅读这样的能力，是具有家族性的，但影响这些性状基因的复杂系统在很大程度上却不为人们所了解。

美国心理学家加涅（R.M.Gagne）提出5种认知能力——

言语信息：回答世界是什么的问题的能力；

智慧技能：回答为什么和怎么办的问题的能力；

认知策略：有意识地调节与监控自己的认知加工过程的能力；

态度：情绪和情感的反应，形成学习者的态度，指使学习者形成影响行为选择的内部状态或倾向；

动作技能：有组织、协调统一的肌肉动作构成的活动。

Anderson 认知目标分类学

高级认知 / 低级认知

创造
评价
分析
应用
理解
记忆

创造性思维
批判性思维

1. 认知能力差异

认知能力存在于个别差异和性别差异中。认知活动可能不总是所有人以相同的方式进行。个体完成认知活动可能有不同的方式，这些不同有多方面的来源。个别差异主要表现在认知能力、认知风格、年龄等方面。性别差异主要表现在技能与能力、言语能力、视觉—空间能力、数学与推理能力、学习与认知风格、完成认知任务的动机、联结学习等方面。

认知能力的差异：青春期个体具有不同的认知能力，尤其是在心理速度、储存容量和注意广度方面。有些心理学家将上述认知能力等同于智力。一些心理学家则认为认知能力是智力的一个组成部分，还有一些心理学家则认为没有什么独立存在的智力。

专家化过程：个体的专家化过程能影响他们在专业领域完成认知任务的方式。专家可以知觉到更多的细微差别，对信息的分类与新手不同。专家可以利用他们的专业知识以特殊方式组织信息，以便更有效地利用他们的记忆。

认知风格：个体在完成不同的任务的时候，会有不同的认知途径或风格。两个研究的最多的认知风格维度是场依存性、场独立性和反省性、冲动型。这两个维度是否独立以及认知风格的可塑性都是未来研究的重要课题。

年龄与认知：年龄的增长造成认知加工方面的变化直到青少年阶段还在继续；不同年龄阶段的成人在认知绩效方面表现出某些系统性的变化。如年纪较大的成人在分心任务和工作记忆方面的成绩略低于年轻人。

2. 认知的性别差异

认知的性别差异主要表现在性别差异的模式、文献资料的内在偏差、实验者期望效应等方面。

11岁以后的男孩和女孩在言语能力方面基本相同。但女孩在包括语言的理解和产生、创造性写作、言语类比和言语流畅性等一系列言语任务中超过男孩。（Maccoby and Jacklin，1974）

在词汇、类比、阅读理解、口语交流、写作、一般能力等方面，女孩强于男孩。（Hyde ang Linn，1988）

视觉—空间能力随年龄增加而增强。

男孩和女孩在数学和推理能力方面差别不大，除非推理与计算有关。

关于认知的性别差异，在能力方面，男孩女孩在行为表现的一般类型上，相同之处远远多于不同之处。许多关于认知性别差异的描述不是虚假的就是被夸大了。事实上，男孩和女孩关于认知的性别差异是很小的。

在学习与认知风格方面，男孩和女孩认知资源方面是相近的，但其利用方式可能不同。

关于完成认知任务的动机，从小学开始，男孩和女孩表现出不同的成就动机。比如对"失败"信息的反馈，女孩倾向于把失败归因于自身能力欠缺，男孩则把失败归因于评估者过于苛求。

3. 认知能力训练

观察、记忆、注意、思维和想象的能力，都属于认知能力的训练内容。其训练内容和方法应与个体的情况、环境许可等结合起来。

(1) 观察力训练

观察力的训练主要有读图法、观景（物）法、活动法。

◆ 训练方法 ◆

自然观察法。对大自然中所存在的东西进行观察。如在动物园里观察动物的活动情况。观察时应注意选好观察点和观察对象，做好记录，并应进行多次原地或异地观察。

实验观察法。通过做实验的方式进行观察。如解剖观察或化学实验观察等。

长期观察法。在较长的时期内对某种事物或现象进行系统观察。如气象观察、天文观察等。观察时要耐心细致，观察点一经确定，不能随意变更。

全面观察法。对某一事物的各个方面都进行观察，以对该事物全面了解。

定期观察法。在某一特定时间内对某事物或现象进行观察。

重点观察法。按照某种特殊目的和要求对事物的某一点或几个方面做重点观察。

直接观察法。亲自动手做实验取得第一手资料或直接经验。

间接观察法。利用别人观察成果，得出深刻结论。

对比观察法。把两个以上的事物有比较地对照进行观察。

解剖观察法。把观察对象分解成两个以上的部分进行观察。

◆ 观察的基本要求 ◆

系统、全面、细致入微，从众多细节中发现重要信息。

◆ 确定观察目标的方法 ◆

观察的目标是什么？这在观察之前要确定，目标越具体越明确，观察效果越好。

有序：选择上下、左右、前后、远近、整体、局部等多种形式，确定好观察顺序，避免疏漏。

抓点：抓住主要的、关键的特征，进行仔细、反复的观察。对其他特征可做一般的观察，以省时省力。

对比：对观察对象进行比较。可对两个以上的事物进行比较，找出其共性和个性差别。也可对一个事物的不同方面进行比较，找出该事物的主要特征。

全面：观察对象的各种特征，对各种特征逐一地进行观察。还需注意要有一定的数量，防止和克服观察中的片面性。

GSG 案例库

训练：观察物
训练要领：
看，颜色、形状、构造、特点和功能；

听，声音、声息；

嗅，气息、气味；

触，软硬、冷热、质地、干湿以及手感的细腻、粗糙等。

训练要求：全面感知物的各个部位及周围附属物；对物进行变换时的感受（时间的变化对事物的影响；环境、位置的不同事物会有怎样的不同；变换时自己的情绪情感等）。

训练任务：说出所看见、听见、闻到、摸到的内容。

案例建议：请观察一只小狗，并按上面的要求做好记录。

GSG 案例库

训练：观察人

训练要领：

外貌，脸部、头发、眼睛；

体形，高矮、胖瘦、四肢、皮肤等；

神态，喜、怒、哀、乐；

服饰，饰物、眼镜等；

动作，动作特点、举止风度；

语言，说话特点。

心理，通过其语言、动作、发生的事情观察其性格、爱好、情绪、情操等。

训练任务：选择一位比较熟悉的人，回忆他说过的一些话，从这些话中判断他是什么样的性格和情操；梳理他所做的一些事情，选一两件能体现他性格的事情写出来。

案例建议：请观察自己的家人，并写一篇观察记录。

训练：观察事

训练要领：

观察过程，活动背景（时间、地点、任务、环境）；活动内容（活动进行的过程及步骤）；活动的结果（活动带来的效果）；

观察因果，原因（主观、客观原因；具体、抽象原因；显在、潜在原因；现实、未来原因）；结果（主观、客观结果；具体、抽象结果；显在、潜在结果；现实、未来结果）；

训练任务：观察上学路上的情况。

案例建议：请观察一个活动，并写一篇观察记录。

观察训练时，可以用前面介绍的观察方法与其他方法配合使用，可重点选择一种方法为主要观察方法。

在做观察的时候，一定要做好观察笔记。观察笔记有利于观察资料的积累和保存，有利于观察有条不紊地进行，有利于提高语言表达能力，使之更具逻辑性；有利于思维的发展，产生新灵感。观察笔记可记录一次性的观察，也可记录连续性的观察，应具体、真实、准确，抓住观察对象的主要特征。在记笔记时，可写出自己的看法。

只有理解的东西才能更好地感知，感知的东西不一定理解。

——毛泽东

观察的效果与观察者的知识储备程度关系密切。如牛顿之所以能从苹果落地现象启发他发现万有引力，是因为他具有扎实的力学基础，并且正在研究思考这个问题才起作用。

GSG 案例库

训练1：观察你所使用的手机外观，尽可能地把看到的景象写下来，结果要求10个以上。

训练2：取25~30颗（块）大小适中的玻璃球或积木，其中，红色、黄色、白色（或其他颜色）各三分之一。将它们放在盆里完全混合，用两手迅速抓出两把并让它们同时从手中滚落到地面。全部落地后，用3秒钟时间迅速记下物体数量，默写出每种颜色的玻璃球或积木各是多少。

训练3：取50张扑克牌大小纸片，每张纸片上都写上一个汉字或字母，字迹应清晰、工整，将有字的一面朝下。活动时，将字面朝上分散放在桌面上，仔细观察3秒钟，把所看到的字写下来。

训练4：以中速走过你的教室，或者绕着教室走一圈，迅速留意尽可能多的物体。把所看到的尽可能详细地说出来或写出来，然后对照补充。

观察力训练可以随时进行。在日常生活中，可以随时观察周围的人或事，特别是要注意细节部分，尽可能发现别人忽略的地方。如穿的鞋的品牌，鞋带是否系好，系的什么样式，衣领等地方有什么不同，等等。

GSG 案例库

良好的观察能力首先要具备一定的目的性和计划性。一天，40位心理学家正在开会。忽然，一个人冲进会场，另一个手持短枪的黑人紧追而入，两个人当场搏斗起来，一声枪响之后，两个人跑了出去。这个紧张的场面仅持续了20秒钟。接着，主持人要求在场的心理学家立即写下刚才的情况。居然有36人没有观察到那个黑人是光头！

立足点的选择也很重要。无论选择何种角度，都要根据自己的观察目的制定相应的观察计划，这样才能达到较为理想的效果，同时又能培养出良好的观察品质。文可与和郑板桥都以画竹闻名。但两人观察竹子的时候却大相径庭：文可与曾经在自己的住所周围种了各式各样的竹子，一年四季观察和比较不同竹子之间、同一竹子之间的不同姿态，因而对各种竹子在不同季节的状态有了透彻的了解，提笔作画的时候，自然胸有成竹。而郑板桥观察竹子的时候，却是另外一番情形。"晨起看竹，烟光日影露气，皆浮动于疏枝密叶之间，胸中勃勃遂有画意，其实胸中之竹，并不是眼中之竹也。"郑板桥选择在早晨这一特定的时间段观察竹子，对竹子的感受自然与文可与不同，其"眼中之竹"实际上是经过典型化了的"胸中之竹"。

(2) 记忆力训练

> 人类的所有思想不过是人类的集体回忆而已，人类历史也是如此。
>
> ——荣格

记忆作为人脑的一种反映形式，它只能反映过去已经"经历"过的事物。记忆是一个人过去的情形、事物、经验等在头脑中的再现，没有"经历"过，没有"体验"过的事物、事情，是没办法"记"得住、"忆"得出的。

记忆包括识记、保持、再现三个过程，其本质是先"记"后"忆"。识记和保持即为"记"，再认或再现即为"忆"。记忆的过程与电脑的输入、储存和输出过程相似。计算机的编码是有规则的，人脑记忆也是有规律的。因此，如果按照记忆规律去进行记忆，记忆力就能很快增强。

◆ 记忆要领 ◆

全面领会记忆材料的意义。使材料意义化，即弄清材料的意义与人的关系。

利用形象记忆，使抽象事物具体化。如利用美好形象、奇特形象、愉快形象等的积极作用增强记忆，把抽象的事物通过丰富的联想和想象，赋予它们人为的形象。

GSG 案例库

丰子恺的二十二遍读书法：将需要阅读的内容分四天进行。第一天读十遍，第二、三天各读五遍，第四天读两遍。

GSG 案例库

沙尔达科夫实验：两组学生识记同一诗篇。A组采用集中识记方法，即集中在一段时间内，将识记的材料反复学习直到记熟为止。B组采用分布识记的方法，即在三天内，每天只读一遍，最后记熟。结果发现，分布识记比集中识记效果好。

◆ **训练方法** ◆

交叉法。把不同性质的材料按时间进行分配、交叉进行记忆。主要方法是：一是把重要的事放在开头和结尾去记。要是给听众讲话，应把要紧事先讲，结束时再强调下。二是记忆大篇幅的材料，可采取分段记忆法。如背诵一些较长的课文，如果将其分成若干小段分开背诵，效果会好些。三是如需要一次记忆若干名词，可改变其次序，每记一次就换一个开头和结尾，平均分配复习的力量。四是合理地组织材料，尽量使前后相邻的学习内容截然不同，防止抑制作用的发生。如刚学完历史，就不要去学语文，以减少材料之间的相互影响。五是合理安排时间。早晨起床后，不受前摄抑制的影响，晚上学习后就睡觉，不受倒摄抑制影响，这两个记忆黄金时间不能错过，可用来记那些难度较大的材料。如是长时间学习，中间一定要休息10分钟左右，以增加开头和结尾的次数。

检测法。即通过自己测验自己来增强记忆的方法。一是定期测验。如当日测、周日测、单元测、全书测等。当日测就是在晚上睡觉前将当天所学的知识择其要点复述一下或默想一遍。周日测就是周日休息时将一周所学课程的内容变换角度提出问题，写在一张纸上测验自己，发现问题马上解决掉。从课程内容上可分为单元测、全书测两种。单元测即是在一个单元学完后自评自己学了些什么，取得了什么收获。全书测是在一本书学完后，翻开目录，通过逐章回忆内容，并挑选一些重要内容进行的自测。二是默写。三是设问自答。经常对自己提出问题，从多种角度进行自问自答，会使记忆增强。

系统法。即把知识系统化后再记忆。如记圆形、扇形、弓形面积公式时，可先将扇形是圆形的一部分、弓形是扇形的一部分这三个关系建立起来，再把它们的面积公式串起来记忆。

争论法。即通过与别人对要记忆的材料进行争论探讨以强化记忆的方法。争论可帮助我们检查记忆的准确性，形成正确的记忆，检验和应用并巩固和强化了要记忆的知识。

理解法。即通过在知识与事物间建立起逻辑联系的办法进行记忆。理解是关键，应对记忆的内容进行分析、判断。掌握它们内在的逻辑联系和层次关系，抓住表现内容实质的关键处，如重点词语、重点句、重点段、重点步骤等。

回忆法。即在记忆过程中不断地自己考自己，如复述、默写等。其方法是：可及时了解自己在学习中的记忆情况，激发学习积极性。

比较法。即对相似的识记材料进行对比分析，弄清异同后进行记忆的方法。比较的方法包括对立比较法、对照比较法、顺序比较法、类似比较法等。

GSG 案例库

训练1：反复练习记忆一副扑克牌，尽量缩短记忆扑克牌的时间。也可去记几副牌、几十副牌。

训练2：练习记忆100个甚至数百个毫无规律的数字，做到快速记忆并能倒背如流。

请在一分钟内记住下列数字：

18	64	93	77	14
19	36	48	52	49
57	86	24	73	21

训练3：找出数十组毫无规律的中文词汇，在最短时间内把它们一个不漏地记住。对于英语单词来说，则需要经常进行英语单词的记忆练习。

请在一分钟内记住下列词语：

大风　　电视　　老鼠　　石头　　酸奶

F4　　　穷人　　小说　　画布　　奔跑

训练4：练习记忆几个甚至几十个句子，需要一字不差地记住它们。

训练5：文章练习是句子练习的延伸，经常找一些较长的文章来进行记忆，甚至尝试着去记整本书，如《道德经》等。

◆ **记忆高潮** ◆

　　人的大脑有四个记忆高潮：一是清晨起床后。大脑经过一夜休息，此刻学习一些难记忆而又必须记忆的东西较为适宜。二是上午8点至11点。此时体内肾上腺素分泌旺盛，精力充沛，大脑具有严谨而周密的思考能力。三是18点至20点。这段时间可用来回顾、复习全天学习过的东西，加深记忆，分门别类，归纳整理。四是睡前一小时。这段时间可对难以记忆的东西加以复习，不易遗忘。

◆ **增强记忆食疗方法** ◆

　　卷心菜：卷心菜中富含维生素B，能有效地预防大脑疲劳，从而起到增强记忆力的作用。

　　大豆：含有蛋黄素和丰富的蛋白质，每天食用适量的大豆或豆制品，可增强记忆力。

　　牛奶：富含蛋白质和钙质，可提供大脑所需的各种氨基酸，每天饮用可增强大脑活力。

　　鲜鱼：富含蛋白质和钙质，特别是含有不饱和脂肪酸，可分解胆固醇。

　　蛋黄：蛋黄中含有蛋黄素、蛋钙等脑细胞所必需的营养物质，可增强大脑活力。

　　木耳：含有蛋白质、脂肪、多糖类、矿物质、维生素等多种营养成分，为补脑佳品。

杏子：含有丰富的维生素A、C，可有效地改善血液循环，保证脑供血充足，有利于大脑增强记忆。

(3) 想象力训练

想象力远比知识更重要。

——爱因斯坦

智慧比知识的水平更高，因为智慧就是创造力。决定创造范围的想象力比知识更重要。想象力需要不断地进行思考训练。

◆ 训练方法 ◆

多储备。巧妇难为无米之炊，要多读书，增加自己的知识储备。任何想象都不能离开已有的知识基础。只有一个人的感性知识丰富多彩，才能产生丰富生动的想象。要善于将知识储备在实践中运用，并在运用中提高想象的积极性。

重发散。能从一个问题扩展开去，在原始问题或事物的基础上，努力寻找所讲述的原理、原则，进一步了解并明晰各种现象的相互关系。

◆ 想象产生的条件 ◆

原型。从原型中得到解决问题的启发，从而找到解决问题的途径。

灵感。在灵感状态下，人的注意力完全集中在创造活动对象上，意识十分清晰而敏锐。

GSG 案例库

训练1：说出苹果的50条特征（可从外形、营养、结构、功能等多方面进行描述）。

训练2：随便确定一个物体，最低想象出30个以上的特征，在纸上列出来。

(4) 思维力训练

思维是人类所具有的高级认识活动。按照信息论的观点，思维是对新输入信息与脑内储存知识经验进行一系列复杂的心智操作过程。有些思维方式在训练与应用的过程中，并不需要严格区分，这是因为很多的思维方式总是共同起作用的，而且有些思维方式已经统一在某种思维方式之中。

思维力的培养是青春期智力教育的重点，2014年国务院发布的《国务院关于深化考试招生制度改革的实施意见》中，明确提出培养青少年"利用所学知识分析问题、解决问题的能力"，其核心就是培养和提高学生的思辨能力。

许多人自己放弃了思考！

好好的，为什么要改？

我们从来没有这么做过呀？

还没准备好呢

我没那能力吧？

我们会成为别人的笑柄？

×× 绝不会赞成的！

……

一个典型的思维过程由准备、立题、搜索、捕获和解释构成，方法主要有分析与综合、比较与分类、抽象与概括等。

◆ 思维过程 ◆

准备。信息积累阶段。如是为解决某个具体问题而积累信息，则信息准备具有针对性。

设题。对已接受的基本信息的一个总的反映或体现、繁衍和深化的表现形式。

搜索。为解决问题而在原有思维阶段进行新的思维，是围绕目标进行的有针对性的、全方位的思维，其过程包括问题分解和设计搜索方案两个阶段。

获取。通过获取思想和获取事实两种形式，对资料查询和实验观察结果等进行提升，获得一个新的思维结果。

论证。对已获得的结果进行再证，使结论更为明朗化。

◆ 思维方法 ◆

分析与综合。分析是将事物的整体分解为各个组成部分的过程，综合是将对象的各个组成部分联系为整体的过程。两者是相反而又紧密联系的同一思维过程的两个方面。分析使人对客观事物的认识变得清晰，综合使人对客观事物的认识变得完整起来。

比较与分类。比较是分类的基础。比较指在头脑中确定对象之间的差异点和共同点，分类则是根据对象的共同点和差异点，把它们区分为不同类别的思维方式。

抽象和概括。抽象是形成概念的必要过程和前提。抽象是在分析、综合、比较的基础上，抽取同类事物共同的、本质的特征而舍弃非本质特征的思维过程。概括是把事物的共同点、本质特征综合起来的思维过程。

思维是认识的理性阶段。在这个阶段，人们在感性认识的基础上形成概念，并用其构成判断（命题）、推理和论证。

想象是一种特殊的思维，是人脑对原有感性形象进行加工改造形成新形象的过程。思维的主要特征是间接性和概括性，想象则是对已有表象进行加工创造出新形象的思维过程。两者区别在于：思维是在人的自我意识控制下进行的，想象则不一定受控；思维受逻辑制约，想象则摆脱了这些逻辑的制约；思维过程较长且连贯，想象过程较短往往不连贯。

◆ 思维技巧 ◆

归纳思维：从具体的事例中推导出一般规律和结论。

演绎思维：从一般的原理、原则、规律推及个别具体事例的思维方法。

批判思维：一面品评和批判自己的想法或假说，一面进行思维。

集中思维：从众多资料中找出合乎逻辑的联系，从而得出一定的结论。

侧向思维：利用局外信息来发现解决问题的途径，即从其他领域得到启示。

求异思维：由同一个问题探求多种答案，即发散性思维。如数学中的一题多解。

求证思维：用自己掌握的知识和经验去验证某一个结论的思维。如议论文写作。

递向思维：从反面思考结果是什么。

横向思维：围绕同一问题从不同的角度去分析。

递进思维：以目前线索为起点向更深目标思维。如数学中的多步运算。

想象思维：由已知材料经新的配合创造出新形象的思维。

分解思维：把一个问题分解成若干部分，从每个部分及其相互关系中去寻找答案。

推理思维：先要对一个事物进行分析、判断，得出结论再依此类推。

对比思维：通过对两种相同或不同事物的对比，寻找其异同及本质与特性。

交叉思维：由两个方向同时思考，再交叉汇合沟通得出答案。如"围魏救赵"。

转化思维：将问题由一种形式转换成另一种形式来思考，使之更简单、更清晰。

跳跃思维：跳过某些中间环节，省略次要的过程，直接达到终点。

直觉思维：直接接触事物本质，得出结论后再论证。

渗透思维：厘清问题复杂的关系因素，通过对这些潜在因素关系的分析解决问题。

统摄思维：用一个概念取代若干个概念，是一种高度抽象的思维。

幻想思维：脱离现实性进行思考，将其结论回到现实中进行检验得出结论。

灵感思维："一闪念"思维，由人的潜意识思维与显意识思维多次叠加而成的。

平行思维：从不同方向寻求互不干扰、互不冲突，即平行的方法来解决问题。

组合思维：通过对若干要素的重新组合，产生新的事物或是创意。

辩证思维：以变化发展的视角认识事物，与逻辑思维相对立。

综合思维：运用多种思维方式结合思考来解决问题。

核心思维：只关注重点，忽略非重点的思维方式。

◆ **训练方法** ◆

基础训练：图形思考法——八张思维图

◆ **形象思维训练** ◆

形象思维是指人们在认识世界的过程中，对事物表象进行取舍时形成的，是用直观形象的表象解决问题的思维方法。形象思维是在对形象信息传递的客观形象体系进行感受、储存的基础上，结合主观的认识和情感进行识别，并用一定的形式、手段和工具（包括文学语言、绘画线条色彩、音响节奏旋律及操作工具等）创造和描述形象（包括艺术形象和科学形象）的一种基本的思维形式。

逻辑思维是人的理性认识阶段，人运用概念、判断、推理等思维类型反映事物本质与规律的认识过程。

 **GSG 案例库**

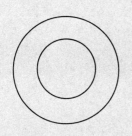

图形1：圆圈图

使用方法：由一个小圆和一个大圆组成。使用的时候，将所要思考的中心词写在小圆圈内，将与这个中心词相关的联想词写在两圆之间。联想出的关键词可以是文字，也是简单的图片。

使用范围：产生创意、拓展思考问题的角度、回忆所学过的知识、理解定义或概念。

训练方法：圆圈图主要是通过提供相关信息来展示与一个主题相关的知识。

步骤1：任意挑选一个物品或概念，如手机、乌龟等（每次只选一个概念或物品来进行训练）。

步骤2：先画出一个圆。在圆的中心写下想要思考的概念或事物，如乌龟。

步骤3：在圆圈外写下或画出与主题相关的信息。如乌龟的特点有缩脖子、背上有龟甲等。

步骤4：将写出的与主题相关的信息用一个圆圈起来。

建议：每次给自己设定一个目标，至少写出多少个。

图例：

爬得慢

壳硬　甲骨文　叫声小

花纹　爪子　眼睛小

游泳　头小　尾巴短　尖牙

吃鱼、肉　　　　　四条腿

寿命长　爱睡觉　　冬眠

（乌龟）

四肢可伸缩

《上天的乌龟》　　没毛

耳朵看不见

图形2：气泡图

使用方法：中间的大气泡内写需要讨论的中心词，周围的小气泡内写描述中心词的形容词或形容词短语等描述性词汇。

使用范围：描述某一定义和概念。

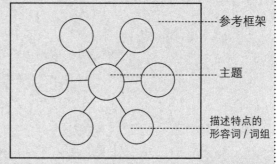

训练方法：起泡图主要是使用形容词或形容词短语来描述物体。与圆圈图不同，气泡图主要增强学生使用形容词描述特征的能力。

步骤1：确定一个需要思考的主题，将其写在中心圆圈内，如我们需要讨论"兔"字的特征，就在中心圆圈内写下"兔"字。

步骤2：思考的方向包括读音、笔画、组词等，把每个思考方向得到的结论，如笔画是8画，写在周围的小圆圈中。

图例：

 GSG 案例库

图形3: 双气泡图

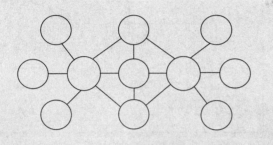

使用方法：中间两个气泡用来写出两种需要比较的事物的中心词。在两个中心词之间的气泡中，写出这两种事物的相同点，在两个中心词两侧的气泡中，写出这两种事物的不同点。

使用范围：对事物进行对比、从两种事物中做出选择。

训练方法：将两个被比较的术语放在两个中心圆圈内，外面单独连接的圆圈内展示两个被比较的术语间的不同点，中间共同连接的圆圈内展示两个术语通过对比的相同点。

步骤1：确定一个需要思考的主题，将其写在中心圆圈内，如我们需要讨论"兔"和"免"这两个字的特征，就在中心圆圈内分别写下"兔"和"免"字。

步骤2：同样地，思考的方向包括读音、笔画、组词等，把每个思考方向得到的结论，如笔画是8画，分别写在周围的小圆圈中。

图例：

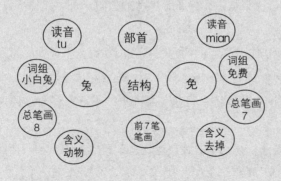

图形4：树形图

使用方法：由主题、类别、项目构成。如树的形状一样，主题是树根，类别是树枝，各个类别中的项目是树叶。绘制时，先写出主题，再根据类别数量画出分支，再写出类别。

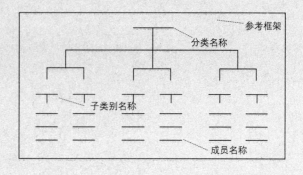

使用范围：分类时使用。如对知识点分类整理、对科学概念分类讲解等。

训练方法：在最顶端写出被分类事物的名称，下面写出要思考的分级分类的类别，依此类推。

步骤1：确定一个需要思考的主题，将其写在最上面的方框内。如我们需要讨论"初中学生的问题及原因"的特征，就在最上面的方框写下"初中学生的问题及原因"字样。

步骤2：由于学生在学校的主要问题集中在"纪律问题""学习问题""心理和品德问题"三个方面，所以，分别在下面画出三个平行的方框，并用线与最上面的方框连接起来，再在框内写出三个思考的方向，即"纪律问题""学习问题""心理和品德问题"。

步骤3：每个思考方向（学生的问题）下面，平行列出具体的问题行为。如"纪律问题"下面，可以列出"顶撞老师""上课违纪""经常迟到""同学冲突"等具体行为。分别将这些具体行为写在下面画出的平行方框内，并用线与上面对应的方框连接起来。

步骤4：按照此方法，再往下寻找产生这些现象的原因。如"顶撞老师"的原因，就可能包括老师"冤枉了学生""对学生不公平""老师要求过高""老师伤了学生自尊"等，依次填写出来。

图例：

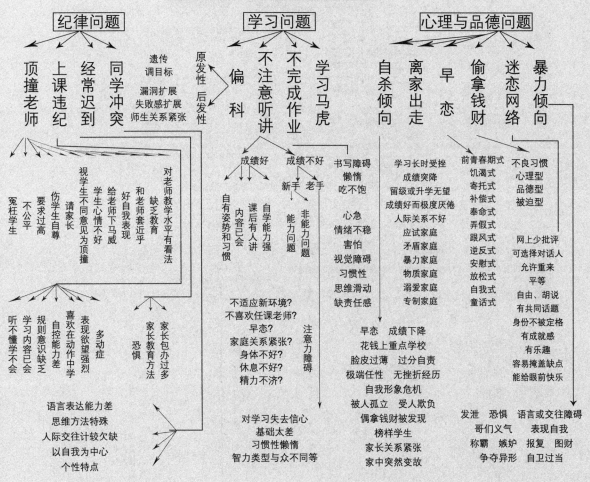

学习问题的分析与教育对策

纪律问题

顶撞老师
上课违纪
经常迟到
同学冲突

遗传
调目标
漏洞扩展
失败感扩展
师生关系紧张

原发性　后发性

偏科

学习问题

不注意听讲
不完成作业
学习马虎

冤枉学生
不公平
要求过高
视学生不同意见为顶撞
给老师下马威
学生心情不好
伤学生自尊
请家长
好自我表现
和老师套近乎
缺乏教育
对老师教学水平有看法

听不懂学不会
学习内容已会
规则意识缺乏
自控能力差
表现欲望强烈
喜欢在动作中学
多动症
恐惧
家长教育方法
家长包办过多

语言表达能力差
思维方法特殊
人际交往计较欠缺
以自我为中心
个性特点

成绩好　　成绩不好
新手　老手

自有姿势和习惯
自学能力强
课后有人讲
内容已会
非能力问题
能力问题

书写障碍
懒惰
吃不饱

心急
情绪不稳
害怕
视觉障碍
习惯性
思维滑动
缺责任感

不适应新环境？
不喜欢任课老师？
早恋？
家庭关系紧张？
身体不好？
休息不好？
精力不济？

注意力障碍

对学习失去信心
基础太差
习惯性懒惰
智力类型与众不同等

心理与品德问题

自杀倾向
离家出走
早恋
偷拿钱财
迷恋网络
暴力倾向

学习长时受挫
成绩突降
留级或升学无望
成绩好而极度厌倦
人际关系不好
应试家庭
矛盾家庭
暴力家庭
物质家庭
溺爱家庭
专制家庭

前青春期式
饥渴式
寄托式
补偿式
奉命式
弄假式
跟风式
逆反式
安慰式
放松式
自我式
童话式

不良习惯
心理型
品德型
被迫型

网上少批评
可选择对话人
允许重来
平等
自由、胡说
有共同话题
身份不被定格
有成就感
有乐趣
容易掩盖缺点
能给眼前快乐

早恋　成绩下降
花钱上重点学校
脸皮过薄　过分自责
极端任性　无挫折经历
自我形象危机
被人孤立　受人欺负
偶拿钱财被发现
榜样学生
家长关系紧张
家中突然变故

发泄　恐惧　语言或交往障碍
哥们义气　　表现自我
称霸　嫉妒　报复　图财
争夺异形　自卫过当

图形5：括号图

使用方法：由关键词和大括号组成。"整体"在左侧，"部分"在右侧，中间是大括号，"部分"可作为"整体"继续拆分。括号图可包含多个层次，但不用来表示类别关系。

使用范围：拆分整体与部分关系、寻找共性、建立知识体系、理解或设计具有复杂构造的事物或概念。

训练方法：括号图中，括号的左边是事物的名字或图像，括号里面描述物体的主要组成部分。

步骤1：确定一个需要思考的主题，将其写在括号外面。如我们需要讨论"整体课堂管理"这个概念，就在外面的大括号写上"整体课堂管理"。

步骤2：确定思考的方向。如"整体课堂管理""课堂研究""课堂设计""课堂创建""课堂评估""课堂升华"等，写在右边的括号内。

步骤3：再对"课堂研究"进行拆分，拆分为"研究教材""研究学生""研究课堂资源""研究教师"等，写在括号的右边。依此类推。

图例：

整体课堂管理
- 课堂研究
  - 研究教材
  - 研究学生
  - 研究教师
  - 研究教学资源
- 课堂设计
  - 教育
  - 学生
  - 拓展等
- 课堂创建
  - 导入
  - 导出
  - 语言
  - 文化
  - 板书
- 课堂评估
  - 教学有效
  - 教育无效
  - 教师发展
  - 学生成长
- 课堂升华
  - 论文写作
  - 教育科研
  - 专题讲座
  - 职称答辩

GSG **案例库**

图形6：流程图

　　使用方法：流程图由方框和箭头组成。箭头方向表示步骤的顺序，每个方框中写一个步骤。每一个步骤可有子步骤。子步骤应写在步骤下面，用竖线连接，如子步骤间有明显的顺序，可用箭头将其连接。

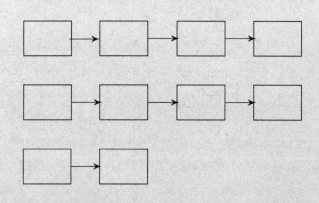

　　使用范围：列举顺序、时间过程、步骤，展示或构建事物的演变、情节的变化、步骤的执行等程序性过程。

　　训练方法：流程图主要用方框来表示。在大方框写下每一个过程，下面小方框内可以写下每个过程的子过程。

　　步骤1：确定一个需要思考的主题，将其写在第一个方框外边。如我们需要讨论"沏茶"的步骤，就先在方框外写下"沏茶"这个主题。

　　步骤2：思考沏茶的步骤有哪些。在第一个方框内写下第一步，即洗水壶，依此类推。

　　图例：

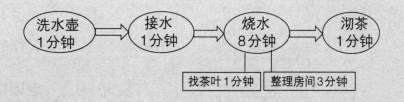

GSG 案例库

图形7：复流程图

使用方法：将某一现象作为中心词，左侧是原因，右侧是结果（箭头都向右）。因果不需要一一对应。

原因 1	事件	结果 1
原因 2		结果 2
		结果 3

使用范围：展示和分析因果关系。若遇到某一问题无法解决，可以此为中心词，分析其产生的原因和导致的结果，可在分析后找到解决问题的办法。如经常迟到、不爱吃蔬菜、上课无法集中精力等。

训练方法：复流程图的左边是事件产生的原因，右边是事件的结果，这是一个能看到事件发生的原因和结果的先后顺序的过程，帮助学生分析原因和结果是什么。

步骤1：确定一个需要思考的主题，将其写在中心框内。如我们需要讨论"学生不按时完成作业"的问题，就在中心框内写下"学生不按时完成作业"字样。

步骤2：先思考"原因"，思考的方向包括作业太难、太多、贪玩、不喜欢等，把每个思考方向得到的结论分别写在左边的方框中。用箭头连接起来。

步骤3：再思考"结果"，思考的方向包括被老师批评、知识掌握不好、能力没有提高等，把每个思考方向得到的结论分别写在右边的方框中，用箭头连接起来。

图例：

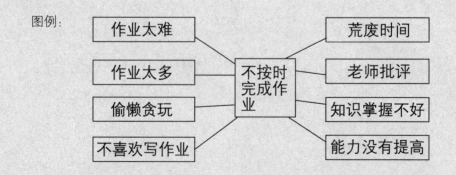

GSG 案例库

图形8：桥形图

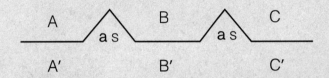

使用方法："桥"的中间用来写出"相当于……"，横线上方和下方写出一组具有某种关系的两种事物。如华盛顿是美国的首都，相当于北京是中国的首都。

使用范围：类比、类推。建立事物间的联系，介绍某种事物，探索事物的特征，发现新规律、新事物等。

训练方法：在左边横线的上面和下面写出具有相关性的一组事物。按照这种相关性，在右边一次写出具有类似相关性的事物，以能够形成类比或类推。

步骤1：确定一个需要思考的主题，将其写在左边的横线上面和下面。如我们需要讨论图形思考法的用途，就可以先在左边的横线上面写下"圆圈图"，再在横线下面写下"联想"这个用途即可。

步骤2：依此类推。

图例：

GSG 案例库

　　将八根牙签按照图中所示的样子摆放，再把一个纽扣当作眼睛放在方框内。当这条"鱼"突然发现危险必须逃命，在只能移动三根牙签和纽扣的前提下，如何使这条"鱼"掉头？

　　分析：将左图中的三根虚线上的牙签移到右边的图中的位置上。

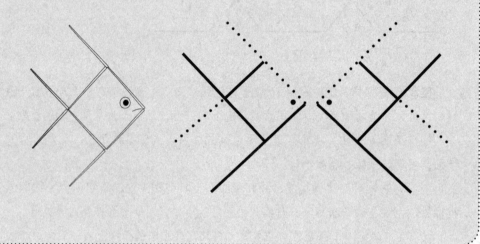

◆ 类比思维训练 ◆

　　类比思维就是运用已有的知识、经验将陌生的、不熟悉的问题与已经解决了的熟悉的问题或其他相似事物进行类比，从而创造性地解决问题的一种思维方式。其运用技巧主要有类比推理和比较两种方式。类比推理是根据两个（类）对象在某些属性、关系上的相同（不同），推出他们在别的属性、关系上也可能相同（不同）的判断。比较则是根据一定的标准，把具有某些联系的两种或两种以上的事物加以对照，确定它们之间的异同、优劣、相互关系，形成对事物的认识。类比的主要方法有具体类比（将事物某一点相同或相似的地方与不相关的事物联系在一起）、情感类比（借助于人的情感作用，在人和事物、事件之间进行类比）、抽象类比（利用语词和概念进行类比）、非现实类比（借用幻想和童话中丰富的想象，与现实问题相联系，产生大胆的类比）。

GSG 案例库

　　四个女士分别向东、南、西、北四个方向出行。根据下面的信息，请推断出她们各自出走的方向、出走的方式、出走的原因。

　　·小安和那个骑摩托车不朝西去上高尔夫课的人走的方向刚好相反；

　　·其中一个人所要去的游泳池在村庄的南面，另外一个人参加的拍卖会不是在村庄的西面举行；

　　·小蕾离开村庄后直接朝东走；

　　·小欧出行的方向是那个坐巴士的年轻人出行方向逆时针转90度的方向；

　　·坐出租车出行的小西没有朝北走。

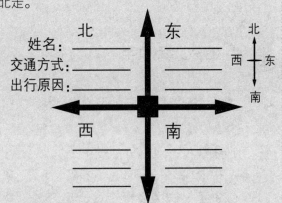

姓名：_____
交通方式：_____
出行原因：_____

北　　东

西　　南

分析——

步骤1：确定材料中给出的主要信息。

　　姓名：小安、小欧、小蕾、小西；

　　交通工具：巴士、小汽车、摩托车、出租车；

　　出行原因：拍卖会、看牙医、上高尔夫课、游泳。

步骤2：确定要解决的问题，确定四个人各自出行的方向和原因、方式。

步骤3：线索整理。

从线索3中得知：小蕾出门往东走。

从线索1中得知：骑上摩托车去上高尔夫课的人不朝西走。

从线索2中得知：去游泳的人朝南走。

从线索2中得知：拍卖会不在西面举行，因此朝西去的只可能是去看牙医的人。

从线索5中得知：小西是坐出租车出行的，不朝北走。而小蕾也不朝北走，小安也不朝北走（线索1、线索2），因此，朝北走的只能是小欧。

从线索4中得知：坐巴士的人朝东走，而小蕾不去游泳，也不看牙医，其出行方式说明她不可能去上高尔夫课，因此，她必去拍卖会。通过排除法，骑摩托车去上高尔夫课的肯定是小欧。

从线索1中得知：小安朝南出行去游泳，剩下的小西坐出租车往西走，去看牙医，可以得出小安是开小汽车出行。

◆ 演绎思维训练 ◆

演绎思维方法就是从若干已知命题出发，按照命题之间的必然逻辑联系，推导出新命题的思维方法。它既可作为探求新知识的工具，也可作为论证的手段。运用演绎思维法时，结论应是其前提的必然结果。演绎推理可以帮助我们由已知的一般原理推出具体的结论。

运用演绎推理，首先必须掌握正确的前提，其次还必须了解掌握推理的规则，这样才能由正确的前提推出正确的结论。演绎的方法有直言推理、假言推理、选言推理三种。

GSG 案例库

训练：按照以下的提示分别写出异端文字。

训练1：努力　成功　失败
A.生根　发芽　开花　　B.耕耘　丰收　歉收
C.发展　城市　乡村　　D.起诉　原告　被告

训练2：伤人　汽车　运输
A.鱼网　编织　鱼群　　B.海滩　编织　鱼网
C.捕鱼　鱼网　出海　　D.捕虾　鱼网　捕鱼

训练3：轮船　海洋　陆地
A.飞机　海洋　天空　　B.海洋　鲸鱼　陆地
C.海鸥　天空　地面　　D.山峦　河流　芦苇

训练4：商场　售货员　经理
A.生猪　工厂　城市　　B.教室　学生　老师
C.农民　阡陌　大陆　　D.野兽　旷野　地球

训练5: 绿豆　豌豆
A.家具　灯具　　B.猴子　树木
C.鲨鱼　鲸鱼　　D.香瓜　西瓜

训练6: 恋爱　结婚
A.打架　斗殴　　B.骄傲　落后
C.狂风　细雨　　D.祖国　大地

训练7: 逗号　停顿
A.拂晓　黎明　　B.节省　吝啬
C.回车　换行　　D.好像　好比

训练8: 雨伞　挡雨
A.火机　打火　　B.书本　录用
C.志气　有用　　D.革命　同志

◆ 直言推理 ◆

　　即三段推理，由三个判断（大前提、小前提、结论）组成。大前提是已知的一般原理，小前提是关于特殊事例的判断，结论是从一般的已知的原理推出的对特殊事实做出的新的判断。

 GSG 案例库

　　伽利略先运用演绎推理方法，后用实验方法推翻了亚里士多德关于物体自由落体运动的速度与其重量成正比的"定理"的。他的演绎推理是：假设物体 A 比 B 重得多。如果亚里士多德的论断是正确的话，A 就应该比 B 先落地。现在把 A 与 B 捆在一起成为物体 A+B。一方面因 A+B 比 A 重，它应比 A 先落地；另一方面，由于 A 比 B 落得快，B 会拖 A 的"后腿"，因而大大减慢 A 的下落速度，所

以 A+B 又应比 A 后落地。这样便得到了互相矛盾的结论：A+B 既应比 A 先落地，又应比 A 后落地。两千年来的错误论断竟被如此简单的推理所揭露，可见，演绎推理方法有着严密、准确、透彻的功效。

◆ **推理方式** ◆

公理1：A 中的全体是 B，那么，A 中的部分也是 B；

公理2：A 中的全体不是 B，那么，A 中的部分也不是 B。

◆ **推理方式** ◆

公理1：A 中的全体是 B，那么，A 中的部分也是 B；

公理2：A 中的全体不是 B，那么，A 中的部分也不是 B。

如：共产党人（A）是为人民服务的，我们（B）是共产党人（A），所以，我们（B）是为人民服务的。

◆ **假言推理** ◆

采用"如果……那么"的基本推理模式。

如：如果市场经济是万能的，那么，非洲这样的第三世界国家就能成为发达国家（大前提）。但非洲国家并没早就成为发达国家（小前提），所以，市场经济并不是万能的（结论）。

◆ **选言推理** ◆

采用"要么……要么"的基本推理模式。

公式1：要么 A，要么 B。是 A，所以非 B（肯定否定式）。

公式2：要么 A，要么 B。非 A，所以 B（否定肯定式）。

(5) 注意力训练

注意是心理活动对一定对象的指向和集中，具有注意的能力称为注意力，也称专注力。注意力是一个人所有能力的基础，是智力的五个基本因素之一，是记忆力、观察力、想象力、思维力的准备状态。

 GSG 案例库

训练1：演绎推理法的方向性，即从普遍到特殊

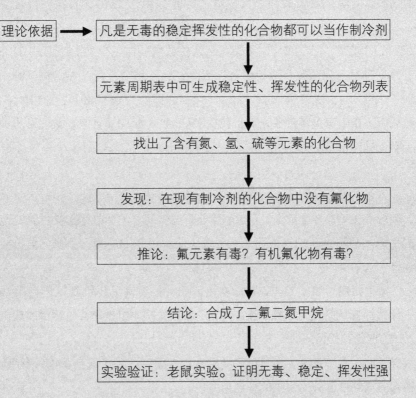

米奇利1931年发明氟利昂制冷剂推理过程

训练2：演绎推理法的因果性

地质学家在勘探时发现，凡是含铜元素丰富的植物，均生长得郁郁葱葱；反之，植物则生长不良，叶子细萎，花朵憔悴。于是，地质学家把那些含铜丰富、生长得郁郁葱葱的植物叫作"铜草"，它是铜矿的指示剂。

训练3：演绎推理法的有效性

信息论先驱、控制论奠基者维纳在授予博士学位的仪式上，主持人好奇地问询他的年龄。维纳十分有趣地回答道："我今年的岁数的立方是个四位数，它的四次方是六位数，如果把两组数字合起来，正好包含0123456789共10个数字，而且不重不漏。"于是，"他的年龄到底有多大"这个问题成了会场上人们议论的中心。

应用演绎思维推理的方法，先假定维纳的年龄为17岁~22岁。17的4次方是83521，是个五位数而非六位数，因此，小于17的数肯定不符合前提条件，只能从18、19、20、21这4个数中找。这4个数的4次方分别为：104976、130321、160000、194481，虽都符合六位数的条件，但在19、20、21的4次方的乘积中都出现了数字重复现象，因此，也不符合前提条件，剩下唯一数字是18。而18的三次方是5832(符合4位数)、四次方是104976(六位数)，这两组数码中不仅没有重复现象，而且包括了从0到9的10个数字。因此，维纳获得博士学位的时候是18岁。

　　训练4：四个好朋友在公园里划船。A提议做游戏并提出规则：B、C、D三人面朝船头坐好。B坐前面，C坐后面，D坐中间。A手中有三块白色、两块黑色的手绢，分别给B、C、D每人头上放一块。由B、C、D分别猜出自己头上的手绢是什么颜色。

　　活动开始后，由于C坐在最后面，因此，能看得见B和D头上手绢的颜色，而B什么都看不见。当C和D还在猜时，B首先推论出自己头上手绢的颜色为白色。B的推论过程为：

　　推论1：假如B头上为黑色手绢且D也为黑色，由于黑色手绢只有两块，C应很容易猜到自己头上手绢的颜色为白色。

　　推论2：假如B头上放的是黑色手绢，而D头上为白色手绢，C无法确定自己头上手绢的颜色。

　　推论3：假如C无法确定手绢的颜色，D应会确定。

　　推论4：因为假如B头上为黑色手绢的话，如果D头上放的也是一样，那么C应马上猜到自己头上手绢的颜色。现在C猜不出，可以肯定B头上手绢的颜色为白色。

　　推论5：由于B身后的D与C都猜不出自己头上手绢的颜色，B头上不可能是黑色手绢。否则，D与C肯定有一人能猜着。即，正因为B头上放的是白色手绢，D和C才猜不着自己头上手绢的颜色。

　　训练5：下面推理是否正确

　　A：许多金属比水重，铁是金属，所以铁比水重；

　　B：所有不劳而获的人都是剥削者，资本家是剥削者，所以资本家是不劳而获的；

> C：这个药有剧毒，因为它含砒霜，而砒霜是有剧毒的；
>
> D：有些蛇有毒，蟒蛇是蛇，所以蟒蛇有毒；
>
> E：鸭嘴兽是哺乳动物，鸭嘴兽又是卵生的，所以哺乳动物是卵生。

注意包括被动注意（又称不随意注意）和主动注意（又称随意注意）。一般说的注意通常是指选择性注意，即注意是有选择的加工某些刺激而忽视其他刺激的倾向。它是人的感觉（视觉、听觉、味觉等）和知觉（意识、思维等）同时对一定对象的选择指向和集中（对其他因素的排除）。

人在注意着什么的时候，总是在感知着、记忆着、思考着、想象着或体验着什么。所谓"没有注意"，即是对当前所应当指向的事物没有注意，而注意了其他无关的事物。

注意力与人的心理、饮食有关。在紧张、忧郁、压力大等情况下，人的注意力会下降。有资料证明，经常吃甜食或糖的孩子注意力较差，因为糖所产生的胰岛素会直接刺激神经的注意力。

注意力有四种品质，即：注意的稳定性、注意的广度、注意的分配和注意的转移，这是衡量一个人注意力好坏的标志。

注意的稳定性。指一个人在一定时间内，比较稳定地把注意集中于某一特定的对象与活动的能力。

注意的广度。指人对于所注意的事物在一瞬间内清楚地觉察或认识的对象的数量。如一般人在一秒钟内可注意到4~6个相互间联系的字母，5~7个相互间没有联系的数字，3~4个相互间没有联系的几何图形。

注意的分配。指一个人在进行多种活动时能够把注意力平均分配于活动当中。如边炒菜边听新闻。

注意的转移。指一个人能够主动地、有目的地及时将注意从一个对象或者活动调整到另一个对象或者活动。如在孩子看完一个有趣的电视节目后，能迅速地把注意力转到做作业中，说明孩子的注意转移性较强。

给孩子最好的学习方法就是让孩子聚精会神地去学习。

——蒙台梭利

◆ 不同年龄阶段人的注意力差异 ◆

3岁：3~5分钟；

4岁：10分钟左右；

5~6岁：10~15分钟；

7~8岁：15~20分钟；

9~10岁：20~25分钟；

11~12岁：25~30分钟；

成人：30分钟以上。

注意的表现在个体身上存在差异，形成了个体注意品质的不同：注意转移与分配能力差异、注意范围差异、注意稳定性差异等，良好的注意素质是可以培养的。

要将自己当作一个陀螺，只围绕一个中心旋转。

——皮埃尔·居里

◆ 训练方法 ◆

注意力训练主要可以从视觉注意力和听觉注意力等方面入手。常用的方法是在某一时间里只盯住一个目标看，不能被其他事物干扰；或者是，在某一时间里，只听某一种声音，从众多声音中抽离出这种声音来聆听；还有可以是在某一时间里，专心感受某一种事物，像太阳、月亮的存在，空气的温度，树的动静等。

此外，要提高自己能够专心的自信心，教师和家长要多一些正面暗示，尽量避免如"××注意力不集中""××总是不专心"之类的负面暗示，这会让孩子认为自己"我无法专心"。另外，为孩子创造一个舒适、安静的环境也非常重要。青春期的孩子最好有自己单独的房间，里面干净整洁，物品摆放有序。孩子在家学习时，家长尽量不在家里打牌，尽量减少电视、音响等带来的干扰，也不要一会儿送个苹果、一会儿送杯开水或饮料等。最后，要有意地培养孩子的抗干扰能力，让孩子参加静心训练，稳定情绪训练。

GSG 案例库

训练1：准备一张白纸，在纸上从上往下，用黑色墨水笔画几个圆点，上面的大一点，向下逐渐变小。坐好，调整呼吸，让自己的心静下来，看最上面的圆点，暗示自己黑点变大了，尽量把不眨眼睛的时间延长。当练到眼睛能很长时间一眨不眨地凝视这个黑点时，换小一号的黑点继续训练。

训练2：在一张有25个小方格的表中（称为"舒尔特表"），将1~25的数字打乱顺序，填写在里面。然后以最快的速度从1数到25，要边读边指出，同时计时。

21	12	7	1	20
6	15	17	3	18
19	4	8	25	13
24	2	22	10	5
9	14	11	23	16

说明：7~8岁儿童按顺序找每张图表上的数字的时间是30~50秒；正常成年人看一张图表的时间是25~30秒，有些人可以缩短到十几秒。

训练3：桌上摆三四件小物品，如瓶子、纸盒、钢笔、书等，在两分钟内思考某件物品的一系列有关内容。如思考瓶子时，只想瓶子，不能想其他物品。要想到瓶子的各种形状、用途、制造、材料等。两分钟后，立即把注意力转移到第二件物品上，不再想瓶子。

训练4：同时做三个计划。语文学习计划、春游计划、锻炼计划。对每个计划分别思考2~3分钟。在思考一个计划时排除另两个计划的干扰。

训练5：盯住一张画，然后闭上眼睛，回忆画面的内容，尽量做到完整。

训练6：把收音机的音量逐渐关小到刚能听清楚的地步，听3分钟后回忆所听到的内容。

> 训练7：准备一张白纸，写出数字1~100，速度可自己掌握，但不能停。要求：不潦草、写错了不许改、规定时间到了需停笔。时间每次3分钟。

(6) 自制力训练

自制力指一个人能自觉地调节和控制自己行动的品质。自制力表现为发动行动和制止行动两个方面。发动行动指激励和推动人们去从事达到预定目标所必需的行动。制止行动则是指抑制和阻止不符合预定目标的行动。自制力强的人，能理智地对待周围发生的事件，有意识地控制自己的思想感情，约束自己的行为，成为驾驭自己的主人。

青春期的孩子应培养其自制力。这样，就能在拥有充沛精力的青春期抑制那些影响自己发展的活动，选择正确的活动动机，以轻重缓急去满足那些社会要求和个人身心发展所必需的欲望，能保持镇定，克制内心的恐惧和紧张，能够忍耐克己，不轻易为激情和冲动所支配。

◆ **训练方法** ◆

建立动机。一是找出自己在哪些活动中、何种环境中自制力较差，然后提出有针对性地培养自己的自制力目标和步骤；二是建立个人成就目标，也就是确立理想，获得控制自己的动力。

严格约束。像早上按时起床、严格遵守各种制度、按时完成学习计划等，这些事情虽小，但如能严格要求自己，经常自醒，持之以恒，就能锻炼自己的自制力。

自我激励。自制力在很大程度上表现在自我暗示和激励等意念控制上。从事紧张的活动前，可以反复默念一些建立信心、给人以力量的话来提醒激励自己；面临困境或身临危险时，利用如"要沉着、冷静"之类的口头命令来组织自身的心理活动，获得精神力量。平时，可进行一些放松活动，提高自控水平。

(二) 学习能力培养

学习能力主要包括有阅读与写作、分析与综合、比较与分类、抽象与概括、表达与提炼、信息收集与加工等能力。

1. 阅读能力训练

阅读能力是一个人最重要的学习能力之一。

◆ 阅读能力指标 ◆

提取信息：能从文本中提取出直接陈述的信息、隐含的信息；能从多个文段中提取信息；能从文本中提取多个信息并简单概括；能从多个文本中提取信息并进行简单比较。

推断解释：推断并解释重要词句的语境意义及作用；推断或预测结果；推断或做出结论；推断文本写作顺序。

整体感知：整体感知文本的主旨；整体感知文本的主要内容；整体感知文本的写作对象。

评价鉴赏：感悟启示；体验情境、细节；评价形象；品味语言、结构、表达；批判和反思。

拓展运用：与文本的联结与运用；与生活的联结与运用。

现行的教材在每篇课文之前，都明确地安排了预习，且要求清楚，易于操作。教师和家长要学生明确预习要求，提供与课文内容相关的参考资料；指导学生一边读一边想，将课文读正确，读流利；指导学生使用参考资料，结合语言环境理解；指导学生会用自己熟悉的符号圈、点、画答案要点、疑难词句，写思考小结等。

阅读能力的评价指标：阅读速度（阅读一般读物每分钟不少于300字）和理解率（理解60%以上）。

◆ 训练方法 ◆

阅读能力的训练方法主要有直接法、筛选法和整合法三种。

 GSG 案例库

训练1：直接法。在初步感知文章后，直接从文章中获取信息的一种方法。如阅读《有的人》时，从这首诗的副标题"纪念鲁迅有感"及课前的预习提示，

很快就知道这首诗是为纪念鲁迅先生逝世13周年而作。

训练2：筛选法。通过辨别把准确精练的信息筛选出来，其过程可分几步。一是浏览文章，对其内容先总体感知，把握基本信息。二是确定筛选对象和范围。三是准确筛选信息。找出关键语句，抓问题的突破口，找内容之间的关系。四是对筛选出来的信息进行分析、归纳、取舍、组合，形成正确答案。

训练3：整合法。综合运用搜寻、辨别、筛选、转换、概括、重组等多种获取信息的能力，从较大的阅读区间寻找、筛选并整合信息。在整合过程中，将隐含信息明示化并依据标准筛选信息，用信息推断新结论，鉴赏作品思想和作者观点。

2. 写作能力训练

写作的常用文章体裁有三类：记叙文、说明文、议论文。

◆ 记叙文写作能力要求 ◆

第一级：掌握记叙文的基本要求，能够按照记叙的六要素，比较完整地将自己所关注的事件叙述出来。会写日记。

第二级：能够完整地叙述事件发生、发展、结束的过程，并能够在叙述中，结合对事件的叙述，表达自己真实的感情倾向。会写随笔。

第三级：能够完整地叙述所发生的真实事件，并能够恰当选择叙述的顺序，运用恰当的叙述手段，通过叙述引起读者的阅读兴趣，使文章具有一定的中心思想。

第四级：能够依据写作意图，选择、组合合适的生活素材，完整叙述生活中的真实事件，使叙述对象具有一定的意义，并能够通过描述人、物、景来生动表达自己的真实感受与感悟。尝试创作叙事性散文。

第五级：能够依据写作意图，选择、组合合适的生活素材，叙述真实的人物经历，拓展人物的形象，并且能够通过描述事物与环境的性状、人物外貌与行为来生动表达自己的真实感受或揭示一个带有哲理性的道理。尝试创作叙事抒情散文。

第六级：能够通过写景状物或托物言志，呈现自己的情感经历，抒发自己的真实感情或志趣。能够熟练地创作叙事性和抒情性的散文，能创作喻理性散文。

第七级：能够以真实事件为基础，适当虚构情节和人物形象，提升文章的主题。能够设计出贯穿始终的线索，叙述多个事件或叙述涉及多个人物的复杂事件，描述人、事、物、景的基本情况和细节特征，表达自己的感受、理解和判断。尝试创作具有个人风格特点的散文。

第八级：能够基于自己对现实生活的感悟与思考，抓住某个形象的特点或意蕴，尝试创作现代新诗。

第九级：能够基于自己对现实生活的观察与思考，确定符合时代要求的主题，能够通过虚构故事情节，并塑造典型人物形象，创作小说或小品。

第十级：能够了解社会、科技发展的动态，能依据创作主题寻找相关素材、查找相关数据，能大胆想象，尝试写科幻作品。

GSG 案例库

　　训练1：命题作文。任意确定一个要叙述的人或事，并进行叙述。

　　要求：思路清晰，中心突出，语言流畅，富有真情实感。以记叙为主，适当地插入一些抒情和议论。

　　题目：春游、参观博物馆、雨夜、上学路上、我的爸爸、我的妈妈、我的课堂、我家的新鲜事……写出自己曾经为之懊悔的一件事的来龙去脉以及心理活动。

　　训练2：半命题作文。先将文题补充完整，根据补后文题的题意，选取有关材料，写成记叙文。可作适当的议论或抒情，也可叙议结合。

　　要求：文题中补充的部分，可以是人，也可以是地方。都不能面面俱到，只能选取有代表性的几件事或几种情况。写作前要明确写作的中心，选择恰当的材料。

　　题目：_____二三事、我渴望_____、当_____的时候、_____引起的回忆、美，在_____ ……

　　训练3：材料作文。根据事先提供的材料，自拟题目，创作记叙文。

　　要求：认真审题，找出有创意的主题思想。

　　材料:(第一人称的形式，写一篇情、景、事、理融于一体的记叙文)一次，晓明去公园玩。在饱览公园景色后，来到园内一茶室稍事休息。一不小心碰倒了茶杯，把邻座一位青年的衣服溅湿了。那位青年不但没有生气，反而关心地问晓明烫坏手没有。这时服务员也主动上来擦桌子，换茶水。看到这情景，晓明联想到当前开展的文明礼貌活动，感觉到不仅自然界的春天来到了公园，而且社会主义精神文明的春天也来到了公园。

（根据材料，扩写成一篇记叙文）有一只老虎，看见曾打败过自己的水牛被农人吆喝着耕地，便去问牛为什么怕农人，牛说因为人有"智慧"。老虎向农人要求看看他的"智慧"。农人说把"智慧"忘在家里了，可以去拿，但要先把老虎捆起来，免得他走后老虎把牛吃掉。老虎听从了。农人回村叫来村民，把老虎装进铁笼，对老虎说，这就是"智慧"。

◆ 说明文写作能力要求 ◆

说明文是用说明的表达方式来解说事物、阐明事理、给人以知识的文章。简单地说，说明文就是把你要写的对象介绍给读者，其标准就是介绍得是否清楚、明白、易懂。在说明文的写作中，要普遍注意以下方面：一是要有该事物的知识，二是要抓住事物的特点进行说明，三是要科学地安排说明顺序，四是采用恰当的说明方法。

◆ 常用说明文写作评价标准 ◆

优秀——

说明对象及特点：说明对象明确，特点突出，全文围绕一个说明对象介绍。

说明顺序：围绕说明对象特点进行说明，使用的说明顺序合理恰当。

说明方法的使用：使用恰当的说明方法，突出说明对象的特点。

说明的语言：根据说明对象的特点合理使用语言，生动说明与平实说明有机结合。

结构：结构严谨，层次清楚。

书写：书写工整，字体秀丽。

一般——

说明对象及特点：说明对象明确，能说明其特点。

说明顺序：能够使用一定的说明顺序，顺序合理。

说明方法的使用：使用一些合理的说明方法，不够丰富。

说明的语言：能够说明对象的特点，说明的语言比较单调。

结构：结构完整，层次尚清楚。

书写：字体工整。有错别字。

需要改进——

说明对象及特点：有说明的对象，重点不够集中，说明对象的特点不够突出。

说明顺序：说明顺序混乱，不符合说明对象的要求。

说明方法的使用：使用的说明方法不够合理，方法单一。不能够突出说明对象的特点。

说明的语言：不能够突出对象特点，语言枯燥，有语病。

结构：结构层次混乱。

书写：字体潦草，错别字较多。

GSG 案例库

训练1：命题作文。根据命题要求，写说明文。

要求：按照一定的观察或功能顺序，写一篇说明文。

题目：我最喜爱的一件用品、生活中的物理（化学）现象、水、沏茶……

训练2：半命题作文。先将文题补充完整，根据补后文题的题意，写成说明文。

要求：先将文题补充完整，然后写一篇说明文。

题目：____的制作、介绍初中语文第____册的内容……

训练3：材料作文。依据提供的材料，写一篇说明文。

要求：根据材料要求，选择一定的说明顺序，写一篇说明文。

题目：(1) 假如你有一间居室，居室的面积为15平方米，房间的北面有一扇长2米、宽1.5米的窗户，南面有一扇宽1米的房门。家具有写字台、小铁床、书柜、方桌、小闹钟各一件，沙发一对，靠背椅两张。此外还有挂图、字联等。这间居室你怎样布置？(2) 根据《荔枝蜜》的有关内容，按产品说明书的要求，为养蜂场写一篇荔枝蜜说明书。

◆ 议论文写作能力要求 ◆

议论文有三要素：论点、论据、论证。根据题目或者事件写出一个观点，再加以阐述说明，重要的是要有说服力，三要素缺一不可。要求是观点鲜明，思路清晰，逻辑严密，论证详实。

◆ 议论文的写作要求 ◆

要素要齐全。论点、论据、论证三要素缺一不可。

结构要合规。一是按照"提出问题、分析问题、解决问题"的顺序写作。二是按一定的方向分层展开论述。方向是什么，为什么，怎么样，有什么结果。

思路要恰当。要做到在中心论点和各分论点之间，论点和论据之间要有一定的因果联系。

粘连要有术。方法包括"观点＋过渡＋事例＋分析""观点＋过渡＋论据＋分析＋归纳""一般道路＋个别道理"。

GSG 案例库

结合目前高考作文命题，可以梳理出议论文的大致类型。

论点型：题目本身就是文章的论点。如《先天下之忧而忧，后天下之乐而乐》《知足——庸人的哲学》《勤能补拙》等。

概念型：用一个概念提出要论述的问题。如《说习惯》《谈穿着打扮》《时髦小议》等。

关系型：出现两个或两个以上意义相关的概念，表明要论证它们之间的关系。如《个人和集体》《人格与国格》《天才·勤奋·条件》等。

对比型：用两个可以对比的概念或事物来命题，要求论证两者的对比或转化关系。如《自卑与自负》《失败和成功》《电脑和人脑》等。

类喻类：选择能作为比喻和类比的事物命题，要求揭示比喻和类比事物所蕴含的道理。如《清流与活源》《科学家和春蚕》《赏花·育花·护花》等。

象征型：选择有象征意义的事物命题，要求论述事物所象征的某种精神和品格。如《绿叶赞》《路标》《小草的风格》等。

评议型：针对某一人物、某一事件或某一观点进行评议。如《鲁迅的精神》《论雷峰塔的倒掉》《评仓廪实而知礼节》等。

引申型：用作为引子的某一件事或某个事物命题，要求借题发挥，展开议论。

如《从萧何追韩信谈起》《从柔石的损己利人说开去》《熊猫废物箱的联想》等。

考证型：用需要对某个问题进行考证的形式命题，要求查核并发表议论。如《一言堂小考》《赌博的由来》《下笔如有神新解》等。

感想型：以读后感或观后感的形式命题，要求发表自己的感想并进行议论。如《读〈拿来主义〉有感》《有感于雷军长的当头棒喝》《影片〈鸦片战争〉观后感》等。

批驳型：针对不同的观点或看法，用反诘或质疑的句式命题，意在批驳。如《知识越多越反动吗？》《斥人生就是一件交易》《忠于原著质疑》等。

3. 信息收集与加工能力训练

如今，知识的搜索和链接能力逐渐变成人的学习竞争力。由于海量信息每天汹涌而来，知识碎片化现象日益严重，对学习能力不强的人来说，根本不知道哪个信息是正确的、有用的。这给我们带来的是学习效率的倒退和内心的焦虑，可能会毁掉你的主动搜索能力和主动链接的能力，即深度思考的能力。

碎片化学习永远只是系统化学习的辅助。需要留出足够多的整块时间学习。

◆ 问题学习法 ◆

以问题作为学习的起点，以解决问题作为学习过程，以问题得到解决作为学习的阶段性目标。

学习的起点：遇到（发现）一个真实问题。通过不断的思考和对话，一直到能清晰地提出一个明确具体的问题；把问题拆分出关键字，然后开始搜索认知资源；找到你要的资源。

扩充学习资源：知道从哪里找资源。从有经验的人开始，根据你提出的问题，给你清晰的建议、方向和边界；找到行业对标，看看人家是怎么做的；进一步用网络搜索资料和书的总结和评论，最后才是系统地看书。

留出足够多的时间练习、思考和讨论：行动学习理论认为，人要掌握一门技能，需要有10%的时间学习知识和信息，70%的时间练习和践行，还有20%的时间与人沟通和讨论。这被称为721原则。

用结果倒推过程和条件：先建立一个知识结构，将自己所需要的知识和信息吸附在这个结构之上，从而让自己成为一个能根据结构链接知识的人。

◆ **加工步骤** ◆

确定主题：就某一个问题、现象、观点提出自己的不同看法。

搜集材料：根据自己的看法去寻找对自己有利、有用的材料。

初步堆砌：先拼出一篇符合逻辑的文字。

形成个性：在初步堆砌的基础上，根据自己的个性化特点，写出自己的案例，确定出自己的风格和自己的侧重点。

创新重构：在前面的基础上，创造出全新的思路和模型。

写作不是为了传播，至少是为了思考和学习。

4. 分析与综合能力训练

分析与综合：分析是将事物的整体分解为各个组成部分的过程，综合是将对象的各个组成部分联系为整体的过程。两者是相反而又紧密联系的同一思维过程的两个方面。分析使人对客观事物的认识变得清晰，综合使人对客观事物的认识变得完整起来。

分析是把事物的整体或过程分解为各个要素，分别加以研究的一种思维方法和思维过程。只有对各要素首先做出周密的分析，才可能从整体上进行正确的综合，从而真正地认识事物。只分不联—孤立片面地看问题是错误的。

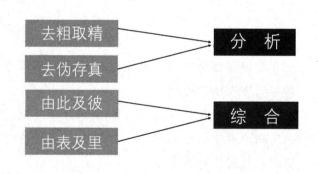

◆ **分析的环节** ◆

解剖整体，把各部分从整体中分离出来；

深入分析各部分的特殊本质；

分析每部分的地位、作用，各部分间的相互联系、相互作用。

◆ **分析的方法** ◆

定性分析：是为确定研究对象是否具有某种性质，并把它与其他的对象区别开来的分析，主要解决"有没有""是不是"的问题，是最基本和最重要的分析。

GSG 案例库

英国化学家普利斯特列为研究气体经常做各种实验。他在一个密封的玻璃容器内放了一只小老鼠、一支点燃的蜡烛和一盆花，发现花竟然长出了花蕾。他由此分析出了空气应是一个复杂的混合物。因此，分析的时候，不仅要分析每一个要素，还要分析要素与要素之间的联系；找出本质的东西，在整体中把握各个要素。分析不是单纯的分，而是联结中的分，它与综合密不可分。

定量分析：是为确定客观对象各种成分的数量的分析，主要解决"有多少"的问题。

GSG 案例库

化学家们研究同位素的时候采用的定量分析方法。通过定量分析确立了"同位素""天然放射性同位素""人工放射性同位素"等新概念和新理论，大大地补充和丰富了人们的物理学知识。

因果分析：为确定引起某一现象变化原因的分析，主要解决"为什么"的问题。

在研究对象的先行情况中，把作为它的原因的现象与其他非原因的现象区别开来，或者是在研究对象的后行情况中，把作为它的结果的现象与其他的现象区别开来。

　　求因果五法由19世纪英国哲学家 J.S. 密尔提出。他在《逻辑体系》的"论实验研究四法"中提出了5条规则：①如果所研究的对象两个或两个以上的事例只有一个情况是共同的，那么这个唯一的使所有事例有一致之处的情况，就是给定现象的原因或结果。②如果所研究的现象出现于其中的一个事例和它不出现于其中的事例只有一个情况并非共同而这个情况只出现于前者中，此外的每个情况是共同的，那么这个唯一的使两个事例有差异的情况，就是该现象的结果或原因，或原因的一个必要部分。③如果现象出现于其中的两个或两个以上的事例只有一个情况是共同的，而现象不出现于其中的两个或两个以上的事例除没有那个情况外并无任何共同之处，那么这个唯一的使两组事例有差异的情况，就是该现象的结果或原因，或原因的一个必要部分。④从任何现象减去那种由于以前的归纳而得知为某些先行条件的结果的部分，于是，现象的剩余部分就是其余先行条件的结果。⑤凡是每当另一现象以某种特殊方式发生变化时，以任一方式发生变化的现象，就是另一现象的一个原因或一个结果，或者是由于某种因果事实而与之有联系。

　　可逆分析：是解答下述问题的一种分析方法。作为结果的某一现象是否又反过来作为原因，从而产生原来是原因的那一现象呢？

　　物理学奥斯特观察到沿导线流动的电流会使附近的磁针发生偏转这一现象后，物理学家安培发现了通电的螺线管具有与磁棒相同的作用。法拉第根据这两个现象分析："由电可以产生磁，那能否反过来由磁产生电呢？"结果，他在1831年发现了电磁感应定律。

系统分析：是一种动态分析，它将客观对象看成是一个发展变化的系统、一个复杂的多层次的系统。采用动态的、多层次的系统分析法。

◆ 分析应注意的原则 ◆

分析必须达到最基本的成分（最简单的因素）。

分析必须是对研究对象的重新认识。

◆ 综合的方法 ◆

综合就是把分解开来的各个要素结合起来，组成一个整体的思维方法和思维过程。只有对事物各种要素从内在联系上加以综合，才能正确地认识整个客观对象。

综合的基本特点：探求研究对象的各个部分、方面、因素和层次之间的相互联系的方式，即结构的机理与功能，由此形成一个新的整体性的认识。综合不是关于对象各个构成要素的认识的简单相加，综合后的整体性认识具有新的关于对象的机理和功能的知识。综合的成果往往导致科学上的新发现。

 GSG 案例库

如何判断一所学校是不是好学校							
排名	大学名称	综合	声誉	学术资源	学术成果	学生情况	教师资源	物资资源
1	清华大学	100	100	100	100	99.9	100	100
2	北京大学	95	99.8	90.2	72.2	94.7	95.8	93.3
3	浙江大学	88	90.6	64.7	95.9	83.2	72	98.3
4	中国科学技术大学	85	89	93.4	83.8	100	63.7	49.1
5	南京大学	82	89.9	79.2	69.6	93	77.9	56.9
6	复旦大学	81	92.3	84.3	62.6	86.3	71.3	67.7
7	上海交通大学	79	88.2	63.8	81.6	84.5	64.1	71.7

人们认识事物时，既要对事物及其过程的有关要素进行分析，又要对事物从整体上进行分析

如何正确运用综合的方法？

紧紧抓住各个要素之间的内在联系；

紧紧抓住对各部分的研究成果之间的内在联系；

把握事物整体的本质和运动规律，得出一个全新的整体性的认识。

矛盾分析方法是分析与综合的核心。

GSG 案例库

分析：抗日战争时期中日矛盾及中日双方在各个阶段的具体情况。

	战争性质	国力对比	人口资源对比	国际社会反应
中	反侵略	弱小	丰富	得道多助
日	侵略	强大	贫乏	失道寡助

左表反映了什么问题？

答：矛盾双方的特点各不相同。

右表反映了什么问题？

答：矛盾双方在不同的发展阶段上具有不同的特点。

	中方	日方
防御阶段	防御	进攻
相持阶段	相持	相持

综合：战争最后的胜利属于中国！

5. 学科班会设计与组织实施

学科班会是 GSG 提出的一个全新概念。学科班会是根据元认知理论而提出的基于学生智力潜力开发和德育渗透合作的一种新型教育形式，是通过班会（或班级活动）的形式将学科的魅力和学习方法进行呈现，引导学生产生学科兴趣并能自主思考、自主分析、自己得出结论的一种学习方法，是将德育与智育充分结合，从而提高学生的核心素养的一个重要尝试。由于借鉴了班会的许多优点，能够让学生在这个过程中通过自身的体验和感悟，实现无痕迹地达到德育和智育的目的。

◆ **学科班会的特点** ◆

无痕迹：教师不能说教；学生不应表演；过程不可被动。

重体验：全班都参与；人人有互动；情境课变化。

有特色：符合学科特点；契合学生实际；满足学习要求。

真收获：内心真感受；情感真触动；行为真改变。

◆ **学科班会的提出，有三大背景** ◆

一是学生目前的学习状况。从近年来有关学生主体性发展研究中可发现，对所谓变"要我学"为"我要学"问题的探索，大多是在激发学习动机、兴趣、态度等边缘上打转，并没有真正涉及对学生包括学科学习方法等持续学习能力培养和生活意义构建的思考，致使学校德育与智育脱节，大大减少了德育效果，同时也阻碍了学生在智育发面的发展，错过了青春期智力发育的最佳机遇期。

二是目前班级活动的缺陷。大多数班级活动课目前仍处于无计划、无主题、无教育、欠科学的"传达课"和"说教课"阶段：内容枯燥无味；形式单一；学生抵触情绪强烈，效果大打折扣，甚至产生反感。由于认识与实践两方面的误区，导致班会课异化为"训话课""训人课"等机械式、批斗式的班会课，异化为"作业课""自修课""辅导课"等学科补习式、教师独奏式的班会课，异化为学生才艺展示的"大杂烩""群英会"和"表演秀"……班级活动课作用没有得到有效发挥，虽然以"课"的形式出现，但其主要形式仍然是"教育"，说教、道德灌输意图外露明显。

三是国家考试制度改革的需要。2014年颁布的国家考试制度改革方案中明确提出："深化高考考试内容改革。""着重考查学生独立思考和运用所学知识分析问题、解决问题的能力。"这就要求现在的考试要有五个"考出来"：把社会主义核心价值观和传统文化教育考出来，把学生的课堂表现考出来；把学生的基础和9~12年的积累考出来，把学生的能力考出来，把学生从社会大课堂所学的内容考出来。考出来就意味着要教出来。

◆ **学科班会包括三个层次** ◆

初级阶段：

①引发对该学科学习的兴趣。了解该学科的起源和发展历史，整体阐述该学科涵盖的知识范围，该学科知识在生活中的妙用，该学科重要人物轶事及重大影响。

②引发对该学科的重视。该学科在现实世界中的体现和应用，该学科对人类发展的贡献和影响，该学科如何改变未来人类生活和世界，该学科的悖论、争议和价值观。

中级阶段：

①针对该学科的整体学习方法指导。理解该学科的学习过程，了解该学科学生学习的主要障碍，指出该学科分段性学习方法的差异／逐级提升，分析提升该学科学习效率和效果的方式，有针对性地提出不同状况学生组的学习指导。

②该学科与其他学科在学习上的关联。其他学科对该学科学习效果的影响，与其他学科相比最具差异的学习特点。

高级阶段：

①归纳总结。归纳总结的多种方法；归纳总结的各种要素；归纳总结的功能体验。

②形成知识导图。该学科单元知识体系；该学科同类知识体系；该学科学段知识体系；该学科总体知识体系。

GSG 案例库

班会题目	悦动的音符与跳动的心	班会类别	学科班会
教 学 人 员			
设计人	付娆、王硕、孙淑芬（北京国际艺术学校）	讨论人	
班主任	付娆、王硕、孙淑芬	班级	14影视、杂技
设备设施及技术要求			
是否需投影设备	√ 电视 √ 音频 √ 话筒 √ 白板		
所需的其他用品			

续表

班 会 说 明	
理论背景	对主题的简明科学阐释
教育背景	1.应用心理学派提出：音乐的核心是应用，学自社会，其成果还于社会。 2.没有音乐的社会是不存在的，人类从过去到现在，呈现色彩缤纷的音响世界，人类不应只是知识的人，更应该是音乐的人。 3.根据沙赫特认知情绪理论认为，个体的认知直接影响其情绪状态，音乐作为一种重要的认知，对于情绪的影响是深远持久的，在生活中的应用也是广泛并且不可或缺的。 4.作为综合艺术中的音乐，视觉形象与听觉形象必须一致。
实践背景	对学情的深入透彻分析： 1.学生对于音乐鉴赏有了一定的能力，加强学生对于音乐的应用水平。 2.引入新的元素，加强学生的学习兴趣，并引导其学以致用。
班会目标	1.拓宽学生视野，让学生了解更多与音乐专业相关的职业。 2.在提高学生音乐素养的基础上，提高学生理解力、观察力、记忆力、想象力、创造力。 3.训练学生"音乐的耳朵"，能听懂音乐，感受音乐的美，并将其应用到实际生活之中。
前期准备	教师准备：1.视频资料准备；2.图片准备；3.理论背景选用；4.PPT制作。
	学生准备：

续表

班 会 过 程			
环节	内　容	呈现形式	设计意图
开场预备	为"蒙眼作画"活动做材料准备，发纸，发笔，调整音乐。	—	为后续铺垫
时　间		—	选材使用
3分钟			—
环节	内　容	呈现形式	设计意图
核心引入	活动：蒙眼作画，对学生进行放松训练，使其感受音乐放松的效果，了解音乐在心理治疗上的应用。	互动游戏	亲身体会
时　间		构架考量	选材使用
2分钟			放松音乐《夜的钢琴曲》
环节	内　容	呈现形式	设计意图
活动一	东拼西凑之一：视频片段有无音乐对比欣赏《加勒比海盗》——电影音乐的设置对于参与叙事、抒发情感、渲染背景气氛有着强大的推动作用。	对比音效	—
时　间		构架考量	选材使用
5分钟		层层推进	视频
环节	内　容	呈现形式	设计意图
活动二	东拼西凑之二：视频片段对比欣赏《泰坦尼克号》——综合艺术中的音乐必须服从影片整体结构、情感基调。	对比视频	感受音乐
时　间		构架考量	选材使用
10分钟		层层递进	—
环节	内　容	呈现形式	设计意图
活动三	速度与激情之一：兰博基尼AventadorLP700-4广告音乐欣赏——音乐在广告中的应用分析：品牌定位、消费人群、消费心理。	视频、讨论	—
时　间		构架考量	选材使用
6分钟		—	视频、图片

续表

环　节	内　　容	呈现形式	设计意图
活动四	速度与激情之二： 音乐听辨活动——学生反馈，教师分析。	图片、视频	分享与 引导思考
时　间		构架考量	选材使用
5分钟		由浅入深	视频
环　节	内　　容	呈现形式	设计意图
活动五	——		
时　间	——	构架考量	选材使用
5分钟	——	—	—
环　节	内　　容	呈现形式	设计意图
点评 总结	音乐在心理治疗、影视作品、商业广告中的应用分析。	讨论	突出主题 强化认知
时　间		构架考量	选材使用
4分钟		环环相扣	—
环　节	内　　容	呈现形式	设计意图
导出 升华	音乐的核心是应用，学自社会，其成果还原于社会	—	加深情感 和自信
时　间		构架考量	选材使用
3分钟		步步高升	自制课件
备　注			

班会流程树状图

班会主题 悦动的音符与跳动的心

导入阶段

外显活动	内隐目的	原则把控
视频欣赏、小组合唱	迅速进入音乐试听状态	趣味性、生动性

展开阶段

外显活动	内隐目的	原则把控
歌曲呈现不同形式的对比	找到不同处理方式所达到的效果和感受	参与性、娱乐性、导引性

展开阶段

外显活动	内隐目的	原则把控
看视频、听歌	看得专注与学习习惯和策略的关联	多样性、递进性、协作性

展开阶段

外显活动	内隐目的	原则把控
讲授与讨论分享不同视频	感受音乐的感染力、凝聚力	启迪性、知识性、主动性

展开阶段

外显活动	内隐目的	原则把控
归纳与对话	强化知识	教育性、激励性、延续性

展开阶段

外显活动	内隐目的	原则把控
总结	情感提升，激励付诸行动	正向性、成效性、发展性

续表

反　思	班会亮点：本次班会从心理治疗、影视作品、商业广告三个方面说明了音乐的应用，拓宽了学生对于音乐这个学科的职业视野。班会中所采用的材料形式多种多样，图片、视频、图画等不会让学生觉得枯燥，总会有惊喜。蒙眼作画环节学生很配合，阻抗很小，都在跟着老师的指导语进行想象。 班会问题：1.结束部分缺少学生的独立思考； 　　　　　2.对于蒙眼作画部分缺少作品展示与反馈； 　　　　　3.班主任总结太片面，缺少外延； 　　　　　4.班会材料的切换有些混乱，缺少流畅性； 　　　　　5.音乐理论上涉及稍多，各环节时间分配有些欠缺。 改进方案：1.对于蒙眼作画的作品进行展示与反馈； 　　　　　2.让学生讨论音乐在其他方面的应用； 　　　　　3.减少音乐理论方面的知识； 　　　　　4.整理班会材料，对 PPT 进行视频插入与超链接， 　　　　　　增加流畅性。
后　记	后续教育计划：(若没有可不填写)

本章，我们已经讨论了以下青春期知识内容——

◎ 青春期孩子的精力非常充沛，如果他们的精力不能奔向学习方面，就自然会奔向纪律或心理方面。但智力发育的好坏和快慢需要环境和手段加以改善和促进。

◎ 思维能力是智力的核心。某种意义上说，人的思维能力是其智力发展的标志。

◎ 青春期的智力能够取得飞速的发展，与青少年这一时期的大脑发育成熟有决定性的因素。

◎ 大脑各个部位具有不同的功能：小脑位于大脑半球的最后方，主要负责调节躯体平衡和肌肉张力；脑桥位于脊柱最顶端的一小部分，负责将上部接收到的信息传递给小脑；位于脑桥上方的中脑，对感官和行动信号非常重要；中脑前方的丘脑和下丘脑，负责控制荷尔蒙分泌以及身体功能，同时调节着体温。大脑皮层位于大脑的最外部，对接收新的信息十分重要。

◎ 青春期孩子信息加工速度的增加、记忆力的提高、对语言更加熟练地应用、自我意识增强等，都是大脑变化带来的认知水平进步的表现。而那些如冒险、冲动、情绪化等，则与大脑的这种不均匀变化有关。

◎ 额叶是认知能力的主导者，是否能够做好工作、学习规划，这类工作多半由额叶来完成。其机能包括有计划机能、记忆机能、自制机能、灵活性机能、计算机能、语言机能。

◎ 与人体控制技能有关的脑区域，其发育过程一直持续到青春期，而且，在这个发育过程中，存在一个相对更易学习某种能力的敏感期。这为我们开展青春期智力教育提供了科学的依据：培养特定能力时，应尽量配合其对应的敏感区会取得良好的效果。

◎ 一个人的观察能力、记忆能力、思维能力、想象能力和操作能力构成其智力的主干结构，这五种能力是相互联系和制约的。一个人智力的提高，必须使这五种能力全面发展，否则，就会造成智力上的畸形状态。

◎ 智力是心理学的一个重要概念。绝大多数心理学家把它归属于个性的范畴，突出其两大特点：成功地解决问题，有良好的适应性。其中有代表性的理论主要有皮亚杰的认知理论、信息加工理论、心理测量理论。

◎ 皮亚杰将14、15岁作为青春期划分的一个时间点，意义十分重大。这说明另一种重构和不平衡的到来，会导致青春期更高水平的平衡化和智力结构。

认知能力对进入青春期的孩子的人格和行为影响非常巨大。孩子的理想、价值观、创造能力等都会因为认知能力的发展而不断变化并形成。这正好回答了我们许多人这样一个困惑：为什么孩子一进入青春期就会变得让人不可理喻起来？

◎ 皮亚杰的研究成果对青春期智力教育有许多重要的启发。如"并非所有年龄相同的青少年都会处于发展的同一阶段"、思维和感知依赖于社会经验、那些鼓励孩子进行思想交流和追求远大目标的父母能促进孩子的发展、鼓励学生掌握抽象思维能力和发展问题解决技能的学校能促进孩子认知的发展等，对于今天的青春期教育非常有意义。

◎ 父母可以构建一个刺激丰富、支持性的家环境，这有助于促进孩子认知的发展。

◎ 研究青少年智力所采用的信息加工方法，特别重视青少年的接收、知觉、记忆、思考和使用信息时渐进的步骤、动作和操作。与获得的结果相比，这个过程更为重要。

青春期推理能力主要的变化是青少年思考事实和真理方式的改变，变得敢于质疑起来。其思考方面的最大进步就是抽象思维能力和元认知能力增强。但这种能力使他们容易成为独断论者或怀疑论者：独断论者相信任何与自己不同立场的人都是被别人误导了，怀疑论者认为任何拥有某种信念的人都是愚蠢的。

◎ 智力是一个非常复杂的概念，它分为不同的概念和阶段。大部分研究人员都同意智力在很大程度上与解决问题的能力有关，因此，人们一直在寻找一个能够测量智力的方法。目前，比较常用且得到公认的是韦氏智力测验。

◎ 青春期智力教育也可以理解为智力开发教育。其目的是将青春期个体的智力潜力开发出来。主要包括认知能力的开发和学习能力的培养两个方面的内容。

◎ 青春期青少年的大脑拥有无数的可能性，青少年富有创造力和想象力，更加倾向于理想主义。而进入成年后，这种能力将丧失。

◎ 在青春期，额叶仍在发育中，即使其他大脑区域已经发育成熟。也许正是还未发育完成的额叶与其余功能正常的脑区域之间的协作，造就了青春期这样一个独特的创造力阶段。因为，只要我们不强行叫停他们的行为与想法，他们便会获得天马行空的思考的机会。

◎ 决定体育才能的除了身体结构，也牵涉到大脑。在大脑中，运动神经元分布在大脑皮层的运动区，控制着身体的动作的协调性。

◎ 现在社会上有一种观点（更多是一些音乐业余学校招生时宣传的观点）：只要通过正

确的刺激，每一个孩子的音乐天赋都能被挖掘出来。于是，许多的家长开始逼迫自己的孩子夜以继日地学习，以期望把他们培养成明星。这是不科学的。

◎ 在青春期的时候，一个人的运动皮层的可塑性和灵活性都很强，因此，这段时间非常适合使其达到最佳状态。由于青春期的青少年大脑中体现音乐行为的脑区域处于

◎ 容易塑造的状态，可以给他们提供更多的社会环境如音乐节、才艺比赛等让他们调整自己的才华。

◎ 青少年参与社会问题的思考是一件值得肯定的事，虽然我们不能完全肯定他们意见的可行性，但是应当管理他们这种大脑开放和富有的探索精神，这对他们及人类的发展是非常有利的。

◎ 学生在课堂规则方面会出现这样那样的问题，这是青春期学生的正常表现。

教师可用假设法来对学生的违规行为进行分析。针对学生的行为先对"为什么"进行分析，再决定自己该"怎么办"。

◎ 每位教师都希望自己的教学活动秩序井然，可是，课堂纪律问题却不同程度地干扰甚至破坏了教师精心准备的教学活动，教师必然做出反应，或中止授课训诫学生，或采取措施惩罚学生，或采取其他较为审慎的处理办法，这是正常的教育行为，如果教师对违纪现象熟视无睹，放弃管理，是一种极不负责任的行为。

◎ 课堂纪律问题产生的原因是多方面的。因此，教师要有全局意识。

◎ 学生的学习问题，不简单是一个学习成绩不尽如人意的问题，这只是结果。

◎ 认知能力是指人的大脑关于加工、储存和提取信息的能力，即人们对事物的构成、性能与他物的关系、发展的动力、发展方向以及基本规律的把握能力。它是人们成功地完成活动最重要的心理条件。像知觉、记忆、注意、思维和想象的能力都被认为是认知能力。

◎ 认知能力存在于个别差异和性别差异中。认知活动可能不总是所有人以相同的方式进行。个体完成认知活动可能有不同的方式，这些不同有多方面的来源。

◎ 认知的性别差异主要表现在性别差异的模式、文献资料的内在偏差、实验者期望效应等方面。

◎ 学科班会。

帮助学生制定一些学习的计划，在学校生活中创设能够帮助学生做出各种计划的情景，帮助他们按照制定的计划来完成某项任务和作业，会给学生带来安全感，并保证学生能适应老师的教学方法。

◎ 记忆力在青春期具有很大的增长空间，教师应给予极大的支持，给予较多的有意的训练；

◎ 理解学生在课堂上的不专注，他们需要成人的引导和必要的约束；

◎ 培养一个人应对突发事件的能力是非常重要的；

◎ 多鼓励学生在课堂上的学习行为，因为，青春期的大脑对肯定的信息会做出强烈反应，其反应效率会提高；

◎ 针对不同的学生特点，给予个性化的支持和引导；

◎ 必须培养学生的独立思考能力；

◎ 必须培养学生运用所学知识分析问题、解决问题的能力；

◎ 应有意地培养学生自发或直觉上使用科学的方法解决问题、建构和检验理论的能力；

◎ 珍惜学生的好奇心，正是这种好奇心让他们充满激情，可能会创造奇迹；

◎ 认知能力对进入青春期的孩子的人格和行为影响非常巨大，孩子的理想、价值观、创造能力等都会因为认知能力的发展而不断变化并形成，必须做好理想和价值观的教育工作；

◎ 青春期个体的反省思维能力开始发展，其道德推理能力增加，这使他们常常有偏激的观点，应给予理解；

◎ 如果青少年体验不到自我的价值感，体验不到自我存在的意义，成长中会出现停滞，会出现一系列不适应的问题；

◎ 帮助青少年克服偏激心理；

◎ 要鼓励和保护青少年的同情心；

◎ 把孩子与成人等同看待，关注他们的想法；

◎ 有时候，成人会让青少年假装拥有一些他们实际上并不存在的感受，在有意无意中鼓励他们的这种言行不一的行为，教师应特别注意；

◎ 对言行不一的孩子需要教师反复教育；

◎ 孩子们有雪亮的眼睛，能够察验是与非、对与错。身为老师，你给学生最好的教育，就是言行一致；

◎ 想方设法培养青少年的自信，这能使他在进行想象力丰富和创造性活动方面更胜一筹；

◎ 对青少年的创造力要及时给予关注和鼓励，要知道，他们会用丧失创造力来获得别人和社会的接纳；

◎ 教师要帮助孩子既要进行自我意识的建构，又要协调个人与他人的利益，使两者融合；

◎ 教师更要尊重孩子的隐私；

◎ 鼓励而不是反感学生的质疑；

◎ 尽量不与孩子、学生冲突，特别是肢体上的冲突；

◎ 鼓励学生掌握抽象思维能力和发展问题解决技能的学校能促进孩子认知的发展；

◎ 多组织讨论小组、解决专项问题、科学实验等促进青少年形式运算思维和问题解决能力发展的途径，教师要精心设计，想方设法来激发学生之间的互动和反馈，留出推理能力发展的时间和空间，并给予及时的帮助和鼓励；

◎ 要研究青少年智力所采用的信息加工方法，特别重视青少年的接收、知觉、记忆、思考和使用信息时渐进的步骤、动作和操作；与获得的结果相比，这个过程更为重要；

◎ 将十几岁的青少年"禁锢"在教室和家里就安全了吗，好像不是；

◎ 与学生共同制定行为规则；

◎ 允许学生走弯路或犯错，改正就好；

◎ 引导青少年观察社会，树立科学价值观，逐步学会自我控制和明智选择；

◎ 培养一个善于创造的大脑；

◎ 不要相信"每个人都能成为参天大树"，学生有自己的特性，要有多个适合他们自己发展的目标而非唯一目标；

◎ 给他们提供更多的社会环境，如音乐节、才艺比赛等让他们调整自己的才华；

◎ 鼓励他们对学校的管理事宜发表自己的观点；

◎ 鼓励青少年参与社会问题的思考；

◎ 让自己的教学内容变得更吸引人；

◎ 提高自己的教育能力，让学生"服气"；

◎ 提高自己的教学管理能力，常怀大局意识；

◎ 不把个人的烦恼、忧虑等不良情绪带到课堂；

◎ 通过假设法对为什么产生学生问题行为进行分析，再决定自己该"怎么办"；

◎ 多为学生提供帮助而非管理和控制；

◎ 有针对性地开展观察力能力的训练，帮助学生掌握观察的方法，具备观察的能力；

◎ 有针对性地开展记忆力能力的训练，帮助学生掌握记忆的方法，具备记忆的能力；

◎ 有针对性地开展想象能力的训练，帮助学生掌握想象的方法，具备想象的能力；

◎ 有针对性地开展思辨能力的训练，帮助学生掌握思辨的方法，具备思辨的能力；

◎ 有针对性地开展注意力的训练，帮助学生具备相关的能力；

◎ 有针对性地开展自制力的训练，帮助学生具备自制的能力；

◎ 有针对性地开展阅读能力的训练，帮助学生掌握阅读的方法，具备阅读的能力；

◎ 有针对性地开展记叙文、说明文、议论文写作能力的训练，帮助学生掌握记叙文、说明文、议论文写作的方法，具备记叙文、说明文、议论文写作的能力；

◎ 有针对性地开展信息收集与加工能力训练，帮助学生掌握信息收集与加工方法，具备信息收集与加工的能力；

◎ 有针对性地开展分析与综合能力训练，帮助学生掌握正确的分析和综合的方法；具备分析和综合的能力；

◎ 设计组织实施学科班会；

　　……

家长行为清单

◎ 制定相对固定的家庭作息时间，限制孩子的游戏时间；

◎ 提醒并督促孩子完成家庭作业，孩子在做家庭作业时，家庭应保持安静氛围，最好不要弄出大的声音；

◎ 及时准备提供各种学习用品，保证满足学习需要；

◎ 注意孩子青春期发育，保证学习中营养供应；

◎ 在家中尽量不要抽烟、酗酒；

◎ 禁止当着孩子面爆发"战争"；

◎ 如果一个孩子在4~6岁阶段不与外界接触，他将永远无法说出完整的句子，因此，从孩子3岁开始，应该是学习语言特别是外语的学习最佳时机；

◎ 必须培养孩子的独立思考能力；

◎ 必须培养孩子运用所学知识分析问题、解决问题的能力；

◎ 认知能力对进入青春期的孩子的人格和行为影响非常巨大，孩子的理想、价值观、创造能力等都会因为认知能力的发展而不断变化并形成，必须做好理想和价值观的教育工作；

◎ 青春期少年会的反省思维能力开始发展，其道德推理能力增加，这使他们常常有偏激的观点，应给予理解；

◎ 从心理学的角度看，对一个孩子来说，最大的灾难就是他的成长过程太过顺利太过简单，这样的孩子长大后更经不住挫折，在适应方面更容易出问题；

◎ 帮助孩子克服偏激心理；

◎ 要鼓励和保护孩子的同情心；

◎ 把孩子与成人等同看待，关注他们的想法；

◎ 当孩子不喜欢某样特长时，家长应选择尊重；

◎ 有时候，成人会让青少年假装拥有一些他们实际上并不存在的感受，在有意无意中鼓励他们的这种言行不一的行为，家长应注意；

◎ 对言行不一的孩子需要家长反复教育；

◎ 孩子们有雪亮的眼睛，能够察验是与非、对与错，身为父母和他们的教师，给青少年阶段的孩子最好的教育，就是言行一致；

◎ 让孩子从小学会独立地生存，养成自尊、自信、自强、自立的性格；

◎ 青少年相信意外只会发生在别人身上，安全教育要随时进行；

◎ 家长要帮助孩子既要进行自我意识的建构，又要协调个人与他人的利益，使两者融合；

◎ 要尊重孩子的隐私；

◎ 把孩子的质疑当作是自己刚收到的礼物；

◎ 尽量不与孩子发生冲突，如果没有好好处理冲突，它可能会导致愤怒，而愤怒可能会产生叛逆、乱交、滥用毒品或酗酒、参与帮派、跟随不好的团体等现象；

◎ 鼓励孩子进行思想交流和追求远大目标的父母能促进孩子的发展；

◎ 父母可以构建一个刺激丰富、支持性的家庭环境，这有助于促进孩子认知的发展；

◎ 家长应想方设法给孩子留出推理能力发展的时间和空间，并给予及时的帮助和鼓励；

◎ 感觉器官接受信息的原始能力在青春期发展空间不大，所以，在儿童的时候，因注重对其感官能力的开发；

◎ 将十几岁的青少年"禁锢"在教室和家里就安全了吗，好像不是；

◎ 要与孩子对话，共同制定行为规则；

◎ 对孩子不可求全责备，允许走弯路或犯错，改正就好；

◎ 促进孩子人格独立性与成熟，父母与孩子有个基本的共同目标；

◎ 让青春期的孩子参与决策，应让他们通过自己的实践，帮助他们学会做出决策；

◎ 对于智力测验数据必须谨慎使用；

◎ 为孩子培养一个善于创造的大脑；

◎ 尽量提供机会，让孩子的动机每次都能实现，从而将其体育天赋激发出来；

◎ 只要通过正确的刺激，每一个孩子的音乐天赋都能被挖掘出来，这是不对的，因此，不要期望为把他们培养成明星而逼迫他们；

◎ 可以给他们提供更多的社会环境，如音乐节、才艺比赛等让他们调整自己的才华；

◎ 鼓励他们对家庭的发展事宜发表自己的观点；

◎ 肯定他们参与社会问题的思考；

学生行为清单

◎ 在做数学习题时，每个数字都要在脑海中重新排列，制定学习计划时，要考虑各种任务和时间如何安排；

◎ 有意在一个喧嚣的环境里学习，如在家里人看电视时学习；

◎ 要有计划地让他们参加各种形式的社会实践，学会在没有大人可以依赖的条件下自理生活，想办法克服困难、解决问题；

◎ 不用偏激的方式取得他人的认同；

◎ 安全是第一的，要随时放在心上；

◎ 理解老师和父母为自己的付出，懂得感恩和回报；

◎ 把握好老师和父母提供给自己的每次机会；

◎ 让自己具有应对突发事件的能力；

◎ 课堂上通过积极与老师互动的方式让自己的大脑做出强烈反应；

◎ 必须让自己具有独立思考的能力；

◎ 必须让自己具有能运用所学知识分析问题、解决问题的能力；

◎ 让自己具有自发或在直觉上使用科学的方法解决问题、建构和检验理论的能力；

◎ 保留自己的好奇心，可能会创造奇迹；

◎ 坚信努力才有回报，从小树立生涯意识；

◎ 做一个有道德的人；

◎ 如果体验不到自我的价值感，没有关系，等等也不迟；

◎ 保持平和，克服偏激心理；

◎ 积极加入社团；

◎ 要有同情心；

◎ 做到言行一致；

◎ 让自己变得更自信；

◎ 接受所有的新事物，掌握新技术；

◎ 进行观察力训练，掌握观察的方法，具备观察的能力；

◎ 进行记忆力训练，掌握记忆的方法，具备记忆的能力；

◎ 进行想象能力训练，掌握想象的方法，具备想象的能力；

◎ 进行思辨能力训练，掌握思辨的方法，具备思辨的能力；

◎ 进行注意力训练，具备相关的能力；

◎ 进行自制力训练，具备自制的能力；

◎ 进行阅读能力的训练，掌握阅读的方法，具备阅读的能力；

◎ 掌握记叙文、说明文、议论文写作的方法，具备记叙文、说明文、议论文写作的能力；

◎ 进行信息收集与加工能力训练，掌握信息收集与加工方法，具备信息收集与加工的能力；

◎ 进行分析与综合能力训练，掌握正确的分析和综合的方法，具备分析和综合的能力；

◎ 积极参加学科班会，培养自己的创新能力；

        ……

青春期心理教育

QING CHUN QI XIN LI JIAO YU

青春期的青少年，其心理发展和心理发育往往是不同步的，具有半成熟、半幼稚的特点。在这个关键时期，他们容易产生心理失误，甚至心理滑坡，青春期心理教育则肩负着引导他们向一个正确方向前行的重任。

青春期的个体就像是六月份的天气，说变就变，是最难捉摸的一个人。这到底是怎么回事呢？在本章，我们将讨论青春期孩子的心理教育问题，重点是帮助您认识到他们为什么会有那么多"奇怪"的想法，并如何引导他们拥有一个健康的心理。您将了解到：

- 为什么他们会自我感觉良好？
- 为什么拥有良好的自我概念非常重要？
- 为什么那么要面子？
- 为什么他们爱冒险？
- 为什么他们会叛逆？
- 为什么会觉得性那么神秘？
- 男孩和女孩对性态度有什么差异？

在本章中，还将重点了解到这个时候的青少年：

- 同时拥有男子气和女子气有什么好处？
- 如何处理与异性的关系？

在本章中，甚至可能会提醒您思考：

- 哪些父母会让自己的孩子"没面子"？

　　本章帮助您了解到，同伴有助于自我概念的发展和检验，但如何交"正确"的朋友是一门学问。总的来说，这一时期的青少年如何处理各种关系，将成为他一生的财富。

　　青春期个体的性意识和性情感的发展使其心理变得微妙、细致而复杂起来。由于他们生理基本发育成熟，而性心理发展滞后于性生理发育，难免会让他们产生迷茫和困惑。如何让青春期的孩子拥有健康的心理，特别是性心理，使之既符合主流社会公序良俗及法律规范，又有利于自己的身心和谐发展，是青春期心理教育的重点。

　　因为青春期生理上的巨大变化，青少年在思想上往往难以承受，所以伴随着许多心理上的变化。具体体现在：第一，性意识骤然增长。由于生理上出现性发育加速，使得青少年对性知识特别感兴趣，对异性有强烈的交往欲望，性的好奇感和神秘感与日俱增。第二，智力水平迅猛提高。对问题的精确性和概括性发展迅速，逐步从形象思维为主向抽象逻辑思维过渡。第三，自我意识强而不稳，独立欲望增强。对事物能做出自己的判断和见解，但对自我的认识和评价过高或过低，常被一些矛盾所困扰，如独立欲望与缺乏独立能力的矛盾，自己心中的"成人感"与成人眼中的"孩子气"之间的矛盾等等。第四，情感世界充满风暴。常常表现出幼稚的感情冲动和短暂的不安定状态，孤独、忧伤、激动、喜悦、愤怒微妙地交织在一起，组成一个强烈、动摇和不协调的情感世界。第五，兴趣爱好日益广泛，求知欲与好奇心强烈，富有理想，热爱生活，积极向上，乐于参加各种创造性活动，对于竞争性、冒险性和趣味性的活动更是乐此不疲。第六，人际交往欲望强烈。一方面强烈希望结交志趣相同，年龄相仿，能够相互理解、分享生活感受的知心朋友；另一方面，对自己周围的人尽量保持良好的关系，尤其是对自己所属的集体有强烈的归属感和依赖性，宁可自己受点委屈，也要保持生活圈的平衡与协调。

一、青春期自我概念的形成

　　自我概念，是指一个人对自己的认知、思考和评价，对自己是谁、是什么身份的认知，是自我所意识到的那部分。它包括自己的记忆，对自己的能力、特点，自我价值的信念，最想成为的理想自我，以及对自己的积极或消极的评价。

　　其实，人的自我意识从很小的时候就开始了。当他意识到自己与众不同，是一个独立的个体时，说明这个人迈出了自我概念发展的第一步。

(一) 自我概念的形成

1. 自我概念的含义

一个人的自我概念的形成，与社会技能、运动能力和道德等因素有关。由于每个人对这些概念的理解不一致，因此，他们在不同的角色状态下会有不同的表现。他们会搜集各种对自己有利的证据来证明自己：我能力强吗？我长得好看吗？我对异性有吸引力吗？我聪明吗？他们会通过这些证据，形成对自己的基本假设，并在之后的经历和人际交往中检验自己的这些感觉和对自己的认识。许多时候，他们会不自觉地将自己和自己的想法与他人进行比较，以寻找某些优越感，并证明自己与他们不一样。

自我概念对一个人的成长非常重要，尤其是能否拥有一个正确的自我概念。因为它能激发并引导一个人的行为。比如，一个人认为自己很聪明，他会在学习上更加投入；一个人认为自己运动能力很强，他就可能热衷于某一体育项目。因此，拥有一个积极的自我概念不仅让一个人更倾向于友善和外向，而且还会给他以充足的信息，使他乐于去接受挑战，尝试一些新的活动，还会有利于他产生较高的自尊。

"可能"成为什么样的人，是这个时期青少年建立自我概念的基础之一。每个人都希望成为自我，都有自己的预期，但有时又为将来实现不了自己的预期而感到害怕。因此，对于青春期的孩子，帮助他建立积极的预期自我显得非常重要。缺乏积极预期自我的青少年可能会逐渐养成非正常性的甚至反社会的行为。

这不难理解，一个人如果对愉快的结果失去希望，当他觉得自己未来最好的结果也不过如此的时候，就会对未来失去信心，甚至可能会产生一些自我毁灭性的活动。反之，当他觉得甚至相信自己可以实现自己的梦想，他就会非常积极地努力地去争取机会。这个时候，原先的那些害怕和担心反而会成为促使其负起责来的行为，会自觉地约束一些产生不好结果的行为。比如，不去参加一些负面甚至可能带来严重后果的活动和交一些负能量的朋友。这时候，像抽烟、酗酒、吸毒等对他们的诱惑就会变得不那么重要起来。

到底是"我们只有先学会爱自己，才能爱别人"，还是"我们只有先学会爱别人，才能爱自己"？好像后者更真实一些。

青春期的孩子开始关注自己的身体、容貌、能力、性格及家庭环境等，对自我的关注度急剧上升，开始在他人中进行自我观察，开始思考"我到底是一个什么样的人""我将成为怎样一个人"等问题。这种自我认知对孩子的成长非常重要，家长和老师都要密切关注。

自我概念可以帮助一个人形成对自己的稳定的认识和评价，从而让青少年个体在学习、工作、生活以及与他人的交往上都能有稳定的表现。许多时候，并不是你的能力决定了你表现得怎么样，而是你认为自己怎么样，决定了你的表现。

GSG 案例库

玲玲今年16岁，刚上高一。她平时非常厌恶学习，考试成绩也不好，父母特别着急。最初的时候，玲玲说自己学不好是因为学校太差，于是，父母帮她换了新学校，但依然和以前一样。再说她的时候，玲玲说是因为老师教得不好，她听不进去。回到家，又说家里太吵，她静不下心来。妈妈一说她，她就反驳："不就是考大学吗？我到时给你们考上不就行了吗？"父母每次说她一句，玲玲就有十句在那里等着，经常把妈妈气得直掉眼泪……

一个人如果对自己的评价不高，会让自己无法正常发挥，表现不佳，还反过来得出"自己真的不行"的结论。但是如果评价太高，就有可能选择与自己能力不匹配的事情去做。玲玲就是分不清现在的自己与理想中的自己的差距，因此，她也就无法认识清楚，要想达到自己想成为的样子，需要从现在就开始付出努力。一个人既要学会接纳自己的优势，也要学会接纳自己的劣势，然后去思考理想的自己是什么样子的，并找出理想的自己和现实的自己差距在哪里，再去弥补，从而逐渐成为理想的自己。

自我概念的形成过程，是通过从父母、老师、同伴等处获得的反馈，以及通过自己的成功或失败的经验去形成的清晰的、稳定的对自己的看法、评价的过程，它由反映评价、社会比较和自我感觉三部分构成。第一，反映评价，是指别人对自己的评价，如父母、老师、同伴对你的评价。如果一个人能接纳别人对自己的评价，作为自己对自己的评价，就会对自己的发展起到一定的作用。

比如，如果个体得到较多的是别人对他的肯定的评价，那么，他就倾向于形成更正向的自我概念，反之，就会倾向于形成负向的自我概念。第二，社会比较，指你跟自己选择的竞争对手进行比较而得出的自我评价。如同班同学、"情敌"等。第三，自我感觉。开始的时候，个体主要通过别人对他的反馈认识和评价自己，但随着慢慢长大，他会开始有自己的评价标准去评价自己了。

自信和自我概念关系密切，来源于对自己的评价。自信心会影响一个人做事时的状态，如考试时不自信，就会过于紧张，就可能会出汗、心跳加快，思绪很乱，这样，心里会更没底，觉得"这次完了"。反之，如果带着自信参加考试，就会全身心地投入到考试中去，最后自然得到很好的结果。

2.自尊的确立

自尊是个体对自身的感受，是使自己得到他人肯定的一种心理反应。一个人要获得自尊感，他的自我概念和自我理想之间应该是一致的。

进入青春期后，大多数青少年都会对自己进行一次评估。他们会将自己和朋友以及自己的理想和偶像进行比较。在和自己的偶像比较的过程中，他们往往会很专注，不仅会从穿衣上，还会从发型、动作、语气、特长等方面与自己的偶像进行一一比对。而到了青春期末期，这种比对的特点就发生了变化。这时的他们基本上能确定什么是自己的特长了，这种鉴别自我的能力能够促使青少年将自己的目标整合到自我理想之中。

青少年的自尊会随着与父母关系融洽、有远大理想、拥有权威性父母、自认为有吸引力、运动能力强、得到别人承认、经常性获得成功等因素的影响而增加；也会随着社会经济地位低、在学校受到歧视或排斥、独裁型或放任型父母、学习失败、家庭环境差等因素的影响而降低。

许多青少年都希望自己变得更加优秀，这是一个正常的而且是值得称赞的品质。他们能从这种希望中变得愉悦起来。但是，些微的挫折会使这样的希望变得随意起来，他们会对自己产生怀疑。另一个极端就是，他可能会变得对自己要求极端完美起来，对于任何不完美的结果都持排斥态度。这样，他们的自尊会逐渐降低。在面对批评时，就会出现防御和愤怒的行为，让人变得失望，选择疏远他们。这恰恰是他们所害怕出现的结果。这会使他们的大脑中充满恐惧，让他们产生情感错乱，从而较少地体验到快乐。这时候，他们会选择回避一些亲密的关系。并不是因为他们不需要这样的亲密关系，而是因为他们太在意这种关系，他们害怕会被人抛弃。其结果可能是，他们非常孤独，甚至终身缺少亲密关系，即使在其他方面收获了巨大的成功，也改变不了他们自信心缺失的情况。

卡尔·罗杰斯（Carl Rogers,1961）认为，客观现实和个人自我之间基本的和谐一致是人格发展的终点。也就是说，当一个人开始将自己认为自己将成为什么样的人和想成为什么样的人合并时，他们就能够毫无冲突地接受自己。这时候，他们的自我知觉和他人之间的关系就会使他们变得自我悦纳和自尊起来。反之，就会产生心理失调。

积极的高自尊是一个人发展过程中最为理想的结果，因为它关系到一个人是否能够长期地保持心理健康和维持情绪稳定。宾里等人（Blinn,1987;Horn Rudolph,1987）研究发现，低自尊是吸毒和未婚先孕现象的成因之一，认为未婚先孕是某些女性为了提高自尊感而导致的个体行为，而格林伯格等人（Greenberg,1992;King;Akiyama 和 Elling,1996;Sharpes 和 Wang,1997）的研究则提出，低自尊是导致青少年抑郁症和自杀行为的因素之一。

有时候我们会发现，一些青少年喜欢在公开场合装腔作势，故意引人注目。这样做的主要目的在于能够让人们对他们产生印象。他们试图用这样虚假的外表来面对这个世界。我们应该理解他们这样的行为。因为只有一个人内心感到自卑、敌意、悲伤的时候，才会故意装出自信、友好、快乐的样子给别人看，这对他们来说，其实是一件非常痛苦的事情。他们会处于经常性的紧张状态，因为他们担心会在不经意间露出真相。

低自尊还有一个表现就是焦虑。这个时期的青少年的自我意识水平高，容易对批评和拒绝过分敏感，使他们变得苦恼起来。所以我们经常听见他们说："我受不了别人对我嘲笑和指责。"由于他们的过分敏感，使他们在公共场合显得笨拙和紧张。有些人会尽量少在这些场合出现。

青春期的孩子还有一个现象就是无法与他人建立友谊，不擅长与人特别是陌生人接触和交往。这是其自我概念相对较差的表现，与自尊相关。由于他们的社会调节能力偏低，因此，他们不会引人注意，个体也对集体活动持消极态度，甚至不会站出来维护自己的权利，更不会对和自己相关的事情发表自己的观点。这类青少年容易产生孤立感和孤独感。需要引起注意的是，当这种感觉对青少年个体的负性的自我概念和低自尊加重时，就容易导致恶性循环。但有一些被认为"不良"的青少年的自尊不一定就低。在一些研究中已经发现，有些青少年对自己的天赋和能力有过分良好的感觉。

越来越多的证据表明自我概念和学业成绩相关。成绩对自尊的影响较大。成功的学生具有更高的个人价值感。具有高自尊的学生往往有较高的学业成绩，学业成绩较高者具有高自尊。因此，培养孩子的自信心，使他们积极并勇于尝试，更容易让他们为了自己的理想而努力。

需要注意的是，有些学生会使用故意拖拉、故意不做事、让别人阻止他们学习和其他不利于自我的策略来引起别人的重视。他们想说明的是，不是我不行，是环境不让我行。这种情况，男生要比女生多。

来自孩子身边的人，无论是老师还是家长、亲友，他们的积极态度对于学生的学习成绩影响很大。当青少年觉得别人对他的学习能力有信心时，他对自己也会有信心。

（二）同一性作用

到了青春期，虽然孩子的自我概念逐步趋于稳定，但他们对一些重要事情还是会表现得极为敏感。比如，刚到一个新的环境的时候，最突出的表现为孩子从小学进入中学后，由于他们接触的人和所要学习的科目增加了，其自我概念的消极作用就比较大。这个时候，想办法让他们多参加集体活动，有利于促进自我概念的形成。特别是对那些胆怯、羞涩、无法与人相处的孩子效果更为明显。这个时期，一个重要的任务就是形成同一性。

自我同一性，即青少年同一性的人格化，是指青少年的需要、情感、能力、目标、价值观等特质整合为统一的人格框架，即具有自我一致的情感与态度，自我贯通的需要和能力，自我恒定的目标和信仰。简单地理解就是把自己"众多的人格"统一起来，形成一个比较稳定的人格。

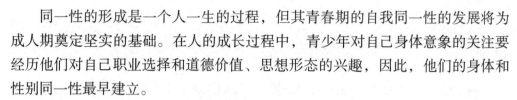

同一性的形成是一个人一生的过程，但其青春期的自我同一性的发展将为成人期奠定坚实的基础。在人的成长过程中，青少年对自己身体意象的关注要经历他们对自己职业选择和道德价值、思想形态的兴趣，因此，他们的身体和性别同一性最早建立。

但事实上，一个人职业、思想和道德同一性的建立是很缓慢的。虽然同一性早在幼年时期就已开始形成了自我感知，但青少年时期却是个体第一次有意识地回答"我是谁"的问题。因此，对青春期的孩子来说，形成个人的同一性是其发展过程中的一个重要任务。同一性的确立，关系到一个人的健康发展，关系到他能否更好地适应社会，能否体验到自身的价值和人生的意义。

同一性在青春期的冲突是，同一性和角色混乱。如果个体不能将自身动力、能力、信仰等进行组织，纳入一个连贯一致的自我形象中，包括对工作、价值观、意识形态、承诺等各种选择和最后决定进行各种选择和整合，角色混乱就会发生。如你到底是要准备上大学还是读完初中就工作，除了结婚其他都不想，等等。如果青少年能够或者有人帮助他们接受这些冲突，他们就会形成稳定的同一性。

获得了同一性，标志着某个发展阶段取得了满意的结局。青春期的个体对自身的关注非常敏感。像"我是谁""我想成为什么样的人"等问题会引起大多数青少年的思考。如果他们能用自己已有的知识来回答这些问题并做出尝试性的选择，最后变为自己的行为，他们就获得了一种同一性，长大成人了。

青春期的个体如果能获得积极的同一性，他们就会形成忠诚的美德。这意味着他们有能力按照社会规范去生活。这样的青少年，能接受社会的不完善，也能在既定的现实中找到自己的位置。更为重要的是，他们在这个位置中能奉献自我，实现自己的价值，也能感受生活的意义。

同一性的概念是艾里克森（Erik,Erikson,1902~1994）首次提出的。他的研究结论引发了数量惊人的对于青春期出现的自我感发展的研究。他把同一性描述成一个通过探索不同可能性、承担不同的角色而做出一系列选择的活动。他认为同一性会随着个体生命的进行而持续发生着自我反思和变化。他还提出了一个人在彻底发展起稳定的同一性之前的七种冲突，并坚持认为，如果能解决这七种冲突，就能形成一个稳定的同一性。

大多数的青少年的同一性状态都处于延缓状态，因为他们正积极在寻找，以期望找到自己想要的生活。

同一性是个人化的，是一个人对"我"的感觉，但同时又是社会化的，即对"我们"的感觉。它主要由生理、性别、社会、职业、道德、思想意识、心理特征等组成。青春期的个体可能会利用自己的体貌外形、性别、社会关系、信仰等来判断自己的身份。同一性的发展与亲密性有关，因此，他们会被与他们有相似同一性状态的人吸引。同时，亲密性也有助于改变同一性，有助于人的成长。

如果青少年不能达到自我同一性的确立，没有形成清晰和牢固的自我同一性，也就是说他们无法"发现自己"，不知道自己究竟是什么样的人和想要成为什么样的人。我们称之为青少年具有消极的同一性。这是一种处于抗拒排斥状态的同一性。个体在自我同一性确立的过程中，如果难以忍受这一过程中的孤独状态，或者让别人去把握自己的决定，或服从别人的意见，或回避矛盾，拖延决定，就不能正确选择适应社会环境的生活角色，就可能形成社会不予承认的，反社会的或社会不能接纳的角色。

因此，艾里克森认为，同一性扩散和消极同一性可以解释美国青少年所表现出来的许许多多骚乱和攻击现象："……如果儿童感到环境允许他把下一阶段整合在个人的自我同一性在内的所有表现形式进行彻底剥夺，那么，儿童就会以野兽突然被迫捍卫其生命般地迸发出惊人的力量进行抵抗。的确，在人类生存的社会丛林中，如果没有同一性的意识就没有生存的感觉。"

具有消极同一性的青少年喜欢反抗和挑衅，他们会从中获得满足感。另外一些青少年，如懒惰者、逃避者、对抗症者、不良行为者等，可能属于具有消极同一性中的个体类型。这些青少年中，有的人会试图通过强烈的即时体验，如吸毒、暴力殴打他人等，他们也有可能成为某一组织的活跃分子，成为游手好闲的人，成为恃强凌弱的人，来暂时性地掩盖他们对同一性的寻找。也有一些人会通过恶意破坏、体育竞赛、攀比等来暂时加强自己的同一性。那些思维教条的青少年会变得顽固或成为过度狂热者。如加入传销之类的团体，他们试图通过这样的行为来建立暂时的堡垒同一性，还有可能会通过追逐流行、追逐明星等使自己拥有一个没有意义的同一性。

在同一性形成过程中，作为教育者，无论是教师还是父母，都应注意以下几点：

一是关注青少年的成就动机。如果他们的成就动机高且有能力去践行，就会实现自我悦纳并具有稳定的自我定义，对学习、对生活有所投入，他们的目标就会变得更为实际起来。但是，很少有中学生在毕业前就能达到某个同一性，这是由于他们经常住在家里，而且生活工作经历有限的原因。大多数青少年知道他要寻找什么，如想当医生、当科学家、当军人，等等。如果其同一性处于抗拒和排斥状态，他们会认为自己的理想已经确定，但继续一段时间后，也就是发展到延缓状态后，他们又会重新思考并抛弃自己最初的计划。

二是关注青少年的不稳定性。同一性不会按照固定的顺序发展，大多数青少年会从抗拒和排斥状态进入同一性危机，经过一个延缓阶段后达到同一性达成状态。因此，青春期的弥散状态是暂时的，不要恐慌。当发现他们进入这个状态时，应做一些人为的教育干预，以引导他们实现同一性达成。

三是对处于不同同一性状态的青少年要用不同的方式来处理差距。比如，弥散型的青少年还没有发展出同一性标准，主要是帮助他们确立标准；抗拒和排斥状态的青少年，主要帮助他们获得与自己已经建立的标准一致的反馈信息；延缓型的青少年，帮助他们调整自己的同一性标准。

四是文化影响对性别同一性和角色有决定性的作用。教师和家长应着手建立有利于孩子发展的文化环境。应通过奖赏、惩罚、指导和榜样作用的结合，使青少年养成典型的同一性行为。此外，教师和父母的价值、态度、特质和人格等，对青少年的影响非常重要。随着社会的发展，男性变得更加会表达自己，女性则显得更加独立果断，这一变化，也会使青少年同一性形成变得有意义起来。如女孩受到社会信息的影响，会形成其特有的女性特质；如果男孩认为只有表现出男子气才能得到尊重的话，他们就会变得以工作为重而忽视人际关系的价值。

（三）拥有积极的自我概念的策略

英语中的"我"有两个词，即"I"和"ME"。前者用作主语，是行为的主体，表示"我想什么""我要什么""我做什么"等，后者作为宾语，是行为的客体，表示"别人对我怎么看""给我什么""要我做什么"等。这两个词就像在告诉我们，你在观察和评价别人时，也要开始评价自己。因此，对于青春期孩子的积极自我概念形成的引导将是青春期教育一个非常重要的内容。

事实上，让青少年产生积极的自我概念的因素有很多。其主要因素包括：孩子的重要他人，父母，与父母的关系和认同，父母的兴趣、关系和规矩，离婚和再婚家庭，家族习惯，孩子的性别，出生顺序，生理缺陷，应激等。

青春期积极自我概念的发展主要包括以下几个含义：

一是认识自我，其目的是悦纳自我。家长和学校都要提供机会，让孩子真正面对青春期的心理变化，比如产生成人感，增强独立感，让他们产生认识自己的需要等。在这个认识过程中，也要提醒他们明白，认识自己的过程肯定有欢笑和泪水，还有来自自身的阻力和反复。在这个过程中，帮助孩子学会思考和辨别，对自己的言行进行一些积极的、正向的思考，并通过比对他人的行为，听取别人的评价，寻找自己的不足，在别人的评价中认识自己。还有一点很重要，就是老师和家长在帮助孩子认识自己、分析自己的过程中，告诉他们这样做的目的是为了让孩子接受自己而不是否定自己，悦纳自己就要珍惜生命，把父母给予自己的爱传递下去。

目前，青少年自杀已经成为我国15~35岁青年人群的首要死因，每年自杀人数超过了200万，其中死亡率超过了10%。近年来，自杀的低龄化趋势令人担心，不少孩子因为作业没完成、被老师或者父母批评几句、一点小委屈等就选择了自杀。

二是克服负性，其目的是树立自信。前面对自卑进行了分析，这种个体对自己能力和品质评价偏低的消极情感，是人生最大的敌人，能吞噬一个人的自信心，应坚决消灭掉。

自卑感强的人往往会有过一段特别严酷的经历，有过心理创伤，因此，会在性格上表现出小心、内向、孤独、偏见、固执等特征。在消除自卑上，应进行一些有意的训练：一是自我暗示。如每天起床或要做一件什么事的时候，在心里对自己说"我可以做到"。二是让自己笑起来，经常面带微笑。三是在公共场合，尽量让自己在显眼的位置出现。比如上课、开会时，尽量说服自己坐前面，能引起别人的关注，拉近与台上老师的心理距离，赢得他们的赏识。四是提高自我胆识。正视别人，用温和的目光与别人打招呼。五是注重仪态。注重自己的仪表，挺起胸膛用稍快的速度走路，给人带来明朗的心境。六是捕捉成功的心理体验，多创造机会让自己体验到成功的喜悦。七是学会发现自己的优点，心情不好、遇到挫折时，想想自己的优点，给自己做一些积极的自我暗示。

三是调控情绪，其目的是应对挫折。要引导孩子做自己情绪的主人。应告诉孩子，在日常生活中，无论做什么事都带有情感色彩，你会因为某事感到高兴，也会因为某事感到惋惜，还会因为某事感到失望，甚至会因为某事感到愤怒。情绪虽然是人生命中的一部分，但要让情绪为我们服务，要学会调整我们的情绪，正确应对挫折。

调整情绪的方法：一是要培养乐观的生活态度，无论什么问题，要相信总会得到解决。二是学会情绪管理，通过一定的策略和机制，使情绪在生理活动、主观体验、表情行为等方面发生一定的变化，学会以适当的方式在适当的情境表达适当的情绪。三是尽量使自己的生活学习张弛适度，让生活更有节奏和情趣。四是从改变不合理认知入手，使自己的行为符合社会道德规范，符合自己的客观实际。

应对挫折的方法：一是保持理智冷静，分析失败的原因，是客观的原因还是主观的原因；再想如何解决，不用"我不行""我真笨"之类的负面暗示引导自己。在实际学习生活中，有意地锻炼自己的心理承受压力，先树立一个小目标，努力完成它，再不断修正调高目标，向着目标再出发。

正面清单：如何拥有积极的自我概念

孩子的重要他人，特别是那些高水平的重要他人的评价或看法，可以决定一个人的自我概念。因此，作为孩子的重要他人，要尽可能地在孩子面前呈现积极正向的形象。

始终保持亲密和睦的家庭关系。具有较高自尊的青少年与父母的关系更亲密，他们与父母更亲近、相处更和谐。

家庭是孩子的复印机，孩子就是一件复制品，父母的行为极为关键。青少年的自尊与父母给予他们自主的程度，父母的包容度、灵活度，沟通水平和分享的快乐有关，父母在这方面要做得更多一些。

多支持孩子的一些创新想法，引导而不是粗暴地制止他们的一些"怪异"想法和行为。因为，青少年的自尊与父母的支持、参与和控制有关。

权威型父母培养出的儿童具有高自尊水平，但这个权威本身仅指父母在某些方面做得足够好。

作为母亲，需要注意的是，青春期的女生如果与母亲关系十分亲近，会认为自己自信、聪明、通情达理并具有自制力。反之，女孩可能会叛逆、冲动、脾气暴躁、不够机灵。

作为父亲，需要注意的是，青春期的女生如果与父亲关系融洽，有利于她重视自己的女性特质，并用积极的态度接受自己作为一个女性的身份，有利于异性关系的建立和调节。青春期的男生如果同父亲关系良好，则更可能和女性建立融洽和谐的关系。

尽量对孩子表现出温情和关心。如果父母对自己的孩子表现出温情、关心和兴趣，孩子则可能具有高自尊。

特别应避免的是家庭矛盾在青春期孩子面前呈现。家庭矛盾特别是离婚家庭更容易导致低自尊的出现。

经济条件较好的家庭要注意让孩子做出选择，适当拒绝他们不断提出的一些物质要求。因为家庭的经济地位对孩子的自尊也有一定的影响。社会经济地位较低的孩子能更好地面对失败。

最好抚养两个孩子。独生子女可能比非独生子女、全是女孩家中的第一个男孩具有更高的自尊。

有生理缺陷的孩子在发展自我概念和自尊方面有一定的困难。

负性生活经历多、经常受打击的孩子的自尊水平会降低。

总之，青春期女孩的自尊要比男孩略微低一点。

二、青春期性心理

青春期的到来最典型的表现就是对性的兴趣大大增加了。从关注自己身体的变化，发展到对别人的变化感兴趣，随即会产生越来越多的疑问。青春期的男孩和女孩都逐渐意识到了自己正在发展的性感觉、性冲动，他们急于想弄明白的是，这些感觉和冲动是如何产生的，应该如何来表达这些感觉和冲动。

青春期最大的心理特点之一，就是性意识的觉醒。所谓性意识，即是对男女之间关系的看法。仿佛一夜之间，青春期的男孩女孩开始对异性有了特殊的体验和向往意识：男孩女孩都开始关注自己的形象，开始喜欢打扮起来；一些爱闹腾的孩子开始变得安静起来；男孩女孩的性别界限开始清晰起来，各自有了自己的圈子……

青春期的男孩和女孩，大多会开始触摸自己的身体，包括把玩自己的生殖器，他们会体验到一些暂时的快感，会开始通过谈论、开玩笑、讲笑话、浏览网页等方式来表达自己对性的认识。这些让家长愕然和老师惊恐的行为，其实都是受探询人类特征的好奇心驱使，是青少年了解、表达和学会控制自己性感觉的方式。

　　青春期的青少年，也开始对和别人发生性体验感兴趣，这虽然大多出于好奇心，但也有一部分人是出于对性本身的刺激和释放，也有一部分青少年则是为了表达对另一个人的爱慕、情感、接受。他们主要是通过性行为来表达情感和信任的需要，不一定是单纯的生理需要。

　　人类的性，就像人类的身体和大脑是与生俱来的一样，人的性潜质也是与生俱来的。人类天赋的性，一方面能够繁衍后代，另一方面可以表达爱情及享受快乐。随着社会对人口再生产需求的下降，性的繁衍功能大大下降，而表达爱情、享受快乐和增进健康的功能对现代人来说日益重要，这就使性科学成为对幸福人生十分重要的学问。因此，从科学意义上说，人类的性具有生理层面、心理层面和社会文化层面的深刻含义。

　　虽然性是人类和其他动物都具有的本能之一，但人类的性行为与生殖行为却与动物的不同。动物的交配与繁殖是纯粹的本能行为，但人类的性欲满足却伴随着爱的亲密关系，人类的生儿育女更是一种有意识、有目的、有条件、有选择的行为。可以说，人类的性行为和生育行为都是文化现象，受着人类的自主意识和文明社会的规范主导，根本不同于动物世界的本能现象。因此，在讨论人类的性潜能时，就需要有科学的知识与信息，全面了解性的三个层面，以便弄清什么是科学的性观念、健康的性行为和负责任的性抉择。

　　两性之爱是人类特有的一种感情和关系、责任和行动。它与本能的性冲动所驱使的纯粹肉体关系不同，也有别于坠入情网的短暂激情体验。两性之爱是人的重要潜能展示，是两性相悦相依的高尚感情和恒久关系，是人性美好的体现，是创造生命的动力，是抚育生命的保证，是人生幸福的源泉。

　　美国心理学家弗洛姆认为，人类两性之爱应包含以下几个要素：第一，奉献。对所爱者真诚关心，为对方的成长与完善而心甘情愿地奉献自己的一切。第二，责任。有高度的责任感，为爱的关系敢于承担终生的责任。第三，尊重。充分地尊重所爱者，绝不强加于人，或为自己的需要而强迫对方改变；在分歧面前求同存异。第四，理解。设身处地为对方着想。理解是尊重与责任的基础。

能够理解，才能与对方交流与沟通，从而深化爱的关系。

总之，人类两性之爱不是本能欲望的自然发泄与满足，而是经由人的意志力选择而表现出的负责任的行动。

我们发现，今天的青少年已经变得和过去的人们不太一样。他们甚至有些渴望接受刺激，虽然电视、杂志、家长、教师经常告诫他们应该怎么做，但如性疾病传播、未婚怀孕、堕胎等现象还是经常出现。因此，有必要用正规积极的教育来帮助青少年纠正一些错误的观念，协助他们顺利走出道德困境。

GSG 案例库

小雅是初三（1）班的英语课代表，不知什么时候开始，她莫名其妙地喜欢上了班上一名男生颜权。颜权同学长得很帅，学习成绩好，体育更棒，是女生注目的焦点。一次英语课上，小雅带领大家读单词，因为紧张，一个生词不会读，颜权帮她解了围。一周后，班主任把他俩调成了同桌，这让小雅很兴奋。但每坐到他旁边时，小雅就会非常紧张，唯恐自己会在他面前出丑。每次看到他和别人说话，小雅心里都特别不高兴，甚至烦躁……

中学生性意识发展的五个阶段：渴望了解性知识及两性关系的阶段，对异性的暂时疏远期，对异性的好感期，模仿性初恋的阶段，爱情的萌芽与发展阶段。像小雅的情况，就是性意识觉醒的正常表现。但这并不是初恋，这只是她内心深处对爱的初次体验，只是人的性意识发展中的最初阶段的表现，是每个正常的人在性意识发展的青春期都会经历到的一种最微妙的情感体验。最好的对待方法是不要惊动它，使它处于安怡静谧的状态，把爱的种子珍藏在心灵的"保险柜"中！把你们心灵深处那美好的、不成熟的感情暂时冷冻起来吧，将来在适当的时候再给它解冻。

（一）青春期性心理发展

青春期的性心理发展要经过疏远期、接近期和爱慕期三个阶段。

1. 疏远期

疏远期发生在人的大约10~15岁阶段，即小学五、六年级到初中一、二年级这个阶段。男孩和女孩因生理上出现的显著差别而变得陌生不安起来。对两性知识的缺乏，使他们在异性面前产生害羞或畏惧心理，从而和异性同学变得暂时性地疏远起来。

我们是不是可以观察到，孩子在幼儿园和小学低年级时性别概念不是太明显，当他们进入小学三年级以后，情况开始发生变化了：一般是女孩比同龄的男孩长得高，这可能会让一些男孩子变得尴尬和惊奇，于是会主动疏远同龄的女孩子们。而这时候的女孩子一般不会注意到男孩子们的这种"难堪"，仿佛无忧无虑似的。这种情况不会持续太长，两年后，男孩子进入生长高峰期，变成了高大的小伙子，这让女孩子们感到吃惊了。所以，女孩子们在一起时，无拘无束，但和男孩子在一起时，就会变得腼腆斯文、疏远起来。

这些"疏远"只是暂时现象。其原因可能包括男孩女孩对自己身体发育的变化难以适应和承受、男生起初因为个子没女生高的自卑心理、女生的戒备心理以及个别人因发育早晚时间或生理缺陷等造成人际交往障碍等。这些都是正常的现象，会随着青春期对自身和异性生理、心理的理解而适应，男女之间的交往障碍会逐渐消除。

2. 接近期

接近期大约开始在人的11~12岁之后，持续时间比较长。这时候，大部分孩子都已经进入了青春期，其性心理开始进入男女互相吸引阶段。这时候的男孩和女孩喜欢在一起活动，比如一起学习，一起参加文体和社会活动。这时候，他们会惊奇地发现，只要和异性在一起，就会情绪饱满，兴致大开。

慢慢地，男女同学之间由开始的彼此产生好感变为在交往中需要努力克服不安和羞涩起来，这时候，他们会彼此进一步试探着主动接近对方。但这种因为男女间相互吸引与好感的自然表露，使他们的情感往往处于隐蔽状态，也分不清好感与初恋的区别，加之男女之间不敢也不善于交流，因此，其交流往往没有明确的对象。

这时候的男孩女孩可能会因异性交往造成心理上的困惑，也会产生一些莫名其妙的苦恼，其情感强烈，容易失控。

3. 爱慕期

初中高年级以后，男孩女孩的性意识会迅速发展。这时候的他们开始设想自己心目中的王子和公主，情感会逐渐集中到某一个人身上，偶像会形成，喜欢偶像的一切，并开始关注和模仿他们的行为，幻想开始多起来。他们将主要的注意力转移到自己的偶像上来，幻想与他在一起的场景。胆子大一些的男孩女孩会给自己喜欢的人写情书、送东西、约会，用这样的方式来表达自己的感情，甚至公开"恋爱关系"。

小明怯生生地告诉爸爸，最近他发现自己有点变坏了。吃了一惊的爸爸问他怎么回事。原来，小明最近发现自己的一个小秘密：一看见女生就脸红，心里莫名其妙地紧张，都不敢和女生说话了，但越是这样，越想和女生说话。

因害怕孩子早恋影响学习，很多的父母看见自己的孩子和异性交往就和早恋联系在一起，想尽办法干预。其实，男女的交往不仅是正常的，而且是必要的，是有益于青少年身心健康成长的。根据心理学的研究和实际观察发现：青春期交往范围广泛，既有同性知己，又有异性朋友的人，比那些朋友少，或只有同性朋友的人的个性发展更完善，情绪波动小，情感丰富，自制力较强，心理健康水平较高，容易形成积极乐观、开朗豁达的性格。

GSG 案例库

一天，张明妈妈出去买菜，远远看见张明慢悠悠地骑着车，一只手搭在旁边一个同样慢悠悠地骑着车的女孩子的肩上……张明妈妈怒火万丈地回到了家。张明一到家，她对儿子展开了怒骂，并开始了每日上下学的跟踪行动……

青少年男女应多参加集体交往。课堂上的讨论发言，课后的讨论说笑，课外的游戏活动等，为大家创造了异性交往的机会。一些性格内向、不善交际的同学，免除了独自面对异性的羞涩和困窘，喜欢交际的同学满足了与人交往的需要。既避免了只和一位异性交往的"一对一"的恋爱关系，又能使每个人都融入浓浓的集体氛围中，开阔了眼界和心胸。

在与异性交往中，要把握好交往的尺度。如果一个异性约你一同参加某项活动，如听音乐、观画展、逛书市，一般来说是正常的，公开场合的两性交往，完全可以大大方方地赴约。但要注意的是，作为女孩子应端庄、坦荡、不使对方产生误解和非分之想；男孩子要沉稳、庄重、尊重对方。如果两人互有好感，约会的次数会增多，每次约会的时间延长，甚至发展到难分难舍，恨不得每时每刻都和对方在一起时，就要注意适可而止，有所节制，减少单独在一起的次数、时间。见面时多谈谈学习，使双方的感情降温。为防患于未然，如果感觉约会是以谈情说爱为目的，必须婉言谢绝，让对方明白你的心思。对于纠缠不休，甚至威逼诱吓的人，就要请家长、老师、同学、朋友帮助处理了。

只要把握与异性交往的尺度，诚恳对人，热情大方，自尊自爱，便能处理好与异性的关系，以自身良好的修养和人品赢得异性的尊重和友情。

（二）态度与行为变化

1. 性价值观

青春期的孩子处于心理断乳期的关键时期，性意识增强，同时，性发育也逐渐成熟，性冲动是这个时间教师和家长最头疼的难题。

心理断乳期是指个人逐渐脱离对成人的依赖而走向独立的过程。对于任何一个个体来说，这个时期也是他自己最艰难的时期。因为在这个时期，青少年处于儿童和成人之间，儿童觉得他们是成人，成人觉得他们是孩子，这使他们对自己的身份认同处于混沌期。其矛盾心理主要表现在：自我意识迅速发展，自我调适能力有限；智力发展达到高峰，自我评价相对欠缺；个性形成并得到彰显，意志能力却幼稚脆弱；情绪情感丰富多彩，不稳冲动经常发生；兴趣爱好广泛，社会经验缺乏；心理承受力不足，心理免疫能力不够。

（1）性角色与性身份

能够自己认识自己的性别角色是一个自婴幼儿开始时应该重视的问题。两三岁的幼儿，随着语言能力的发展，能够从镜子中认出自己，这被心理学家称为第一镜像阶段。这一对人生起关键作用的性别自认可能持续至6岁左右。如果父母因为自身的观念，把男孩当作女孩养，把女孩当作男孩养，这会给幼儿带来性别认识上的混乱。

到了青春期，不管男孩女孩，都会积极地在异性面前展示自己的优势以获取对方的注意和赞赏，这也是性别自认的一种表现，应给予肯定而不是大惊小怪。况且，男女之间共同参与集体活动，有利于男女之间的积极互动，能够促进性别自认。

　　到了中学阶段，大多数同学的性别自认已经完成，他们在心理上已经形成了性别角色的行为定势。但也会有一些人存在性别自认障碍，有些人甚至会从心理上否定自己的生理性别，希望自己变成异性。如果能及早发现，是可以矫治的。

　　性身份指性角色的个人体验，会在特定的文化和社会环境中表现出来，这使其个体呈现出各自的倾向性和特点。比如，传统性观念正在发生变化，卖淫使性商品化，包二奶现象等。

　　在青春期，除了第二性征出现外，还有在性成熟后出现的第三性征，即个性心理特征的外在表现。也就是我们常说的男人味、女人味。绝大多数人的第三性征表现是和自己性别相同的，但也有例外。如男孩子表现出女性味十足，女孩子则大大咧咧，像个假小子。像这种不认同自己性别的现象，医学上称为"性别认同障碍"。如有这方面的倾向，要注意预防或纠正。

　　男性性身份特点：独立，情感不外露，攻击性强，崇尚权力，控制欲强，好动，爱冒险，喜欢竞争等。
　　女性性身份特点：文雅，喜欢文艺，爱打扮，情感易外露，习惯安静，敏感等。

◆ 哪些女生受欢迎 ◆

脸上有微笑；

温柔大方；

活泼不疯癫；

稳重不呆板；

清纯秀丽；

朴素善良、随和；

聪颖、善解人意；

纯真不做作；

有性格；

能听取别人意见；

有主见；

充满自信和朝气；

不和男生打架；

……

◆ 哪些男生受欢迎 ◆

大胆、勇敢；

幽默、诙谐；

思维敏捷；

善于变通；

好学；

团结同学；

重视友情；

集体荣誉感强；

有主见；

热心助人；

有上进心；

勇于承担责任；

有魄力；

……

小霞最近发现，宿舍里的好几个女生都有了男朋友，她们比以前更在乎自己的外表了。小玲的个子不高，她对高跟鞋十分偏爱，最近都买了三双了！小红有点胖，最近都不吃肉了，每顿饭只吃一点点蔬菜和水果，喝白开水比以前多了不少！小兰皮肤有点黑，一有空就会研究起化妆品来，还买回了一大堆的瓶瓶罐罐……

许多女孩可能都会有这样的想法，如果我个子再高一点就好了，这样他才会喜欢我！要是再漂亮一点，他就会注意到我了！男孩子会想，我没有强健的肌肉，是不是永远没有女孩子喜欢我了？女孩子经常对着镜子照，我的大腿这么粗，怎么样才会细一点呢？确实，许多时候，青春期的男孩和女孩都会想这方面的问题。但要知道，要改变自己的外貌是很难的，更重要的是，是不是改变后就能得到"爱"呢？

事实上，每个男孩和女孩都不是完美的，每个人都有自己的特点，具备其中任何一点都会受到异性的喜欢。还有一点需要明白的，被一个人喜欢，除了外貌，更多的是性格、修养方面的因素，而这些都是需要每个人认真努力修炼才能得到的。所以，外貌只是"爱情"中很小的因素，占绝对主导因素的是个人性格、气质、修养和能力等。一个男孩可能会因为一个女孩的长发而喜欢她，但不会因为长发而选择不分手。

男性和女性的性别心理差异，是由其生物学基础决定的。比如，在感情流露上，男性表现得明显而强烈，女性则比较含蓄而深沉。在内心体验上，男性更多的是新奇、喜悦和神秘，女性则是惊慌、羞涩和不知所措。在表达方式上，男性一般比较主动，女性则采用暗示的方式较多。

性取向指一个人所采取的满足自己性欲的方式和渠道，是一个人性观念、性心理和性行为方式的集中体现，其选择与身心健康（性健康、性失误、性犯罪）密切相关，这是个体自己可以选择和决定的。青春期教育必须帮助青少年选择科学、正常、健康的性取向，这是他们走向社会的第一步。

(2) 拥有正确的性价值观

性是人类社会最高级的一种两性感情发展表现形态，只有这段关系对两个人来说都比较重要时，他们才会发生性行为。性行为意味着亲密情感的增加，意味着爱的感觉的增加，意味着彼此间责任和义务的增加。因此，帮助青少年形成正确的性价值观，对于他们未来的婚姻家庭生活具有十分重要的影响。

性是什么？很多人理解为人需要通过性来释放生理冲动。但无数的研究结果显示，这并非是唯一的答案，青少年的性心理和性行为也表明了他们是出于情感的需要，如渴望得到爱、享受认同、证实自己的性别（男性或是女性）气质、加强自尊、发泄愤怒、打发无聊等。性的动机和性本身并没有必然的关系，只是为了表达和满足那些与性无关的需求。但是，如果青少年觉得性是一件需要应付的麻烦事而没有得到精神上的满足的时候，就会增加他们的沮丧感，降低青少年的自尊，减少亲密感和性的满足感，甚至还可能产生过敏反应。这种在青少年时期形成的负性性习惯和性心理，有可能会一直延续到成年期。

青春期的孩子对性的感觉大多属于好奇，他们对神秘的事物总是想一探究竟，这个时候，他们不会太多地去考虑什么负责不负责的问题，他们的目的是寻求答案。当结果出来后，他们才会在事实面前意识到后果可能已经超出了自己所能承受的范围。

 GSG 案例库

　　自从妈妈知道强强上黄色网站的事后，就没收了他的电脑和手机，给家里断了网络，控制了他的零花钱，他没法上网了！

　　但强强的心好痒呀！他在爸爸的电脑前徘徊了多次，无奈地回到了自己的房间。他的心烦躁起来。不知道为什么，几天不看黄色网站上面那些刺激的画面，不看那些关于性爱的叙述故事，他就踏实不下来。每次看，他都不自觉地手淫。现在，强强在学校里很讨好他同桌的女生。虽然她不很漂亮，但还是很想碰碰她，和她靠在一起。每次和她说话，他就会想起电脑里的那些事……

　　刚进入青春期的少男少女对成年人的关系和性充满好奇，看黄色光盘、上网聊天、交友、网恋则是破解奥秘的一种途径。他们的头脑就像一架照相机，色情图像的摄入会使他们不容易忘记。实际上，色情的东西很容易让人成瘾。就像酒精和毒品能使人上瘾一样，对色情作品上瘾的人会发展成一种欲望：想看越来越多的图片以满足这种色情瘾。当今的青少年学习压力大，精神长期紧张，有时为了寻找一个放松的空间，加之他们在人际交往中常出现阻碍与困惑，和父母也不能很好地交流，造成生理和心理上的痛苦，而上网会使他们长期压抑的身心得到宣泄。

　　青少年沉溺于上网，在虚拟世界里会渐渐迷失自我，自我封闭，与现实世界产生隔阂，不愿与人面对面交往。长期下去，影响青少年正常的认知、情感和心理定位，导致其人格的分裂，不利于青少年健康人格和正确人生观的塑造。青少年沉迷于黄色网站后，精神完全依赖于虚幻的世界。一旦离开网络，便会产生精神阻碍和精神异常等心理问题和疾病。更有甚者，黄色光盘、网站会使性欲敏感度降低，耐受力增强。最初看时很容易兴奋，几次之后，则需要更强烈的刺激才能引起兴奋，最终造成阴茎勃起障碍，性神经疲劳甚至阳痿。

　　如何才能让青少年远离黄色网站？首先，要让青少年多交朋友，多参加一些有意义的活动。大部分青少年认为与家长有代沟，不与家长交流。家长要主动与他们交流，保护他们。其次，帮助他们采取措施转移自己的注意力，增加他们对于知识的学习欲望。当你发现他们想上网时，可以有意地找本书让他们看看，或者安排一些他们喜欢的活动做做。如不能立即戒掉网瘾的话，可逐步地减少上网的次数与时间。第三，可以参与监督孩子的上网行为，或者让他们参加一些性健康教育讲座，消除对性的神秘感和性苦闷。

在性别差异方面，男孩子通常比女孩子更多地接受没有爱情的性。在为自己的性行为做解释时，女孩更多会谈到是情感的需要，"我爱他"，她可能会去想那个和自己有性关系的人，会更关注自己的名誉。男孩更多地强调性释放后的愉悦和轻松，甚至可能会变成他们炫耀的资本，他们不会知道，自己这样的表现对"她"造成的伤害和背叛的程度有多深。

◆ 青春期爱情的三个特点 ◆

爱情发生自然正常。在青少年中出现恋爱，是他们走向成熟过程中很正常、很自然的现象，不值得大惊小怪，更不是道德问题。少男少女的爱情需要包容、呵护、温情与耐心疏导，不是冷漠、排斥、粗暴封堵等无情伤害。

感情纯洁美好。青春期男女的恋爱多是初恋，他们付出的是最纯洁、最真挚的感情，充满着无数美妙的遐想。无论这份感情在成年后能否结出爱情之果，都会深深地收存在心灵深处。要充分理解、尊重和爱护这份既幼稚又纯洁、既忐忑又美好、既羞涩又兴奋的朦胧情感，尊重他们的人格，保护他们的隐私，帮助他们克服不足。

认识和把握爱情的能力稚嫩。和成年人相比，青春期的爱情青涩稚嫩，稚嫩常常会引发伤害。

2. 青春期的恋情

一旦有自己喜欢的异性，就可能会毫不顾及对方的心情而单方面行动，所谓"爱就要大声说出来"，青春期的男女如何正确理解恋爱感情和性意识，是他们步入青春期面临的一大课题。

 GSG 案例库

女生芊芊生长在一个知识分子家庭，从小喜欢诗文，常常沉浸在幻想当中。15岁时，她在放学回家路上被一男生截住，威胁她和他交朋友，一个路过的男孩帮芊芊赶走了他，并满脸真诚地表示保护她是应该的。从此，芊芊就认定这个男孩是个好人，是自己可以倾注全部感情的知己。她给男孩写了一封热情洋溢的信，并很快投入男孩的怀抱，献出了自己的全部。但不久，芊芊发现这个男孩原来和事先威胁自己的男孩是一伙的，两人联手导演了这出戏！芊芊恍然

大悟，明白了自己受到的欺骗和侮辱。从此，她对爱情彻底失望和厌恶了，直到30岁没有再谈恋爱。

科学研究发现，25岁之前的人缺乏抽象思维，不易对事情做出正确判断，容易受周围环境和外人的影响而做出对未来有害的事，导致身体、心理、情感的终身伤害。芊芊就是一个例子，因为偶然的事件钻入别人事先设计的圈套，被这些虚假的感动所迷惑，轻率地奉献了自己最宝贵的东西。有数据显示，在17岁就谈情说爱的少年中，有很多人由于不能从初恋的困扰中解脱出来，以至于后来患上了精神疾病。近年来，女孩子由于情感纠葛发展为忧郁症的机会增加了三分之一，而患相思病的男孩子比女孩子更容易犯罪和酗酒。一个有感情烦恼的年轻人，注意力会不集中，学习成绩及与家人的关系会变得很差。

(1) 青春期恋情的特征

青春期恋情有一个比较明显的特征，就是当事人会首先考虑自己的情绪，不会顾及对方的心情，他们会根据自己的情绪变化做出相应的反应，甚至是冲动的感情表现。许多人不擅长配合场合来表达自己的感情，当喜欢上一个人时，完全不知道应该在什么时候、用什么方式来表达才能赢得对方的心。所以，我们会经常看到一些莽撞的行为出现，因此而引发对方家长抱怨的问题也不在少数。比如，一些男孩守在对方的家门口，等待对方出来突然开口表白。他们不明白，这种按自己的方式来表达爱慕之情，虽然毫无恶意却会招致对方的厌恶。因为毫无心理准备，有时也会因为被人取笑而讨厌你。

小民进入中学后，第一次喜欢上了班上的小华。虽然他完全不知道该怎么去和小华相处，但心里却每天都想见到她，并且想知道她每天都在干什么。许多次，他都一直跟踪小华直到她回家。有一天，小民鼓起勇气和小华聊天时，突然说出一句"做我的女朋友，好吗"，吓得小华目瞪口呆，从那以后，小华处处躲着他……

像小民这样不懂得发挥想象力去委婉追求，不知道先做好朋友的男孩，在青春期经常会遇到。第一次谈话失败后，男孩的自尊心受到打击，也不和对方进行交流，致使误解加深。一些性格开朗的孩子，喜欢和对方聊天，也大方地把自己的东西借给对方或送给对方，结果会被对方误认为对自己"有意思"，也有一些青少年，没有和对方交流过几次，却一心认准对方就是自己命中注定的人，然后唐突地向对方告白，或者在没有接到对方邀请的情况下，贸然去对方家里玩，这些都是社会性缺乏的表现。他们会由此陷入一个恶性循环中：不懂得如何与对方相处但爱慕之心却越来越强烈，脑子总是在设计采取什么行动；初次见面就喜欢动手动脚，让对方恐惧或厌恶；在对方拒绝的情况下不死心，结果被误认为性骚扰。像小民这样的情况，大可不必放弃恋爱，而应努力学习适度的交往方式，合理的交往顺序，避免给对方造成惊吓。

其实，无论男孩女孩，都存在不擅长和自己喜欢的人交流沟通的情况，不明白对方的真实意图，也不懂得如何表达自己的心意，如果是这样的话，就应该做出一些改善，以减少和喜欢的人之间的误会，否则就会使恋爱变成单方行为了。

有些女孩会比男孩更加积极主动。我们常可以看到在对待恋爱的态度上，男孩较为忧郁消极，一些男孩会认为，女孩过于在意穿着打扮、举止，因此不想和她们在一起；也有一些男孩会被男女交往肯定会花钱、花精力而影响学习等主观观念束缚，在开始交往前就特别避开，消极对待异性交往。一些女孩则显示出积极交往的现象，她们甚至会因男朋友一句"我爱你"而改变自己，对男朋友言听计从，结果在短暂的"幸福"过后，发现自己最终被利用了。

GSG 案例库

晓涛现在很怕和女孩子说话，觉得配合女孩子是件很麻烦的事情，看到旁边的同学开始谈恋爱，他觉得这和自己没有任何关系。而娜娜则不同，她对待恋爱非常积极，只要是自己有好感的男生，就会积极和对方交往。由于她走马灯似的换男朋友，老师和家长都替她担心。

像晓涛这样的男孩子，属于不理解常识，不明白男女交往的规则。因为他没有办法引导对方，所以他很害怕和女孩交往，丧失了自信。而娜娜却领会不了男孩的要求，一些男孩明显只是对性方面感兴趣，却通过花言巧语来掩饰自己内心的真实目的，如果女孩领会不了这些话的本意，就会老老实实地相信对方的"承诺"。因此，在男女交往中，要注意别让对方钻了自己不擅长的空子。为了不被对方欺骗，请多和朋友、家人交流，听听他们的意见。作为家长和老师，也要注意自己的孩子在这方面的一些不太一样的变化。

青春期的男孩女孩，会因为在同异性交往过程中遭受挫折而变得否定自我起来。这样的话，他们会对自己的未来感到悲观，并有可能丧失恋爱的欲望。对这样的孩子，家长和老师要及时给予引导，主动关怀，帮助他们消除误解，让他们明白事情并没有想象的那么严重，只是需要一些技巧和时间而已。

GSG 案例库

　　小西是一名高一的学生，喜欢上了另外一个班级的女生小兰。当他意识到自己还有一个竞争者时，决定提前采取行动。于是，在小兰的生日聚会上，他写了一封措词激扬而热烈的求爱宣言，当众表示自己爱她，结果让小兰非常尴尬，从此连话都不和他说了……

　　一些青少年会从文学作品中生搬硬套与人交往的方法。当对异性的兴趣增强时，他们就会从文学作品中套来一些方法进行"实践"。这时他们意识不到这样做有什么不对，也不会感觉到自己的不自然，反而觉得自己是为了实现理想而做出的努力。之所以会出现这样的情况，也是因为他们不懂得如何处理带有性意识的感情。这让不少青少年在获得与性相关的知识上栽了跟头。在青少年群体中，获得性方面的知识是在朋友间通过一些隐晦的方式获得的，但有些青少年却不擅长理解这些没有用明确语言表示出来的约定，因此，他们没有办法做出与自己年龄相符的行动，从而让他们自己也陷入苦恼中。

　　因此，家长和老师要学会指导孩子的文学作品阅读，帮助他们通过阅读文学作品来学习情感表达，来学习如何理解别人的感情，而不是把阅读重点放到对作品中的信息的接收。如在家里看电视时，就可以一边看电视，一边有意无意地向孩子做一些解释和引导，以帮助他们获得相关的正确的知识。当作品中的方法出现错误时，就会导致不好的结果出现，而文学作品中的方法，大多是作者编者意志的体现，属于个性的行为，不一定适合每个人，特别是青春期的孩子。

GSG 案例库

　　小东从小就喜欢亲近女性，为此，没少挨批评。在他5岁的时候，一年夏天，妈妈的同事来家里玩，他非要去撩阿姨的裙子，结果被妈妈生气地揍了一顿。但小东的这种"兴趣"仍没有减退，到了中学后，他开始对女生的靴子、裙子等感兴趣，有时会目不转睛地盯着女生看……

　　小东并不知道自己的这些行为是性骚扰。他也觉察不到对方会因此感到不快，因此，他总是会毫无恶意地靠近或注视异性。其原因有很多，最常见的原因之一就是小东小时候很喜欢与妈妈在一起，这种肌肤相亲的感觉直到长大仍然保留着。在这样的孩子的潜意识里，觉得和他人之间的肌肤相亲能像小时候一样博得周围大人的喜欢，他们不了解与年龄相符的男女相处应该是怎么样的。这样的孩子，可能会衍生出性方面的意识，如不经过别人的许可就随意触碰别人的物品，或者想买一些与自己的年龄和性别不相符的东西。这样的孩子，在学校里会被认为是另类，会因此受到老师、家长的严厉批评甚至处理。因此，如果能引导他们改变这一认识，让他们掌握与其年龄相符的肌肤之亲，问题就能得到解决了。

　　需要提醒的是，有的孩子对异性的身体和携带的物品感兴趣，是可以通过学习与人接触的恰当方式得到改正的。

　　许多家长和老师都在担心，如果我们给青少年讲解性知识会不会使他们对诸如自慰、性行为等产生兴趣，从而诱发更多的问题。

GSG 案例库

　　2017年春节刚过不久，新闻媒体上一则《〈小学生性健康教育读本〉引发家长吐槽：尺度太大！》的新闻引发关注。杭州萧山一位妈妈吐槽学校发的《小学生性健康教育读本》并晒出图片，引发网友热议。这位家长吐槽说：现在小学二年级就开始学习了吗？这书这样编辑真的好吗？确定这学校里发的不是一本假书？对于这位妈妈的吐槽，网友有两种观点：一种是赞同，认为这样的内容对孩子很有必要；另一种是反对，认为太赤裸，会让孩子产生好奇心理。而专家认为孩子的世界很单纯，正当解读对孩子是有益的。

确实，性教育如何开展，用什么尺度和方法开展，这在中国往往成了一个比较复杂的问题。专家几乎都持一种观点：学生从低年级起就对自己是从哪里来的感到好奇，若不能从正当途径解答，他们很可能会向黄色书籍、网站寻找答案，这会对孩子产生误导。我们也认为性教育是必要的，因为性教育属于生命教育的范畴，对孩子进行性教育，就必须关注孩子。现在的教育是教师的教育，是家长的教育，是政府的教育，唯独不是孩子的教育。似乎这一切跟他都没有关系，是家长、老师、政府认为应该如何如何，学习者的主题地位没有得到尊重。所以，教育的前提是尊重，除了态度上的尊重，也包括对孩子心理生理发展规律的尊重。

什么样的内容和教育形式更为合适？家长和孩子应该如何做？首先，在和孩子谈论性知识的时候，其内容应与孩子的年龄相符，要用他们理解的方式解释问题，也没有必要在一开始的时候就面面俱到，可以一次只解决一个问题。比如，在2岁时，让他能辨别身体各部位的名称，包括生殖器官。3~5岁时，应让他知道，一个生命的降临需要男人和女人一起合作才能实现，新生命是在妈妈的肚子里长大的。还应知道身体是自己的，要学会保护自己的隐私部位，哪些地方是不能让别人触摸的。5~8岁时，应了解性关系在恋爱关系中的作用，应让孩子知道隐私、裸体和在与人打交道过程中如何尊重别人，应了解一些青春期的基本知识（因为一些孩子在10岁前会经历青春期发育）。9~12岁时，应知道性行为和避孕的知识，应明白人与人之间什么是积极的关系，什么是消极的关系，能够判断媒体中描述的性行为哪些是真的哪些是假的。13~19岁时，掌握如何避免遇到困难和危险时的解除方法。

应该强调的是，在这个过程中，父母也好，教师也罢，都要思考一个问题：自己在这个年龄时都遇到了什么？在引导孩子的时候，要考虑孩子的年龄，用孩子能够理解的方式，没有必要回答孩子没有提到的问题；要保持用对话的形式和孩子讨论，如果遇到一些问题，可以温和地反问他们，以正确地发现孩子真正要问的问题是什么。在这个过程中，对孩子要诚实，因为他们能够觉察到你是否真诚，当你也不知道答案时，可以明确告诉他并和他一起来寻找答案。一些适合这个年龄的书籍可以让孩子参考，这样也会避免一些尴尬。最后，提醒家长和教师，性教育是一个持续性的过程，在这个过程中，要始终保持冷静。

(2) 青春期恋情发生的条件

青春期的恋情习惯上被老师和家长称为"早恋"，这种说法本来就不科学，这是孩子在青春期应该出现的一种正常现象。事实上是，如果一个孩子在青春期出现对异性不感兴趣的情况，那才是应该引起关注的。

在现在的中小学校，谈"恋"色变，把青春期教育和防早恋教育画等号。现在最流行的说法和做法就是围追堵截，恐吓威逼，结果是人困马乏，效果不佳。在处理青春期恋情这件事上，用"你现在的主要任务是学习"或鼓吹早恋的合理性来讨好学生都不科学，也不管用。因为没有找到问题的根源所在，就像医生看病，没有找到病因，结果是头疼医了脚。

接到求爱信息的青少年肯定会脸红心跳，一阵欣喜又不知如何是好，这都是正常的反应。最重要的是让自己冷静下来，用理智的态度分析这些信息的用意，是真的喜欢自己，想交个朋友，还是别有用心，利用你的幼稚打坏主意，然后明确地给对方一个答复。注意，这个答复必须明朗、坚定，不能含糊其词，要打消那种"有男生追求我说明我有魅力，也可以在同学中显摆一下""有女生追求我说明我有本事"等心理。恋爱的门，如果自己不开锁，别人是打不开的。一旦开锁就会带来烦恼和痛苦，就可能会有不能预知的不良后果。

如果发现青春期恋情，怎么来寻找"根源"呢？

◆ 原因一：好玩 ◆

现在的孩子，即使是幼儿园大班，对某个孩子公开说喜欢谁谁，这都不是什么新鲜的事了。但这种喜欢，不是恋情，是他们跟媒体学来的，他们自己并不清楚自己在说什么、做什么。还有一些孩子，喜欢不停宣示自己的"爱"，他今天会说喜欢 A，明天可能会说喜欢 B，甚至说出我想和谁结婚之类的话来，这也不是"爱"，它可能因为一点小事说"分手"就"分手"了。像这样的小学生之间的"恋情"，一般不会影响到他们的学习和生活，他们的这种"爱"会因自己的注意力转移而发生变化，容易受到周围环境的影响，有时甚至是在别人煽动之下做出的，这更多的属于好奇和模仿，老师和家长不用大惊小怪。

"张老师，不好了！马戈虎说他爱上梁爱诗了。"爱告状的李小丢这次告状的内容有点特别。张老师是位有经验的班主任。她笑眯眯地看着李小丢说："那怎么了？我还爱上你了呢？"李小丢还想解释，张老师笑着说了句"好的，老师知道了"，就让她回教室上课了。

像这样的小学低年级学生之间的"恋情"，一般不值得大惊小怪，老师在公开场合要坚持不盲目相信，这样有利于平息事态。老师要给"挑事人"说清楚，喜欢谁都是正确的，但不能让别人感到不自在。如果这样，就不是真正的喜欢他了。更不能骚扰对方，不能违反学校纪律。

◆ 原因二：缺乏关注 ◆

孩子进入青春期后，对情感的需求比较强烈，他们一般没有真正的性需要，即使有也是第二位的。他们的拥抱和接吻行为大多是"不好拒绝"。这种情况的原因主要是孩子缺乏关注，有可能是家长，也可能是教师。比如，有些家长工作太忙、应酬太多，对孩子关注不够。一些老师因为某种原因，对孩子的关注也是不够。这样的孩子，在家里没交流，在学校没沟通，孩子会因缺乏倾诉对象而自己去找，一般会找异性同学倾诉，这样，会被大家认为是"早恋"。

王小吴的爸爸和妈妈经营着一个相当规模的贸易公司，每天早出晚归，跟孩子基本上没有交流的时间。直到有一天，班主任老师跟爸爸谈话，才知道孩子最近谈恋爱了，学习成绩迅速下降。爸爸妈妈这才开始着急起来。

像王小吴这样的情况，属于情感缺失。他们在一开始的时候，目的很简单，就是想找一个说说话的人，容易从友谊滑向恋爱，特别是高中学生。主要的教育策略应是满足他们的情感需要，而不是批评他们早恋。教师先不要告诉家长，应指导他们与孩子沟通，做孩子忠实的听众，如果家长和孩子沟通有困难，或者是孩子根本不听家长的，教师可以代替家长，或者帮助他找到知心的朋友。

有一点要注意，一些父母感情不好，经常在家吵闹，孩子缺乏安全感，为了获得安全感而产生早恋。这种早恋，来得快去得快，因为这种家庭长大的孩子，一般对异性不太信任，疑心很重，会因为一点小事发生冲突而致分手。如果疏导不及时，会让孩子恐惧异性甚至仇恨异性，这更危险。因此，父母要注意自己在家的形象，尽量不要当着孩子的面争吵，老师要尽量在班上给孩子营造和谐的氛围，并让他去幸福家庭的同学家做客，慢慢引导他对幸福家庭、爱情有一个正确的认识。

同样，单亲家庭孩子也会因为缺乏情感而选择早恋。跟母亲过的孩子缺乏父亲的关爱，跟父亲生活的孩子缺乏母亲的呵护。她如果遇到一个有男子气的男生，他若遇到一个母性十足的女生，就可能会走到一起。教师这时的工作顺序应是首先要指导家长了，要指导不在孩子身边的家长多给予孩子关注，实在不方便，应寻求角色替代。

◆原因三：父母行为◆

父母的某些行为会对孩子产生性刺激。如住房紧张的家庭，父母性生活被孩子看到；父母行为轻浮，说话带"黄"等，使孩子过早地被性刺激，也会模拟父母的行为。其早恋特点是张扬，追求实效，影响较大。

扬扬长得很帅，很阳光，许多女生就喜欢他"嘴贫"，换女朋友跟走马灯似的。像扬扬这种情况，应主要由学校、教师来处理，家长方面效果不大，因为家长能把自己管住就不错了。而且，这种学生，批评、表扬意义都不大。应从发挥他们的长处入手，转移他们的注意力，让他少想点这方面的事即可。教师应注意在班级里营造一种积极向上的氛围，对一些不好的行为，如说下流话等进行抵制，同时，要教育异性同学，注意不和他单独呆在一起。最后，相关制度也要跟上。

◆ 原因四：同学因素 ◆

有些早恋是因同学"起哄"促成的。青春期的孩子渴望得到别人的关注，获得他人特别是异性的喜欢，这是正常的心理反应。在班里，如果两个同学关系比较近一点，就会被一些同学起哄，弄假成真。

GSG 案例库

"马洪斌跟冯蕾好上了。"

"昨天就是马洪斌骑自行车把冯蕾带学校来的，放学时两人一起走的。"

"中午两人一起吃的饭，互相夹菜给对方了。"

……

像这样的情况，在许多学校都会碰到的。教师要及时制止，但不能在班里公开批评，这会起到反宣传作用。教师首先应私下制止那些"造谣者"，但在公开场合应表现出"没事"一般，不承认他们在谈恋爱。其次，应提醒全体同学如何建立同学之间的友谊，如何控制自己的情绪。

◆ 原因五：教师促成 ◆

也有一些早恋的案例是由教师无心促成的。如教师思想保守、心理过敏，会对一些学生的亲密表现认定为早恋，造成学生逆反，弄假成真。

GSG 案例库

冯博在校门口被班主任马老师拦了下来，原因是他的自行车上带着杜微微。这不是马老师第一次发现他俩了。到了办公室，冯博坚持自己是在路上见到杜微微顺带捎上的，杜微微解释是因为自己的自行车半路上坏了。结果，马老师大发雷霆……看到因为自己让冯博被老师训斥，杜微微觉得愧疚，不停地安慰冯博……不久，班上的同学发现，两人真的确立了恋爱关系。

学生很善良，看到对方受老师的冤枉，加以安慰，于是便产生了好感。这种情况很多，很自然。老师看到学生早恋，肯定应该引导，但要注意方法，不能由自己主观推定。老师要熟悉孩子们的交往、交流方式，不要被他们的一句"我喜欢你""我爱你"吓住，很多时候，这只是他们之间交流的方式而已。

◆ 原因六：学习受挫 ◆

学习上的失败者和学习乐趣丧失者都容易早恋，这是一个人逃避失败的一种方法。用谈恋爱来安慰自己，成年人也不例外，不然，为什么好多的婚外情、一夜情都发生在心情不好、工作不顺的情况下？

GSG 案例库

李飞就是这样，下课精神抖擞，上课呼呼大睡。只要不是学习上的事，他都喜欢干。追女孩子可是他的长项……像这样的情况，讲大道理不太有用，他什么都明白，但确实做不到。如果在学习上实在帮不了他，老师可以尽量让他在其他事情上多出力，给他找一条精力发泄的通道。

事实上，有些成绩好的学生也会早恋，其原因主要在于学得太辛苦。这种学生因为"一肥遮百丑"，不会被老师关注他们是否有纪律问题，因此，他们更有机会，比如，可以打着"帮助同学"的名义接近异性同学。

◆ 原因七：社会影响 ◆

网络时代，青少年会接触海量信息，这给许多的青少年带来了选择困惑：有的孩子有了"梦中情人"，而对现实中的异性不屑一顾；有的孩子觉得早恋太"庸俗"；有的孩子会追星，而对恋爱对象百般挑剔；有的孩子会把文学作品中的情景带到现实中来落实……

 GSG 案例库

王小小属于那种多愁善感的"文艺小青年"，学绘画。一天，班主任老师发现她和班上的一名男同学趁其他同学去美术教室写生的时候，用窗帘做掩护进行性行为……

像这样的情况，现在越来越多了，一些人会拿来作为炫耀的资本，这种学生在班上的危险性和腐蚀性较大，教师要及时发现，提出警告，必要时通过学校给予处理。

爱情是什么？爱情和性到底是什么关系呢？这在青春期教育中是不能回避的。爱情是什么？每个人都有自己的看法，对此，男生女生的看法也很不一样，有些女生向往的是柏拉图式的浪漫爱情，男生则认为爱情需要亲密的身体接触。

对于女生来说，说爱你的男生应该是呵护你、保护你不受伤害，是愿意和你共度一生的那个。如果不是，只能说明他并不是真正爱你。

对于男生来说，等待属于自己的女孩可能需要几年的时间，但是长久、积极、有承诺、爱意浓浓的等待也是值得的。

这些大道理看起来比较虚，但教师和家长都要务实才行。

3. 性行为

(1) 性行为的心理基础

青少年婚前性行为的发生时间与许多因素相关。一般地，性价值观与年龄、文化、民族、理想与信仰、异性朋友、开放程度、进入青春期的年龄、父母、家庭成员等有一定的关系。比如，年龄越大的青少年越可能出现婚前性行为，文化相对传统的民族比开放的民族性行为要晚，理想树立早的青少年比理想树立晚的青少年性行为要晚，有异性朋友的比那些没有异性朋友的青少年性行为要早，约会年龄早、确定关系早的青少年对婚前性行为态度要宽容一些，第一次发生性关系时年龄较小的人比年龄较大的人在性的方面更开放一些。

性行为发生时间与青少年进入青春期的年龄有关，这主要是荷尔蒙对青少年自我概念的形成和性需求的影响造成的。月经初潮时间越早的女孩，第一次

性行为出现的时间可能越早，男孩也是一样，进入青春期早的男孩要比较晚进入青春期的男孩性行为活跃一些。

在青春期早期，对青少年有影响的性价值观形成与父母有关，他们对其影响力较大。在青春期晚期的时候，其朋友的影响力要大于父母的影响力。父母的行为标准及他们同孩子之间的关系也会影响青少年的婚前性行为发生的时间。比如，父母特别是母亲本身对此问题持开放态度，他们的孩子也会这样。第一次性行为年龄较小的女孩的母亲如果离家工作，由于缺乏父母的监管，这些孩子相对比较独立，因此，这些孩子比那些母亲留在家里的孩子更有可能涉足性行为。在缺少父亲的家庭中长大的女孩为寻求情感和社会支持，会更早地去尝试性关系。来自离婚、重组家庭的孩子性行为的时间相对要早一些。

除此之外，父母对孩子的教育期望值也是影响孩子性行为时间的关键指标。父母的教育期望越高，孩子性行为活跃程度就越低。即在学习上花的时间越多，孩子在性方面就越谨慎。

父母与孩子关系的质量尤为重要。家长的行为会影响到青少年的行为，也会增加其性行为的可能性。如父母在家庭的过分亲密会直接影响青少年的性行为，而酗酒则可能间接促进其性行为的提前。

我国自古就有"物以类聚，人以群分"的说法，同样地，青少年个体容易和他们周围的同伴形成相似的价值标准。如果自己周围的同伴总是在谈论性或者性经历的话题，他们就可能会去亲自尝试一下。女孩则容易受到比她年龄稍微大一点的姐姐的影响。但与男孩相比，女孩在发生性行为前，更注重两人关系的内涵。

需要引起注意的是，诸如吸毒、酗酒等问题行为会促使性行为提前。

(2) 婚前性行为

每个人都渴望遇到自己生命中最重要的那个人，能够始终陪伴自己。这个人什么时候会出现呢？别着急，每个人都会有一个重要的人在等待中出现，但绝大部分会在20岁以后才能遇到。

◆ 未来的他（她）有什么特征 ◆

他（她）一定是让你觉得温暖、幸福的人；

他（她）关心你的感受，希望能让你更幸福快乐；

他（她）尊重你的选择，鼓励、安慰、支持你；

他（她）发自内心地欣赏你的优点；

他（她）喜欢和你在一起，即使什么都不做也不会觉得无聊；

他（她）把你纳入未来生活的每一天；

他（她）喜欢和你聊天；

他（她）可以包容你的缺点，以为这是你性格的一部分；

……

最重要的是，上面这些特征，需要你都具备才能吸引对方。因此，抓紧修炼吧。

但是，需要让青少年明白的是，爱情是什么？爱和性到底是什么关系？

GSG 案例库

　　高考结束了。玲玲和自己暗恋了一年多的班长搞了一个小庆祝活动。这天正好是玲玲的生日，正值周末，同寝室的人都回家了。两人在宿舍里准备了几盘小菜，一瓶红酒，一起庆祝。推杯换盏间，班长半开玩笑半认真地问玲玲能不能做他的女朋友，玲玲欣喜地答应了。后来，班长抱住她："我想要……如果你能把所有的给我，就是我的女朋友了。"在玲玲不知所措犹豫之时，班长解开了她的衣服……事后，玲玲非常后悔，也害怕怀孕……

　　发生婚前性行为的人典型的心理主要有：一是热恋心理。两人由初恋到热恋，性行为随之而来。二是迎合心理。有些女生感觉男友各方面都比自己强，当男方提出性要求时害怕拒绝会失去对方，因此默然答应。三是屈从心理。有求于人，在需要男方帮自己解决困难的情况下，被男方控制，尽管内心不愿意，但不得不忍气吞声服从对方的性要求。四是占有心理。因为太爱对方了，同时自己又有很多情敌，为了不使自己在竞争中失利，用性行为的方式造成既成事实，从而占有对方。五是逆反心理、掩饰心理、侥幸心理、好奇心理、喜新心理和无所谓心理等。

不管是初恋还是再恋，爱情的发展程序都不会变，仅仅是进展快慢而已。因此，异性交往时，最初的试探性、防卫性、斟酌性是必不可少的，必须充分发挥洞察力，设法了解对方的真意。要小心翼翼地投入，尽量以最低限度的情感调动对方最大程度的反应。热恋的标准是内在化和理想化，也就是达到重视对方的内在美，情人眼里出西施的程度。看男人是否爱你，要从他对你的体贴、爱护、生活上的关照考虑，而不是寻性做爱。

在日常生活中，对于不重要的事情，我们可以逃避做决定，但性是一个非常重要的事情，它将影响你的一生。所以，无论你是什么性格的人，对这样重要的事一定要慎重决定，而且一旦做出决定，无论遇到何种情况都应坚定执行。凡是一开始就把着眼点放在性上的男人，你千万别与他交往，请慎重做出性的决定。

还有，你了解多少与性相关的事实真相？了解多少婚前性行为给双方造成的危害？你能保证你们的未来肯定幸福吗？再过5年你的择偶条件不会改变吗？任何谎言和虚伪，非客观的思考将使你对性的认识失真，将影响你做出明确的、合理的决定。你做出的决定必须考虑到你的行动将影响另外一个人的生活，影响到自己的生活，还有所属的家庭和社会。你是否准备和能够承担这一责任？你的决定应该是符合社会和个人道德准则的，而不应是纯粹地、自私地把个人需求看作是压倒一切的，根本不顾及他人感受的决定。

一个深思熟虑的决定意味着避免性交，也就是恪守第一道防线，至少也应该采取有效的避孕措施防止未婚先孕，也就是把牢第二道防线。当两个不负责任的人因性活动导致妊娠时，你们的一个选择是终止妊娠，你们还没有养家糊口的能力，需要父母家人资助来完成手术，你们的行动此时又涉及家庭；另外一个选择是分娩，此时，尚无抚养下一代能力的你们必然会伤害到第三者——婴儿的权利，你们让他不能得到充分的母爱和父爱，不能给他充足的物质条件使其茁壮成长，甚至会毁了他的一生。

对女孩来说，等待洞房花烛夜是值得的：出生后，经过15年到达青春期；经过8~10年到达结婚的年龄；23~25岁之后，你可以享受和美的性生活50年，直到75岁后的衰老死亡。不要让青春期的这几年影响了你今后的50年！

生理上性的"刺激"与心理上"爱"的亲密，还有社会上"婚姻"的承诺，彼此有着密不可分的关系。爱使人生更有意义，性提供了吸引力，婚姻则加强了关系的稳定性，使人类世界更加美丽。

他真的爱你吗？一个爱你的人不会置你的未来于不顾，一个爱你的人会处处为你着想。如果两个人真的相爱，那么不伤害彼此比其他任何事情都重要。如果一个男孩真的爱他的女朋友，就不会坚持和她发生性关系。记住，爱不是性，性也不是爱。不要让别人的压力迫使你做自己不想做的事。没有结婚的人发生性关系会受到身体和精神的伤害。

在婚姻中女人和男人有同样的性要求，但女性器官和男性不同，女性更容易感染性病并造成怀孕，少女堕胎对成年女性更可怕，对她的一生都造成阴影。做任何事情都是有着因果联系的，意识的懦弱会导致身体、心理、情感的终身伤害。

婚前性行为者的心理有这样的变化：没上床之前，他们在想，我真的很爱他（她），我这辈子就和他（她）结婚。上床之后他们又想：我能和他（她）结婚吗？离法定的结婚年龄还差好几年，这中间要发生变化怎么办？男孩在想：也许我还会遇到更好的女孩。她这么容易就和我发生性关系，跟别人肯定也会；女孩在想：我们能够长久吗？他不要我了，我可怎么办？我怎么对以后的丈夫说？

爱情是什么？每个人都有自己的看法，男孩和女孩的看法也不一样。比如，有些女孩向往柏拉图式的浪漫爱情，男孩则认为爱情需要亲密的身体接触。爱情相对于性来说具有更高级的意义。爱情里面包括互相关心、互相尊重、互相怜惜、对未来的承诺和对对方的责任等，性只是其中的一部分。发展到婚姻阶段后，婚姻就是保护爱情得以继续和发展的必要条件，保证了婚姻中的双方婚姻关系受到法律的保护，尤其对女性更是如此。所以，每个人可能会谈几次恋爱，但是只能和一个人结婚。

总之，只有在婚姻保护下的性才会有美好的结果。婚前性行为，对男孩和女孩来说，都有很大的风险。因为你不知道和你发生性关系的那个人明天会怎样，也不知道以后会遇到什么样的人，因此，身体和心理上都承受着巨大的风险。不负责任的性行为对自己、对对方、对未来的丈夫（妻子）都会有很大的影响。更何况没有了婚姻的保护，怀孕、流产、生殖器官疾病、性病、艾滋病等时刻潜伏，而且承担后果的往往都是女性。

许多男孩家长多少有这样的想法：婚前性行为中，自己的孩子不会有什么伤害。的确，婚前性行为对女孩子的伤害的确巨大，但对男孩子的伤害也许会更严重。因为婚前性行为往往是在偷偷摸摸不安全的情况下发生的，紧张和畏惧可能会使他出现阴茎不能勃起或过早射精的现象。像这样的初次性交失败，可能让他们一蹶不振，从此陷入屡做屡败的恶性循环中。如果女方缺乏心理准备和性知识，对男方的失败不理解，一味指责和贬损，更会使男子丧失信心。如果避孕不当造成怀孕，男方会自责和内疚，形成严重的心理压力，会影响以后正常的性生活和性功能。总之，婚前性行为，无论男女，都会在经济、工作、学习、心理、身体、人际关系、个人名声等方面有所损害。初恋男女会因此在以后的感情中蒙上阴影。因此，男孩子一定要培养对社会、对家庭、对学校、对别人负责任的精神，养成遵守社会道德准则的好习惯，遇事不要只从自己的利益考虑。

人是高等动物，是文明而有头脑、有意志力的，能用理性战胜一切。如果想让青少年未来能过上平静健康、幸福快乐的生活，就要教育他们：现在就要为自己所做的一切把好关。只有这样，才会在未来拥有一个健康的家庭，一个健康的生活方式，和自己所爱的人终老。

(3) 性形式

自慰。是指所有能够产生性唤起的自我刺激形式，即靠自己的能力来解决性胀满，宣泄性能量，满足自己对性的要求，并从性方面获得快感和慰藉的一种方式。

自慰是一个人正常的生理现象，人类的自慰现象广泛存在。但在我国，多年来把自慰称为"手淫"，也有称为"打手枪""打飞机"。但"手淫"中的"淫"在中文中意为贬义，用来指代一种性行为方式有欠妥当，所以应使用"自慰"这个科学术语。

自慰的人群很广，不仅仅是青少年才有，在成年人中，包括已婚人士中也存在。

事实上，各个年龄段的男女都有或者说可以有自慰行为。儿童时期，出现自慰行为的原因大多为无意识地玩弄生殖器，或穿紧身裤、骑跨活动时，因摩擦生殖器的刺激并引起快感，一般并没有性高潮。到了青春期后，青少年会因生理变化产生性冲动和性欲，但由于环境和文化的限制，性释放无法完成而产生自慰行为，这是正常的生理现象。成年人也是大多是因为夫妻分居、幻想性伙伴等产生自慰行为，也是一种正常的现象。

自慰行为主要集中在以各种方式对性器官进行直接或间接刺激，最终达到高潮（射精）的过程，主要包括直接用手来操作的自慰（手淫），或者采用器械来助"性"。无论男性还是女性，自慰的方式都是以对生殖器官的直接刺激而达到高潮和性满足。

男人的自慰行为比较单纯，较多的自慰方式是握住自己的阴茎，通过一定强度的摩擦、上下抽动而射精，获得自我满足的性快感。也有人靠用大腿夹、压、摩擦阴茎而完成，还有人靠俯卧体位的阴茎与被褥的摩擦而射精等。女人的自慰方式比较复杂，除了围绕阴道刺激展开的自慰行为外，还包括对外阴（大小阴唇、阴蒂）、乳房等部位的刺激。

自慰绝不是一种罪恶的行为，认为手淫有害论的观点，现在已经逐渐地被淡化了。许多的科学研究已经证明了这一点。适度的自慰不会对身体造成任何伤害，对成年人来说，善加利用还可以弥补夫妻性生活的缺憾，如未婚青年、夫妻分居、离异丧偶者、性病患者、残疾人、配偶患病等不能过性生活者，有利于焕发出更大的工作热情和精力。此外，自慰不会传染任何性病，也不会涉及他人，或卷入出轨的性行为与感情纠葛，更不会导致性攻击甚至性犯罪的发生，并避免了因性问题而引起的道德问题和社会问题。

但是，自慰偶尔也会给人带来一些小麻烦，主要是指极少数男性难以顺利完成由自慰到夫妻性交的过渡、难以控制自己对自慰的向往、担心自慰会招致疾病而损害健康、自慰行为暴光后的尴尬等。

对自慰现象要科学对待，以预防为主。对存在自慰行为者应予以理解，不宜指责，更不能恐吓，否则会加重他们的思想负担。只有在自慰过度频繁，扰乱了正常的工作和学习，在自我矫治难以实现的情况下，才应接受必要的医学咨询和辅助治疗。

◆ **自慰的疏解策略** ◆

青少年的心理状态不稳定，对自慰行为应以心理疏导及性教育为主，从而避免他们早恋及对性的痴迷；

培养他们广泛的爱好和兴趣，尽量减少不良的性刺激，让注意力从自慰转到健康的日常生活和社会活动中来；

避免穿紧身衣裤，按时睡眠，晚餐不宜过饱，睡眠时被褥不要过暖过重，睡眠不宜仰卧或俯卧，晚餐避免刺激性饮食（例如烟、酒、咖啡、辛辣食物等）；

养成良好的卫生习惯，经常清洗并保持外阴清洁，除去包皮内积垢的不良刺激。如有生殖系统炎症者，如包皮阴茎头炎，要用消炎药等对症治疗，消除患者的局部不适。这样，才能有助于减少不良刺激诱发的自慰冲动。

一般来说，没有必要，也不可能完全戒除自慰行为，一定频度内的自慰行为不需要防治，但普及教育非常重要。对于那些不懂自慰的人，没有必要去诱导他关注和讨论这个问题；而对于那些已经有了自慰行为的人，则应该科学认识自慰并加以合理引导。

口交。指以口腔、舌、齿或咽喉部位碰触性伴侣生殖器的一种性刺激方式。口交在同性和异性性关系中普遍存在，若以口对于身体其他部位的性刺激（如亲吻或舌吻）通常不视作口交。

口交比真正的性交风险要小一些，因为怀孕是不可能出现的，很多的性传染疾病也可避免。但风险依然存在，如淋病、衣原体、生殖器疱疹、生殖器疣等同样可能被感染。最大风险在于，他们不认为自己会被感染，因此耽误了治疗的时间。

肛交。指以勃起的阴茎插入性伴侣的肛门内的行为，有时也泛指其他涉及肛门的性行为，包括用假阴茎、手指或其他物品插入肛门，或以其他器官对肛门进行性刺激的行为，对象不限性别。

有研究表明，喜爱肛交的人更多的是为获得一种称为"充盈感"的快感，有猎奇心理甚至受虐倾向，这些感觉对于无法获得前列腺快感的那部分有受虐倾向女性尤为重要，因为大多数女性并不喜欢这些类似憋大便和痛苦的感觉。许多色情影视里面肛交似乎没给当事人造成什么不适，这纯属误导。现实中，很多人进行这种行为时只要稍不注意，双方都有可能感到疼痛，有时疼痛还相当剧烈。

◆**肛交的风险很大，青少年应选择远离**◆

传染性病。肛交容易感染疾病，其风险比阴道性交要高出很多倍，主要原因是直肠很容易吸收液体和肛交时容易给肛门造成伤口。如果一方患有性病，就很容易通过没有保护措施的肛交传染，特别是艾滋病病毒。即使戴上了安全套，由于各种病毒的体积远小于天然乳胶的自然裂缝，即便是正确使用避孕套，也可能会感染上性传播疾病，更何况肛交过程中避孕套容易破裂或脱落。此外，肛交还可加重痔疮的症状。

肛门损伤。肛交时阴茎强行插入容易造成肛门直肠黏膜破损，不易修复。

极易感染。肛门、直肠内有粪便，其中含有大量具有感染性的微生物，这些微生物容易令肛交产生的伤口发生感染。若肛交后没有进行清洁，马上又进行阴道性交，还会把肛门的细菌带入阴道而造成女方生殖器感染。

(4) 性骚扰

性骚扰是青春期青少年可能会遇到的一种伤害行为，其形式包括：直接行为侵犯，要求或强迫抚摸你的隐私部位，让你看色情图片，给你讲黄色笑话或发送黄色短信，用你不舒服的态度和方式触摸你身体的任何部位。陌生人和熟人甚至长辈都有可能使你遭受不测。

GSG 案例库

　　小芳今年9岁，上小学四年级，长得清秀可爱。为了让她学钢琴，妈妈还专门托人给她找了一个退休钢琴教授。没想到，过了一阵，小芳却不想再去上课了。妈妈非常生气，强迫她必须去，结果，小芳坚决不去，委屈地流下了眼泪。在妈妈的耐心询问下，女儿说出了"爷爷老摸我，奶奶一出去买菜，他就摸我下边，太痛了"的话后，大哭起来。妈妈马上报了警，并带着小芳来到了医院妇产科……

　　女孩如何面对这样的危险呢？首先要提高自我防范意识，在辨别坏人的同时也要防范"好心人"。做到不贪小便宜，不要吃陌生人的东西，要警惕陌生人花言巧语，要防范熟人的过于殷勤。二是提高自己的心理素质，培养健康的性意识，不读黄色书刊，不看黄色录像，正确地认识人体和男女性器官。对那些语言轻浮的男性，不予搭讪，不要和男性打逗，谈论性话题。三是不要轻信别人的话，不要轻易跟别人到任何地方，即使他是你心目中的好人，如长者、戴红袖箍者、老师……千万不能凭别人的一句话、一件事就断定他是好人。四是不要和性行为上不检点的异性来往，更不能与有过性犯罪的男性交往，不要单独去他的办公室和住所，也不要接受他的邀请，不接受他的任何礼物、食品。五是遇到自己喜欢的男性时，不要轻易动感情，不要主动搭讪。不要早恋，更不要随便与校外男青年约会。六是与父母闹别扭时，不可离家出走，不要随便在同学家过夜，更不要去没有女性家长的男同学家，也不要在没有女性的亲戚朋友家过夜。七是在没有家人或女护士在场的情况下，不接受男医生对女病人进行下身的检查或治疗。八是到男老师家去补习时，要尊重老师，不过分亲昵，同时要警惕老师中也有品行不端的人，对他的不轨行为不要惧怕，要反抗挣扎，设法逃脱，不能胆小怕事，否则会再次受辱。九是女孩衣着不要太单薄、太暴露，更不要穿超短裙。晚上不要一个人出门，不可到人少的地方去；不要和陌生异性单独在一起，尤其是在环境、周围人都显陌生的地方。如必须和异性见面，时间最好在休息日，并及时告知父母你所处的位置，和什么人在一起。十是在路上遇到认识或不认识的男性提出和你交朋友时，都要义正词言地拒绝。如果对方纠缠不清，可以报告老师、家长。最后，在公共场所遭遇坏人引诱或威逼，要奋力向有人群的地方跑，大声呼救。如有警察、军人，可寻求他们的保护；如果周围无人可以求救，处境危险时，要保持冷静，分析犯罪分子的心理，先采用一切方法麻痹犯罪分子，等找到适当时机，如乘他不注意溜走，在人多的地方呼救，用一切方法引起别人的注意等。千万不要逞强，要以性命为重。在坏人面前沉着冷静，随机应变，以智取胜，摆脱困境。如果已遭胁迫，可机智地将坏人引到人多的地方，在适当时机大声呼救。

男孩子也有可能遭到性骚扰。随着西方性观念的涌入，性犯罪和性变态的恋童癖等也相当频繁。男孩子也应树立自我保护意识，不能一时冲动离家出走，把自己置于孤立无援，缺乏保护的危险境地。男生的家长也不能特别放心地让孩子晚上独自外出，如果遇到危险也应尽量摆脱并及时呼救。如果已经发生，要及时告诉家长、老师，及时报案并到医院检查，防止性病、艾滋病的发生，把损伤降到最低程度。

GSG 案例库

　　男生毛毛到一个私人洗浴中心区洗澡，洗澡间开始人比较多，后来只剩下另外两个男人，男孩发现，这两个男人怪怪地看他，还不时对视使眼色。毛毛抑制住心里的恐惧，继续冲水。"我帮你搓澡。"两个男人同时围拢过来，没等他拒绝，一个男人的手已经伸到了他的隐蔽之处……

　　记住：无论男孩女孩都有可能遭受性侵犯，这并不是你的错。你应坚信：不经你的允许，谁也没有权利触摸你的隐私部位或让你触摸对方的隐私部位。如果遭受性侵犯，你应大声呵斥、向周围人求救。事后告诉父母，他们会带你去医院检查、报警、做心理治疗，给你主持公道的。

(5) 性侵犯

　　性侵犯是强迫他人与自己发生性行为，它与性骚扰不同。性侵犯是迫于对方威胁才答应发生性关系的。

　　女孩有很多避免被性侵犯的策略：避免做出一些有挑逗意味的动作，尽量少去私密场合，单独见面时不穿过于暴露和容易脱掉的衣服，对男生发出的性暗示假装不知，转移话题或注意力，找各种借口，直接说不，采用拖延策略，采用威胁策略……

　　不管是谁，只要你不想和他（她）发生性关系，就不应该纵容对方的性行为。

GSG 案例库

　　小美、小红、小梅、小霞是要好的姐妹，四人住同一个宿舍，几乎无话不说。她们在其他方面大都能统一立场，但对于约会这件事却各自有各自的主意。小美说，约会就是到好吃的地方一起吃，好玩的地方一块玩，充分享受就行。

小红喜欢去书店或者咖啡店，两个人安安静静地看书、上网。小梅则喜欢找个安静的空间，两个人聊天，卿卿我我。小霞却觉得两个人腻在一起真有点无聊，应同时约会几个男生，但都不要确定男朋友关系。

怎样才是高质量的约会？

青春期的青少年，在约会中应注意几点：一是尽量多和朋友们而不是两个人单独相处。朋友们在一起，可以聊天、读书、去博物馆、郊游等。两个人在一起的话，太亲密的距离会让彼此没有空间。二是要去了解并接受对方，发自内心地喜欢对方，而不是为了打发时间在一起。三是要愿意帮助对方。比如看到对方成绩不好会很着急，愿意帮对方补课等。四是用积极的方式面对冲突，遇到争吵或矛盾不回避，不能以牙还牙，要站在对方的立场上思考问题，积极表达自己的想法，不让矛盾积压在心底。五是要接纳对方与自己在性格上的差异。刚开始的时候可能因为共同的兴趣爱好而在一起，但毕竟是两个不同的个体，会有很多不同。接纳对方不仅仅要欣赏对方的优点，更重要的是要包容对方的缺点。两个人在一起可以做很多事情，比如跑步、打羽毛球、玩牌、聊天、阅读、做作业、做手工模型、切磋厨艺、吃饭、逛公园等。

此外，应注意自我保护。在约会地点选择上，如果是未成年人，约会地点不应该是网吧、酒吧、歌舞厅等。要遵守回家的时间，女孩如果晚归会受到父母的责备，所以尽量在天黑之前回家。如果天太黑，男生有义务把女生送回家或者通知女生的父母来接她，不要太晚还在外面逗留，容易给坏人可乘之机。男生应该学会在细节上照顾、保护女生，让女生有被尊重、被关注的感觉，女生也应该尊重男生，不鄙视、看轻男生。不要取笑对方的衣着、口味，不按自己的喜好评价对方。不搞让人讨厌的恶作剧或者开与性有关的玩笑，最好是多人一起。如果是两个人单独约会，应该到公共场合，避免两人在密闭的小环境中共处。许多的性行为都是一时冲动发生的，避开这种环境就不会发生了。女孩子应带上钱包约会。约会的时候不可避免会有一些花费，习惯性地会由男生来付钱，女生同样有为约会买单的义务，这样男生也会更加尊重你。

4. 性偏离

　　青春期是性生理和性心理发展的高峰期，但也是出现心理障碍和性心理变态的高峰期。像窥（露）阴癖、恋物癖、同性恋等行为，由于这些行为偏离了人们公认的性功能、性道德、性习俗等性心理或性行为，我们称之为性心理偏离。

　　性心理偏离一般表现为不自觉产生、不通过生殖器性交方式获得、使自己和他人受伤害三个特征。其产生的因素主要有遗传、家庭、心理和社会文化等方面。

　　如果个体在性心理发育过程中，异性恋发展遭受失败，导致心理产生冲突，就会表现出各种焦虑，退到儿童早期幼稚的性心理发展阶段，从而表现出玩弄生殖器、暴露生殖器、手淫、偷看异性洗澡等儿童性取乐行为。

　　如果家庭、学校采取了不当的教育方式，也会引起性心理行为的非正常反应，特别是家庭教育中不当的方式。

　　性心理偏向主要包括性指向偏离、性偏好偏离、性身份偏离三种类型。性指向偏离指恋童、恋物、恋尸、恋兽、恋同性、恋老人等心理和行为。性偏好偏离指裸露生殖器、偷看异性裸体、异装癖、施虐癖、受虐癖等以幼年方式获得性满足的心理和行为。性身份偏离指从心理上否定自己的生理性别和服饰，希望自己能成为异性的心理和行为。

◆ 恋物癖 ◆

　　小案例：高中男生 A 经常偷拿女生宿舍外面晾晒的女生内裤、内衣、胸罩等，老师在他的宿舍储物柜中发现了几十件女生的内衣物品。

　　在学校的心理老师处，A 自诉道，他一见到女性的内衣就会产生一种强烈的冲动，喜欢抚摩它们获得满足和快感，有时候还边抚摩边手淫。心理老师了解到，A 从小比较孤僻，自尊心强，在人前显得十分的拘谨，自幼没有人对他进行过性知识的教育。在初中时，他偶尔听到女生们在一起聊"来事了"的话题，便觉得十分好奇。到了高中住校看到女生晾晒的内衣后，他顺手拿了一件回去"研究"，竟然在抚摩、亲吻等过程中产生了一种从未有过的满足，这使他乐此不疲。

　　像 A 这样的行为，就属于性指向偏离，不是道德问题。在偷拿女生内衣的过程中，A 也觉得不光彩，也怕被人发现，有羞耻感，但无法克制自己。像 A 这样的男生，他们对异性的生殖器官没有兴趣，本身也不会对女生进行侵害，他们处于自我压抑、自我伪装的恶性循环里。

恋物癖以男孩居多，是一种可以纠正的心理障碍。

◆ 同性恋 ◆

同性恋是指对与自己具有相同性别的人感兴趣的性取向，即对与自己同性的人在性爱、生理、情感上感兴趣。这是一部分人对自己生活方式的一种选择，与道德无关。许多的同性恋者从表面上来看，与其他人并无明显区别。

性取向是一种复杂的现象。同性恋的形成在于生物学原因、个人经历和社会价值观等诸多因素的共同作用影响，没有哪个因素会单独决定某人是哪一种性取向。从生物学方面看，遗传基因、父母性激素影响、大脑结构的不同都可能影响一个人的性取向。如有人就发现同性恋者在同卵双生子中的比例远比异卵双生子多。从心理学方面看，糟糕的家庭关系可能会造成一部分人趋向同性恋。比如，家长出于某种原因禁止孩子与异性接触，抑制了异性爱的发育。但目前还没有证据确定糟糕的家庭关系是造成同性恋的主要原因。从社会学习理论来看，行为主义者强调同性恋行为是学习的结果，认为一个人如果在异性恋中受挫会转向同性恋以寻求安慰。到目前为止，没有人知道同性恋形成的确切原因。但有些趋势是可以看得见的。比如，他们在青春期早期就能意识到自己是同性恋者。

近年来，国内外学术界包括社会对同性恋展示出越来越宽容的姿态，《中国精神障碍分类与诊断标准》(2001年，第三版) 中明确指出，同性恋的性活动并非一定是心理异常。也就是不再把同性恋看作是一种病态心理。

同性恋形成一般会经过感受、挣扎、接受三个阶段。有些人很快就接受了自己的性取向，有些人则要经过很长时间才能接受自己的性取向，但也有一些人无法接受自己是同性恋的现状，从而选择孤独的、秘密的生活方式。无论如何，表露自己的身份对他们来说是一件很困难的事情，也可能在心理方面带来不利影响，自杀的可能性大大地增加了。

◆ 异装癖 ◆

即以穿异性服装和戴异性饰品来获得性满足的一种心理，以男性为主。这种心理的结果往往会带来手淫。

◆ 露阴癖 ◆

有露阴癖好的人会在公共场合如公共汽车、商场、电影院、校园等地方，通过裸露自己的生殖器或全部裸露自己的身体而引起异性紧张，从而获得自己的性满足。他们可以不通过性活动的全部过程获得性满足，或者也可以通过引起异性的诸如紧张、恐惧或者高兴等情绪反应获得性满足。他们往往不会对异性进行拥抱或者采取性侵。

◆ 窥阴癖 ◆

有窥阴癖好的人多为男性，喜欢通过窥视异性的裸体和他人的性活动而获得性兴奋和性满足。他们常常偷窥女生公寓、女厕所、女浴室，并在偷窥时产生性兴奋，并往往通过手淫达到性高潮。但青春期的孩子处于好奇偷窥异性的身体和性活动，则不属于窥阴癖。

◆ 虐待癖 ◆

包括施虐癖好和受虐癖好。前者是通过折磨异性的肉体和精神，使对方痛苦或屈辱来获得性满足的一种心理异常，后者则是要求对方用折磨自己的方法来获得性满足。施虐者和受虐者往往经常交替角色来获得性满足。

◆ 易性癖 ◆

即从心理上否定自己的生理性别，他们总认为自己的性别有误，希望摆脱自己现在的身体，强烈希望自己转换成异性。有这种心理的多数人在3~5岁时就出现了朦胧的否定自己生理性别的倾向，一般表现在对服装、玩具、游戏的选择偏好上。如男孩子喜欢穿裙子、玩洋娃娃，女孩喜欢穿男装、玩男孩游戏。到青春期后，喜欢以异性自居，并希望别人以异性对待，就可能属于异性癖，严重者可能产生自杀倾向。

◆ 性心理偏离的预防与矫正 ◆

正确的性教育是预防青少年性心理偏离的主要措施，必须从儿童开始。在儿童时期，父母既不能对孩子的性发育进行放纵和诱惑，也不能对孩子进行性禁忌和性封闭；既不能让孩子接触色情事物，也不能使其对性产生恐惧感，更不能让孩子产生罪恶感，要给予适当的引导和科学的解释。

进入青春期后，要让孩子了解一些科学的性知识。对孩子的性教育应是一个美丽的过程。无论教师和家长，都应避免刻板的说教，尽量自然一些、真情一些。

加强性心理教育。其主要内容包括儿童期性别角色的教育、性知识教育和性道德教育三个方面。在性别角色教育时，一是要给予孩子正确的角色期盼和性别角色装扮，使孩子能够根据自己的服饰、颜色等装扮来识别性别角色；二是要给予孩子正确的性别角色行为引导，比如根据性别特点开展游戏活动，让孩子注意男女在一定范围内的行为避忌，让孩子从小形成与性别角色相适应的男孩和女孩行为。此外，还要进行响应性别角色的知识教育，如性知识、性道德等，并进行必要的心理诱导。家长也要注意自己的性别角色，给孩子做好榜样。在性知识教育方面，要针对不同年龄段的青少年进行有关性生理、性心理、性解剖、恋爱婚姻等方面的知识教育，让他们多得到父母及社会的关注和指导，尽量少让他们通过网络、同学、电影、书刊等渠道"自学成才"。在性道德教育方面，要强调自愿、不伤害对方、爱、责任等基本性道德原则，教育孩子要具备性道德观念，正确控制生理本能表现出来的性要求，不对他人和社会造成骚扰和不良影响。要提醒孩子，只有具备良好的性道德，才能使自己以后的恋爱和家庭更加幸福。在策略方面，要让性道德教育与青少年德育结合起来，让他们知道具有高尚品德和情操的人一定有正确的性道德观念。在对他们进行性道德教育的同时，一定要加强他们的性保护意识教育。当发现孩子具有某些性偏离倾向时，要及时聘请专业人士进行干预。

　　性指向偏离的预防。青春期之前的这段时间，是预防同性恋的最佳时期。对于不能认同自己性别或不能与同性伙伴建立满意关系的儿童要引起高度注意，家长不要认为他们还是孩子而掉以轻心。

　　性偏好扭曲的预防。作为家长，要注意自己的行为和教育方式，学校要创造良好的校园环境。无论是学校还是家庭，都要正面引导纠正孩子的早期性性偏好障碍倾向，鼓励孩子积极参加集体活动，建立正常的人际关系。

　　性身份偏离的预防。首先引导孩子产生性别身份认同。在孩子婴儿时就要让他对自己的性别身份有一个认同，即知道是男孩还是女孩。其次是尽量避免某些亲子关系的紊乱。比如，男孩要避免与母亲过分接触，适当增加与父亲共处的时间和空间。当然，社会环境的正面影响也不可少，家长和学校要在集体活动中进行一些性别区分，让孩子有一些身份认同。

　　性心理偏离的矫正。主要方法有心理疏导和厌恶治疗两种。前者是让有性心理偏离的人认识到自己的心理问题所在，并进行纠正。后者是在专业医生指导下，设法使其与一个令人厌恶的刺激建立联系，如电击、针刺等，使其对自己的性心理偏离行为产生厌恶。厌恶疗法的前提是其本人要有接受治疗的愿望。

(三) 避孕与性传播疾病

近年来，未婚怀孕和流产的现象呈蔓延趋势，婚前性行为带给当事人的伤害也是触目惊心。一份少女怀孕调查报告显示，我国未婚少女首次性行为的平均年龄为17.5岁，最小12.5岁，最大19岁。很多人以为怀孕的少女都是学习不好或受教育程度低的孩子，但是调查发现，少女的受教育程度低与怀孕并没有明显关系，很多女孩还是成绩优秀的好学生。调查显示，怀孕少女的性知识只有2.4%来自父母，8.5%来自学校老师，其余都来自传媒、网络、同伴和男友，这些非正规渠道的信息有明显的误导作用。超过60%的少女不知道人流会导致子宫穿孔、不孕症、月经失调和盆腔感染，以及流产对女性的心理伤害等。

事实上，完全有办法避免怀孕和避免感染上性传播疾病的。大部分生理卫生学家和性教育家都认为，安全套是避免怀孕和避免感染上性传播疾病的首选工具。特别是对于预防艾滋病来说，没有什么比用安全套要更加安全的了。

女性常用的避孕方法很多，常用的有避孕药物、节育环、输卵管结扎、引导隔膜、阴道避孕药环等。男性则相对少一些，常用的有避孕套、输精管结扎、体外排精等。

关于避孕，还存在一些误区，如第一次性交的女性不会怀孕、女性月经期间不可能怀孕、如果男性在性交前射精会因精子数量减少不会怀孕、女性在性交后上下跳跃不会怀孕、女性在性交前洗热水澡不会怀孕、女性在性交中必须要达到高潮才会怀孕、阴茎不插入阴道 (男性在阴道外就射精) 不会怀孕、性交后冲洗阴道不会怀孕、没来月经的女孩性交不会怀孕、体内射精后女性马上排尿不会怀孕等。

青春期女孩如果遭到性侵致怀孕，最好终止妊娠，选择到正规的医院进行人工流产，并做好流产后的身体调养：注意休息不过早参加劳动；保持外阴清洁，一个月内严禁性行为；少洗头，不喝冷饮，注意保暖；多吃营养丰富的食品。

GSG 案例库

半年内，龙梅换了3个男朋友，最近又结交了新男友小风。小风很会讨龙梅的欢心，一个周末，小风约龙梅去他家玩。小风家没有别人，两人发生了性关系。几天过后，龙梅感觉外阴瘙痒，而且分泌物有臭味还总憋不住小便。她怀疑自己得了性病……

性传播疾病主要通过性行为传播细菌或病毒感染。以前，列入性病的有梅毒、淋病、软下疳、性病性淋巴肉芽肿及腹股沟肉芽肿，也称经典性病。近年来，国际上对性病的概念有所改变，性病范围明显扩大，把与性行为有关的各种传染病均列入性病范畴。

GSG 案例库

常见的性传播疾病

疾病	病因	症状（男性）	症状（女性）	治疗	不治疗的后果
衣原体感染	一般为细菌感染	小便时会疼痛，阴茎有刺痛和烧灼感	阴道有刺痛和烧灼感，会觉得下腹不舒服，但经常表现为无症状	四环素或红霉素	盆腔炎；不育
滴虫病	主要是寄生虫感染。也会通过潮湿的物体，如毛巾、泳衣传播	一般表现为无症状	有的人表现为无症状；有的人会有阴道烧灼感；性交时会感到不适；阴道有臭味，小便时疼痛	口服抗生素	宫颈细胞异常增生
淋病	细菌感染	经常表现出阴茎刺痛，有烧灼感，小便时会感到疼痛	经常性感觉到小便时不舒服；能感觉到阴道有烧灼感；月经不规律	青霉素或其他抗生素	盆腔炎；不育；关节炎；皮炎；脑膜炎

续表

疾病	病因	症状（男性）	症状（女性）	治疗	不治疗的后果
HPV（生殖器尖锐湿疣）	人类乳头瘤病毒	表现为无痛；在阴茎处增生肉瘤，也可能出现在尿道或直肠区；一些人也可能没有症状	在生殖器和肛门出现无痛感的小增生；这些增生肉瘤也可能出现在阴道内，没有外部症状。一些人也可能没有症状	手术去疣体，会常复发	宫颈癌；分娩时堵塞产道
疱疹	疱疹病毒	经常性表现为在外生殖器各处（阴茎处最多）出现水痘；疼痛	经常性表现为在外生殖器处出现水疱，疼痛，有时伴有发热和肌肉疼痛；宫颈出现创面的患者可能觉察不到患病	目前除通过使用抗病毒药物阿昔洛韦进行控制外，尚无治疗方法	宫颈癌
梅毒	细菌感染	Ⅰ期：在嘴部或外生殖器均出现红褐色溃疡。可能会消失，但细菌仍存在； Ⅱ期：传染性更强，出现大范围的皮疹。一些人表现为没有症状	Ⅰ期：在嘴部或外生殖器均出现红褐色溃疡。可能会消失，但细菌仍存在； Ⅱ期：传染性更强，出现大范围的皮疹。一些人表现为没有症状	青霉素；其他抗生素	瘫痪；痉挛；脑损伤；死亡
艾滋病（获得性免疫缺陷综合症）	人类免疫缺陷病毒（HIV）	通常表现为极度疲劳，持续性发烧，淋巴结肿大，体重减轻，腹泻，夜间盗汗，极易感染其他疾病	通常表现为极度疲劳，持续性发烧，淋巴结肿大，体重减轻，腹泻，夜间盗汗，极易感染其他疾病	除通过使用蛋白酶抑制剂和其他一些药物延长存活时间外，尚无治疗方法	死亡

细菌和其他非病毒性病原体引起的性传播疾病是可以通过药物治愈的，而病毒引起的性传播疾病虽然可以进行药物治疗，但无法治愈。

◆ 得了性病或怀疑自己得了性病怎么办 ◆

首先，不用惊慌，要去正规的医院确诊你是否患病，有些只是一般的炎症。

其次，如果医院确诊感染了性病，应按照医生的要求治疗，不能自己用药，因为各类性病或炎症的治疗方法是不同的。切记，不要轻信街头治疗性病的广告，也不要找游医和私人诊所看病。性病只要早诊断、早治疗、定期复查，大部分都是可以治愈的。

第三，确诊为性病后，夫妻或性伴侣要同时治疗。任何与性病患者发生无保护性行为的人都会受感染。在临床上，性伴同治是性病患者治疗的重要组成部分之一，这样可以切断性病传播的环节。

第四，治愈前禁止性生活。自觉症状或外生殖器症状消失并不表明性病已经治愈，不要自行终止治疗。只有医生才能判断是否治愈。

第五，防止家庭内非性行为的传染，如内裤要用有消毒作用的洗衣液清洗，不能和家人共用浴盆浴巾。

预防性病最根本的是要有固定的性伴侣并使用安全套，避免婚前性行为，与没有性病的人结婚，并对配偶忠诚。由性传播引起的健康问题在女孩中往往更为常见，更为严重。据估计，女孩从一个男孩处受到 HIV 感染的概率是男孩的 8 倍。有些性传播疾病，如衣原体感染和淋病，女孩较男孩更不易发现。

女性性病的特点：女性性病症状不典型，不像男性生殖器那样从外观就能观察到，有很多时候是没有症状的。另外，女性性病诊断起来比较困难，分泌物检查取样不方便，而且取样敏感性低（细胞学检查只有50%敏感度）。还有，女性性病易出现并发症，且危险性高。如 HPV 感染易引起宫颈癌。此外，其他细菌或病毒的感染也容易引起整个生殖器官甚至盆腔的炎症等。最为严重的是，女性感染性病还容易传给下一代。

患过性病的人能否结婚生育？这要看具体情况而定。性病如果能早发现，早治疗，治疗彻底，在没有引起生殖器官不可逆转的损害前治愈，是不会影响以后结婚生子的。一般来说，早期和初次发病的人，在彻底治愈后，只需观察数月无异常即可结婚（梅毒病人需观察1年左右）。但要注意的是，在性病未彻底治愈前不能草率结婚，否则对自己和爱人以至于下一代都将造成伤害。性病晚期或慢性病病人，即使治愈也不能立即结婚，应遵照医嘱定期复查一段时间，经性病专家的同意后方可结婚。

GSG 案例库

　　红红放学回家路上，路过报刊亭时，看到了自己喜欢的女性杂志，发现这期杂志还有礼品赠送。她高兴地买来打开一看，原来是一个避孕套！她的脸一下子红了……没过几天，她发现校园里竟然还安装了避孕套自动售卖机……红红特别奇怪：为什么现在社会突然加大了对使用避孕套的宣传力度呢？不会只因为它可以使女人不怀孕吧，它到底还有什么特殊用途呢，有人说它可以防止性病传染，到底是不是真的呢？

　　正确使用乳胶避孕套可降低感染艾滋病及各种性病的危险，但不能完全避免性传播疾病。即便是性行为过程中使用避孕套，仍有一定的危险。如避孕套不能防止人类乳头瘤状病毒的传播，而这种病毒感染是人类最常见的性病且无法治愈。还有，某些性传播疾病是通过皮肤与皮肤接触传播的，而身体的这些部位是不可能被避孕套保护的。虽然过去的20年中避孕套的使用得到了广泛的普及，但性病仍在不断增加，虽然避孕套使用在青少年中已得到最大认可，但性传播疾病在青少年中却最为广泛。这充分证明：避孕套不能完全杜绝性病。

GSG 案例库

　　新学期到来时，美美因爸爸工作变动来到了一所新的学校。很快，她就跟班上的同学成了好朋友，唯独小潘，他只是偶尔向她笑一下，一脸的忧郁，平常也不怎么跟大家接触。有一天，得知真相的美美吓了一跳：原来，小潘是一名艾滋病患者，是在输血过程中被感染的……

艾滋病，即获得性免疫缺陷综合征，英语缩写 AIDS（Acquired Immuno Deficiency Syndrome）的音译。HIV 是一种能攻击人体免疫系统的病毒，它把人体免疫系统中最重要的淋巴组织作为攻击目标，大量破坏 T4 淋巴组织，产生高效致命性的内衰竭。这种病毒终身在人体内传染，破坏人体的免疫平衡，使人体成为各种疾病的载体。HIV 本身并不会引发任何疾病，但当免疫系统被 HIV 破坏后，人体由于抵抗能力过低，丧失复制免疫细胞的机会，并感染其他的疾病，导致各种复合感染而死亡。

　　艾滋病病毒在人体内的潜伏期平均为9~10年，在发展成为艾滋病病人以前，病人外表看上去正常，他们可以没有任何症状地生活和工作很多年，目前，人类还没有治愈艾滋病的方法。

　　艾滋病使人体的免疫系统被病毒破坏而使身体丧失抵抗力，不能去抵抗那些对生命有威胁的病菌。但这一过程是缓慢进行的。艾滋病病毒进入人体后，可以在长达5~10年的时间内不发病。这时的感染者虽然外表健康，但病毒会在体内悄悄地复制并逐渐侵袭免疫系统，同时还可能在不知不觉中将艾滋病病毒传染给他人。当病毒在人体内达到一定数量时，将导致免疫机能的逐步丧失。这时，先会出现一些非特异性不威胁生命的临床表现，如低热、体重减轻和慢性腹泻等，这些现象称为艾滋病相关综合征。人体的免疫机能被艾滋病摧毁后出现的一组病症，则被称为艾滋病可见。艾滋病病毒感染者并不是都叫艾滋病人，绝大多数感染者要经过数十年的时间才会发展为病人；艾滋病也不是单一病症，而是一组症状，病人一般在发病后2~3年死亡。

　　对于艾滋病，也没有必要恐慌。青少年要主动了解有关艾滋病的知识，了解艾滋病预防的方法。除了洁身自好，只和唯一的固定性伴侣有性关系外，还要劝说自己的配偶或性伴侣了解认识艾滋病，以保护他们不受艾滋病病毒的感染，保护他们就是保护自己。再者，应清楚了解性伴侣的生活背景和习惯，如有怀疑，应拒绝与其发生性接触或坚持使用避孕套。还有一点很重要，那就是绝不吸毒，不与人共用注射器和针头。

GSG 案例库

　　20世纪80年代末，人们视艾滋病为一种可怕的疾病，艾滋病患者受到歧视。美国的一些艺术家用红丝带来悼念因艾滋病而死亡的同伴，并发起了"尊重艾滋病患者人权，推广预防艾滋病"的社会公益活动。在一次世界艾滋病大会上，艾滋病病毒感染者和艾滋病病人齐声呼吁人们的理解。他们把一条长长的红丝带抛向会场的上空，支持者们将其剪成段，并用别针将折叠好的红丝带标志别在胸前。从此，红丝带成为艾滋病防治的象征。它象征着对艾滋病病毒感染者和病人的关心与支持，象征着对生命的热爱和对平等的渴望，象征着要用心来参与艾滋病防治工作。

　　无论如何，都应该教育青少年远离毒品。毒品会使吸食者迅速上瘾，并产生强烈的依赖感，绝大多数吸食者难以戒除，耗费的健康和金钱是非常惊人的。每个吸食者不得不想尽一切办法获取昂贵的毒品，染上毒瘾就不可避免地和偷窃、抢劫、卖淫、艾滋病联系在一起，等待他们的必将是家破人亡。

GSG 案例库

　　阿兵年幼丧母，其父忙于生计无暇照管他。自7岁起，阿兵就模仿大人抽烟，并以此为荣，自认为这样在同学们面前特有面子。14岁那年，阿兵干脆辍学跟着乡里几位"大哥"混日子。这期间，他结识了一位做餐饮的"大哥"，染上了毒瘾。后来，阿兵因为抢劫被警方抓获，在审讯时因毒瘾发作口吐白沫……

　　青少年是吸毒高危人群，其原因包括：一是好奇心理。他们不相信毒品有这么厉害，对自己信心十足，坚信不会被毒品控制。其次是被人误导，认为"尝一尝没有什么关系"，或者"现在很流行的，你别老土了"，容易轻信他人。三是一些毒品贩卖者为了赚取高额利润，经常将青少年作为诱骗对象，青少年由于自身辨别是非的能力有限，很容易上当。四是一些青少年内心空虚不求上进，整日在空虚中寻求刺激，很容易被毒品乘虚而入。

《中华人民共和国刑法》第357条规定：毒品是指鸦片、海洛因、甲基苯丙胺（冰毒）、吗啡、大麻、可卡因以及国家规定管制的其他能够使人形成瘾癖的麻醉药品和精神药品。

(四) 性教育

人生来就有性，但性的发育与成熟要经历一个过程。青春期的身体、生理、心理与行为变化，主要是性发育的反映。青春期也是一个明确展示性别身份和两性之间的性吸引时期。少男少女的一系列生理现象、心理现象和情感、行为倾向随着青春期的到来而丰富多彩，值得教师和父母去认真解读，从而引领孩子走好青春期这段路，过好性健康这道关。特别是近年来，随着青少年怀孕、艾滋病和其他性传播疾病的发生率越来越高，让青少年接受足够的性教育显得十分重要，且迫在眉睫。

1. 青少年接受性知识的来源

青少年接受性知识的主要来源有父母、学校、社会三个方面，其中，家庭和学校是主渠道。

(1) 家庭与父母

毫无疑问，家庭应是青少年性教育的发源地，家长应是青少年性教育的启蒙老师。遗憾的是，由于我国文化及习俗影响，很多家长都不愿意也不会和孩子谈论关于性方面的事情，即使是谈论，也只是有关青春期生理卫生的一些知识，如月经保健等，凡是与性生活、性传播有关的话题很少涉及，特别是诸如遗精、手淫、性交、避孕工具、性高潮等话题，很少或者几乎不会对孩子们讲。

母亲可能更愿意和孩子谈论一些关于性的话题，而且更喜欢和女儿交流。这可能是因为目前更担心自己的女儿安全的原因。事实上，孩子在这方面对母亲似乎更信任一些，感觉也要更好一些。

父母的言行对孩子的影响是不容置疑的。孩子对性知识的理解和接受程度与父母的价值观、态度和文化背景密切相关。比较开明和文化背景较好的父母会更注意这一点，也会用言行来影响自己的孩子。家长跟孩子谈性的话题实在是太难启齿，他们在面对孩子提的这些问题的时候，往往会采取一种消极的方式。在中华传统文化中，性被认为是肮脏的，所以，只要一谈到这个问题，父母首先就会觉得不自在。有的家长甚至担心性知识会导致孩子的去尝试性，他们刻意隐瞒的目的是让孩子在这个方面保持无知以便专心学习。有些父母甚至觉得和孩子讨论性问题属于乱伦，他们自己有时会谈论一些这样的问题，但只要一见到孩子，就戛然而止。

事实上，一些青少年也会感到同父母谈论这个不合适、很尴尬，也选择了回避。

更多的家长是不知道怎么跟孩子谈论性的问题。正如一位母亲说的那样："我自己都不知道手淫是怎么回事，怎么向女儿解释呢？"

父母应是孩子性教育的第一任老师。父母的许多担心是多余的。目前为止，没有证据证明性方面的知识会导致性行为，反而是这方面的无知会导致许多的麻烦。父母给孩子当性教育老师，效果远比老师好。因为这会让孩子觉得更轻松自在。父母应该承担起这个责任。如果对这方面的知识掌握不多，可以阅读相关的专业著作或参加类似的培训班来获得。

(2) 学校与老师

青春期教育，学校肯定是主阵地。首先，学校教育是成体系的、科学的教育，学生了解和掌握到的知识都是正确的。其次，性教育课程可以与学校生理卫生、德育等课程相互补充，相得益彰。第三，学生对老师非常信任，所谓"亲其师，信其道"，能够取得好的效果。

学校青春期教育的重要目标是为青年人未来的幸福婚姻生活以及成为合格的夫妻、父母奠定基础，是为了从源头上解决婚姻家庭问题。许多的研究数据表明，拥有幸福婚姻的人，也能够成为一名优秀的家长。

此外，学校还应扮演一个角色，就是把父母培训好，再由父母回去培训自己的孩子。

学校性教育的课程设置的主要内容及方向：

明确宣示哪些是应该提倡，哪些是应该反对的可以降低风险的行为；

依据心理学、社会学、生理卫生学等专业的理论和原则，激励并教会学生如何行动；

以体验为主，使每个学生都能参与其中，形式生动活泼；

教会学生正确辨识社会和媒体的内容，促进学生思辨能力的提高；

务必以学习者为中心，为不同需求的学生制订不同的课程计划；

提倡健康的生活方式，并告诉学生什么是健康的生活方式；

教会学生合作、沟通、学习等具体的技能。

(3) 社会与朋友

很不幸的是，很多青少年的性知识是从媒体和民间获得的。媒体包括网络、出版物、电视、社区宣传、广告、朋友，还有成年人的行为，如 KTV、洗浴中心等。很多的时候会呈现一些对性行为的歪曲观点，把性行为与乐趣、兴奋、竞争、危险或暴力相联系，却很少宣传不采取保护措施的性行为带来的危害。

各种大众媒体对青少年的性态度和性行为有很大的影响。国家、社会应该对此加以约束，给青少年的健康成长创造一个良好的环境。

2. 性健康教育的目的和意义

(1) 性健康教育的概念

对性健康教育有狭义和广义的理解及实施。狭义的性健康教育是指传播关于性生理、性心理、维护性健康以及预防性疾病等方面的知识；广义的性健康教育包括传授关于性的社会文化内涵，如性别意识、性别社会化与性别平等，教导关于爱情、择偶、婚前准备与婚姻调适以及家庭生活等全面而系统的人生科学知识。性健康教育不仅针对青少年，成年人也需要性健康教育。尤其是在我国，过去的时代不曾有过性知识的科学传播，人们头脑中充满了对性的误解与偏见，因此成年人补上性健康教育这一课是十分必要的。而对青少年进行性健康教育，既是当务之急，又是长远之举。受过性健康教育的一代长大成人后，不仅自己能以科学的态度对待性，而且也能够对下一代传授性科学知识，进行恋爱、婚姻与家庭生活指导。

(2) 性健康教育的意义

性，关系到个人身心健康、爱情持久、婚姻美满、家庭幸福以及社会文明。在21世纪这个科学与信息更为发达的时代，学习性科学知识并运用于自己的行为与生活，是每个人的需求和权利。

由于我国长期缺少科学的性健康教育，造成许多人的性无知、性愚昧、性误解和性偏见，导致了大量不健康、不文明和危险的性行为及性关系，其后果反映在未婚先孕、少女堕胎、卖淫嫖娼、性别歧视、婚姻不幸、性暴力，以及感染性病、艾滋病等，已成为严重的社会问题。

通过性知识与性价值观念的正确传授而保护青少年一代的性健康与生殖健康，这关系到未来夫妻的健康、父母与子女的健康，从而影响到人口的素质、民族的前景。

通过学习关于两性交往与性别平等，关于爱情、婚姻、家庭生活等方面的科学知识，促进个人的健康和家庭的幸福，进而维护社会的安定、和谐与文明。

(3) 性健康教育的本质

性健康教育是一种行为选择的教育，两性之爱的教育，不仅是科学知识的传播，而且是价值观念的教导，是社会文化与道德规范的教化。

性健康教育是一种人格教育。一个人是否有正确的性观念、态度、行为，不仅取决于有多少性科学的知识，而且取决于人格素质。因此，性健康教育与培养健全的人格是不可分离的，性健康教育是素质教育的重要组成部分。

性健康教育是发扬人性的教育，是两性平等的教育，是建立美满婚姻的准备教育。

性健康教育是心理健康教育的有机组成部分，是人生教育和家庭生活教育。

有鉴于此，性健康教育应当进入学校正规教育的课堂，应当纳入父母对孩子的监护责任。

(4) 性健康教育的宗旨

性健康教育的目的首先在于促进性健康。世界卫生组织提出的"性健康"概念是"性的肉体层面、感情层面、知识层面和社会层面的完整结合，从而积极地丰富人格，促进和增进爱"。性健康教育要帮助受教育者科学而全面地认识性的生理、心理和社会成熟过程，认识友谊、爱情及婚姻关系的健康发展条件，树立性别平等、责任感与相互尊重等观念，以便享有性健康、生殖健康和幸福的婚姻家庭生活，免除因性的无知与失误而导致的疾病。

(5) 性健康教育的价值导向

在性健康教育中，价值观念指导极其重要。结合我国国情，在青春期性健康教育中，我们认同以下价值观念。

第一，性潜能是与生俱来的，是一个人生命的自然而健康的组成部分。

第二，性有肉体的、心理的、社会文化的层面，把这些层面统一起来表现的性才是健康的。

第三，每个人，包括男人和女人，都有自己的尊严和价值，一切形式的性歧视、性虐待、性暴力都是对人权的侵犯，任何性行为都不能带有强制性和剥削性。

第四，尊重每个人的性取向，不歧视同性恋者。

第五，任何性行为都是有后果的（积极的或消极的），因此，每个人都有权利和义务做出对自己和对别人负责任的性行为选择。

第六，要明确告诉青少年，尚未成熟就发生性关系是冒险之举；洁身自爱，拒绝婚前和婚外的性关系是人格健全的表现之一，也是防止性病和艾滋病传播的有效办法之一。

第七，性健康教育是家庭、学校、社会共同的任务；青少年有权获得包括避孕知识在内的科学性知识，以便做到知情选择；青少年应享有性保健咨询服务，使他们在必要时能得到及时的帮助。

几乎所有的孩子问及父母的第一个有关性的问题就是："我是从哪里来的？"孩子对生命奥秘的探索从儿童期持续到青春期。大多数父母害怕孩子问及此类问题，对孩子的好奇心或敷衍搪塞，或装聋作哑，或拒绝训斥，以为孩子会就此罢休。其实不然，孩子不能从正规途径获得问题的答案，必然从歪门邪道去满足其好奇心。于是，黄色、淫秽的内容污染孩子纯洁心灵的事件便屡见不鲜。其实，父母和老师何必对生命孕育和诞生的科学问题避而不答呢？当然，对于如何作答，教育者本身也是需要讲究方法的。

(6) 性健康教育的内容

认识女性和男性的生殖器官；了解怀孕与生命；认识和了解青春期身体发育；正确认识如遗精、自慰等性行为；了解生理变化与性意识萌动、社会环境与性心理发育；掌握性保健的知识；珍重生命，远离各种危险等。

◆ 学校性健康教育及其对教师的要求 ◆

在我国现阶段，大多数父母尚不能胜任对孩子进行性健康教育的角色，因此，中学生的性健康教育多半期待于学校的努力。学校毕竟是个制度化的正规教育场所，应该进行性健康知识的集体传播和性价值观念的集体指导。性健康教育在学校不必是一门需要通过考试的课程，但应当有专门的课时和讨论时间。

教育者一般是经过训练的专业教师，他们不像父母那样与孩子有情感牵涉，因此比较客观和冷静。教师的权威性也比父母强些。性健康教育课堂本身使孩子产生一种安全感，在这里与同学谈性是合情合理的事，因此，不紧张、不羞怯，既可以表达自己的意见，又可以向别人学习请教。在学校推广同伴教育是个好办法，孩子们在一个有同龄伙伴参与的轻松、友好的环境中比较容易接受知识和分享体验。但同伴必须是经过专门训练的大孩子、小老师，有一定组织和领导能力的志愿者。

在学校从事性健康教育的教师，不一定是对性的知识与经验都很丰富的人，因为性知识是可以通过培训很快掌握的；也不必非得请性学领域的权威人士执教。但从事性健康教育的人，确实需要具备一些基本素养。

第一，要能够与男孩女孩们进行公开而朴实的、真诚而虚心的对话。

第二，不会对性健康教育话题的任何内容感到棘手，能够对互动式、讨论式、参与式的课堂教学应付自如。

第三，有成熟的性经验，有良好的人格素质，有坚定不移的价值观，又能虚心听取别人（包括教育对象）的不同意见。

第四，善于启发学生参与讨论，而不只是填鸭式地灌输知识；不试图给予问题的全部答案，不会对学生的问题不经过深思熟虑就做出结论。

第五，善于承认自己对某些事物并不十分了解，留有充分的争论和探讨余地。

第六，没有动辄批评学生的习惯，善于与他们沟通和商讨，让学生进行自我评判。

第七，尊重每个学生发言或不发言的权利，保护学生的隐私，不勉强学生回答问题或做他们不愿做的作业。

当然，能够具备上述条件的教师，是经过严格挑选和培训的，这种培训既包括性的科学知识，又包括教学方法、风格、技巧，甚至教育者个人品格的训练。

学校实施性健康教育，要与家庭教育密切配合，教师要尽可能与父母沟通，了解孩子已经在家庭中接受过什么样的信息，以便与父母一道去清除孩子头脑中那些不科学、不健康的东西。此外，教师的教学内容要及时告知家长，并征求家长的意见和建议，以便更准确地针对孩子的实际情况。

三、学习心理

学习是学生的主要任务，如何遵循学习规律，找到最有效的学习方法，用更良好的心态来克服和面对学习中的各种障碍和问题，是青春期青少年必须要应对的问题。

（一）入学适应

"老师讲得太快了，很多听不懂！""我觉得很孤独。""心情不太好。""想念以前的同学和好朋友。"……许多进入中学的同学都会有这样的感觉，我们称之为过渡阶段。如果能帮助他们充分了解并适当调整，他们不仅能顺利地适应中学生活，而且对整个中学阶段的发展也有很大的帮助。从长远来看，这段适应的经历甚至可以对他们人生的任何阶段都有积极的促进作用。

GSG 案例库

小娟的妈妈发现孩子自从进了一中后，每天回来都闷闷不乐。刚到学校时，她不知道去哪里找班主任，也不知道去哪里找学科老师请教问题，在上实验课的时候，她觉得手忙脚乱，生怕跟不上别的同学……性格内向的她感觉整个校园就像一座迷宫，每天就盼望早点放学回家。

新到一个学校，都需要面对自己完全不熟悉的环境。如学校的硬件设施，教师如何分布，班主任老师和课任老师的办公室位置，实验室与食堂在哪里，还有操场、体育馆等等在什么地方，这些都在一定程度上影响着他们对这个学校的感觉。

小娟进入新学校后，面对环境的改变，会有一些陌生感和不安全感，这是正常的。问题在于，小娟没有去主动适应，而是被动等待。加上性格内向，可能会加剧面对陌生环境的不安全感，于是，出现了想逃离学校的状况。

家长可以在孩子进入学校之前，陪伴孩子去学校熟悉环境。建议家长鼓励孩子尽可能自己去探索一下，把与自己相关的场所，例如，教室、操场、食堂、办公室以及相应的规章制度等都了解清楚。如果孩子性格比较内向，家长可以建议孩子约几个同学一起去。如没有完成这个任务，在开学后，建议孩子约上几个同学再去一次，以帮助自己熟悉环境。学校也应事先做一些准备工作，组织相应的活动，如设计相应的地图、分组竞赛等，来帮助同学们熟悉环境，这样做还可以帮助学生增加交流合作的机会。

确实，有些孩子进入中学后，以前熟悉的老师、同学大多见不到了，一切都是重新开始，因此，同学关系就成为最重要的人际关系。对以同伴交往为主、师生关系为辅的人际环境的陌生感，成为许多青少年面临的挑战。

GSG 案例库

开学一个月了，王利利的妈妈发现，女儿这个月的手机费高得有些惊人。令她纳闷的是，这所高中是明令禁止学生在校使用手机的，只有放学后和周末的时间，女儿怎么用了那么多话费呢。再三询问下，才知道女儿的手机费大部分居然是给以前的好朋友发短信。进入高中后，她一直觉得很孤单，班里没有几个人是认识的，她也不知道该怎么去跟大家交往，越发想念过去的好朋友、好姐妹。于是只要是放学了，她就发短信跟以前的朋友联系，甚至还在家里煲起了电话粥。于是，已经入学一个月了，她还是跟班里的同学不熟，总有一种格格不入的感觉。

王利利的情况很有代表性。人都很容易对熟悉的环境、熟悉的人有安全感。因此，进入新的学校，还依然希望跟原来的好朋友在一起，这样的愿望绝大多数同学都会有。但如果把时间和精力都放在与过去同学的联系上，不愿意与现在的同学交往，这会让自己很难融入新的班集体，也影响了对整个高中生活的适应。因此，首先要帮助孩子明白，进入高中，面对陌生的老师和同学，不意味着失去了原来的朋友，而是即将拥有更多新的朋友、新的资源。他们将会跟这些新面孔在一起生活学习三年，其中有些同学也会因为一段时间的相处成为无话不谈的好朋友。所以，要积极主动地和身边的同学交往，这样会帮助自己更快地融入班集体，适应高中生活，而且也不会再感到孤单。家长需要注意的是，在孩子刚升入高中的时候，每天可以问问孩子在学校的情况，听孩子说说学校里的事情，尤其是同学和老师怎么样。在倾听的同时，如果遇到孩子有困惑，也可以根据自己的经验进行分享，帮助孩子更好地适应新的生活。

经历了中考后，以前熟悉的同学分别去了不同的学校，而对他们来说最重要的伙伴在一起的可能性会更小，因此，有些同学容易产生孤独感，情绪低落，抑郁甚至厌学。这些状况的产生和改善因人而异，对那些善于跟人建立关系，积极乐观的同学来说，克服这一挑战，建立新的人际关系会更快更容易，而对于那些相对内向，不善于跟人交往的同学来说会更困难。无论是家长还是老师，都要帮助孩子带着积极主动的态度去了解认识身边的同学，帮助他们迅速地建立起人际关系，提高对班级的归属感。

GSG 案例库

　　小勇进入了梦寐以求的重点高中，他非常开心，觉得自己进了这所著名的高中，就离梦想的大学不远了。但是开学快两个月了，踌躇满志的他反而失去了信心，自己当初考进这所学校是因为运气比较好，而不是凭真实的能力。不然怎么会跟不上老师的节奏，现在老师讲什么都几乎听不懂了。自己是不是非常笨呢？

　　其实，小勇感觉到的"跟不上老师的节奏"，在很多高中新生身上都出现过，这并不是因为不够聪明，而是因为高中的教学方式与初中相比有了很大的转变。因此，归因于自己的智商不高、能力不够不仅不符合客观实际而且容易影响自己的自信心。

　　在开学之前，对高中的学习进行一些了解，并做一些准备，是非常重要的。中考后，经历了近两个月的休息和调整，往往会放松了学习的状态，加上初中和高中的学习有比较明显的差异，所以容易出现类似小勇这样的情况。如果没有提前进入学习状态，则建议同学们在开学后尽快与老师熟悉起来，并就学习上的困惑及时与老师交流，以便得到知识和学习方法上的指导。经过一段时间的调整，就可以慢慢适应高中的学习了。

在刚入学的一段时间，不少学生会感觉学习吃力，但又不明白真正的原因在哪里，对学习要求较高的孩子就更容易因此产生挫败感，并进行不正确的归因，例如自己笨，或者自己是不是读书的料等等，甚至会产生厌学或者想退学等逃避现状的想法。因此，老师在开学后一周内不要着急上新课，重点对学生开展高中学习技能和学习方法的指导教育，如组织学科班会等。初中和高中的教学表现出相当大的差异，并且当前还缺少良好的衔接。从教学的内容来说，学习的科目增多了，量也增大了，而所涵盖的知识的难度和深度也大大增加了。老师讲课的速度加快，同样的时间所讲授的内容比初中增加很多倍。另一方面，这也代表着不同于初中的教学目的——训练更高级的思维方式而不仅仅是记忆和重复。因此，对高中的学习特点进行全面了解，采取新的学习方式是非常重要的。

GSG 案例库

　　班干部的任命下来后，小萌非常不开心。并非她不喜欢这些同学，而是初中三年一直担任班干部的她连个组长也没当上。这令她非常失落。而最近的数学考试也让她很沮丧，她才考了80多分，这让以前在初中数学测验成绩没有下过95分的她更加怀疑自己。于是她觉得是自己不够优秀，才会没有被任命任何职务的。

　　小萌的状态是因为她没有了解高中的特征造成的。没有被任命班干部和考试的分数绝对不能代表自己是否优秀，而要综合各方面情况来看。不能简单地将现在的情况与初中进行对比，而是需要结合目前的实际情况与高中的学习生活特征来进行衡量。

　　如果遇到小萌这样的情况，家长首先要了解高中的情况，再发表意见或者建议，及时与班主任沟通是非常重要的。家长应当鼓励孩子就当前的困惑去请教班主任以及相应科目的科任老师，以得到更客观和全面的解答。同时，对于一些优秀的孩子，由于自尊心比较强，更容易对自己产生不当的归因，伤害自信心。家长要注意培养孩子乐观开朗的性格以及全面正确的价值观，而不是将学习成绩和当班干部与否当成了追求的全部。

青少年在新学校新学期最容易出现的心理落差，往往也经常会成为家长的误区。例如，在初中的时候，对于一些成绩非常好的孩子来说，平时的测验考90分也许不算高，但到了高中80分有可能就是很高的分数了。但对很多家长和孩子来说，对成绩的期待仍然停留在分数的高低上。因此即使是对一个非常好的成绩，也依然非常担心和着急，于是产生了不必要的焦虑。而在重点中学，由于优秀的学生聚集到了一起，所以曾担任过班干部的人也非常多，但机会却并不成正比，因此必然有些同学没有机会继续担任班干部。这也容易令那些当惯了班干部的同学产生失落感。

(二) 学习动机

学习动机是推动学习、进行学习的内在原因，是吸引、指引学生学习的动力，它甚至可以决定学生对于学习的态度以及能否坚持学习。

人一生下来就生活在大量的学习环境中。有些学习，本身就是在没有任何明确学习意向的情况下偶然发生的。但如果要长期有效地学习，就必须要有相应的学习动机。

动机分为外部动机和内部动机两种，就是我们常说的外因和内因。内部动机指人们对学习本身的兴趣所引起的动机，动机的满足在活动之内，不在活动之外，它不需要外界的诱因、惩罚来使行动指向目标，因为行动本身就是一种动力。外部动机则是由外部诱因所引起的动机，指人们由外部诱因所引起的动机的满足不在活动之内，而在活动之外，是对学习所带来的结果感兴趣。具有内部动机的学生能在学习活动中得到满足，他们积极地参与学习过程，而且在教师评估之前能对自己的学业表现有所了解，他们具有好奇心，喜欢挑战，在解决问题时具有独立性。具有外部动机的学生一旦达到目的，学习动机便会下降。另一方面，为了达到目标，他们往往采取避免失败的做法，或是选择没有挑战性的任务，或是一旦失败便一蹶不振。

GSG 案例库

刘鹏程自从上了高中后，成绩就一路下滑。通过观察，老师发现他上课也能做到认真听讲，也按时完成作业，而且，他初中基础很好，为什么会出现现在这样的情况呢？

通过与小刘同学交流，老师发现他最近心里很迷茫，他不知道自己为什么来学习。家长告诉他将来要考大学，他自己也不知道考了大学要做什么。于是，他开始怀疑自己的学习目的，甚至产生了自己是为父母学、为老师学的感觉。像小刘这样对学习抱怀疑心态的学生不在少数，这也是今天群体性厌学的一个很大原因。这与家庭和学校教育有关。比如，在家里，在孩子刚开始上学时，父母可能会无意中说出"快把作业本给我拿来"这样的话，或者经常有过度关心孩子作业的行为。由于生涯教育的缺失，也有一些孩子不太了解自己想要成为什么样的人，想要做什么，从而无法产生学习的内部动机。还有一些孩子，从小被父母用物质奖励的方式鼓励学习，或者更多地强调在班上的名次，这些外部动机造成了孩子的学习动机不明晰。

当然，我们也并不是一味地否定外部动机。在学习的时候，内部动机、外部动机都非常重要，但学习的内部动机更为重要。首先，要帮助青少年明白，他需要对自己有更多的思考和探索，看看自己能够从学习中得到什么乐趣。其次，让他认识到自己的生活和学习是否有规划，如果有，这些规划跟自己现在的学习之间的关系是怎样的。还有，就是要了解自己想要达到什么样的成绩，要达到这样的成绩，需要做哪些自我提高。这些都能帮助他们提高自己的内部学习动机。如果他的外部动机比较强烈，那就要多肯定、多赞许，在这个过程中，有意地渗入一些标准，让他逐步调整为为自己的生活而学习，形成独立、自信，为自己负责的品格。

（三）考试焦虑

考试焦虑是青少年学生时常面对的问题，无论事先准备得多么充分，一旦临考就会焦虑发作，致使考试无法正常发挥。

GSG 案例库

林静今年读高二了，自小学开始，学习成绩一直名列前茅。但到了高中特别是高二开始，就出现每次小考成绩不错，大考一塌糊涂的情况。她自己也觉得奇怪：答题漏洞百出，经常看错题目；怀疑自己的答案，常常将对的改为错的……

学生一到考试就失常，许多人认为是紧张造成的，但不一定这么简单。一是平常只善于领会局部知识，而考试考的是综合知识，其劣势就暴露出来了。这主要不是紧张了。二是学生的短期记忆能力强而长期记忆能力弱。平时多靠短期记忆所以成绩不错，但一到期末考试成绩就下来了。三是平时成绩不真实。如抄袭、作弊等。大考纪律严，就不行了。以上情况，如只把紧张看作主要原因进行干预显然不行。为什么紧张？大多情况是让家长和老师吓的，平时经常给孩子灌输"有危机感才有动力"的观念，结果面对考试时，满脑子想的是老师的冷面孔而不是怎么做题。他们的注意力被吸引到考试的后果上，没办法集中在考试本身。心理学告诉我们，人压力越大，智力越会下降。这不是简单马虎，而是整体心理状态的失常。

不要过于施加压力。应多想如何给他具体的帮助，而不是制造恐怖气氛。

（四）情绪管理

情绪是一个人在遇到事情和在内部、外部刺激时产生的一种反应和感觉，是一个人内心体验的表现。情绪分为积极情绪和消极情绪。一般人认为，快乐、喜悦就是积极的情绪，伤心、愤怒就是消极的情绪，积极的情绪应该保持，消极的情绪应该避免和消除。

实际上，情绪本身在人类发展的初期，是有它的适应性功能的。如现在被我们看作消极情绪的恐惧，最初正是它让人类在有威胁的情境下逃跑。现在也有人认为，情绪本身并无好坏，它只是一种心理能量的表达，快乐、喜悦、满足这些情绪的力量大家可能都认可，但愤怒也可以让人保护自己，恐惧也可以让人逃离危险，从这个角度上讲，消极情绪也有好的作用。所以，并非情绪本身有错误，而是我们如何去认识它们，如何去管理它们，如何运用它们提示给我们的信息去做出有利于自己的行动和计划。

情绪是每个青春期孩子每天都会经历的心情，如何跟情绪打交道，让他们每天的生活、学习及与他人相处更愉快？情绪管理的核心是帮助青少年认识和了解自己的情绪，去学习调节自己的情绪。

GSG 案例库

　　真真不久前喜欢上了班里的一个男生，这个男生开始也喜欢她。两人暗中交往一段时间后，男生突然提出了分手。真真为此特别伤心，又觉得自己这样不好好学习，对不起父母。她越是拼命提醒自己不要去想那个男生，越是控制不住自己，反过来更让她觉得愧疚于父母。这两种情绪交叉折磨着她，她都没心思学习了。

　　人们会常常因为自己的负面情绪而责备自己，觉得不应该，觉得自己真没有用，这些都可能会造成不必要的二次痛苦。真真遇到的情况，对她来说，是由困扰和挫败所造成的痛苦。本来只是失恋造成的痛苦，但由于一些想法和观念，让她认为自己不应该这样，从而造成她因自己的痛苦而痛苦。这属于没有必要的痛苦部分。失恋本身会带来痛苦，因为无论哪种感情，曾经付出又突然失去时，都会给人带来巨大的痛苦。像这类巨大的失落情绪，需要一段时间，看看自己是否能够处理，如果不能，就会极大地影响他们的学习和生活。教师和家长、朋友应该给他们一些外部的帮助，给他们以更多的陪伴和支持。如果比较严重的话，要寻求专业的心理老师沟通。

　　心理学认为，情绪的产生并不是诱发事件本身直接引起的，而是经历这一事件的个体对这一事件的解释和评价所引起。如因为做错了某件事，就认为自己无能，于是感到自卑。做错了某件事本身不会引发情绪，但认为自己无能，这就是对这件事的评价和解释了，自卑就是因为认为自己无能而引起的情绪体验。

　　情绪应该如何管理呢？首先，要培养自己积极的心态。一是要明白情绪的产生是一种正常的生理现象，是一个人的内心需要是否得到满足的外在表现。因此，你需要清楚地认识你的需要是什么，以及你的需要是否是你的能力所及。二是要善于从负性事件中提取正面的信息。任何事件都会有正负两方面的信息，自卑的人看到的大多是负面的信息，自信的人看到的则大多是正面的信息。其次，面对负性事件要坚持"四不"。一是不责备。责备会激发对方的自我防御机制，对解决问题无效，应该清楚地描述这件事并坦诚地表达你的感受和希望。二是不逃避。一个人只有面对才能成长，厌学也好，网瘾也好，就是面对负性事件时采取了逃避策略而产生的后果。三是不遗忘。越想忘记就越是忘不了，认可负性事件的存在，当下该做什么就做什么。四是不委曲求全。委曲求全意指放弃自己的利益来获取某些结果，而不委曲求全是在不伤害别人的前提下保存自己，做自己想做而又能做的事。第三，以适当的方式排解情绪。排解情绪的方式以不伤害别人为原则。如痛哭一场、与知心朋友倾诉、逛街、听音乐、运动等都是较好的办法，比较糟糕的方式是喝酒、飙车，甚至自杀。

其实，所有的负面情绪、情感都一样，既然它产生了，就有它产生的道理，每个人应尝试着不去责怪自己怎么会这样，而去跟自己的情绪一起待一会，看看它想跟你说些什么，也许会有意外的收获。排解情绪的目的在于给自己一个厘清想法的机会，让自己好过一点，也让自己更有能量去面对未来。有了不舒服的感觉，要勇敢地面对，仔细想想，为什么这么难过、生气？我可以怎么做，将来才不会重蹈覆辙？怎么做可以降低我的不愉快？这么做会不会带来更大的伤害？从这几个方面选择适合自己且能有效排解情绪的方式，你就能够控制情绪，而不是让情绪来控制你！

◆ 处理情绪的技巧 ◆

做运动。运动可以释放强烈的情绪。如果你喜欢运动，那么，做运动是帮助你管理自己情绪的非常好的选择。

练瑜伽。练瑜伽可以强身健体，还可以帮助一个人静心。

写日记。把自己的郁闷、委屈写出来，似乎就不那么难受了。

暂时离开。情绪激烈爆发时，选择离开现场，到自己的小天地里待会，让自己冷静下来。

假想法。假想让自己不顺利、生气的那个人或事情在你的对面，或用一个物品代替，然后对它说出你的心情和其他想说的话。

自我辩论。问问自己为什么生气，为什么会这样，等等。

本章，我们已经讨论了以下青春期知识内容——

◎ 在大多数情况下，青少年是相对健康的。健康的问题通常与生活方式有关。

◎ 很多青少年特别是高中生的睡眠不足，而且现在学校的作息时间并不符合他们天生的身体节律。

◎ 过度关注身体意象可能会导致饮食障碍。

◎ 如何让青春期的孩子拥有健康的心理，特别是性心理，使之既符合主流社会公序良俗及法律规范，又有利于自己的身心和谐发展，是青春期心理教育的重点。

◎ 自我概念，是指一个人对自己的认知、思考和评价，对自己是谁、是什么身份的认知，是其自我所意识到的那部分。

◎ 人的自我意识从很小的时候就开始了。当他意识到自己与众不同，是一个独立的个体时，说明这个人迈出了自我概念发展的第一步。

◎ 许多时候，他们会不自觉地将自己和自己的想法与他人进行比较，以寻找某些优越感，并证明自己与他们不一样。

◎ 拥有一个积极的自我概念不仅让一个人更倾向于友善和外向，而且还会给他以充足的信息，使他乐于接受挑战，尝试一些新的活动，还会有利于他产生较高的自尊。

◎ 对于青春期的孩子，帮助他建立积极的预期自我显得非常重要。缺乏积极预期自我的青少年可能会逐渐养成非正常性的甚至反社会的行为。

◎ 自我概念可以帮助一个人形成对自己的稳定的认识和评价，从而让青少年个体在学习、工作、生活以及与他人的交往上都能有稳定的表现。

◎ 自我概念的形成过程，是通过从父母、老师、同伴等处获得的反馈，以及通过自己的成功或失败的经验去形成的清晰的、稳定的对自己的看法、评价的过程，它由反映评价、社会比较和自我感觉三部分构成。

◎ 进入青春期后，大多数青少年都会对自己进行一次评估。这种鉴别自我的能力能够促使青少年将自己的目标整合到自我理想之中。

◎ 积极的高自尊是一个人发展过程中最为理想的结果，因为它关系到一个人是否能够长期地保持心理健康和维持情绪稳定。

◎ 青春期的孩子还有一个现象就是无法与他人建立友谊，不擅长与人特别是陌生人接触和交往。这是其自我概念相对较差的表现，与自尊相关。

◎ 越来越多的证据表明自我概念和学业成绩相关。成绩对自尊的影响较大。成功的学生具有更高的个人价值观。具有高自尊的学生往往有较高的学业成绩，学业成绩较高者具有高自尊。

◎ 到了青春期，虽然孩子的自我概念逐步趋于稳定，但他们对一些重要事情还是会表现得极为敏感。这个时期，一个重要的任务就是形成同一性。

◎ 自我同一性，即青少年同一性的人格化，简单地理解就是把自己"众多的人格"统一起来，形成一个比较稳定的人格。

◎ 获得了同一性，标志着某个发展阶段取得了满意的结局。

◎ 青春期的个体如果能获得积极的同一性，他们就会形成忠诚的美德。这意味着他们有能力按照社会规范去生活。

◎ 大多数青少年的同一性状态都处于延缓状态，因为他们正在积极寻找，以期望找到自己想要的生活。

◎ 青春期最大的心理特点之一，就是性意识的觉醒。

◎ 青春期的青少年，也开始对和别人发生性体验感兴趣。他们主要是通过性行为来表达情感和信任的需要，不一定是单纯的生理需要。

◎ 青春期的性心理发展要经过疏远期、接近期和爱慕期三个阶段。

◎ 只要把握与异性交往的尺度，诚恳对人，热情大方，自尊自爱，便能处理好与异性的关系，以自身良好的修养和人品赢得异性的尊重和友情。

◎ 到了青春期，不管男孩女孩，都会积极地在异性面前展示自己的优势以获取对方的注意和赞赏，这也是性别自认的一种表现，应给予肯定而不是大惊小怪。

◎ 男性和女性的性别心理差异，是由其生物学基础决定的。

◎ 青春期的孩子对性的感觉大多属于好奇，他们对神秘的事物总是想一探究竟，这个时候，他们不会太多地去考虑什么负责不负责的问题，他们的目的是寻求答案。当结果出来后，他们才会在事实面前意识到后果可能已经超出了自己所能承受的范围。

◎ 青春期恋情中，当事人会首先考虑自己的情绪，不会顾及对方的心情，他们会根据自己的情绪变化做出相应的反应，甚至是冲动的感情表现。

◎ 青少年婚前性行为的发生时间与许多因素相关。一般地，性价值观与年龄、文化、民族、理想与信仰、异性朋友、开放程度、进入青春期的年龄、父母、家庭成员等有一定的关系。

◎ 吸毒、酗酒等问题行为会促使性行为提前。

◎ 只有在婚姻保护下的性才会有美好的结果。婚前性行为，对男孩和女孩来说，都有很大的风险。

◎ 无论男孩女孩都有可能遭受性侵犯，这并不是你的错。

◎ 性心理偏离一般表现为不自觉产生、不通过生殖器性交方式获得、使自己和他人受伤害三个特征。其产生的因素主要有遗传、家庭、心理和社会文化等方面。

◎ 细菌和其他非病毒性病原体引起的性传播疾病是可以通过药物治愈的，而病毒引起的性传播疾病虽然可以进行药物治疗，但无法治愈。

◎ 毒品、酒精和烟草是青少年最容易沾染上的物品，这些物品都会为他们带来严重的危害。

◎ 在青少年时期，抑郁症患病率会增加，尤其是在女孩中。

◎ 艾滋病病毒在人体内的潜伏期平均为9~10年，在发展成为艾滋病病人以前，病人外表看上去正常，他们可以没有任何症状地生活和工作很多年，目前，人类还没有治愈艾滋病的方法。

◎ 为什么他们会自我感觉良好？

◎ 为什么拥有良好的自我概念非常重要？

◎ 为什么那么要面子？

◎ 为什么他们爱冒险？

◎ 为什么他们会叛逆？

◎ 为什么觉得性那么神秘？

◎ 男孩和女孩对性态度有什么差异？

◎ 同时拥有男子气和女子气有什么好处？

◎ 如何处理与异性的关系？

◎ 哪些父母会让自己的孩子"没面子"？

◎ 吸毒对健康有什么危害？

◎ 毒贩子如何引诱青少年？

◎ 青春期为何烦恼多？

◎ 为不漂亮烦恼怎么办？

◎ 常有性幻想怎么办？

◎ 为什么怕见人？

◎ 怎样克服自卑心理？

◎ 爱看裸体画是否心理变态？

◎ 我失去"贞洁"了吗？

◎ 克制性冲动有害健康吗？

◎ 我是不是同性恋？

◎ 医生有权过问少女隐私吗？

◎ 少女该不该整容？

◎ 男生女生为何彼此疏远？

◎ 看到异性为什么想入非非?

◎ 在异性面前有表现欲正常吗?

◎ 为什么怕接触女生?

◎ 怎样才能摆脱单相思之苦?

◎ 触碰异性为什么会有"触电"的感觉?

◎ 恋上老师怎么办?

◎ 男老师可以吻我吗?

◎ 收到情书怎么办?

◎ 未成年人发生性行为有什么后果?

◎ 可否接受他人的约会邀请?

◎ 青春期友情为什么难以天长地久?

◎ 初恋为什么令我刻骨铭心?

　　……

　　学校性教育课程设置的主要内容及方向:

◎ 明确宣示哪些是应该提倡哪些是应该反对的可以降低风险的行为;

◎ 依据心理学、社会学、生理卫生学等专业的理论和原则,激励并教会学生如何
　　行动;

◎ 以体验为主,使每个学生都能参与其中,形式生动活泼;

◎ 教会学生正确辨识社会和媒体的内容,促进学生思辨能力的提高;

◎ 务必以学习者为中心,为不同需求的学生制订不同的课程计划;

◎ 提倡健康的生活方式,并告诉学生什么是健康的生活方式;

◎ 教会学生合作、沟通、学习等具体的技能。

本章行为清单

教师行为清单	◎ 帮助青少年建立积极的预期自我。缺乏积极预期自我的青少年可能会逐渐养成非正常性的甚至反社会的行为。 ◎ 经常对自己的孩子以积极的评价。 ◎ 建议他们远离负能量的人。 ◎ 爱的基础是尊重，低自尊是导致青少年抑郁症和自杀行为的因素之一，一定要帮助他们拥有自尊。 ◎ 许多青少年都希望自己变得更加优秀。因此，理想教育、生涯教育应该及时跟上。 ◎ 帮助他们认真分析原因，积极面对挫折。 ◎ 理解他们在公开场合装腔作势、故意引人注目的行为。 ◎ 不要当众嘲笑和指责他。 ◎ 指导和帮助他与别的同学建立友谊。 ◎ 有些学生会使用一些策略来引起别人的重视。他们想说明的是，不是我不行，是环境不让我行。这种情况，男生要比女生多。老师要注意分辨并审慎采取行动。 ◎ 青春期极为敏感，想办法让他们多参加集体活动，特别是对那些胆怯、羞涩、无法与人相处的孩子。 ◎ 及时关注青少年的成就动机。 ◎ 关注青少年的不稳定性。当发现他们进入这个状态时，应做一些人为的教育干预，以引导他们实现同一性达成。 ◎ 教师和家长应着手建立有利于孩子发展的文化环境。应通过奖赏、惩罚、指导和榜样作用的结合，使青少年养成典型的习惯性行为。 ◎ 教师的价值、态度、特质和人格等，对青少年的影响非常重要，要自律。 ◎ 提供机会让学生真正面对青春期的心理变化，比如产生成人感、增强独立感、让他们产生认识自己的需要等。 ◎ 要引导学生做自己情绪的主人。 ◎ 作为孩子的重要他人，要尽可能地在孩子面前呈现积极正向的形象。

◎ 多支持学生的一些创新想法，引导而不是粗暴地制止他们的一些"怪异"想法和行为。

◎ 因害怕孩子早恋影响学习，老师容易犯的错误是看见学生和异性交往就和早恋联系在一起，想尽办法干预。其实，男女的交往不仅是正常的，而且是必要的，是有益于青少年身心健康成长的。

◎ 让学生多参加集体交往，既避免了只和一位异性交往的"一对一"的恋爱关系，又能使每个人都融入浓浓的集体氛围中，开阔了眼界和心胸。

◎ 对那些因为在同异性交往过程中遭受挫折而变得否定自我的孩子，要及时给予引导，主动关怀，帮助他们消除误解。

◎ 指导孩子的文学作品阅读，帮助他们通过阅读文学作品来学习情感表达，来学习如何理解别人的感情，而不是将阅读重点放到对作品中信息的接收方法。

◎ 如果家庭学校采取了不当的教育方式，也会引起性心理行为的非正常反应，特别是家庭教育中不当的方式。

◎ 帮助孩子矫正性心理偏离。

◎ 要让学生了解一些科学的性知识。对学生的性教育应是一个美丽的过程，应避免刻板的说教，尽量自然一些、真情一些。教育孩子恪守第一道防线——避免性交，至少也应该采取有效的避孕措施防止未婚先孕。

◎ 教育青少年远离毒品。毒品会使吸食者迅速上瘾，并产生强烈的依赖感，绝大多数吸食者难以戒除，耗费的健康和金钱是非常惊人的。

家长行为清单

◎ 经常对自己的孩子以积极的评价。

◎ 建议他们远离负能量的人。

◎ 爱的基础是尊重，低自尊是导致青少年抑郁症和自杀行为的因素之一，一定要帮助他们拥有自尊。

◎ 为了让你的孩子拥有自尊，请你做到：家庭关系融洽、有远大理想。

◎ 拥有一定权威，不做独裁型或放任型父母。

◎ 多给他们鼓励，帮助他们积极面对挫折。

◎ 理解他们穿名牌、故意引人注意自己的行为。

◎ 不要当众嘲笑和指责他。

◎ 不要拿自己孩子和别人孩子进行比较，特别是当着孩子的面。当他知道别人对他的学习能力有信心时，他对自己也会有信心。请你注意这一点。

◎ 教师和家长应着手建立有利于孩子发展的文化环境。应通过奖赏、惩罚、指导和榜样作用的结合，使青少年养成典型的习惯性行为。

◎ 父母的价值、态度、特质和人格等，对孩子的影响非常重要，请自律。

◎ 提供机会让孩子真正面对青春期的心理变化，比如产生成人感、增强独立感、让他们产生认识自己的需要等。

◎ 要引导孩子做自己情绪的主人。应告诉孩子，在日常生活中，无论做什么事都带有情感色彩，你会因为某事感到高兴，也会因为某事感到惋惜，还会因为某事感到失望，甚至会因为某事感到愤怒。

◎ 培养乐观的生活态度，无论什么问题，要相信总会得到解决。

◎ 作为孩子的重要他人，要尽可能地在孩子面前呈现积极正向的形象。

◎ 多支持孩子的一些创新想法，引导而不是粗暴地制止他们的一些"怪异"想法和行为。因为，青少年的自尊与父母的支持、参与和控制有关。

◎ 作为父母需要注意的是，青春期的女生如果与父亲关系融洽，有利于她重视自己的女性特质，并用积极的态度接受自己作为女性的身份，有利于异性关系的建立和调节。青春期的男性如同父亲关系良好，则更有可能和女性建立融洽和谐的关系。

◎ 作为母亲需要注意的是，青春期的女生如果与母亲关系十分亲近，她们会认为自己自信聪明、通情达理并具有自制力。反之，女孩可能会叛逆冲动、脾气暴躁、不够机灵。

◎ 特别应避免的是家庭矛盾在青春期孩子面前呈现。家庭矛盾特别是离婚家庭更容易导致低自尊的出现。

◎ 经济条件较好的家庭要注意让孩子做出选择，适当拒绝一些他们不断提出的物质要求。因为家庭的经济地位对孩子的自尊也有一定的影响。

◎ 社会经济地位较低的孩子能更好地面对失败。

◎ 最好抚养两个孩子。独生子女可能比非独生子女、全是女孩家中的第一个男孩具有更高的自尊。

◎ 因害怕孩子早恋影响学习，很多的父母看见自己的孩子和异性交往就和早恋联系在一起，想尽办法干预。其实，男女的交往不仅是正常的，而且是必要的，是有益于青少年身心健康成长的。

◎ 对那些因为在同异性交往过程中遭受挫折而变得否定自我的孩子，要及时给予引导，主动关怀，帮助他们消除误解。

◎ 指导孩子的文学作品阅读，帮助他们通过阅读文学作品来学习情感表达，来学习如何理解别人的感情，而不是将阅读重点放到对作品中信息的接收。

◎ 许多男孩家长多少有这样的想法：婚前性行为中，自己的孩子不会有什么伤害。婚前性行为对女孩子的伤害的确巨大，但对男孩子的伤害也许会更严重。

◎ 男孩子一定要培养对社会、对家庭、对学校、对别人负责任的精神，养成遵守社会道德准则的好习惯，遇事不要只从自己的利益考虑。

◎ 青少年的心理状态不稳定，对自慰行为应以心理疏导及性教育为主，从而避免他们早恋及对性的痴迷；培养他们广泛的爱好和兴趣，尽量减少不良的性刺激，让注意力从自慰转到健康的日常生活和社会活动中来。

◎ 帮助孩子预防性心理偏离。

◎ 要让孩子了解一些科学的性知识。对孩子的性教育应是一个美丽的过程。应避免刻板的说教，尽量自然一些、真情一些。教育孩子恪守第一道防线——避免性交，至少也应该采取有效的避孕措施防止未婚先孕。

◎ 教育青少年远离毒品。毒品会使吸食者迅速上瘾，并产生强烈的依赖感，绝大多数吸食者难以戒除，耗费的健康和金钱是非常惊人的。

学生行为清单

◎ 相信自己可以实现自己的梦想，非常积极地努力地去争取机会。

◎ 自觉约束一些产生不好结果的行为，如抽烟、酗酒、吸毒等。

◎ 不去参加一些负性甚至可能带来严重后果的活动和交一些负能量的朋友。

◎ 可以进行自我观察，思考"我到底是一个什么样的人""我将成为怎样一个人"等问题。

◎ 不能光想，重要的是付诸实际行动。要相信，并不是你的能力决定了你表现得怎么样，而是你认为自己怎么样决定了你的表现。

◎ 接受自己而不是否定自己，悦纳自己就要珍惜生命，把父母给予自己的爱传递下去。

◎ 克服负性，其目的是树立自信。对自己能力和品质评价偏低的消极情感，是人生最大的敌人，能吞噬一个人的自信心，应坚决消灭掉。

◎ 做自己情绪的主人，让情绪为我们服务，学会调整我们的情绪，正确应对挫折。

◎ 有乐观的生活态度，无论什么问题，要相信总会得到解决。

◎ 尽量使自己的生活学习张弛适度，让生活更有节奏和情趣。

◎ 从改变不合理认知入手，使自己的行为符合社会道德规范，符合自己的客观实际。

◎ 面对挫折时，保持理智冷静，分析失败的原因，再想如何解决。先树立一个小目标，努力完成它，再不断修正调高目标，向着目标再出发。

◎ 应多参加集体交往。课堂上的讨论发言，课后的讨论说笑，课外的游戏活动等。

◎ 在与异性交往中，要把握好交往的尺度。对于纠缠不休，甚至威逼诱吓的人，就要请家长、老师、同学、朋友帮助处理。

◎ 拥有正确的性价值观。性行为意味着亲密情感的增加，意味着爱的感觉的增加，意味着彼此间责任和义务的增加。

◎ 婚前性行为，对男孩和女孩来说，都有很大的风险。现在就要为自己所做的一切把好关。只有这样，才会在未来拥有一个健康的家庭，一个健康的生活方式，和自己所爱的人终老。

◎ 对自慰现象要科学对待，以预防为主。在自慰过度频繁，扰乱了正常的工作和学习，在自我矫治难以实现的情况下，应接受必要的医学咨询和辅助治疗。

◎ 无论男孩女孩都有可能遭受性侵犯，这并不是你的错。你应坚信：不经你的允许，谁也没有权利触摸你的隐私部位或让你触摸对方的隐私部位。如果遭受性侵犯，你应大声呵斥、向周围人求救。事后告诉父母，他们会带你去医院检查、报警、做心理治疗，给你主持公道的。

◎ 不管是谁，只要你不想和他（她）发生性关系，就不应该纵容对方的性行为。

◎ 安全套是避免怀孕和避免感染上性传播疾病的首选工具。特别是对于预防艾滋病来说，没有什么比用安全套要更加安全的了。

◎ 远离毒品！毒品会使吸食者迅速上瘾，并产生强烈的依赖感，绝大多数吸食者难以戒除，耗费的健康和金钱是非常惊人的。

青春期家庭教育

QING CHUN QI JIA TING JIAO YU

　　家庭教育是一切教育的基础，并主导着其他教育，是任何学校教育和社会教育不能替代的。很多人把家庭教育省略为家教，又把家教等同于辅导孩子学业，这是由误生谬。家庭教育的重点是先要做个好家长，特别是由独生子女成长起来的年轻家长。

家庭其实就是一台复印机，家长是原件，孩子是家长的复印件。因此，家庭及家庭教育的重要性不言而喻。在本章，我们将讨论青春期孩子的家庭教育问题，重点是帮助您认识到：

- **家庭成员的责任是什么**？
- **每个家庭成员的角色和地位是什么**？
- **父母如何为孩子提供一个良好的成长环境**？
- **青少年在家庭中的地位是什么**？
- **好父母的特质有哪些**？
- **大多数青少年更喜欢的对象是谁**？
- **青少年喜欢他们的父母做什么样的事**？
- **青少年如何取得父母的信任**？
- **家庭关系应该怎样处理才恰到好处**？
- **教育青少年最好的方法是什么**？
- **大多数青少年为什么和父母对着干**？

您将了解到：

- **青少年和父母的矛盾大多是由青少年追求更多的自由权引起的吗**？

在本章中，甚至可能会提醒您思考：

- **我对孩子做了些什么**？

本章帮助您认识到，如何从孩子一生下来就帮助他养成一个好习惯，而不是用你一生的"努力"来帮助他纠正坏毛病。

约翰·C.斯科在《耶鲁育儿宝典》中谈道："决定为人父母是你生活中的一件大事，将会影响你未来的生活，并将成为你一生中最重要的决定之一。同时，这也将成为伴随你一生的事业——小生命的出生到成年，你要照看并养育一个或几个新的生命。"所以说，当你决定要组建一个家庭，特别是决定要抚养一个孩子的时候，首先需要向自己证明的是，你能为他们负起一个什么样的责任。孩子从孕育开始，意味着你将要为他们负起责任来，这不仅是情感上的义务，更是法律上的责任。真正有资格做父母的人，至少应该具备这样的认知：养育孩子是你人生不可或缺的最重要的价值之一。孩子不是夫妻生活中的一种调适剂，他们是让你们的人生焕发光辉的力量。家庭的幸福与快乐，才是真正最有价值的幸福与快乐；家庭的成功，才是人生真正的成功。因此，为孩子提供力所能及的教育，是父母的头等大事。

一、家庭与家庭教育的意义

（一）家庭功能与结构

家庭作为一个不断运行的动态系统，其基本功能主要是为家庭成员在生理、心理和社会方面的健康发展提供一定的环境条件。主要表现在以下六个方面——

问题解决能力：家庭成员在解决问题方面能力如何？

沟通：家庭成员之间的沟通情况和能力如何？

家庭角色分工：家庭成员的角色分工怎样？

情感反应能力：家庭各成员的情感反应能力如何？

情感介入程度：家庭成员之间能在多大程度上介入情感因素？

行为控制：家庭成员的自我行为控制能力怎样？

在家庭系统中，每个家庭成员都有特定的角色和功能，他们彼此依赖、互相影响，每个家庭成员的变化都会影响到家庭，而家庭的变化会对每个家庭成员产生影响。在家庭里，每个家庭成员都有一个明确的位置，如丈夫、妻子、儿子、女儿。每个家庭成员通常同时扮演几个角色，如丈夫、父亲、儿子等。

一个人在家庭中的位置和所扮演的角色会随着年龄的增长而发生改变。如对于女性来说，如果她的母亲、婆婆都还健在，孩子尚未成年时，她就同时扮演了媳妇、妻子、母亲等角色。随着孩子的长大成家，母亲、婆婆的去世，她扮演的角色也相应发生变化，变成了母亲、婆婆或奶奶的角色。

事实上，有些家庭成员也可能会在还没有足够准备的情况下进入另一种家庭角色，如十多岁的少女变成未婚生育的母亲。这种家庭角色的不正常转变，会导致家庭功能的异常改变，从而影响家庭成员的身心健康。

在家庭中，成年人的角色，如父母等占主导地位，其家庭角色主要包括以下几方面：帮助孩子顺利完成社会化过程，促进孩子的社会、心理能力的发展；在生理和情绪上给予孩子良好的帮助；为家庭成员提供所需的生活物质或服务，包括衣食住行等；为家庭准备和保管生活物质，并为家庭成员创造舒适和欢乐的家庭环境；保持与家族亲戚的接触与交往，满足家庭成员情感和精神需要；维持两性（夫妻）关系的和谐与快乐；在家庭成员患病或遇到困难时，为其提供物质、经济或情感支持；为家庭成员提供娱乐、休闲、放松及个人发展的机会及场所。

家庭结构指家庭中成员的构成及其相互作用、相互影响的状态，以及由于家庭成员的不同配合和组织的关系而形成关联的联系模式。

根据家庭的代际层次和亲属关系来划分，我国的家庭结构大致分为以下四种：

主干家庭。由两代以上夫妻组成，每代最多不超过一对夫妻，且中间无断代。如父母和已婚子女组成的家庭。在这种家庭中，有祖辈的耐心和细心的照顾，再加上父母对祖辈的尊重，对青少年尊老爱幼品质的形成很有利。

核心家庭。由父母及未结婚子女组成。这种家庭，父母与子女的关系密切。但在我国农村，因父母或者其中一人外出打工，使青少年早熟懂事，自理能力、学习能力较强，心理更为成熟。但青少年容易受到父母习惯的影响，他们会模仿父母行为习惯。

联合家庭。由父母和多对已婚子女组成的家庭或已婚同辈联合组成的家庭，这在我国农村地区较为普遍，留守儿童现象比较明显，生活习惯存在问题。由于青少年主要与同龄人接触，因此，其兴趣和交往都与朋友有关，或是通过电视接受新事物，其学习自觉性较高。但由于父母长期不在身边，自卑感较强，社会适应能力差。

单亲家庭。由父亲或母亲一方组成的生活联合体。近年来，我国单亲家庭不断出现，再婚率不断上升，对青少年的心理伤害非常严重，孩子容易形成变态心理和怪癖性格。在单亲家庭中，家长往往采用放养态度方式，使青少年逐渐形成富于攻击、冷酷、易怒等特质，对周围的事物漠不关心。

到了孩子的青春期，家庭系统会发生一些变化。

父母的变化。生理方面，青少年与父母在这一时期都对自己的身体表现出极大的关注。除了对孩子的长大感到高兴外，也开始为自己担忧：青少年的生理成熟，意味着父母的生理开始衰老。青少年和父母都开始对自己的未来进行重新思考，但心态已经发生变化：青少年开始展望未来，而父母则发现自己改变的可能性变小了。也就是说，青少年与父母的社会地位和身份在这个时期都发生了微妙的变化。

家庭系统功能的变化。对于幼儿期和儿童期的孩子，家庭的主要功能是教养、保护和社会化。对于青少年来说，家庭的养育功能被支持功能取代，家庭引导功能相对于保护功能变得更为重要了。这个时期，家庭对青少年的指导功能更强了，社会化功能退居其次。

◆ 青少年要学会与父母相处的类型 ◆

顺从型。依赖性强，一切都听从父母的，很少违抗父母之命，很少与父母发生矛盾，离不开父母的指导帮助，生活自理自主能力差，缺少必要的锻炼和考验，性格怯懦，胆小怕事。

亲密型。与父母的关系融洽自然，感情亲密深厚，具有较强的交际能力，一旦与父母的交往出现矛盾也善于灵活处理。

疏远型。不注意与父母交流思想，遇到问题也不注意向父母倾诉，对家中发生的事情几乎持一种局外人的冷漠态度。

独立型。对人对事有主见，既听从父母的教诲，又不对父母的意见盲从。一方面遇到问题敢于独立处理、独立负责、独立做主，渴望自己的意见得到父母的尊重和理解，另一方面对于父母的过多干涉，则由于反感而更加坚持自己的意见，与父母相处的过程中最容易发生矛盾冲突。

（二）青少年与父母的关系

1. 亲子关系

亲子关系原本是遗传学中的术语，指的是亲代与子代之间的生物血缘关系。这里指父母与子女之间以血缘和共同生活为基础所构成的、亲子双维行为体系的自然关系和社会关系的统一体。其特征是，不可替代性、持久性、强迫性、不平等性和变化性。

青春期是亲子冲突的高发期。即青少年与父母之间会发生公开的行为对抗或对立，表现为争吵、分歧、争论，甚至身体冲突等。青春期冲突的内容大多涉及日常事务。在青少年早期，亲子冲突大大增加，在青春期向晚期过渡中，这种冲突会逐渐降低。

大多数亲子冲突是发生在青少年与母亲之间的。其差别不仅表现在年龄和性别维度上，独生子女与非独生子女对其冲突强度也有影响。

亲子冲突对青少年的影响，应该从两个方面来看。社会关系理论模型提出，亲密性发展取决于双方投资与得到报酬的程度，建立和维持亲密关系需要互动双方不断整合他们的目标和行为，因此，其产生冲突是不可避免的。亲子冲突对青少年心理发展的影响既有消极的一面，也有积极的一面。一方面，亲子冲突是青少年心理压力的重要来源，还会导致各种行为问题。另一方面，青少年早期亲子冲突的增长是亲子逐渐获得同等交往地位的一种手段。

亲子亲和是指父母与子女之间亲密的情感联结，既可以表现在积极的互动行为中，又可以表现在父母与儿童心理的亲密感受上。与父亲相比，青少年与母亲间的亲和度更高一些，且女儿还与母亲有更为亲密与和谐的关系。同时，青少年与母亲之间的亲子冲突也是最多的。说明青少年与母亲之间存在更多的互动与更强的情感联结。

2. 青少年与兄弟姐妹的关系

独生子女政策的弊端现在许多人都已经认识到了，现在的"二孩"政策对于青少年的发展来说是一件好事，这方便他们以后更顺利地处理与同龄人的关系。但无论如何，和谐而充满凝聚力的父母和子女关系，兄弟姐妹间的冲突会较少发生，其关系会变得更加积极起来。而受到父母冷落的青少年更可能会出现对兄弟姐妹的攻击行为，他们将与兄弟姐妹交往学习的关系应用到同龄人中。

3. 家庭变故对青春期的影响

在我国，近年来很多家庭发生了剧烈的变化：离婚、单亲、空巢（父母外出打工）、隔代抚养等，都对青少年的成长影响深远。

有人说，离婚会使孩子在成长中处于不利的地位，使有些在单亲家庭中成长的孩子不如在双亲家庭中成长的孩子。越来越多的证据表明，对青少年心理健康影响最大的是经历父母离婚的过程，而不是破裂的家庭结构。离婚的负面效果在很大程度上和某些双亲家庭中的，如不良的教养方式、经济压力等情况很相似。这些负面效果还表现在，在短期内，青少年会对父母产生愤怒和敌意。如果青少年感受到父母的矛盾是关于自己的，会产生自责和愧疚。在父母离婚后的生活适应过程中，他们会产生嫉妒和怨恨心理，因为他们必须要和一个陌生的成年人分享他的父亲或母亲。一般认为，离婚三年后，对孩子的影响才逐渐地减少。

父母离婚的长期效果也不可忽视。父母在孩子的前青春期及青春期阶段离婚，孩子往往会出现适应问题，并且这种问题两三年后也不会消失。这会使他们过早地出现一些典型的问题行为，如吸食毒品、使用酒精、过早的性行为。还有就是，他们在学业上的表现糟糕透了，人际关系也较差，对待婚姻持消极态度，成年后有较高的离婚率。

此外，如果离婚家庭中的青少年出现问题行为，也可能是由遗传因素造成的。因为，离婚的成年人往往具有较高的攻击行为、反社会行为，这些行为很可能通过遗传影响他们的下一代。

为什么父母离异对孩子的影响往往表现在异性情感方面？这是因为，只有到了青春期，青少年的情感开始发展后，父母离异的影响才显现出来。

父母离婚后，对孩子成长的影响主要取决于离婚后父母是否仍会争斗，并且将孩子卷入其中，还有就是，离异父母对青少年的管教是否存在一致性。父母离异后，孩子与不住在一起的父亲或母亲的联系是否影响孩子的成长，取决于离异父母之间的冲突水平，还有孩子以前与父母的亲密程度。

父亲或母亲再婚时，孩子如果正处于青春期，那么，他出现问题行为的可能性比单亲家庭中的孩子更大。特别是女孩，女孩比男孩更难适应父母再婚。此外，年龄大一点的孩子比年幼的孩子更难适应父母再婚。孩子对于适应新加入的父亲或母亲的教养方式存在困难，而且，继父继母融入家庭后，获得孩子的认可也存在困难。即使建立起了积极的关系，也非常脆弱。但如果继父继母保持支持性、权威性的教养方式，则可以较好地促进青少年的发展。

调查发现，单亲家庭的青少年更容易出现问题，如因学业困难而留级，有问题行为而被开除。比起普通家庭，他们会接受更多的心理咨询服务。在性别气质方面，男孩如果和母亲生活，缺少一个父亲形象，或者女孩和父亲生活，缺少一个母亲形象，男孩会缺乏男性气质，有更强的依赖性，攻击性低，难以与同龄的同伴相处。

单亲家庭的青少年有较低的进取心和事业心。研究表明，父母再婚会导致儿童认知能力发育迟缓，进而影响其学业及能力。

(三) 家庭教育的意义

家庭教育是家长对孩子进行的教育，是家长的法定责任。《未成年人保护法》明确规定家长应当学习家庭教育知识，有关国家机关和社会组织应当为家长提供家庭教育指导。《教育法》也规定学校、教师可以对学生家长提供家庭教育指导。2015年10月11日，教育部发布《关于加强家庭教育工作的指导意见》，进一步把家庭教育纳入学校教育体系，也从另一个侧面说明了家庭教育的紧迫性和重要性。

教育部《关于加强家庭教育工作的指导意见》出台背景

2014年以来，习近平同志关于家庭教育做出了一系列重要指示，强调家庭教育在少年儿童成长过程中的重要作用。2014年六一国际儿童节前夕，习近平同志在北京市海淀区民族小学参加学校少先队主题队日活动、与师生代表座谈时指出，"家庭是孩子的第一个课堂，父母是孩子的第一个老师"，强调"家长要时时处处给孩子做榜样，用正确行动、正确思想、正确方法教育引导孩子"。2015年，习近平同志在春节团拜会上的讲话中又指出，"家庭是社会的基本细胞，是人生的第一所学校"，再次强调"要重视家庭建设，注重家庭、注重家教、注重家风"。习近平总书记的系列论述，深刻地指出了家庭在人一生成长中的重要作用，家教在人一生教育中的重要作用。为贯彻党的十八大，十八届三中、四中全会精神和习近平总书记系列重要讲话精神，落实教育规划纲要中"充分发挥家庭教育在少年儿童成长过程中的重要作用"要求，教育部制定了《关于加强家庭教育工作的指导意见》，明确了当前加强中小学幼儿园家庭教育工作的具体举措。

家庭教育在我国具有优良的传统，像孟母三迁、岳母刺字等经典故事，至今影响着大多数华夏子孙，成为中华优秀传统文化的重要组成部分。在当前我国社会经济发展的新形势下，家庭教育显得更为重要和迫切，这是由家庭教育在促进孩子健康成长和全面发展方面所起的作用决定的。众所周知，家长的家庭教育取向和水平，直接影响着少年儿童养成好思想、好品格、好习惯，也关系到千家万户的切身利益，更关系到国家和民族的未来。

 GSG 案例库

> 周桂夫人是明代大散文家归有光的母亲。归有光四岁时，她就开始教儿子识字，以至他七岁时就上了县学。归有光在一篇题为《先妣事略》的文章中，怀着无限的哀思之情记述了他母亲严格教育他的事迹。如他有时厌学，母亲就严厉批评和教育他，让他不论是刮风下雨还是寒天暑热，都不能旷课。每天晚上，母亲总是点亮油灯，领着有光的弟弟和妹妹坐在桌边，留出靠近灯光的地方让他读书。常常弟妹都睡着了，母亲仍在陪他读书，督促他把每日的功课做好，并鼓励他大量阅读其他书籍。天长日久，归有光打下扎实的学问基础，年轻时就成为很有名气的散文家。

当前，由于各种原因，一些家长在对待孩子的教育上没有树立起正确的教育观念，更缺少科学的教育方法，不懂得尊重子女的健康情趣，不注重培养孩子的良好习惯，与学校的沟通配合不够，甚至出现了"5+2=0"的现象，导致家庭教育未能发挥应有的重要作用。虽然近年来，家庭教育工作取得了积极进展，总体上不容乐观，存在的困难和问题不少。比如，社会对家庭教育的认识不到位，家庭教育工作水平不高，家庭教育资源相对匮乏，相关体制机制不够健全，学校教育、社会教育和家庭教育还没有形成合力，这导致在育人方面出现了一些违背教育规律和人才成长规律的现象，如缺教少护、教而不当、重智轻德、

重知轻能、重身体健康轻心理健康等。因此，国家提出要切实加强学校家庭教育工作，把家庭教育纳入国家战略层面，其目的就是让每一位学生都能享有人生出彩机会的关键环节。

GSG 案例库

　　王冕是元朝末年的著名画家和诗人，他的成才来自他母亲的关怀和发现。王冕的父亲是一个勤劳的农民，因家境贫困，只得让年仅七岁的王冕放牛。可王冕十分渴望读书，他经常丢下牛，躲在村学堂的窗外听老师讲课。因为这样，他不知挨了父亲多少次痛打。王冕的母亲十分心疼儿子，尽管家里穷得叮当响，她还是好说歹说，劝丈夫让儿子上学。王冕上学后极其刻苦用功，家里没有油点灯，他只身一人跑到一座寺庙里，坐在泥菩萨的腿上借着长明灯的亮光读书，往往一直读到天亮。他的这种勤学精神感动了一位很有学问的韩姓先生，并把他收为学生。尽管王冕学习进步很快，可他的父亲还是想让儿子放下书本跟他一起种地，在这种情况下王冕的母亲总是想法子开导丈夫，从而使王冕通过勤奋学习成为一位闻名天下的画家和诗人。

　　通常认为家庭教育是在家庭生活中，由家长（首先是父母）对其子女实施的教育。即家长有意识地通过自己的言传身教和家庭生活实践，对子女施以一定教育影响的社会活动。GSG中的家庭教育则包括，家庭中的所有成员，如父母子女之间相互的影响和教育，以达到共同成长的目的。作为家长，要及时了解掌握孩子不同年龄段的表现和成长特点，把握学龄前儿童、小学生和中学生家庭教育的规律性，明确各个阶段家庭教育的重点内容和要求。要做到这些，家长就要全面学习家庭教育知识，不断更新家庭教育观念，不断提高自身素质，重视以身作则和言传身教，努力拓展家庭教育空间，推动家庭教育和学校教育、社会教育有机融合。每一对父母都有自己教育孩子的一套方法和理念，并将自己的思想和观念传递转化到孩子身上。在哺育孩子的时候，也许父母应该考虑我们能从孩子身上学到什么，通过与孩子爱的交流，我们得到的是自身成长的升华。

GSG 案例库

　　小丽的心情很复杂。两天前，她和丈夫在妇幼保健院经过检查，确定已经怀孕，孩子将在明年春天的时候来到人间。在惊讶、幸福、激动之后，小丽突然有了某种莫名其妙的忧郁，各种复杂的情绪围绕着她……

　　在家庭关系中，亲子关系的质量决定了抚养的质量。亲子关系包含：以什么样的态度对待孩子、如何与孩子进行沟通、如何处理与孩子的冲突和情绪、如何与孩子进行合作等。这些包括了教育、管理等诸多方面问题，浩大而精深，是每个父母不得不修的一门课程。

二、家长对孩子的认知

　　教育好孩子的前提是充分地了解自己的孩子。了解孩子的心理发展特点和规律，了解他们特定的心理品质和特点，对于教育好孩子、促进亲子关系的良性发展都有重要的作用。

　　家长对孩子的认知主要包括三个方面：首先，孩子每个年龄阶段都有其特有的生理心理发展特点和规律。作为家长，就必须要了解这些特点和方式。这是做好青春期家庭教育，促进孩子健康快乐成长的重要基础。其次，孩子的不同品质、技能都有一个最佳培养和促进时期，作为家长，必须要了解并把握这一时期，对该品质和技能进行培养，才能起到最佳的促进作用。亡羊补牢不是一个好家长。第三，树无相同叶，世无相同人。每一个孩子都是独特的个体，都有自己的优势和劣势，作为家长，必须要了解孩子的这些特点，并努力促进孩子优势的发展。

（一）认识孩子的年龄特征

　　认识孩子的年龄特征，主要是指其心理年龄。心理发展的年龄特征是指心理在一定年龄阶段中那些一般的、典型的、本质的特征。根据孩子当前所处的年龄阶段和年龄特征，结合孩子的个体发展情况寻找合适的教养方式，才会起到帮助孩子顺利成长的效果。

GSG 案例库

浩浩今年十岁，浩浩妈妈从小很要强，虽然出生在农村，但成绩一直非常优秀，高中毕业后顺利地考入北京的名牌大学，毕业后留在北京工作，目前事业小有成就。浩浩妈妈非常注重孩子的教育，花了大量的时间和精力，读了非常多的教育学和心理学书籍。照书施教的结果是她万万没有想到的：浩浩精力过剩，非常淘气，除了睡着，一刻也不闲着。不管在自己家还是朋友家，他都会四处乱串，把家里弄得惨不忍睹……每当浩浩妈妈给他讲道理的时候，没想到，浩浩比她还能讲道理。妈妈说一句，他竟然有十句等着她……

浩浩的行为完全是正常的现象。十岁是儿童期和青春期之间的过渡，这个时期的孩子充满热情、喜欢合作、喜欢学习、精力旺盛、充满自信。虽然他们仍然和家人非常亲近，但也不希望家长把他们当成小孩。他们对于什么事情需要大人做、什么事情需要自己做，已经开始有所选择了。这个时候的他们，开始尝试挑战成人制定的各种规则，会越来越独立。浩浩妈妈是个要强的人，对孩子要求很高也能理解，但这个年龄段的孩子最不爱听家长讲道理，这是因为他们经历和体验太少，没有按照"道理"去做的强烈愿望。而家长的不停地讲道理，只是一种枯燥、机械地说教，很难达到教育孩子的目的，甚至可能疏远了父母和孩子之间的关系，伤害了亲情，孩子甚至产生逆反心理。

(二) 认识孩子的天赋

俄国教育家斯坦丁·马申斯基曾经说过："孩子之间存在很大的个体差异。父母只有认识到孩子的天性，了解到孩子独有的特点，因材施教，才会少一些困惑，多一些明智；孩子也才会少一些挫折，多一些成功。"了解孩子的天赋，发掘他们天然的属性，并根据孩子的特质来抚育他们成长，是每个父母的义务。

只有顺应孩子天赋的教育，才会使他们在遇到挫折时，不会长久地处于被扭曲的状态，保持完整的自尊心。

父母总是对自己的孩子抱有较高希望，担心别人说自己孩子不好，这多半是自己的面子问题，并非是孩子的问题。当父母希望按照自己的期待而不接受孩子本来样子的时候，会错过将孩子与生俱来的天赋培养和发挥出来的机会。如果觉得有些品质对孩子的发展很重要，父母就需要在适当的时机，通过恰当的鼓励和引导慢慢建立起来。

根据自己孩子的特点，给孩子定下合适的目标，提出合理的要求，这叫因材施教。做父母的切忌照搬别人教育孩子的模式。如有的孩子心态稳定，遇到什么事都能沉着应变，父母因此就要求自己天生胆小、怕事的孩子也要做到遇事不慌；有的孩子具有争强好胜的性格，父母就用夸奖别人的方式来激发自己的孩子，要求本来怯懦自卑的他同样富有竞争意识……这样做的结果只会事与愿违。父母需要采取适合孩子自身特点的方法进行教育。

GSG 案例库

　　王波今年10岁，从小体弱多病，不但个子小，胆子也小。邻居家的小涛与他同岁，却是个十分勇敢的男孩。一次，王波又被别的孩子欺负，妈妈见了又心疼又气愤，就训斥他："受了欺负你就知道哭，哭顶个屁用？看人家小涛，跟谁打架都不怕，都能占上风。你真是个窝囊废！"妈妈拿王波的胆小和小涛的勇敢比较，这让王波很伤心……

（三）把握个体发展的关键期

　　关键期是指个体发展过程中能起最大作用的时期，也称敏感期。对于学生来说，也是学习的最敏感、最容易的时期。孩子在发展的关键时期如缺乏适宜的环境影响，就可能引起病态反应，甚至阻碍日后的正常发展。研究者还发现，在关键期的开始及结尾阶段，机体对环境的敏感度较低，在中间阶段最高。但若缺乏某种影响，便会引起发展方面的变异。

　　小明的爸爸妈妈很着急，因为只比他大几天的表哥已能认识很多字了，但小明才认识不到十个字。于是，他们就花更多的时间来教小明，但学习时间稍微一长，小明就很不耐烦。

　　儿童在每一个特殊的时期都有一种特殊的感受能力，这种感受能力能促使儿童对外界的刺激特别敏感，对有关事物的注意力能集中，表现出有耐心，容易接受外界信息。如儿童识字的关键期为2~6岁，但是关键期的具体时间每个孩子可能会有差异。教育孩子最需要的是如何在预备好环境后，屏住气息等待孩子的每一个关键期自然地萌芽，而不去做过早的介入。许多家长把注意力放在越来越多的英语班、舞蹈班之类的早教班里，却忘了早期教育应遵循孩子的成长规律，不能拔苗助长。同时，还有一部分家长经常拿自己的孩子跟别的孩子比，如果发现在某一方面落后于别人，就会非常着急，进而加大教育力度，事实上，反而扼杀了孩子关键期的萌芽。小明属于还没到他识字的关键期的情况，家长应该静静地等待。过一段时间后，小明自然会跟上来。

(四) 跟随孩子一起长大

　　不管愿不愿意，我们的孩子都在一天天长大。比较多的情况是，在我们还没准备好的时候，孩子已经发生了翻天覆地的变化：孩子变得跟你疏远起来，变得有些神神秘秘，开始跟你对抗……这时的父母应该做的是顺应这些因成长而带来的变化，而非恋恋不舍地停留在与孩子的亲密无间中。

　　莉莉开始上初中了。可让妈妈发愁的是，她每天早上都要叫上好几次才能起来，吃早饭时，也是拖拖拉拉的，经常迟到。放学回家后，莉莉也往往是先看电视，催促半天才慢慢吞吞地写作业。妈妈觉得自己越来越疲惫。她很纳闷，为何自己干脆利落的一个人，生出来的女儿却这样拖拖拉拉？

莉莉的情况，很多父母都遇到过。父母经常提出的一个问题就是：怎样让我的孩子自觉，不用我们为他费心？通过数据分析，我们发现，那些让人担心的孩子背后都有一对能干的父母。他们大都行动快捷，说话流畅，干事麻利。但这样的问题是，父母越能干，孩子就越反应迟缓。初中生已经开始进入青春期了，随着他们的自我意识和独立能力增强，自我管理能力开始逐步成长，如按时上学、按时完成作业这些基本的自我管理。但我们的家长出于对孩子的爱，常常愿意多替他们做一些事情，如早上不厌其烦地叫他们起床，给他们做好早餐，帮他们整理书包……但孩子到了一定的年龄，就要承担自己的责任。比如，对于早上起床这件事，可先跟孩子说好，我每天只叫你一次，你起不起床我不管。孩子虽然嘴上答应，但还是认为妈妈会跟以前一样，一定会在最后时刻再次叫他起来。结果第二天，妈妈果然只叫第一次，孩子迟到了，这是他生平第一次因迟到被老师批评了，让孩子觉得很没有面子。之后，她的孩子再也没有赖过床。

三、夫妻关系对孩子的影响

许多的父母都在困惑，自己对孩子那么好，付出了那么多，为什么孩子还会出现这样那样的问题和状况？这个问题，实际上就是父母应该怎么样对孩子，才是真的"好"的问题。通过仔细的了解，我们就会发现，有这样困惑的父母，除了对孩子本身的宠溺会滋养这些问题外，还跟他们不良的婚姻关系或家庭关系有关。这样境况下的父母，不了解这些不良的婚姻、家庭关系也会影响到孩子，而不仅仅是对待孩子的方式本身在起作用。所以，身为父母，首先要经营好自己的家庭和婚姻关系。

(一) 夫妻角色

许多父母会忽视夫妻之间的关系，对夫妻关系与孩子发展之间的关系问题认识不够。我们在做家庭咨询时，经常会发现这样的现象，如果夫妻俩是因为孩子的问题前来咨询，即使父母知道自己的关系有问题，但也会跟咨询师说，我们俩没事，重要的是孩子的问题好了就行。他们不知道，孩子的问题，实际上就是整个家庭问题的症状表现。

GSG 案例库

结婚不到一年，赵燕燕就对自己的婚姻失望了，她觉得自己的丈夫不再像结婚前那样对自己呵护备至、处处忍让，还常常抱怨自己这也不会做，那也不会做，还不留给他空间……她觉得自己的丈夫现在变得特别小心眼，婚前的承诺全忘到脑后去了。一年下来，俩人没有存下什么钱。最近，公公婆婆又在催他们生孩子，她一想起来就头疼。

男人和女人结婚，在家庭生命周期中属于第二个阶段，也是每个家庭的开始。夫妻两个人，是由来自不同家庭的个体走到一起的，必然会有很多冲突，而在家庭创建的这个阶段，每个人都需要牺牲掉一部分自我，去接受伴侣，才会达到良好的状态。受我国人口计划生育政策的影响，当年的独生子女开始成为夫妻和父母，他们的共同特点表现为以自我为中心，连自己照顾自己都很困难，更别说承担照顾孩子的重任了。个性的自我和生活自理能力差使得独生子女经历婚姻需要更深刻的自我成长。

个体在走进婚姻、成为父母之前，应当用一种合作与责任的心态去接受和享受未来的生活，而不是因自己的习惯而止步不前，这都需要为适应新的人生阶段做一些准备。首先要知道家庭中丈夫和妻子这两个角色的意义是什么；其还需要掌握和理解一些基本的家庭技能，如如何相处、安排生活、管理财务，甚至买菜做饭等。

(二) 夫妻关系对亲子关系的影响

夫妻关系的和谐对孩子有着更大的影响力和教育意义，这一点，大部分人没有异议。本质上来讲，根本就没有教育这回事，教育就是生活，生活就是教育，做最好的夫妻就是给孩子最好的教育。

GSG 案例库

　　李啸鸣今年上初二了，他在学校里没什么朋友，总是独来独往，逃学旷课的事经常发生。一天下午，他在教室里用小刀割自己手腕，幸亏被老师及时发现，才避免了惨剧的发生。他的同桌赵蒙蒙最近情绪也不好，有时她也拿着小刀发呆。班上的同学告诉了老师，老师跟他俩分别进行了多次交流。原来，李啸鸣的爸爸是个脾气暴躁的人，妈妈脾气也不好，家里经常吵声不断。赵蒙蒙的父母则刚刚离婚，为争夺对她的抚养权，父母闹到了法院，这让她心理压力很大：她觉得是因为自己的问题才导致父母离异，而她看到同桌李啸鸣的行为后，又对她产生了负面的影响。

　　在孩子的不同成长阶段，父母吵架对其影响是不一样的：在婴儿期，婴儿如听到父母强烈的吵闹声，他的感觉是痛苦，身体会变得僵硬，收缩神经，封闭起来自我保护，这会影响婴儿听知觉、视知觉发育，严重的将来会出现感觉统合失调，由于视—动觉协调发育不好，将导致考试卷面成绩差。在幼儿期，孩子会心理紧张恐惧。由于认知水平低，幼儿不能理解父母为什么像仇人一样相互攻击，他不能辨别谁是谁非，更不愿认定谁是坏的。有的孩子会认为是自己不好，自己是坏孩子，因此有心理负担，会引起生理反应，如哮喘、上呼吸道感染、免疫功能降低。本能的害怕，令孩子在幼儿园里退缩，不合群，各种心智和行为发育显得相对落后。在儿童阶段，父母的大吵大闹，会给孩子带来羞辱感。如果父母是为孩子的事争吵，孩子就会显得很难受，觉得自己是坏孩子，成天处于恐惧不安中，甚至有时还做噩梦。如果父母一直在孩子面前说离婚，他真正生活在恐惧和担忧中，做什么事都兴趣索然，成绩越来越差，自尊感低，如果由此又引来了老师的低评价的打击，就会进入恶性循环，从而对他今后的人格成长产生一系列负面影响。

　　上面的案例中，李啸鸣从小在不安中长大，而他的父母对吵架习以为常，吵完之后能很快平息，但父母的吵架严重地影响了李啸鸣的心理发展。他的心灵长期被紧张、恐惧、不安折磨着，造成了胆怯、懦弱、自卑的心态，总觉得自己不如别人，别人是不会喜欢自己的，在同学面前低人一等，久而久之形成内心抑郁的性格，日渐疏远同学。到了青春期，由于人际关系的困扰，终于导致精神崩溃。

离异家庭的孩子受父母关系的伤害比较大，这是大家公认的。然而只要不离婚，夫妻关系不合对孩子的影响就会小，这种想法也是不对的。不良的夫妻关系和矛盾逐步升级，对孩子的伤害会更加严重。

GSG 案例库

　　林黎民最近特别苦恼：他发现自己无法跟妻子单独在一起。每当只剩下他跟妻子在一起时，他就特别想逃避。两人一起经营着自己的公司，妻子特别能干，员工都很佩服妻子，这样他压力很大……

　　本案例中，因为妻子的强势，使丈夫对妻子产生了心理压力，妻子应关注丈夫的心理变化，多抽一些时间做些沟通，或者选择休假几天，两个人一起出去做一次旅行。男女之间的性的吸引力是家庭重要的基础。男人追求女人，是因为他想追求本身所没有、所需要的东西；女人追求男人，同样是因为她想追求本身所缺乏的。男女双方是相辅相成的一对，相互设计对方的身份，完善对方。我们需要对方，对方也需要我们。

　　在夫妻关系建立的初期，双方在亲密相处时都能够保持着各自的特异性。但随着两人之间相处时间的增加，融合度越来越高，这种彼此间的特异性便会逐渐消失。女人会承认自己丈夫的男人身份，但她会不断地揣测和验证他的男性特质，从他那里获得男性的能量。同样的道理，男人也会评估妻子的女性特质，有可能会觉得妻子渐渐变得不符合自己的要求。因此，在夫妻关系中要保持彼此的吸引力，双方必须不断地补充男性和女性的能力，才能保持各自的魅力。

　　事实上，在夫妻生活中，只有男人按女人的标准来要求女方，女人按男人的标准来要求男方，男女之间才有可能形成连结。如果因为无聊虚荣、生活所迫、经济原因、宗教信仰等原因，两人之间的连结将不能尽善尽美。如果一方总是想去征服、保护或同情另一方，如为了给孩子一个完整的家，而不顾两个人是否真的相爱，仅仅是为了给孩子找一个爸爸或找一个妈妈而结合组成新的家庭，像这样因为一些不成熟的原因来寻找到的伴侣，无论开始的时候有多么的甜蜜，终究会因为孩子的原因或者其他原因产生不可调和的矛盾，引发家庭危机。

夫妻双方都需要知道的是，男人有时需要和男人们聚集在一起，让自己的男性力量得到激发和补充，同样地，女人也需要经常和自己的闺蜜聚集在一起，让自己的女性力量得到激发和补充。结婚后，并不是两个人要一年三百六十五天、一天二十四小时一直厮守在一起，两人必须在适当的时候暂时离开自己的伴侣，加入到朋友阵营中，通过友谊和运动等方式释放自己的压力，以便补充自己的男性或女性能量。同性之间，在什么地方、用什么方式进行交流和沟通，这实际上并不重要。如像喝茶聊天、饮酒聚餐、各种沙龙、学习充电等集体活动，都是释放和补充性别力量的有益方式，只要把握一定的度，不违反伦理道德、法律法规等就可以了。如果夫妻两个人能理解对方的这些行为，他们的关系就会保持充足的活力，就能够不断地深入发展。

（三）保持和谐的夫妻关系

　　正是夫妻关系的好坏决定整个家庭的状况，才使夫妻的责任问题显得更加地突出。某种意义上说，处理好夫妻关系问题是夫妻共同的责任，也是家庭教育的核心。因为，这对孩子的影响将是决定性的。

　　保持和谐的夫妻关系，沟通非常重要。怎样沟通才能够促进夫妻关系的良性发展？如何处理不一致和冲突呢？这些都是夫妻需要去面对和研究的课题。

1. 爱的前提是尊重

　　爱一个人，首先要尊重对方。如果一个人连尊重对方都做不到，就谈不上爱了。夫妻之间的信任是两人关系的基石，了解则是理解的前提，而尊重是保持长久的亲密关系的保障。因此，夫妻间的感情必须建立在相互信任、相互尊重、相互了解的基础上。而这种信任、理解和尊重是在由两口之家变成两口以上的家庭之前必须完成的事项。

 GSG 案例库

　　　李丹结婚十多年来，家务活一直都由丈夫做。因为丈夫在娶她前就做出过承诺，婚后这些活绝不让她做。结婚后，每当她丈夫工作繁忙，想让她分担一些家

务活时，李丹都会以老公不遵守承诺为由拒绝。如果老公表示希望她能适当分担一些家务时，她就和老公吵架，以老公不遵守诺言就是不尊重她相威胁，弄得李丹和老公的关系特别紧张。其实，她自己也明白，自己喜欢打扮，天性活跃，属于浪漫型的人，喜欢浪漫温馨的气氛，而自己的老公却是那种非常实在的人，只会老老实实地过日子。李丹现在觉得老公越来越无法满足她的要求了……

在婚姻关系中，最重要的就是要做到两个人互相尊重，构建起平等的两性关系。夫妻双方都需要意识到，每个人的个性、特长皆有先天和后天的不同，应彼此尊重对方的不同。在平等的两性关系构建过程中，信任是基石。本案例中的李丹以丈夫求婚时的承诺为条件，不去理解老公十多年来坚持遵守诺言的行为，不去体会老公现在的奔波与压力，时间久了，造成了老公觉得委屈、不被理解的感受，从而导致夫妻关系紧张。

什么是信任？简单地说，信任就是指两个人要互相相信而且敢于托付。信任的基础是时间，这就是为什么在结婚前应该先谈恋爱的原因。信任一个人同样需要技巧，特别是需要鉴别。如果你只信任那些能够讨你欢心的人，如果你信任你所见到的每一个人，如果匆匆忙忙地去信任一个人，其风险都是非常大的：你可能会很快地被你所信任的人背弃。但是，如果你不敢去信任一个值得自己信任的人，那你将不能获得爱的甘甜和人间的温暖，你的一生也将会因此而黯淡无光。

理解因信任而生。正因为在结婚之前，两个人彼此陌生或者了解不深，而且，几乎不可能找得到两个性格完全相符的人，因此，结婚以后，不可避免地遇到许多不高兴、不开心的事情，这就需要两个人均要为对方着想，彼此相互理解。如果男女之间没有这样相互理解，因为一点小事就互不相让，非要争个你输我赢，两人在一起生活时，就难免会发生摩擦，家庭矛盾就会不断地升级。事实上，我们每个人都有自己的立场主张，都有自己的知识及阅历背景，都有自己的家风家教，都有自己的追求和价值观等，正是如此，一个人才会有自己和别人不一样的意见和观点。如果每个人遇事总是能够站在别人的角度来考虑问题，并且能够理解别人的难处和苦处，任何事情就可以沟通、交流，兴平气和地得到解决。

尊重别人是一个人的基本品质。所谓尊重，就是在两个人的意见、生活习惯出现不同时，能够理解对方的想法，能够保留对方的意见，允许对方按照个人的偏好去做事。如夫妻两人一方喜欢吃辣，另一方不喜欢吃辣，怎么办？能否准备两样不同的菜？一个做得辣一点，一个做得不辣。如果能够做到这样，时间一长，两人就会慢慢地学会两种口味都能吃了，也就是说，通过尊重对方的习惯，两人之间原先不同的习惯也得到了融合，其关系变得和睦起来了。所谓"不是一路人，不进一家门"，就是这个道理。但要强调的是，两个人行为习惯的同一过程，主要是指一些好的生活习惯对那些不好的生活习惯，就要用一个人已经具有的好的生活习惯去影响对方，使其向着良好的生活习惯转变，这才是真正的尊重。因此，尊重应该是科学的、符合人性的、积极向上的，而不是屈就和纵容。同时，尊重还包括以友善的态度表达不同看法。

在现实生活中，并不是所有的夫妻关系问题都可以靠信任、理解和尊重的方式来解决。信任、理解和尊重是建立在双方平等的基础上。双方都有希望能够陪伴对方共同生活到老的意愿，是依靠信任、理解、尊重解决问题的基础，否则，单方面的努力只能换来伤害。

2. 妥善处理冲突

俗话说，舌头和牙齿那么好的关系，有时还咬舌头一口。在家庭中，夫妻之间发生冲突是难免的，但如何处理冲突则需要智慧了。

 GSG 案例库

王潇婚后发现丈夫严重便秘，每天早上霸占厕所40分钟以上，便要求丈夫必须等自己用过厕所后再用，但丈夫不同意，两人为此经常吵架，砸厕所门，最后离婚。王丽则是因为丈夫睡觉打呼噜引起自己严重失眠，而丈夫不同意她提出的去医院检查的建议而发生矛盾，最后离家出走……

当夫妻双方意见不一致时，应学会接纳对方、坦诚沟通、充分体谅，都应掌握一些解决彼此不同需要的策略。首先，夫妻之间发生冲突是不可避免的，也并不一定是坏事。但如果双方对不同意见缺少坦率的讨论并达成共识，对方就可能会理解成你故意和他（她）作对并因此产生不满，进而危害夫妻关系。

一些男士害怕夫妻间公开对抗，认为这是爱情消逝的信号。因此，他们选择回避。但这种回避容易被对方理解为逃避，会让矛盾扩大。如果主动站出来和对方交流，把事情的前因后果说清楚，取得对方的认同和谅解，就会使夫妻关系更加和谐。反之，女士也是一样，逃避有时会让男士觉得你心里有鬼，特别是对一些躲躲闪闪、掩饰性的交流，后果会更严重，他会认为你"解释就是掩饰，掩饰就是有事"。总之，夫妻之间，如果不成熟地去处理冲突，每个人都无所顾忌地去伤害对方，产生负面的后果是必然的。

良好的沟通在冲突解决中有重要作用。若夫妻之间缺乏有效的沟通和相互了解，一方就会变成封闭的个体，导致两个人平行地各自生活，而不是一个共同体。如果两人能很好地处理冲突，不但可以增进双方的相互理解，并因了解对方和被对方了解而感到满意，就能增加双方的幸福感。在多数情况下，心存分歧但却没有公开的对抗，才真正意味着夫妻关系遇到了麻烦。

怎样沟通才是有效的呢？首先，学会倾听。倾听能让人明白对方真正的意图，一个人如果不能正确理解对方意图，就会按照自己的理解进行思考，使误解越积越多。其次，不预设结论。沟通前，不要事先设定结果。预设结果的沟通，只会把对方的交流看作是辩解。第三，注意底线。争吵有的时候也是一个很有效的沟通，而沟通并不是无话不说，要注意不能涉及各自的空间和私密的部分。

有人曾经比喻说，聋子丈夫与瞎子太太是最佳婚姻组合。确实，在夫妻关系中，必要的妥协和让步是非常重要的。

GSG 案例库

刘晓燕聪明美丽，事业有成，是大家心目中的女强人。她不但事业有成，而且家庭关系处理得也是非常好，其秘诀是"妥协的艺术，艺术地妥协"。在她的带领下，很多同事开始跟她学习在家庭中"艺术地"顺从和妥协的艺术，俨然成为一种风气……

不对抗是夫妻关系的准则。夫妻在发生冲突后，最重要的是双方必须放弃输和赢的对抗态度，双方都要认识到通过妥协才能实现双赢，切忌不要产生"我一定要战胜他（她）"的想法。其次，每次发生冲突时，应该就事论事，不要重翻旧账，更不能借题发挥，以避免双方在情绪上的对抗升级。要做到这点，要求夫妻间平时就不要把问题压下去，不要将不满堆积起来等待爆发。如果平常过多地堆积负面情绪，一遇到冲突，就可能导致两人的争论没有了中心点，使问题解决更为复杂。还有一点就是，夫妻之间需要换位思考，也就是要设身处地感受一下对方的状态，双方都不要固执自己的处境、态度、观点和情感，简单地要求对方服从自己，更不能动不动就做道德评价，说对方"不该""不对""不好"，这样只会相互伤害，使双方的感情越走越远。

妥协不等于示弱。许多人认为要是自己选择了妥协，对方会觉得自己好欺负，以后自己在家里更没有地位了。就其实质来讲，妥协是一种力量的显示，也是一种自信。越强大的人越容易妥协，越不惧怕让步。潜意识里自卑的人，往往害怕对方不重视自己，总想多控制一些，多抓住一些，殊不知，越是这样，越容易失去。

妥协不等于屈服。妥协是一种相处的艺术，凡事都要争个输赢，都要强过别人，都要压倒对方，会让人敬而生畏，进而远离。

妥协不等于纵容。妥协从某种意义上讲，是一种态度，而不是纵容。不懂变通的妥协，会把自己和对方逼进死胡同，这实际上还是一定要争个输赢的潜意识作祟。

妥协不等于放弃。妥协是达到目的的另一种方法，其目的不是为了得到"最好"，而是为了避免"最坏"，是为了以后的"更好"。

避免或者艺术地处理夫妻间的冲突，使家庭始终保持着和睦的氛围，这不光对夫妻有意义，更重要的会让我们的孩子能够从小在一个"安全"的环境中成长。在家庭里面建立一种良好的成员间的相处模式，做到凡事有商量，彼此宽容尊重，孩子从小受父母潜移默化的影响，长大后会顺理成章地选择和别人友好的相处模式。要是家庭中的父母总传递给自己的孩子"争强好胜"的理念，在他们的感情模式里就很难看到"妥协"二字。

四、家长的教养方式与青少年发展

现代的家庭是由婚姻、血缘或收养关系所组成的社会组织的基本单位，是在国家法律保护下，由一对父母和未成年子女组成的家庭，家庭关系主要为夫妻与亲子关系，家庭成员之间地位平等，父母对未成年人拥有监护权。

虽然每个孩子都知道自己是家庭的一部分，但他们可能不太清楚每个家庭的具体组成是不一样的。比如，有些孩子从生下来就一直在爸爸妈妈身边一起生活，享受着家庭的温暖；有些孩子则跟爸爸或者妈妈单独生活，从小就在家庭成员缺失的环境中长大；还有些孩子虽然爸爸妈妈都存在，但他们不和自己一起生活，他们为了家庭生计而外出赚钱养家，自己跟爷爷奶奶或者姥姥姥爷一起生活，跟自己的爸爸妈妈见上一面也是十分奢侈的事情；也有些孩子因为父母离异，自己跟着母亲和继父或者跟着爸爸和继母一起生活，自己感觉总是缺少了点什么；更有一些孩子则跟着爸爸或者妈妈一起，过着单亲家庭的生活……像这样复杂的家庭组成形式，对每个孩子的影响是不一样的。但即使这样，每个家庭的功能和重要性并不因为家庭的组成方式不一样而有什么不同，对于青少年来，家庭是他们独一无二的生活港湾，因为血缘关系比什么关系都稳固和长久。

（一）父母的教养类型

父母是青少年的第一任老师，家庭是青少年身心健康成长的最主要的场所。家庭结构类型决定了家庭职能、家庭环境的各异，制约着家庭观念的变化。家庭结构、父母的教养模式和家庭的物理环境等因素都会对青少年个性产生这样和那样的影响，这些影响互相交错、互相制约。

一般地，在每个家庭中，总有一个人对孩子的影响要大一些。父母对孩子的情况了如指掌，小的时候，孩子须按照父母制定的规则和提供的机会成长。由于是一家人居住在一起，因此，某个人的行为都会影响到其他人，比如，晚上吃什么，卫生间和汽车的使用，等等。正是这样，才使一家人的感情变得那么的牢固。也正是如此，家庭教育才显得如此的重要。

父母的教养方式与父母的反应性和要求性相关。父母的反应性是指父母以一种接纳或支持的方式对孩子的需求做出反应的程度。父母的要求性是指父母期望并要求孩子表现出成熟和负责任的行为的程度。

		要求性	
		高	低
反应性	高	权威型	放纵型
	低	独裁型	冷漠型

权威型的父母。温柔但坚定。这类父母用理性的、问题取向的方式与孩子相处，他们会为孩子设定标准，但期望水平与孩子的能力相当。权威型的父母会聆听孩子的话，会允许他们发表意见，在制定规则时和做决定时会考虑他们的需要和想法。但在与孩子的意见达不成一致的情况下，或者说不是自己想要的答案情况下，他们会选择自己做出决定。这类家庭中，如果只有一个权威，如父亲，另一个不是权威，如母亲，情况比较理想。他们施加权威的前提是通过指导来表达关心。他们的教育被认为是最好的青少年教育方式。因为他们最常用的方法是交谈。这样的父母能够促进个体的责任感、决策能力和自主性发展。这类家庭的孩子往往都遵章守纪，几乎没有问题行为和不良行为。

独裁型的父母。注重孩子听话和服从。这类父母偏好以惩戒、专制、体罚等方式进行管教孩子。在这样的家庭中，言语交流较少，这些父母一般不会与家庭成员就某一个问题进行讨论，而是根据自己的喜恶和他们认为是正确的事情来做决定，他们需要孩子无条件地服从父母制定的规则和标准，是严格的训练者。如果孩子无法满足或达到他们的预期，他们就会面临很大的麻烦。由于孩子从小被教导要服从，因此，独裁型的父母会导致孩子产生一种叛逆和依赖。这种环境下长大的青少年通常对他们的父母有敌意，对父母缺乏认同感。由于独裁型的父母非常依赖惩罚来教育孩子，这使孩子在进入青春期后的反抗会更加激烈。

放纵型的父母。表现为接纳和宽容。他们对孩子行为提出的要求较少，给孩子高度的自由，让他们自己做自己想做的事情。纵容的父母会认为控制是对孩子自由的侵犯，他们认为这样做会影响孩子的健康成长。他们几乎允许孩子决定自己的事情，不对孩子说"不"，满足孩子的所有愿望。这种类型的父母心甘情愿承担孩子行为的任何后果。比如，孩子晚上想看电视或者玩游戏，想玩多久就玩多久，父母一般不干涉。而且，这些孩子在家里，也不需要承担任何的家务。在这样的家庭里，由于青少年很少受到引导和批示，因此，他们无法承受挫折或承担责任，缺乏对他人的尊重。所以，他们看起来显得飞扬跋扈，自私自利。这实际上是因为他们缺乏安全感、没有方向感和确定感。总之，家教松懈、缺乏父母关爱都与青少年犯罪有关。

冷漠型的父母。这类父母希望和孩子交往的时间尽量缩短，他们对自己孩子的情况毫不在乎，对孩子的活动一无所知，对孩子在学校的表现不感兴趣，很少和孩子交流，他们只想过自己的生活，不希望被孩子打扰，在做决定时也不听取孩子的意见。这与他们自己面临的生活压力有关，或者是不想要自己的孩子。这样家庭抚养出来的孩子，在很多方面和放纵型家庭养育出来的孩子相似，且影响更甚。

一般认为，权威型家庭中成长的孩子比其他三种形态家庭中成长的孩子有更强的心理社会能力。权威型家庭中长大的孩子更有责任感，更加自信，更有适应能力，更有创造性，更有好奇心，社交技巧丰富，在学校里的表现更好。独裁型家庭长大的孩子更依赖、更被动，社交能力差，不自信，好奇心不足。放纵型家庭长大的孩子则表现为不成熟，缺乏责任感，对同龄人更加顺从，难以承担领导责任。冷漠型家庭长大的孩子易常年感动，更可能出现越轨行为，可能会过早地尝试性行为、酒精……

教育青少年最好的方式就是告诉他们：你的行为之所以不被别人认可，是因为……父母应避免采用威胁和惩罚的方式，这会让他们变得容易被激怒，会让他们缺乏安全感。

◆ 青少年喜欢什么样的父母 ◆

时刻关注孩子的成长，即使是一点点变化也能尽收眼底；

在他们需要的时候总是能及时提供帮助；

和孩子关系亲密，对孩子来说没有让他们产生压力；

对孩子的行为表示理解和赞同；

对孩子表现出信任；

平等；

民主；

以商量而非命令的口吻和孩子说话；

关注孩子的情绪变化；

脾气好；

幽默风趣不古板；

尊重家里的每一个人；

……

在一个家庭中，父母的品质是最重要的。只有好的父母才能培养出好的孩子。我国古代就有诸如"栽花傍墙，养女像娘"的说法。好的父母会对孩子表现出关爱和关注，尊重他们的隐私，给予他们一定的自由，并在家里建立行为规范和相应的标准。从上面的问题中我们可以看出，父母与孩子的亲密关系占了很大一部分。

确实，为孩子创造一个安全的环境是他成长路上必须拥有的。这种安全不仅仅指的是环境的安全，也包括心理上的安全。如果孩子每天生活在紧张、恐惧和不安中，孩子就会敏感，缺乏创新的意识和能力，也缺乏担当的意识和能力。

除了安全之外，从上面的列表中，我们还可以发现一些关键因素，那就是主见。也就是父母创设的家庭环境能让孩子形成自己的观点，能够让孩子自己为自己的行为做决定。能够自己做决定的青少年，更会在某些领域取得成绩。反之，他们就会一直以来缺乏主见，并产生一些问题的行为，长大后，会"啃老"，成家后，对丈夫或妻子产生依赖。更重要的一点在于，父母应懂得如何指导并监督孩子的行为，也会为他们制定一些必要的规则来对他们的某些行为进行限制。这些规则会使他们懂得如何去处理一些事情，如何去控制自己的想法和行为，以避免将来成为一个反社会的人。

（二）父母的行为

1. 父母的爱好与兴趣

父母的知识结构和兴趣爱好对孩子有很大的影响。在家庭中，孩子能够关注到父母的大部分特点。从遗传学的角度来看，这些兴趣和爱好也多少会传递给孩子。因此，当孩子表现出某些兴趣和爱好的时候，父母的态度就会起到非常重要的作用：决定他的这种爱好和兴趣是否能一直进行下去。

GSG 案例库

肖勇自幼喜欢篮球，是班里乃至学校的篮球明星，拥有一大批的粉丝。但令他气恼的是，他的父母从来没有看过他的比赛。

像肖勇父母这样不太关注和陪伴孩子的兴趣和爱好，会给孩子造成一个父母不关心自己的假象。如果家里还有弟弟或者妹妹，他们甚至会想：原来爸爸妈妈不喜欢我，而是喜欢弟弟（妹妹）。假设周围邻居再对他开玩笑：你是爸爸妈妈从外面捡回来的，就可能对他造成更大的伤害。

不陪伴孩子肯定是有问题的，但过度陪伴孩子也是有问题的。比如，进入青春期的孩子，当他们有了自己的朋友和伙伴后，他们实际上是不喜欢父母介入的。他们需要的是父母对他们的关注和帮助，而不是喜欢让他们进入自己的生活。这一点，年龄越大的孩子越不喜欢父母来当他们的伙伴。这样，他们可能会更无拘无束一些。

2. 父母的尊重与理解

许多时候，父母会因为工作忙或者其他烦心的事忽略孩子的感受，他们不知道孩子在想些什么，也不会去关注孩子最近发生了什么，并不是他们不爱自己的孩子，而是因为他们要考虑的事情太多太多了。因此，他们不知道孩子不高兴的原因在哪里，也不知道孩子为什么会烦恼。

这必须引起父母的注意。父母对孩子的不敏感有可能导致孩子变得跟父母一样迟钝起来。如果他们总是觉得自己的感受不被父母重视，一种情况是，他们就不会去关注别人的感受，也不知道应不应该去关注别人的感受，逐渐变得自私起来；另一种情况是，在家庭的这种孤独感如果进一步增加，他们会选择跟朋友交流自己的烦恼，这种以情感饥渴为特征的早恋现象就会发生。更坏的结果是，随着他们年龄的增长，他们会觉得自己的父母不再爱自己，致使亲情关系逐渐淡化。

在家庭中，所有教育孩子的技巧和策略，都需要有一个前提和一种态度，那就是尊重孩子。家长要把孩子看作一个独立的个体，要尊重他们有自己的特点，包括他们的优点和不足，不要把自己的孩子和其他孩子进行比较，也不拿自己孩子犯的错误来判断孩子是个怎样的人，不以孩子做的某一个特定的行为或事件来推断孩子整个人就怎么样。家长要尊重孩子用自己的方式一步一步地成长，尊重甚至是保护孩子自己的意愿和想法，不强迫孩子跟自己在什么方面都一致。用平等的态度对待孩子，做孩子的朋友。

GSG 案例库

　　珍珍就读的中学是市里最好的高中。最近她特别郁闷，跟自己的好朋友诺诺也闹了别扭。原因是，通过自己的努力，珍珍的学习有了很大的进步，这次考试，从班里的倒数第八名升到了班里的前十五名。没想到，当珍珍回家一脸兴奋地告诉妈妈时，妈妈说的第一句话竟然是，诺诺考了第几名？这让珍珍的心一下子沉了下来。诺诺是自己最好的朋友，两个人在一个班里，这次她考了第五。从妈妈的第一句话开始，珍珍兴奋的心情完全没有了，也不为自己取得的进步感到开心了。到了学校后，她发现自己在面对诺诺的时候也非常别扭，下意识地疏远诺诺。珍珍自己也知道这样做不应该，可是她就是做不到和诺诺像以前那样亲密了……

　　许多家长认为，拿自己的孩子跟其他人进行比较，可以促进孩子的竞争意识和紧迫感。像珍珍妈妈一样，许多的父母并没有意识到这样做的危害性有多大。像这样只关心孩子学习成绩的方式，也是父母不尊重孩子的表现。不承认孩子的现状，不尊重孩子的天性和到目前为止的经验，不愿意让孩子按照自己的步调前进，像这样恨铁不成钢、拔苗助长的方式，并不能取得好的结果。像珍珍妈妈这样，不尊重女儿的努力，没看到女儿取得的进步，只关心女儿是不是胜过了自己的好朋友。这样做的结果可能是，珍珍对自己失去了信心，并且因此跟好朋友有了隔阂，使她们本来良好的相互支持关系面临着考验。

　　我们都知道也承认每个孩子都是独特的，都有他自己的优势和特长，也有自己的劣势和不足，但我们却有意无意地展示出自己对他们的这些"独特"东西的不信任。一个孩子对自我形成什么样的看法，即孩子自我概念的形成，除了来自自身的成功和失败经验外，很大一部分受父母对自己的看法和态度的影响。如果父母认为孩子是有价值的，是可爱的，是有能力的，那么孩子必将感受到这些，从而内化成对自己的看法。父母要尊重孩子自己的个性、特色和想法，尊重孩子有自己的人生路，有自己独特的品质，而不是要求他比其他孩子优秀，做某件事做得好，不犯错误。这样的尊重，能够传递给孩子这样的信息：我是可爱的，我可以发掘、发扬自己的独特性，好好生活、学习。

GSG 案例库

力宏妈妈带着12岁的孩子来到一家服装店。她要为自己的孩子挑选一件衣服。

"儿子，看看，选好了妈妈给你买！"妈妈一边说着，一边给孩子挑选衣服。这时，力宏看中了一件前面印有卡通图案的T恤，对妈妈说："我想要这件。"

妈妈看了看说："多难看啊！你看这件，你穿上一定很帅气！"一边说着，一边给力宏往头上套。力宏坚决反对："不喜欢这件！"

妈妈生气了，说："不买了！"

像力宏妈妈这样不顾孩子的感受的事情有很多，面对孩子的"不喜欢"，力宏妈妈没有尊重孩子意愿，而是将自己的想法强加给了孩子。这样的做法不仅会让孩子反感，更会让孩子感到不受尊重，不被信任，继而开始讨厌父母，不相信自己。更为严重的是，还可能导致孩子对父母感到失望，从而变得郁郁寡欢，不再愿意在父母面前说出自己的需求，进而影响身心健康和学习。

许多的父母与孩子在青春期的沟通中都出现了困难。好多人认为孩子突然不喜欢和自己交流和沟通了，这可能只是表面现象。更深层次的原因也可能和父母有关，许多的青少年认为现在的父母不好沟通。"他们太忙，每次想跟他们说点什么时，他们都显出不耐烦的样子。""许多事他们不懂，瞎掺和。"因此，他们向父母表露想法、传递信息的时间变少了。

为什么我们强调父母对孩子的尊重与理解？许多的研究成果都证明一点，那就是父母如果能尊重青春期孩子的观点，那么，其家庭氛围就会和谐，家庭成员的幸福指数较高。由于工作关系和工作强度的原因，父亲的疲劳程度会大一些。因此，在和父母交流这件事情上，特别是女孩的家庭，母亲和孩子沟通更多一些。这里面还有一个原因就是，母亲比父亲更好沟通一些，更善解人意，也更能够满足孩子的一些要求。至少，母亲不像父亲那么决断。

和孩子的沟通出现困难时，一些父母感到自己的权威受到了挑战。这时候，他们会武断地下结论："就这么办。""就这么定了。""我不想听你说那些，我说怎么办就怎么办。"就这样，做父母的率先关闭有效沟通的大门。所以，我们就会看见，孩子生气地摔门而出，满脸通红地跑回自己的房间，关上门闷一整天的情况。

有效沟通的前提是互相尊重，这也是爱的基础。如果连尊重对方都做不到，就更谈不上爱了。因此，父母在和孩子沟通的时候，一定要放下手里的活，把自己的心情调整到真诚状态，让孩子感受到你对他的尊重和理解，这样，才会创造一个坦诚的交流氛围，达到较好的效果。一旦他们觉得跟你沟通有障碍，如你总是三心二意、达不成共识等，这种意识隔阂就会越来越大，而结果是，孩子显现的问题也就变得越来越多。

GSG 案例库

　　小墨是个11岁的女孩，她在外面非常有礼貌，无论是跟同学还是老师在一起，都表现得非常好。但只有对妈妈，她经常显得脾气暴躁，常常因为各种细小的事情而不理妈妈。在外人面前，还是笑脸，一旦看到妈妈，脸就会突然沉下来，扭到一边。妈妈非常头疼，不知道在女儿对自己发脾气的时候要怎么对待她，既无法无视女儿对自己的态度，像平时那样对待她，又无法跟女儿交流得非常好。小时候自己说什么孩子都听，学习也好，但现在，对孩子进行教育的时候，孩子却不愿意听了。妈妈非常害怕孩子以后有什么事情都不会跟自己说了。

　　许多父母认为，孩子需要成为一个理想中的"好孩子"，有些错误是他不应该犯的。因此，当他们发现孩子与自己的期待不相符合的时候，就会强行要求孩子"你不应该产生这样的想法和情绪"，"现在我们给你提供了这么好的条件，你应该好好学习"，而不去顾及孩子现在的情况和状态。他们还往往把自己的经验告诉孩子，并希望孩子听从他们的劝诫。我们经常看到，在父母和孩子的交流中，往往是父母在进行"教育"，孩子只能低头听着，至于他们听的时候的心情，以及听到之后的想法，父母并没有去关心。从而造成了所谓的交流和沟通变成了单方面的信息、想法和期望的传递，而不是真正的想法的交流、创意的碰撞和情感的分享。

　　孩子是一个独立的个体，他有自己的想法、感受，父母要愿意倾听他，并且体会到他的想法和感受，即使在孩子不能准确表达自己感受的时候，父母也要跟他进行情感交流。案例中的孩子，每当她出现情绪的时候，得到的要么是被否认，要么是被告诉不应该产生这样的情绪，时间久了，孩子便不能够正确地认识、体会自己的情绪，更无法学会主动地调节情绪。正确的方式是，倾听孩子表达自己的情绪，并且对这一情绪进行体会，去接纳孩子此刻的状态，并在他乱发脾气和扔东西时说出他的感受。孩子的情绪一旦被听到和接纳，就可以帮助他们把情绪释放出来。这样的方式，在帮助孩子平复情绪，积极面对事情的同时，能够增进亲子关系，使得孩子产生"父母非常理解他"的感受，更愿意跟父母一起交流，分享心情。

　　作为家长，需要学会处理自己的负面情绪。家长跟孩子既然是不同的个体，有着不同的立场和需求，自然也就会有意见不一致甚至发生冲突的时候。和孩子在一起并不是一件容易的事情，玩具丢了，该交作业了，新鞋子不合适了，不想去上学了，种种状况都可能会引起家长的愤怒、烦躁、伤心、失望等各种情绪。这个时候，父母是被这些情绪牵引，向孩子发脾气，还是调节好自己的情绪，跟孩子交谈？怎样才能够解决问题呢？显然是后者。同时，当真的发生了冲突的时候，掌握一些处理冲突的技巧，对于解决问题具有极大的作用。

GSG 案例库

　　小强今年15岁，学习成绩不太好，考取了一所普通高中，这让父亲非常生气。假期里，父母给小强制定了学习计划，将他的绝大部分时间都用来补习功课了。一天，小强想上网，被父亲生硬地拒绝了。小强抱怨了几句，结果让父亲更加生气，猛烈地训斥了小强一顿。小强生气地要收拾东西走，父亲更加愤怒："你敢走，我就把你的腿打断。"小强听完后，东西也没拿就跑了，直到晚上也没有回来。父亲生气加着急，不断给亲戚们打电话……

　　父母往往会把父母的权威放在重要的位置上，认为孩子不应该不懂事，不应该不理解自己的期望。这样的父母，会很难看到孩子的立场和需求，一旦孩子跟自己的期待不一致，就会产生情绪，并且让孩子为这一情绪负责，这样的结果是，无法甚至压根没有想到要去调节自己的情绪，带着强烈情绪的父母责备孩子，这一情绪会扩散至孩子，要么使得孩子害怕而退让，要么愤而反抗，使冲突升级。情绪是可以相互传递和感染的。一般说来，吵架、冲突都是双方情绪升级的结果。情绪是否升级，取决于两个人情绪管理的能力和对冲突的处理。在亲子关系中，更有主导作用的是父母。当与孩子意见不一致的时候，父母情绪管理的能力和对冲突的处理方式很大程度上决定了事情会朝着哪个方向发展。上述案例中的父亲，首先，完全忽视了儿子对上网的需求，然后面对儿子因此产生的情绪完全没有接纳。其次，在儿子的几句抱怨和负面行为发生后，自己的负面情绪不断升级，并把这些情绪用破坏性的方式表达出来，导致儿子离家出走，自己生气担心。其实，较好的方式是，在发觉自己已经产生情绪时，先调节好自己的情绪再跟儿子沟通、协商，而不是带着情绪训斥或争辩。当冲突发生时，先告诉儿子自己现在的心情很糟，没法跟他讨论，等自己心情平息后，再跟儿子商量。

把自己的权力、面子和想法放在第一位，是许多父母跟孩子起冲突的重要原因。在坚持必要原则的前提下，学会表达自己的想法、为自己的失望负责任、尝试调节自我的情绪，是处理不一致和冲突的重要环节。

3. 父母的积极与主动

父母对孩子的关注如果趋于积极主动，会让孩子感觉到亲情的可贵。父母应尽量在和孩子之间、夫妻之间、与长辈之间表现出自己对另一名成员的重要性，并随时会对另一个人的感受和需要做出回应。如果家庭成员之间情感淡漠、互相厌恶、态度冷淡等，事实上表明"谁也不在乎谁"，在这样的家庭中，几乎没有关隘、积极的情感支持、尊重和相互理解。

虽然我们强调父母应积极和主动地对孩子予以关爱，但应注意的是情感表达的方式。比如，父亲比较严肃，很少拥抱、亲吻自己的孩子，看起来他不会表达积极的、温暖的感情，这可能使孩子变得失望起来。因为，青春期的孩子对情感的渴望比任何时候都要强烈。他们对于父母的像鼓励、欣赏，对孩子的满意、信任、爱等内在支持和像明确表示支持、拥抱、亲吻、一起吃饭和看电影、给孩子买他们喜欢的礼物等这样的外在表达都非常重视。如果像父亲的这种情感表达方式，可能使他们自己，特别是男孩变得冷漠起来，以至于他长大后，发现自己难以对自己的配偶和孩子表达自己的爱。

许多时候，现在的孩子也会自己寻找一些方法。比如，他们在父母面前表现得很诚实，主动谈论自己的错误，详细规划自己未来的某件事（比如学习成绩要提高到什么什么程度），在父母面前很有礼貌，赞美自己的父母，自己对父母的爱有多么的深等，来吸引父母给他们所渴望的爱。而且，因为母亲更容易沟通，他们跟母亲的关系会更近一些。所以，父母要能及时理解孩子的这种"亲昵"行为，并给予及时的回应。

4. 父母的接纳和认同

如果要对"爱"定一个标准，那就是应该无条件接纳。如果你想表现出你的爱，那就应该积极了解并接纳孩子真实的样子，包括他的错误。如果青少年知道他的父母是接受他的，是喜欢他的，自己是被他们重视的，他们就会给以回应，同样会向自己的父母证实自己的存在。因此，父母必须努力认同自己孩子的行为。不论自己的孩子在某一阶段出现了什么问题，父母都应表现出接纳和认同的态度。"即使所有人都放弃了他，包括他自己，父母也不能放弃。"他们知道自己并不完美，也不一定希望自己变成一个完美的人，但他们肯定不愿意生活在一个天天被呵斥的紧张的环境中。这会让他们寻求一切可以反抗的方式，从而更叛逆。

GSG 案例库

"你一点都不像我！""我对你太失望了！"拿着儿子的考试卷，平爸爸暴跳如雷。

"都是为了你，我才变成这样的。为了你，我放弃了自己的事业；为了你，我的身材变成了现在这个样子；生你的时候，我在医院痛了三天，差点连命都没了！"平妈妈不停抱怨。

像这样的消极场面，你是否每天都在重复？

5. 父母的信任和支持

信任和承诺是一件事情的两个方面。在家庭关系中，作为父母，首先要做的是，信任自己的孩子，家长的信任可以帮助他顺利过好自己的人生，信任可以使孩子在生活中、在学习中、在探索练习和犯错中得到锻炼和成长，从而学到人生的智慧和技能。更要注意的是，作为父母，更要信守自己对于孩子的承诺。做到不轻易承诺，一旦承诺，必须要履行自己的诺言。我国古代有"曾子杀猪"的典故，说的就是父母的承诺问题。只有父母坚守自己的承诺，才能让孩子感觉到安全，感受到你是诚实守诺的，是值得他们信任的。

GSG 案例库

　　然然今年10岁，是妈妈的"骄傲"。在小区里，她除了跟一个朋友关系很好，会相互走动外，基本不出去跟同学活动，这让妈妈非常放心。妈妈不希望然然在亲戚包括奶奶家、姥姥家住，总觉得她不在身边，自己就不放心。然然也非常"懂事"，只跟妈妈关系好，最信任妈妈，有事情就会跟妈妈说，让妈妈给她做主。平时在家里，妈妈承担了各种家务，不让然然插手，让她过得像个小公主一样。妈妈非常满足女儿像个优雅的公主一样，不接触脏的东西，不做粗活。甚至连学习，都是妈妈包揽了检查作业等，遇到母女两个都不懂的，母亲打电话向别人请教，然后再讲给女儿听。

　　真正的信任，是把生活的主动权交给孩子。在家庭里，如果家长从内心深处信任你的孩子，那么这一信任必然会通过你的言行举止透露给孩子，让他也相信自己，并且朝着你所期望的方向前进。父母可以照顾孩子的生活，但这并不是无限度的。过度包揽孩子的事务，实际上是不信任孩子的表现，不信任孩子可以走好自己的路。这样会使得孩子觉得自己是弱的，自己不用为自己的人生负责，并且往往没有自己的想法。上面案例中的妈妈，表面上看起来非常疼爱女儿，为女儿筹谋、打点一切，但这些打点，可能会使得女儿过于依赖母亲，无法自立。母亲也剥夺了女儿跟他人交流、学习的机会。

　　在远古的时候，塞浦路斯王子皮格马利翁非常喜爱雕塑。有一天，他成功做成一个美女的雕像，自己爱不释手，每天以深情的眼光观赏不止，有一天雕塑竟然活了。这个故事想说明的是，一个人会朝着你所信任的方向发展。这就是心理学中的皮格马利翁效应。1963年，心理学家罗森塔尔和福德进行了一个老鼠走迷宫的实验：把两组老鼠交给实验者，他们告诉实验者，这两组老鼠分别是聪明老鼠和笨拙老鼠。实验的结果显示，在走迷宫的过程中，聪明老鼠比笨拙老鼠犯的错误更少，而且这种差异具有统计上的显著性。两位专家对实验过程进行了观察，没发现实验者的欺骗或其他使结果歪曲的事情。因此，他们推断，拿到聪明老鼠的实验者比那些拿到笨拙老鼠的实验者更能鼓励老鼠去通过迷宫，是实验者对待两组老鼠的方式不同，影响了实验效果。而实际上，这些老鼠来自同一种群。1968年，两位美国心理学家来到一所小学，他们从一至六年级中各选了3个班，在学生中进行了一次煞有介事的"发展测验"。然后，他们以赞美的口吻将有优异发展可能的学生名单通知有关教师。8个月后，他们又来到这所学校进行复试，结果名单上的学生成绩有了显著进步，而且情感、性格更为开朗，求知欲望强，敢于发表意见，与教师关系也特别融洽。实际上，他们提供的名单是随便抽取的。他们通过"权威性的谎言"暗示教师，坚定教师对名单上学生的信心，虽然教师始终把这些名单藏在内心深处，但掩饰不住的热情仍然通过眼神、笑貌、音调滋润着这些学生的心田，实际上他们扮演了皮格马利翁的角色。学生潜移默化地受到影响，因此变得更加自信，奋发向上的激流在他们的血管中荡漾，于是他们在行动上就不知不觉地更加努力学习，结果就有了飞速的进步。这个令人赞叹不已的实验，后来被誉为皮格马利翁效应或期待效应、罗森塔尔效应。

信任建立在理解的基础上。许多父母对孩子的不信任源于对他们的不理解。

GSG 案例库

在女儿刚刚3岁时，多多的父母就开始试着让她自己拿主意了：看电视时让女儿选择自己想看的节目；去超市买东西时让女儿自己决定买什么……多多习惯了自己拿主意。每天晚上，做完作业后，她便会为第二天的衣物做准备；班上的小朋友如果有谁要过生日，她也会自己选择礼物表达祝福。一天，多多跟妈妈说了老师想让她参加学校举办的朗诵比赛，但自己还没决定的事情，在询问多多的时候，妈妈了解到她有点害怕。于是，妈妈鼓励她："参加竞赛，可以让自己获得一定的锻炼，这是一次很好的机会。不过这件事应该由你自己决定，我只是把自己的想法告诉你，我希望你不要受他人意见的影响。"后来，多多参加比赛并获了奖。

像多多的父母这样充分信任孩子，事实上让孩子变得越来越自立了。这里面，更重要的是对孩子的信任，也是对孩子能力的肯定。这样，孩子自己就能感知到来自父母的信任，并会因此不辜负父母对自己的这种信任。如果什么事情都帮拿主意，孩子就容易失去自己的判断力和主见性。即使孩子的想法与父母的想法发生冲突，我们也要尊重他的个性，不要强行为他做主。即使孩子的选择最后是错误的，但对于他来说也比你为他做选择要好，至少他尝试过，并深刻明白自己的选择错在哪里。这样的尊重，对于孩子建立健全而完善的人格是非常有利的。

为什么父母总是担心我们会做错事呢？这是许多青春期的孩子比较困惑的一个问题。他们希望自己去摸索，希望父母能期待他们有更好的表现。但这似乎很难做到，一些父母甚至对孩子的隐私特别感兴趣。最让孩子生气的就是私自翻看他们的日记、手机和书包。一些妈妈总是会趁着给女儿打扫房间的机会展开"侦察"。

对孩子的不信任，其实是父母把自己的担心、焦虑和内疚投射到青少年身上的反应，是父母自己缺乏安全感的表现。这些父母有可能在自己的成长中碰到过什么困难：自己在中学时就谈过恋爱的母亲会担心自己的女儿谈恋爱，自己有过婚前性行为的母亲往往最关心女儿的性行为。这种对孩子的不信任，会让孩子怀疑父母不信任他们的理由是什么。

对孩子的信任能够使他成为一个自主性强的人。自主性包括行为自主和情感自主两个方面。行为自主指一个人不依赖别人的指导就能自己独立行动，如穿什么衣服，交什么朋友等。情感自主指孩子不再像小时候那样依赖父母。青春期的青少年虽然渴望某些方面的行为自主，他们希望自己有选择的权利，能够发挥自己的独立性，与成人争论某些问题，但他们不想要彻底的自由，他们在遇到问题时，仍然希望获得父母的指导，如升学志愿填报等。

虽然青春期的孩子在行为自主上的转变比较强烈，但在情感自主的转变上却不是那么明显。这与父母的行为有关，如有些父母的婚姻不幸福，他们会从孩子身上寻求情感满足，这就影响孩子胜任成人角色的能力，即使在他长大成人后也会严重依赖父母。现在好多青年人结婚后还喜欢和父母住在一起，或者根本不想结婚，赖在父母身边"啃老"，都可能跟这方面有关。他们甚至永远不能获得成熟的社会关系，建立与自己选择的职业身份或发展独立自主的积极自我意向。更严重的后果在于，像这样的过分依赖，会使青少年与父母分离。

总之，父母除了给孩子制定一些规矩和做事的原则外，还要通过监督来管理他们的行为，必要的惩罚也是可以的。成功的父母都知道：自己的孩子经常在做什么，他们去哪里了，他们和谁在一起。如果青少年做错了什么事，做父母的一定要让孩子明白他错在什么地方。只有这样，他们犯错，甚至是参与犯罪行为、吸毒、性行为等的可能性才会变小。

五、家庭教育的内容

家庭教育的实质是把孩子培养成为什么样的人。从总的目标上看，家庭教育的目的必须首先服从整个国家的教育目的。

家庭教育的主要内容包括三个方面：家庭健康教育、家庭价值教育、家庭智慧教育。

家庭健康教育：核心是健康教育，包括生理健康教育、心理健康教育、安全教育三个方面。

家庭价值教育：核心是价值观培养，包括人性教育、人格教育、人际交往教育等方面内容。

家庭智能教育：核心是智慧能力培养，包括学习品质教育、核心素养教育、特长培养教育等内容。

1. 家庭健康教育

家庭健康教育是指通过家庭生活的组织和安排，促进家庭成员特别是子女成为具备健康躯体和健康人格的人，使每一个人都能身体强健、充满活力、情绪高涨、生活愉快。健康包括躯体的健康、心理的稳定、社会适应能力的健全和伦理道德的完好。

人的生命是最珍贵的，因此，家庭教育中首先要做的就是生命健康教育，核心是健康教育，包括生理健康教育、心理健康教育、安全教育三个方面。主要帮助青少年理解生命的意义，学会尊重、珍爱、欣赏、敬畏生命，强化生命意识、珍视生命价值和发展生命潜能，这是生命教育的基本要义，也是人本教育的重要内涵。它包括建立生命意识、培养生存能力和提升生命价值三个层次。要告诉青少年，尊重生命不仅仅是尊重自己的生命，也包括尊重别人，甚至是一切生物，要给予他们生命的权利。

◆ 健康的标准 ◆

（1）精力充沛，对繁重工作和日常生活不感到过分紧张疲劳；

（2）乐观、积极，勇于承担责任；

（3）善于休息，睡眠好；

（4）应变能力强，适应环境能力良好；

（5）能抵抗一般性感冒等传染病；

（6）体重适当，身体匀称；

（7）反应敏锐，眼睛明亮；

（8）牙齿清洁，无龋齿，不疼痛，颜色正常，无出血现象；

（9）头发有光泽，无头屑；

（10）肌肉丰满，皮肤富有弹性。

维护家庭成员的身心健康是家庭教育的首要任务。没有健康的身心，人就失去了一切活动的基础。家庭成员的身心健康，特别是孩子能否健康成长，是每个家庭最为关注的，它关系着孩子能否成人、成才，成人能否事业成功，家庭是否和睦、幸福。家庭教育中应首先关注家庭成员的健康，特别是培养孩子健康的身心，是每个家庭的责任，是做父母的责任，也是家庭实施其他教育内容的基础。

家庭健康教育的基本要求：

第一，强化家庭成员的健康意识。健康意识是指人们对健康的信念和观念，即人们对健康价值的态度和能否获得健康的信心。正确的健康意识是：健康是人的第一财富，是事业和幸福的保证，它既是人们活动的基础，也是人们各种活动的最终目的之一。

第二，强化家庭成员的健康水平。首先，家庭成员要掌握一定的营养知识，在家庭中养成良好的饮食习惯。父母要给孩子安排合理的营养及饮食，使他们了解各种食物的营养价值及膳食平衡的知识，培养孩子良好的饮食习惯，不厌食、不挑食、不暴饮暴食和饮食定时、定量。

其次，家庭成员要养成良好的生活习惯。一是家庭成员生活作息及其起居要有规律。人的情绪、体力、智力等也都有一定的时间规律，体力、情绪和智力的节律周期分别为23、28和33天，每个周期又分为旺盛和衰退两个阶段。人的体温总是凌晨2~6时最低，2~8时最高。脉搏和呼吸是清晨最慢，白天较快。血压也是白天高，夜间低。定时睡眠、定时起床、定时用餐、定时工作学习、定时锻炼身体、定时排大便、定期洗澡等。二是注意用脑卫生。通过保证足够的营养，常用脑、勤用脑，不使脑过于疲劳，交替使用左右脑，生活有规律，有充足的睡眠，经常参加体育锻炼，保持良好的精神状态等方式使脑处于最佳状态。在用脑时间方面，最佳用脑时间一般指上午7点半~11点半，下午1点半~5点半，其中上午8~10点为最佳。凌晨3~4点正是人体的很多生理功能较低的时候，学习效率最差。还要通过锻炼身体，增强体质，预防疾病，戒烟，不要酗酒，合理调配饮食，养成良好的饮食习惯，要有充分的睡眠和劳逸结合的作息制度，适当参加文娱活动，注意性格陶冶，保持稳定的情绪和愉快的心境，培养良好的社会适应能力等方式保护脑力。

第三，养成良好的卫生习惯。良好的卫生习惯是健康生活方式的重要内容，是反映个人修养的重要方面，也是预防传染病的重要措施，主要包括以下几个方面：一是要勤洗手，定期修剪指甲；二是勤洗澡，勤换衣服；三是不随地吐痰，咳嗽时用手帕或纸巾遮盖口鼻部；四是坚持锻炼身体，注意根据气候变化及时增减衣服；五是不用手指沾口水；六是均衡饮食，合理营养，不挑食，不暴饮暴食，不喝生水，不吃生冷食物，不吃过冷过热食物，隔餐的食物要加热后再食用；不抽烟，不酗酒；七是生活、学习、工作有规律，注意休息，保持充足的睡眠，避免过度紧张和疲劳；八是出现发热、咳嗽、咽痛等流感症状时，不带病上班、上学，及时到正规医疗机构诊治，避免外出或到人群集聚场所活动，非要外出时要戴口罩。

第四，家庭要注重和组织身体锻炼活动。每天都应该安排短时间的锻炼项目，如散步、跑步、打球、跳绳等，特别是要督促孩子认真参加，增强体质；在节假日和双休日，家庭可以安排几代人共同参与的锻炼项目，如爬山、骑车、旅游等，使家庭成员一方面活动筋骨，另一方面感受大自然，特别是增加孩子美好的心理体验，感受与人交往、与大自然交融的情怀。

有关内容已经在本书的第二章、第四章有所涉猎，本章就不再赘述了。

GSG 案例库

　　7岁的聪聪让妈妈头疼得厉害。已经7岁的他，完全处于没有规矩的状态，他无法自己一个人穿衣服，对自己的玩具玩完后也从不收拾，把整个家搞得乱七八糟，吃饭时也总不好好吃，用手去抓盘子里的菜来吃。妈妈没有办法制止他，对他的呵斥和惩罚似乎也起不了作用，教了许多次的规矩也从来不遵守。妈妈都不知道该怎么办了……

需要强调的一点是，在对孩子进行家庭健康教育时，父母对孩子的教育需要具备相当的管理技巧，以保证孩子能够在自身成长的基础上，沿着适合自己的方向健康前进。这些技能需要涵盖的方面包括，培养孩子的自尊心和自信心，培养正确的价值观，设定清晰有效的家庭规划，培养孩子的独立和自主权，以及帮助孩子改正错误。在所有这些的基础上一定要注意，设定适合孩子的标准进行管教，就是找到孩子的最佳发展区。

　　孩子并非是在呵斥与说教中得到成长的。像上面案例中的聪聪妈妈，她越是无法制止孩子的行为，越是焦虑，越是用呵护和惩罚的方式，希望能够让儿子记住教训从而遵守规则，越是起不到任何作用。有时候，这样的方式也许可以起到作用，但家长需要注意的是，这是真的起作用了呢，还是表面上孩子妥协了？如果孩子长期被压抑，总有爆发的时候。因此，我们并不建议父母过多采用呵斥或惩罚的方式。许多时候，父母跟孩子讲清楚家庭的规则或者自己的态度，并且温柔地坚持就好。但这并不意味着我们可以忽视孩子价值观的培养。需要注意的是，价值观培养过程中，说教往往起着非常小的作用。因为孩子是会观察的，会看到父母是怎么做的，而不是怎么说的。因此，父母言行若是不一致，会引起孩子的混乱。在家里，父母必须要给孩子树立起家庭的规则来。在执行这些规则的时候，如果遇到困难，比如孩子无法遵守，要注意了解是否是规则本身超出了孩子能够承受的程度。要在孩子只要一努力就能完成的范围里设定规则，然后再清晰地执行，要让孩子知道遵守规则后的结果和不能遵守的责任。孩子的独立和自主能够强化孩子的自尊心和自信心，也使得孩子能够逐渐长大和独自面对自己的生活、学习。这也是需要从小就培养的，而不是长大自然就能够生成的。最后，孩子喜欢尝试新鲜的事物，在这个尝试与练习的过程中，犯错是不可避免的，那么教会孩子去改正自己的错误非常重要。这些需要用到前面所有的各种技巧，需要在不伤到孩子的自尊、尊重孩子的前提下去做。

2. 家庭价值教育
　　生命价值教育的核心是一个人的价值观培养，包括责任教育、人性教育、人格教育、处事修养教育等方面内容。核心是培养孩子对家庭的责任感。

(1) 责任教育
　　列夫·托尔斯泰说过："一个人要是没有热情，他将一事无成，而热情的基点正是责任感。"责任感是一个人日后能够立足于社会、获得事业成功与家庭幸福至关重要的人格品质。责任感是孩子情感领域中最神圣的部分, 孩子责任感的培养是家庭教育中一件非常重要的基础性工作。

◆ 家庭如何培养孩子的责任感 ◆

让孩子做好分内的事。家长如果对孩子过于溺爱和包办，会造成孩子的责任感缺失。很多家长片面地认为，对孩子的爱是不求回报的，是无怨无悔的，但这可能会使孩子变得小气和自私起来。特别是独生子女教育，如果把孩子养成一个小皇帝，就可能使其变得性情冷漠，缺乏责任感。家长应让孩子在家庭中担任起一定的角色，自己的事情自己做好。每个人都对自己的事情负责。这样孩子的责任感也就慢慢建立起来了。

让孩子帮着做家务事。实践是最好的体验，家长应多给孩子自己动手的机会，孩子感兴趣的、力所能及的家务事尽量让孩子参与完成。一来可以调节其学习紧张的神经，二来可以培养孩子自觉动脑动手的好习惯。更重要的是，孩子在参与过程中可以感觉自己作为家庭一员很自豪，体会到深深的责任感。家长要让孩子明白，做好自己的事情还不够，还应该帮助家里做一些事情，因为他还是家庭的一员，他有责任去协助爸爸妈妈做好家里的事情，以此来为家庭尽一份力。只有这样，才能把孩子培养成一个敢担当、不逃避责任的人。

◆ 学校如何培养学生的家庭责任感 ◆

搭建家校合作的桥梁。学校应结合实际情况通过开家长会、开办家长学校等活动向家长宣传培养学生家庭责任感的意义所在，与家长及时沟通、了解学生在家里的表现。同时，还要以家庭为阵地开展多种体验活动，来教育和培养学生的家庭责任感。

从认识上加以引导。孩子没有家庭责任感，是因为他们对家庭责任感缺乏认识，不知道自己应承担什么家庭义务。教师应引导学生体会父母的艰辛，增强学生的责任意识，引发学生的家庭责任行为。

从情感上加以激发。学生的家庭责任感是以情感为基础的。学校要以喜闻乐见的活动形式来吸引学生，满足学生的心理需求，增强他们的做事能力，然后引导学生由活动本身的兴趣迁移到对家人、家事关心，从而更加激发学生的爱家情感，引发学生的家庭责任行为。

从行为上加以巩固。引导学生从家中最经常的事做起，如做家务、记录家庭日记账等，在家庭遇到困难时，引导家长向学生讲一讲家长的苦恼、家事的烦琐、工作的困惑，使学生懂得父母之不易，生活之艰辛，产生为父母分担忧虑的念头，再组织讨论，家里遇到困难时，我们应该怎么办？教育学生主动为家庭承担责任。

5 青春期家庭教育　　353

（2）人性引导

人性是人类每个人与生俱来的特定独有的思想、感情、理性等表现行为，是不同民族之间能够交流、达成理解的前提。如对生存的渴望、对生理的渴望、对与自己相似的伴侣的渴望、对同类间自己地位的关心、对同类帮助的冲动等。如果人性缺乏，其个性必然是扭曲的，更谈不上什么人格了。目前，青少年的问题的根源在于人性的社会化没有完成。

简单地说，人性就是做我想做的事。也就是说，你心里喜好什么，你就去做什么。这与道德相反，道德是我该做什么，也就是说，你能做什么，不能做什么，不能根据你的内心喜好，而是根据社会约束来决定的。如你坐公共汽车，好不容易找到一个位置坐下，看到旁边有个老人，想坐为人性，让座为道德。人性是"个人"的性，人性的社会化完成即是道德。

孔子最早对人性问题进行了探讨。他的人性论首先看到了人的心理发展有着大致相近的自然基础，强调了教育和环境对人的身心发展有决定作用。在"性"与"习"的关系上，孔子认为学习或习染的结果会和性一样，能够成为机体的自然性能或机能。

人性教育的核心就是引导一个人要向善，要守礼，要学会尊重和谦让，要知道感恩和尽孝。人性教育就是要通过家庭教育，促使家庭成员特别是子女养成高尚的道德情感、美感、理智感和实践感，成为品德高尚、情感丰富、乐于交往、为社会所接纳的人。

人性教育是家庭教育的核心内容。一个人丧失人性，就会没有情感，就会失去活力，不能成就任何事业；家庭成员缺乏情感，一个家庭就会处在人情冷淡、互不相关的状态，失去温馨与和睦，就谈不上幸福。

◆ 家庭人性教育的重点内容和基本要求 ◆

教育的重点：以情感铸就高尚的品德。

以情感作为品德教育的核心，就是要将道德情感的教育贯穿在家庭生活中点点滴滴的小事上。

基本要求：一是提高家庭成员感受美、鉴赏美和创造美的能力。通过家庭教育发现美，认识美，进而创造美好的事物、美好的生活，热爱生活。二是培养家庭成员的理智感和实践感。在教育中，应该培养家庭成员吃苦耐劳、受挫折的心理承受能力，促进儿童理智感和实践感的发展。

教育内容：一是亲情教育。亲情教育就是爱的教育，目的是让孩子珍视爱，懂得怎样去爱。亲情教育中，首先应该重视母爱教育。因为母爱的实质是自觉自愿、无怨无悔地付出。应该让每一个孩子真切地体会母亲在孕育生命的过程中的付出，体会母亲对所孕育的生命的真挚无私的情感。

应该把亲情教育与做人的品行自然结合起来，让孩子感受亲情，珍视亲情，尊老爱幼，善待他人。

二是友情教育。友情教育的目的是教孩子学会善待他人，真诚付出。

三是民情教育。生活在城市里的孩子，与偏远穷困的山区乡村存在很大的地域距离和认知空白，了解民情，了解弱势群体的生存状况，对其成长具有积极意义。让青少年了解处于低生活水平人们的生存状态，感受生活的艰辛，对他们全面认识社会，形成关心弱势群体、自觉扶贫济困的意识具有积极意义。

四是国情教育。爱国必须知国，应该理直气壮地宣扬民族英雄，了解他们的事迹，懂得崇敬他们。

GSG 案例库

2004年，云南大学三年级学生张欢欢因患晚期尿毒症生命垂危，在湖州务农的父母卖掉住房仍不能承担换肾的费用，43岁的母亲沈玉英为挽救女儿的生命，于12月1日在解放军455医院通过手术把自己的左肾移植给了女儿。"我给了你生命，我不能失去你！"即将进手术室为女儿捐肾的沈玉英动情地说。

GSG 案例库

2006年中秋节，河南孩子孙萌萌给《杭州日报》写了一封信："我是一个农村的小学生，在家里上小学五年级，爸妈都在杭州打工，我跟着奶奶和爷爷在家上学，奶奶和爷爷经常到地里去干活，有时一忙起来他们都不做饭，我吃不上饭就上学去了，渴了喝冷水，饿了就吃包方便面，爸爸妈妈为了挣钱让我上学，他们在外面也不好，工资又低，他们连件衣服都舍不得买，还给我买衣服，省吃俭用。可我很想到爸爸妈妈那里上学，天天和他们在一起有多好，又开心，可是我们家的条件不好，在外地上学上不起，不像城市孩子条件好，夏天有空调，冬天有暖气，吃得好穿得又好，我总是想，有一天我在那里上学有多好……"

(3) 人格教育

我们经常会说："张三的人格卑鄙，李四的人格高尚。""这是对我人格的污辱。"人格究竟是什么？

苏格拉底说："人有了人格的尊严，必不甘堕落为禽兽，而品德也必自然提高。"

高尔顿·奥尔波特说："人格乃是个人适应环境的独特的身心体系。"

汉斯·艾森克认为："人格乃是决定个人适应环境的性格、气质、能力和生理特征。"

卡特尔则理解为："人格乃是可以用来预测个人在一定情况下所做行为反应的特质。"

人格是构成一个人思想、情感及行为的特有综合模式，是具有一定倾向性的心理特征的总和。人格是人类独有的、由先天获得的遗传素质与后天环境相互作用而形成的、能代表人类灵魂本质及个性特点的性格、气质、品德、品质、信仰、良心以及由此形成的尊严、魅力等。人格就是一种财富。正是因为有了人格的力量，人才可以战胜困难，抵御邪恶，在人生的道路上才能留下一串光辉的足迹。

◆ 如何判断一个人的人格类型 ◆

基本特质：从一个人所做的每一件事上，都可以看出某种共同的特征，这就是他的基本特质。如林黛玉的基本特质是多愁善感，李逵是粗鲁，诸葛亮是智慧。

中心特质：你如何评价一个人？如干事认真、遵守时间、整洁、高度的创造性、持之以恒的毅力等等。这些特点就是一个人的中心特质。它可概括地描述一个人，但又不像基本特质那样渗透到各个方面。

次要特质：不太明显、不甚受人注目的、一般性较少的那些特质，它与习惯有很大关系，包括一个人独特的偏爱。比如爱吃甜食、爱穿红色衣服等。

人格结构是多层次、多侧面的，由复杂的心理特征而独特结合构成的总体。这些层次有：第一，完成某种活动的潜在可能性的特征，即能力；第二，心理活动的动力特征，即气质；第三，完成活动任务的态度和行为方式的特征，即性格；第四，活动倾向方面的特征，如动机、兴趣、理想、信念等。其核心的内容可分成两个层次。健康人格就是从这样两个层次分别演化出来的。

GSG 案例库

> 小琳琳总是为处理不好自己与同寝室同学的关系而苦恼。原来，她和同学相处时，总是觉得别人故意和她过不去。如当她在寝室睡觉时，她觉得别人总是故意弄出声音把她吵醒；当她看到寝室同学在一起说悄悄话的时候，她会认为别人正在说她的坏话；当自己的东西无意被人弄脏时，她认为别人是故意让她伤心；当寝室同学去上课没叫她时，她会想到别人是在故意冷落她……

一个人的人格是从哪里表现出来的？简单地理解，就是在实际的生活中，你是否与人"容易相处"。如是否对任何事都过于敏感？是否会经常发脾气？是否经常性地发牢骚？是否到处说别人的闲话？能否做到通情达理？是否认为别人都比你傻？是否认为除了你，别人都不行？是否同情弱者？是否莫名其妙地烦恼？是否认识到合作的重要性？

◆ 健康人格的标准 ◆

热爱生活，珍视人生，为人类生存与发展不懈地努力，并从行动中体验到愉快、意义和幸福；

行动中方向坚定，不畏艰难，努力进取，有坚强而求实的行动意志；

拥有基本情感的体验，并能保持一种乐观的情绪基调；

主动地予人以爱、同情和赞赏，并能接纳别人的感情；

积极情感是内源性的，不以外界的积极反应为前提；

能够正常地表达感情，不压抑，并用理智控制在对他人无害的范围内；

客观地知觉自己、悦纳自己，并能在近期目标行为中扬长避短和在长远目标上采取扬长补短的策略；

拥有一种不断完善和发展自己的稳定驱动力，并能同时使他人和社会受益；

拥有基于社会和个人现实与理想基础上的明确的个人目标体系；

具有对人类和生活的美好感情和对社会的责任感；

真诚地善待他人，尊重他人，能与群体中成员保持基本融洽的关系；

在个人行为决策上，既有自主性，又能承认自身经验的有限性，合理地看待他人的意见；

能保持个性中共同性与独特性的协调统一；

能通过成熟的行为技巧，达到行为动机与效果的统一。

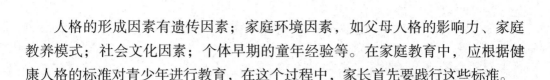

人格的形成因素有遗传因素；家庭环境因素，如父母人格的影响力、家庭教养模式；社会文化因素；个体早期的童年经验等。在家庭教育中，应根据健康人格的标准对青少年进行教育，在这个过程中，家长首先要践行这些标准。

GSG 案例库

一位老教授昔日培养的三个得意门生都事业有成：一个在官场上春风得意，一个在商场上捷报频传，一个埋头做学问，如今也是苦尽甘来，学术上颇有建树。于是有人问老教授："你认为三人中哪个会更有出息？""现在还看不出来，"老教授答道，"人生的较量有三个层次：最低层次是技巧的较量，中间层次是智慧的较量，他们现在正处于这一层次，而最高层次的较量则是人格的较量。"

(4) 人际交往

家庭教育中的人际交往教育主要是处事修养的教育，包括文明礼貌教育、公共道德教育、品德教育、诚实教育、友爱教育、同情心教育、纪律教育、勤俭节约教育、勇敢教育、集体主义教育等。

文明礼貌教育，即要教育孩子言谈举止上讲究谦虚恭敬。内容包括：（1）教育孩子如何尊重别人、关心别人，待人要诚恳谦虚，助人为乐。（2）教育孩子学会文明语言。（3）培养孩子具有磊落大方的行为举止。

公共道德教育的内容包括：遵守公共秩序、诚实守信、文明礼貌、团结友爱、相互尊重、讲究卫生、保护文物、爱护公共设施、救死扶伤、反对环境污染等。

品德教育的内容包括：团结友爱、诚实、勇敢、遵守纪律、文明礼貌、勤劳节俭等优良品德。

诚实教育的内容包括：教育孩子老老实实，不弄虚作假。

友爱教育的内容包括：具有同情心；尊老爱幼；互相谦让，尊重他人的思想和行为；礼貌待人，友好相处。

同情心教育的内容包括：帮助弱者，不歧视别人。

纪律教育的内容包括：讲清各项规则、制度、秩序的要求及遵守纪律、完成任务的意义；培养孩子的自制力，锻炼其意志品质；要求孩子遵守学校各项纪律。

勤俭节约教育的内容包括：其重点在于培养孩子吃苦耐劳的精神，养成孩子克勤克俭的习惯。具体表现在：学习上能注意珍惜时间，提高工作效率，个人生活上朴素大方，不追求奢侈，不乱花零用钱等。家长要做孩子的表率，并从子女小时候抓起，从小事抓起。

勇敢教育的内容包括：教育孩子有勇气、有胆量去克服外界的艰难险阻和战胜自己内心的恐惧情绪。在日常生活、学习中，家长应鼓励孩子勇于探索和创新、主动承担重任。要帮助孩子认清真正的勇敢不是鲁莽，引导他们选择真正勇敢的行为模式。

集体主义教育的内容包括：个人利益服从集体利益，关心、爱护集体中的每个成员。

GSG 案例库

　　刚上高一的丹丹，总喜欢一个人待在家里，不去找同学玩，也没有同学找她玩。妈妈非常奇怪，问她为什么不找同学玩，丹丹总是说："有什么可玩的？我不喜欢跟他们玩。"当妈妈再问为什么时，丹丹说："我不喜欢他们，他们都只喜欢恶作剧，你不是也不喜欢吗？"妈妈心里一惊，才想起以前丹丹跟同学吵架或闹别扭回来后，自己总是责怪女儿的同学不对，说他们是坏孩子，故意欺负丹丹。妈妈还曾经亲自去找过跟女儿打架的同学的父母兴师问罪……

　　许多父母出于心疼自己孩子的原因，会把孩子跟同伴的争吵、冲突看得非常严重，会不自觉地把责任都归于别的孩子，甚至会自己卷入进去，替孩子处理问题。丹丹妈妈就是这样一个代表。这样做的结果，可能造成孩子会把同伴当成非善意的、不可合作的对象。这样，孩子跟人交往的愿望会逐渐丧失，也就很少有机会去学到如何与同伴相处，相互分享、陪伴、支持和良性竞争。当孩子越来越大时，他一定会开始有亲密的同伴关系。在这个关系的形成、维系的过程中，他们会遇到一些挫折，父母在这个时候，应该陪伴孩子一起，找到适合于他们的解决办法，而不是替代他们去处理这些事情。

随着孩子的长大，孩子的社交圈子也扩大了，他需要去跟同伴、同学有更多的交流、更深的交往。同伴交往的状况会对他在班级里生活、学习得是否开心有重要影响。另外，同伴交往是孩子锻炼社交能力、建立人际关系的练习和演练。通过这个过程，孩子获得同伴的友好、信任，能体会到价值感，同时，孩子也会学习到如何跟他人合作、分享和相处。父母在这个过程中，应该承担怎样的角色呢？

同伴关系是孩子在成长过程中，必须要亲自处理的关系。孩子只有在跟同学的交往中，才能够自己去感知亲密关系的分享、信任带来的喜悦和价值感，才能知道在与他人意见不一致、吵架和冲突带来的难过、失落、愤怒等心情。在这个过程中，他们会自己去学习、去调整自己与同伴相处的方式，以及对自己和同伴关系的认识。这时候，父母所起到的重要作用是，倾听孩子在这个过程中的种种心情，分享他们的喜悦，接受他们的难过、愤怒，跟他们一起分析，看看发生了什么。寻找到解决问题的办法，而不是把事情上升到谁的品质、好恶上来。父母需要记住的是：要让孩子感觉到，他和同伴间的关系大多数时候属于分享、良性的竞争。

在家人关系教育中，金钱教育也就是财商教育不应被忽视。虽然听起来挣钱离孩子的生活很远，但孩子已经开始跟钱打交道了。比如，如何花零用钱，要求父母为他买物品，等等。所以，对于金钱的态度、对于金钱的应用、对于金钱的概念，都需要从小培养。研究发现，5~12岁是儿童理财教育的关键期。这时候，孩子对于钱开始有基本的概念，但孩子的金钱价值观和消费观还尚未形成稳定的习惯。因此，父母在这一阶段，指导孩子正确消费，帮孩子树立理财的意识和观念非常重要。

 GSG 案例库

　　丛丛今年十五岁了，父母经营着一家小企业，虽然效益不是特别的好，但也能满足一般的家庭需要。对于丛丛的要求，父母基本上有能力满足她。但最近父母发现，她花钱特别大手大脚，自己的零花钱总是早早地用完了。看到同学有了什么新的电子产品，她就会缠着父母要；今天说要学跆拳道，明天说要学美术，但每样都坚持不了几天。父母跟她谈话时，丛丛不以为然，还认为是父母不舍得给自己花钱……

孩子对于钱的意识，需要父母的培养和引导。像丛丛这样的情况，跟家庭教育关系很大。爸爸妈妈从小总用钱来教育孩子，给孩子灌输一些只有将来考上大学，挣大钱，才有好日子过的思想。这样就会让孩子觉得钱最有用，于是变得非常依赖起钱来。一些家长常常在孩子能够找到的地方放上一些零用钱，让孩子没钱时拿来应急用，结果还出现了一次妈妈忘了放钱被孩子责怪的事情。

过于强调钱的作用，总用钱来满足孩子的需要，是许多父母容易产生的教育行为。有些父母不会明确地告诉孩子钱有多重要，但时常在行为中显示出来。如孩子取得了好成绩，家长就用大吃一顿或者给他买比较贵重的礼物的方式来庆祝。这就可能让孩子感觉到，金钱代表表扬、代表认可、代表快乐。

如果父母都能够很好地告诉孩子，金钱是用来做什么的，并且能够按照社区、家庭的情况，为孩子分配合理的零用钱，这对他们理财意识培养是非常重要的。除此之外，父母还需要向孩子讲清楚钱是怎么来的，要让孩子知道"劳动创造财富"的道理，这样不但可以防止孩子产生不劳而获的想法，还可以帮助孩子树立自力更生的态度。还有一点也要注意，家长必须要向孩子表明：成功的标准并不是金钱，不是所有的劳动都要换来钱，有比金钱更重要的东西，懂得与人分享。这些加在一起，才能够帮助孩子拥有健康的金钱观念，在此基础上，教给孩子更细致的理财方法，你的孩子就更可能既有理财能力，又能幸福、理性地生活了。

3. 家庭智能教育

生命质量教育是指对家庭成员特别是子女进行发展智力和培养良好个性心理品质的教育。智能是智力和才能的总称，是指人们认识客观事物并运用知识、经验解决实际问题能力的总和。它包括人的智慧和才能，包含智力因素和非智力因素的综合性能力，包括学习品质教育、核心素养教育、特长培养教育等内容。

智力因素就是指那些直接参与认识过程的心理因素，即注意力、观察力、记忆力、想象力和思维能力等五个方面的因素，它是保证人们有效地进行认知活动的稳定心理特点的综合，是人们综合认知事物的能力。

非智力因素是指那些不直接参与认识过程，但又与智力发展密切相关的心理因素，主要指一个人的动机、兴趣、情感、意志、性格、自我意识等方面的个性心理品质。

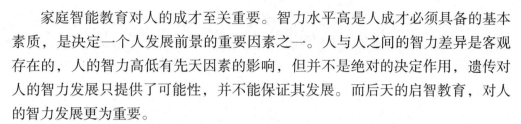

家庭智能教育对人的成才至关重要。智力水平高是人成才必须具备的基本素质，是决定一个人发展前景的重要因素之一。人与人之间的智力差异是客观存在的，人的智力高低有先天因素的影响，但并不是绝对的决定作用，遗传对人的智力发展只提供了可能性，并不能保证其发展。而后天的启智教育，对人的智力发展更为重要。

家庭教育是人最早接受的教育，在家庭生活中贯穿知识的传授和能力的培养，是对人智能的早期开发。幼儿时期是人智能发展的敏感时期，也是接受教育的最佳时期，家庭注重对孩子的早期智能教育，是孩子智能发展的重要条件，是使孩子具备较强的智力因素和非智力因素，具有较高智商的前提。

家庭智能教育的重点是培养家庭成员的学习能力。其目标就是要尽可能开发孩子以抽象思维能力为核心的智力，培养家庭成员在智力因素和非智力因素方面都具有较强的综合性能力。在家庭智能教育中，不能以传授知识，特别是成系统的各学科门类的知识为主要内容，不要成为学校教育的翻版和再复制，而重点要放在开启孩子的心智，培养孩子的学习品格上。

家庭智能教育，首先要培养孩子的学习习惯，使其"把学习当成享受"，让他们有学习的动力，才能更好地发展他们的智力。还要善于培养孩子专心致志的学习精神，这是提高注意力、观察力、记忆力、想象力和思维能力这五项能力的基础。

对家庭智能教育的基本要求：

训练孩子的认知能力，开发子女的智慧潜能。父母要有意识地对孩子的各种感官进行训练，引导孩子观察世界，使他们耳聪目明，善于吸取各种知识……

注重对儿童大脑潜能的开发。人脑有140亿个神经细胞，与银河系的星数大致相等，相当于140亿个高功能的电子计算机，可以贮存1015比特的信息量。现在一般人只使用了大约10%的大脑功能，绝大部分潜能尚待开发。据说，最善于使用大脑的爱因斯坦也只使用了大脑潜能的30%。由此可见，人脑潜能很大，像个沉睡的巨人，等待我们去唤醒。

开发大脑潜能的五个方面：一是信息刺激，学会用脑。信息是大脑的精神营养，对大脑最佳的信息刺激，就是勤学习、多学习。苏联心理学家赞科夫提出："智力像肌肉一样，如果不给予适当的负担，加强锻炼，它就会萎缩退化。"开发大脑潜能的关键，就在于多练脑，勤动脑，会用脑。二是协同开发，全面塑脑。既重视左脑功能开发，又重视右脑功能的开发，克服重左轻右的传统倾向，可以多开展一些左侧活动和从事音乐美术活动。三是劳逸结合，科学护脑。要有张有弛，科学休息，保证适量睡眠，防止过度疲劳。四是营养健身，合理补脑。要及时补充能量，养成良好的生活习惯，强身健体。五是情绪乐观，精心益脑。开发大脑潜能必须排除心理障碍，而心境乐观和心理健康有利于健脑用脑。

GSG 案例库

开发右脑的方法：

形象思维法。这种方法是根据右脑是形象思维中枢的生理机能提出来的。利用形象可以增加记忆力和想象力，这已被国内外学者的研究所证明。父母在日常生活中应该教会孩子尽量多运用形象思维。快速阅读要求读者在阅读过程中边阅读边想象，这种阅读方法其实就是一种开发右脑的有效方法。

折纸造型锻炼法。折纸造型是培养立体感的好方法，它可一边动手一边在脑海中构想立体形象。而且这个练习还包含着绘画的因素。所以，它既可锻炼空间认知能力，又能锻炼形象思维能力和绘画感觉，同时还能活动手部神经，是一项很好的活动。

观看体育比赛锻炼法。如看到足球明星那充满活力的身姿，优美的射门动作，脑海中会闪过进球的念头，及其他一连串富于魅力的形象，这就在不知不觉中刺激了右脑。

类型识别能力锻炼法。在拥挤的人群中，只需几万分之一秒的时间就能认出所熟悉的人。类型识别能力是人的右脑功能，所以，锻炼这种能力，能使右脑得到刺激。如：（1）带孩子外出时，告诉孩子用左视野观察连续通过的汽车的颜色、形状。（2）在公共汽车里，教孩子把他周围人的长相分为几个类型。（3）把家里的各种物品用分类法告诉孩子，如哪些属于电器，哪些属于金属制品，哪些是洗浴用品等。

绘画刺激法。欣赏绘画作品时，要直观地整体欣赏，而不要过分注意某个局部。如果能自己作画，对右脑的刺激作用会更明显。但是，作画时不要总盯着实物，这样左脑的逻辑、分析机能就会占上风。所以，作画时要随心所欲，少受条条框框的局限。

图形表达法。用图形代替语言表达自己的思想，是行之有效的右脑活化法。如果你给儿童一个地址，他很难记住，更难以找到。但在给地址的同时配以图形，就很容易让他记住并找到这个地址。一旦他脑子里有图形，他找起来就不困难了。

音乐开发法。人的大脑右半球负责完成音乐、情感等工作，被称为"音乐脑"。"音乐脑"能使人产生创造力、联想力、直观力、想象力及灵感，所以如能够设法开发利用"音乐脑"，那将会提高人类的智能。

外语开发法。美国神经外科近年发现：儿童学会两三种语言跟学会一种语言一样容易，因为当孩子只学会一种语言时，仅需大脑左半球，如果培养同时学习几种语言，就会启用大脑右半球。

手指刺激法。苏联著名教育家苏霍姆林斯基说："儿童的智慧在手指尖上，手使脑得到发展，使它更加聪明。"大脑机能定位的研究证实，手在脑皮层投射的区域比率是最大的。许多外国学者认为："中国人使用筷子，是最佳益智方法。"

食物刺激法。品尝美味佳肴，就会直接给右脑以良性刺激。当你吃一种以前吃过的东西时，右脑要做出"好吃"或"不好吃"的判断，这也是极好的右脑锻炼。

日常刺激法。活化右脑的最简便方法是在日常生活中有意识地让左侧肢体多做一些事情。刚开始时可能不太习惯，也觉察不出什么变化，但只要坚持下去，一定会收到意想不到的效果。比如用左手洗脸、刷牙、吃饭。

重视开发孩子的非智力因素。家庭智能教育，要充分培育孩子的非智力因素。非智力因素对认知活动的影响是通过作用于智力的各组成因素实现的。情绪、情感、兴趣、意志等都对人智能的发展有很大的作用。

我国学者燕国材提出非智力因素对个体发展的重要性：$A=f(I \times N) \times E$。

A   表示一个人获得的成功；

f   表示函数关系；

I   表示智力因素；

N   表示非智力因素；

E   表示其他客观条件（学校的办学条件、家庭学习环境等）。

这个公式揭示了这样一个规律：影响一个人的成功因素是由智力因素和非智力因素等函数关系来决定的。一个人的聪敏只能是具备了成功的条件，能成大器者往往依靠非智力因素的作用。

其他内容在前面章节已经涉及，不再赘述。

六、学校对家庭教育的指导

美国当代教育学家托马斯·里克纳（Thomas Lickona）说："不是每个儿童都有一个稳定的家，不是每个儿童都上教堂，但是每个学生都去学校。我们相信，在一个多元的社会中，我们的学校必须而且能够提升儿童及国家的人格。"这说明学校教育的重要性。

确实，很少有一个地方能像学校一样影响青少年的发展。学校除了能让青少年在其中获得基本知识和学习技能外，还会教育他们如何做人。但是，我国家庭亟待家庭教育指导。特别是70后、80后逐渐成为家庭教育的主力军，这些大多为独生子女的年轻夫妻和父母，他们的成长伴随了我国社会转型的全过程，因此，他们重视家庭教育，却又在汹涌的社会发展大潮中迷茫失措。当前，尽管许多人已经认识到家庭教育的重要意义，但是还没有完全接受并且转化为行为，其主要因素就是缺乏有效的指导。近年来，各地频繁出现留守儿童非正常死亡事件及被性侵事件，解决农村留守儿童的家庭教育问题显得更为紧迫。因此，科学的家庭教育指导成为时代的呼唤。

2013年3月，由全国妇联、教育部等7部委联合制定的《关于指导推进家庭教育的五年规划（2011—2015年）》发布，规划中推出多项推进家庭教育举措，如将家庭教育指导服务纳入城乡公共服务体系之中；在80%的城市社区和60%的行政村建立家长学校或家庭教育指导服务点；办好全国及省区市网上家长学校等。规划实施以来，家庭教育事业取得部分成果，然而，总体来看，国内的家庭教育事业还处于起步阶段。目前，国内外有众多家庭教育课程体系在理论基础、课程架构、课程开发与实施等方面还远未完备，从事家庭教育的机构多为民营机构，存在资金短缺、推广困难、权威性不够、社会接受度小、师资缺乏等重重困境。2015年春节前夕，习近平总书记在新春团拜会上对家庭教育做出重要论述。2015年10月，教育部出台了《关于加强家庭教育工作的指导意见》，进一步明确家长在家庭教育中的主体责任，充分发挥学校在家庭教育中的重要作用，加快形成家庭教育社会支持网络，这使学校名正言顺地担负起了家庭教育指导工作的重担。

　　《教育部关于加强家庭教育工作的指导意见》(教基一 [2015]10 号文件) 明确提出了学校在家庭教育中的作用，主要内容包括：建立健全家庭教育工作机制，统筹家长委员会等各种家校沟通渠道，逐步建成家庭教育骨干力量。将家庭教育工作纳入教育行政干部和中小学校长培训内容，将学校安排的家庭教育指导服务计入工作量。在学校指导服务内容方面，包括：将社会主义核心价值观融入家庭教育工作实践，举办家长培训讲座和咨询服务，举办经验交流会，组织社会实践活动，及时了解、沟通和反馈学生思想状况和行为表现等。此外，在家长委员会建设、办好家长学校、组织专家团队、聘请专业人士和志愿者、家庭教育纲目和课程设置、开发家庭教育教材和活动指导手册、开展指导和活动方面都提出了具体的任务和要求。

　　可以看出，教育部的这个文件作为家庭教育的"国家标准"，对学校如何开展对家庭教育的指导工作进行了非常具体的布置。作为一个教育部级文件，也是首次如此明确提出具体工作内容，这其间传递的信息非常有意义。从困难和问题出发，教育部在指导意见中对如何做一名好家长做出了具体的规范，要求家长在教育孩子过程中要严格遵守孩子的成长规律。比如，学龄前儿童家长要为孩子提供健康、丰富的生活和活动环境，培养孩子健康体魄、良好生活习惯和品德行为，让他们在快乐的童年生活中获得有益于身心发展的经验。小学生家长要督促孩子坚持体育锻炼，增长自我保护知识和基本自救技能，鼓励参与劳动，养成良好生活自理习惯和学习习惯，引导孩子学会感恩父母、诚实为人、诚实做事。中学生家长要对孩子开展性别教育、媒介素养教育，培养孩子积极学业态度，与学校配合减轻孩子过重学业负担，指导孩子学会自主选择。同时，意见首次提出了学校在家庭教育中的重要作用，要求各地教育部门加强对家庭教育的指导，发挥好家长委员会的作用，共同办好家长学校等。比如，按照指导意见的要求，中小学家长学校每学期至少组织1次家庭教育指导和1次家庭教育实践活动，幼儿园家长学校每学期至少组织1次家庭教育指导和2次亲子实践活动。

(一) 学校开展家庭与青春期教育工作的具体内容和任务

　　根据教育部《教育部关于加强家庭教育工作的指导意见》，学校开展家庭与青春期教育工作的具体内容和任务主要包括：

（1）强化学校家庭教育工作指导。各地教育部门要切实加强对行政区域内中小学幼儿园家庭教育工作的指导，推动形成政府主导、部门协作、家长参与、学校组织、社会支持的家庭教育工作格局。中小学幼儿园要建立健全家庭教育工作机制，统筹家长委员会、家长学校、家长会、家访、家长开放日、家长接待日等各种家校沟通渠道，逐步建成以分管德育工作的校长、幼儿园园长、中小学德育主任、年级长、班主任、德育课老师为主体，专家学者和优秀家长共同参与，专兼职相结合的家庭教育骨干力量。将家庭教育工作纳入教育行政干部和中小学校长培训内容，将学校安排的家庭教育指导服务计入工作量。

（2）丰富学校指导服务内容。各地教育部门和中小学幼儿园要坚持立德树人根本任务，将社会主义核心价值观融入家庭教育工作实践，将中华民族优秀传统家庭美德发扬光大。要举办家长培训讲座和咨询服务，开展先进教育理念和科学育人知识指导；举办经验交流会，通过优秀家长现身说法、案例教学发挥优秀家庭示范带动作用。组织社会实践活动，定期开展家长和学生共同参与的参观体验、专题调查、研学旅行、红色旅游、志愿服务和社会公益活动。以重大纪念日、民族传统节日为契机，通过丰富多彩、生动活泼的文艺、体育等活动增进亲子沟通和交流。及时了解、沟通和反馈学生思想状况和行为表现，营造良好家校关系和共同育人氛围。

（3）发挥好家长委员会作用。各地教育部门要采取有效措施加快推进中小学幼儿园普遍建立家长委员会，推动建立年级、班级家长委员会。中小学幼儿园要将家长委员会纳入学校日常管理，制订家长委员会章程，将家庭教育指导服务作为重要任务。家长委员会要邀请有关专家、学校校长和相关教师、优秀父母组成家庭教育讲师团，面向广大家长定期宣传党的教育方针、相关法律法规和政策，传播科学的家庭教育理念、知识和方法，组织开展形式多样的家庭教育指导服务和实践活动。

（4）共同办好家长学校。各地教育部门和中小学幼儿园要配合妇联、关工委等相关组织，在队伍、场所、教学计划、活动开展等方面给予协助，共同办好家长学校。中小学幼儿园要把家长学校纳入学校工作的总体部署，帮助和支持家长学校组织专家团队，聘请专业人士和志愿者，设计较为具体的家庭教育纲目和课程，开发家庭教育教材和活动指导手册。中小学家长学校每学期至少组织1次家庭教育指导和1次家庭教育实践活动。幼儿园家长学校每学期至少组织1次家庭教育指导和2次亲子实践活动。

（摘自《教育部关于加强家庭教育工作的指导意见》《教基一〔2015〕10号文件）

学校课程是由教科研专职人员、热心于家庭教育指导研究与实践且具有丰富指导经验的教师、优秀家长组成家庭教育指导团，负责对学校家庭教育工作进行指导和提供咨询服务，参与家庭教育教材编写工作。

（二）学校开展家庭与青春期教育指导工作方案的编制方法

学校开展家庭与青春期教育指导工作方案的编制，应以《教育部关于加强家庭教育工作的指导意见》为准，结合当地和学校实际情况进行编写。

1. 格式

《××学校开展家庭与青春期教育指导工作方案》的基本格式为——

前言：主要阐述学校开展家庭与青春期教育指导工作的目的和意义，字数在300字内。

指导思想：阐述学校开展家庭与青春期教育指导工作的理论和政策依据、工作方针。

工作目标：阐述学校开展家庭与青春期教育指导工作的总目标。

组织领导：确定学校开展家庭与青春期教育指导工作的机构名称、主要负责人、组成人员及分工情况。

工作任务：具体确定全年工作任务，越具体越好。

考核与奖惩：确定奖惩具体办法。

2. 编写

《××学校开展家庭与青春期教育指导工作方案》的编写，其质量取决于对学校家长、学生及教育环境的分析和评估。基础工作做得扎实，编写的时候就会得心应手，方案的质量就会很高。如果闭门造车，也许可以写出一个外行读起来很不错的文本，但无法操作，没有实际意义，这是不可取的。

在编写方案时，应注意以下环节：

一是认真组织调研。通过对学生情况、家庭情况进行认真的调研和数据分析，找出学校需要重点解决的哪些问题，学生主要存在的哪些问题，家长存在什么样的问题，教师能够做哪些工作等，提出科学合理的目标，再根据教育部文件的要求，提出基本的工作思路。

二是确定工作目标和任务。工作方案的核心是解决问题，取得效果。应根据调研中发现的每一个问题，确定相应的目标，制定切实可行的措施。目标和任务要尽量具体、量化、可实现并有时间和质量要求。

三是要把任务分解到实处。任务越具体、越落实到实处，实施起来就越顺利。

3. 修订

方案编写完毕后，应在充分征求意见的基础上进行修改。

一是与周边的人讨论后进行修改。方案完成后，应与其周围的人，包括同事、家长、学生代表进行讨论，获取一些意见，再根据这些意见进行修改。

二是向专家征求意见。因为方案中涉及课程内容，应根据专家意见进行调整。

三是给领导汇报后进行修改。学校领导一般会思考全局问题，因此，方案编写完成后，应征求领导意见，对方案进行修改。

4. 调整

方案在实施过程中，对有些主观分析把握不够，或因其他不可测原因、突发事件，或对某一重大问题有疏忽等，都有必要对方案进行调整。这种调整，应贯穿于整个方案实施过程。

（三）家长学校课程设置与指导家长策略

1. 家长学校课程设置

家长学校课程设置的主要目的和任务包括：宣传党和国家的教育方针、政策，更新家长家庭教育观念，引导家长注重自我教育；传授并使家长掌握科学的家庭教育科学知识和方法，帮助家长提高家庭教育的质量和效率；介绍学校及班级的情况，争取家长与学校的合作；介绍目前教育改革新动向和新趋势；国情教育。

教学重点：

基础知识部分。做一名合格的家长，现代家庭教育的理念，青春期生理教育，青春期智力教育，青春期心理教育，青春期家庭教育，青春期社会教育，青少年权益与法律保护。

专题研修部分。学习困难学生的成因与教育，独立生活能力与交往能力的培养，特殊才能与创造能力的培养，家庭文化与美育。

2. 指导家长的策略

指导教师的专业素养。能够与家长进行平等而朴实的、真诚而虚心的对话；不会对家长教育观念的任何内容感到棘手，能够对讨论式、参与式等方法应用自如；有一定的教养经验，能够与家长产生共鸣，或者能够站在家长的角度体谅人，但同时又有坚定不移的教育价值观；能够非常清晰地把握住指导的目的及实施要点，不试图把自己的观点强加于人，不轻易否定别人，有强烈的同情心与认同感。在目标的定位上，讲求多层次性，即以学生身心优化发展为一级目标，以家庭教育理想化为二级目标，以指导家长实现理想化教育为三级目标。

目标的多维度特征：具体目标＝改进目标＋发展目标。

改进目标是从问题出发，给予不需要的教育干预，以达到应有的状态。

发展目标是从应有的状态出发，进行必要的教育调整和主体整合，以达到状态的理想化。

指导教师的主要策略。学校和教师对家庭教育的指导是权利而非权力。一是帮助了解对教育教育的误区，帮助家长认识到家庭对于孩子教育的重要性，列出负面清单指导家长远离负面清单的内容。二是帮助家长了解家庭教育的基本内容和科学知识，帮助家长如何读懂孩子这本书。三是指导家长正确处理亲子关系。

本章，我们已经讨论了以下青春期知识内容——

◎ 家庭的基本功能包括问题解决能力、沟通、家庭角色分工、情感反应能力、情感介入程度和行为控制六个方面。

◎ 家庭角色主要包括以下几方面：帮助孩子顺利完成社会化过程；在生理和情绪上给予孩子良好的帮助；为家庭成员提供所需的生活物质或服务；保持与家族亲戚的接触与交往；维持两性（夫妻）关系的和谐与快乐；为家庭成员提供物质、经济或情感支持；为家庭成员提供机会及场所。

◎ 与父亲相比，青少年与母亲间的亲和度更高一些，且女儿还与母亲有更为亲密与和谐的关系。同时，青少年与母亲之间的亲子冲突也是最多的。说明青少年与母亲之间存在更多的互动与更强的情感联结。

◎ 和谐而充满凝聚力的父母和子女关系，兄弟姐妹间的冲突会较少发生，其关系会变得更加积极起来。而受到父母冷落的青少年更可能会出现对兄弟姐妹的攻击行为，他们将与兄弟姐妹交往学习的关系应用到同龄人中。

◎ 有人说，离婚会使孩子在成长中处于不利的地位，使有些在单亲家庭中成长的孩子不如在双亲家庭中成长的孩子。

◎ 如果离婚家庭中的青少年出现问题行为也可能是由遗传因素造成的。因为，离婚的成年人往往具有较高的攻击行为、反社会行为，这些行为很可能通过遗传影响他们的下一代。

◎ 父亲或母亲再婚时，孩子如果正处于青春期，那么，他出现问题行为的可能性比单亲家庭中的孩子更大。

◎ 单亲家庭的青少年有较低的进取心和事业心。父母再婚会导致儿童认知能力发育迟缓，进而影响其学业及能力。

◎ 教育部《关于加强家庭教育工作的指导意见》。

◎ 家长的家庭教育取向和水平，直接影响着少年儿童养成好思想、好品格、好习惯，也关系到千家万户的切身利益，更关系到国家和民族的未来。

◎ 家庭教育包括家庭中的所有成员，如父母、子女之间相互的影响和教育，以达到共同成长的目的。

◎ 教育好孩子的前提是充分地了解自己的孩子。了解孩子的心理发展特点和规律，了解他们特定的心理品质和特点，对于教育好孩子、促进亲子关系的良性发展都有重要的作用。

◎ 根据孩子当前所处的年龄阶段和年龄特征，结合孩子的个体发展情况寻找合适的教养方式，才会起到帮助孩子顺利成长的效果。

◎ 孩子之间存在很大的个体差异。父母只有认识到孩子的天性，了解到孩子独有的特点，因材施教，才会少一些困惑，多一些明智；孩子也才会少一些挫折，多一些成功。

◎ 把握个体发展的关键期。在关键期的开始及结尾阶段，机体对环境的敏感度较低，在中间阶段最高。但若缺乏某种影响，便会引起发展方面的变异。

◎ 不管愿不愿意，我们的孩子都在一天天长大。父母应该做的是顺应这些因成长而带来的变化，而非恋恋不舍地停留在于孩子的亲密无间中。

◎ 父母不良的婚姻、家庭关系也会影响到孩子，而不仅仅是对待孩子的方式本身在起作用。身为父母，首先要经营好自己的家庭和婚姻关系。

◎ 孩子的问题，实际上就是整个家庭问题的症状表现。

◎ 本质上来讲，根本就没有教育这回事，教育就是生活，生活就是教育，做最好的夫妻就是给孩子最好的教育。

◎ 离异家庭的孩子受父母关系的伤害比较大。不良的夫妻关系和矛盾逐步升级，对孩子的伤害会更加严重。

◎ 夫妻双方都需要知道的是，男人有时需要和男人们聚集在一起，让自己的男性力量得到激发和补充，同样地，女人也需要经常和自己的闺蜜聚集在一起，让自己的女性力量得到激发和补充。

◎ 某种意义上说，处理好夫妻关系问题是夫妻共同的责任，也是家庭教育的核心。这对孩子的影响将是决定性的。

◎ 爱的前提是尊重。爱一个人，首先要尊重对方。如果一个人连尊重对方都做不到，就谈不上爱了。

◎ 在婚姻关系中，最重要的就是要做到两个人互相尊重，构建起平等的两性关系。夫妻双方都需要意识到，每个人的个性、特长皆有先天和后天的不同，应彼此尊重对方的不同。

◎ 在现实生活中，并不是所有的夫妻关系问题都可以靠信任、理解和尊重的方式来解决。信任、理解和尊重是建立在双方平等的基础上。双方都有希望能够陪伴对方共同生活到老的意愿，是依靠信任、理解、尊重解决问题的基础，否则，单方面的努力只能换来伤害。

◎ 有人曾经比喻说，聋子丈夫与瞎子太太是最佳婚姻组合。确实，在夫妻关系中，必要的妥协和让步是非常重要的。

◎ 不对抗是夫妻关系的准则。夫妻在发生冲突后，最重要的是双方必须放弃输和赢的对抗态度，双方都要认识到通过妥协才能实现双赢，切忌不要产生"我一定要战胜他（她）"的想法。

◎ 父母的教养类型分为权威型的父母、独裁型的父母、放纵型的父母、冷漠型的父母四种。一般认为，权威型家庭中成长的孩子比其他三种形态家庭中成长的孩子有更强的心理社会能力。

◎ 父母的知识结构和兴趣爱好对孩子有很大的影响。在家庭中，孩子能够关注到父母的大部分特点。从遗传学的角度来看，这些兴趣和爱好也多少会传递给孩子。当孩子表现出某些兴趣和爱好的时候，父母的态度就会起到非常重要的作用：决定他的这种爱好和兴趣是否能一直进行下去。

◎ 父母对孩子的不敏感有可能导致孩子变得跟父母一样迟钝起来。

◎ 把自己的权力、面子和想法放在第一位，是许多父母跟孩子起冲突的重要原因。

◎ 父母对孩子的关注如果趋于积极主动，会让孩子感觉到亲情的可贵。

◎ 父母应尽量在和孩子之间、夫妻之间、与长辈之间表现出自己对另一名成员的重要性，并随时会对另一个人的感受和需要做出回应。

◎ 父母必须努力认同自己孩子的行为。不论自己的孩子在某一阶段出现了什么问题，父母都应表现出接纳和认同的态度。

◎ 在家庭关系中，作为父母，首先要做的是，信任自己的孩子，家长的信任可以帮助他顺利过好自己的人生，信任可以使孩子在生活中、在学习中、在探索练习和犯错中得到锻炼和成长，从而学到人生的智慧和技能。

◎ 真正的信任，是把生活的主动权交给孩子。

◎ 信任建立在理解基础上。许多父母对孩子的不信任源于对他们的不理解。

◎ 对孩子的不信任，其实是父母把自己的担心、焦虑和内疚投射到青少年身上的反应，是父母自己缺乏安全感的表现。

◎ 虽然青春期的孩子在行为自主上的转变比较强烈，但在情感自主的转变上却不是那么明显。这与父母的行为有关。

◎ 成功的父母都知道：自己的孩子经常在做什么，他们去哪里了，他们和谁在一起。

◎　如果青少年做错了什么事，做父母的一定要让孩子明白他错在什么地方。

◎　家庭健康教育：核心是健康教育，包括生理健康教育、心理健康教育、安全教育三个方面。

◎　家庭价值教育：核心是价值观培养，包括人性教育、人格教育、人际交往教育等方面内容。

◎　家庭智能教育：核心是智慧能力培养，包括学习品质教育、核心素养教育、特长培养教育等内容。

◎　学校除了能让青少年在其中获得基本知识和学习技能外，还会教育他们如何做人。

◎　每个学校都应掌握学校开展家庭与青春期教育指导工作方案的编制方法。

本章行为清单

教师行为清单

◎ 掌握指导家庭教育的科学知识与指导技巧，对今后的老师来说，已经显得十分必要。

◎ 指导家长与学生建立良好的亲子关系。提醒家长，青春期是亲子冲突的高发期。

◎ 提醒家长，和谐而充满凝聚力的父母和子女关系，兄弟姐妹间的冲突会较少发生，其关系会变得更加积极起来。而受到父母冷落的青少年更可能会出现对兄弟姐妹的攻击行为，他们将与兄弟姐妹交往学习的关系应用到同龄人中。

◎ 告诉家长，离婚会使孩子在成长中处于不利的地位，使有些在单亲家庭中成长的孩子不如在双亲家庭中成长的孩子。越来越多的证据表明，对青少年心理健康影响最大的是经历父母离婚的过程，而不是破裂的家庭结构。

◎ 父亲或母亲再婚时，孩子如果正处于青春期，那么，他出现问题行为的可能性比单亲家庭中的孩子更大。特别是女孩，女孩比男孩更难适应父母再婚。

◎ 关注单亲家庭的青少年，他们比其他家庭的孩子更容易出现问题。如因学业困难而留级，有问题行为而被开除。比起普通家庭，他们会接受更多的心理咨询服务。

◎ 请认真学习《未成年人保护法》和教育部发布《关于加强家庭教育工作的指导意见》。

◎ 要想不出现"5+2=0"的现象，应主动做好与家长的合作和指导工作。

◎ 教育好孩子的前提是充分地了解自己的孩子。了解孩子的心理发展特点和规律，了解他们特定的心理品质和特点，对于教育好孩子、促进亲子关系的良性发展都有重要的作用。

◎ 只有根据孩子当前所处的年龄阶段和年龄特征，结合孩子的个体发展情况寻找合适的教养方式，才会起到帮助孩子顺利成长的效果。

◎ 青春期的孩子开始尝试挑战成人制定的各种规则，会越来越独立。不停地给他们讲大道理，只是一种枯燥、机械地说教，很难达到教育孩子的目的。

◎ 多了解孩子的天赋，发掘他们天然的属性，并根据孩子的特质来抚育他们成长。只有顺应孩子天赋的教育，才会使他们在遇到挫折时，不会长久地处于被扭曲的状态，保持完整的自尊心。

◎ 根据自己孩子的特点，给孩子定下合适的目标，提出合理的要求，这叫因材施教。

◎ 孩子在发展的关键时期如缺乏适宜的环境影响，就可能引起病态反应，甚至阻碍日后的正常发展。教师的正面影响就显得非常重要。若缺乏某种影响，便会引起发展方面的变异。如果遇到学生还没到他的关键期的情况，应该静静地等待。

◎ 指导家长要经营好自己的家庭和婚姻关系。要让他们明白忽视夫妻之间的关系会影响孩子的发展。不要让孩子感受到家庭关系的不和谐。要提醒夫妻间互相尊重，最低不要当着孩子面发生"战争"。

◎ 指导父母如何做权威型的父母。因为这类家庭的孩子往往都遵章守纪，几乎没有问题行为和不良行为。

◎ 教育青少年最好的方式就是告诉他们：你的行为之所以不被他人认可，是因为……应避免采用威胁和惩罚的方式，这会让他们变得容易被激怒，会让他们缺乏安全感。

◎ 当学生表现出某些兴趣和爱好的时候，老师的态度就会起到非常重要的作用：决定他的这种爱好和兴趣是否能一直进行下去。

◎ 开展生理健康教育、心理健康教育、安全教育，也是学校的责任和义务。

◎ 价值观培养更不可少，包括人性教育、人格教育、人际交往教育等方面内容。

◎ 爱国必须知国，应该理直气壮地宣扬民族英雄，了解他们的事迹，懂得崇敬他们。

◎ 课堂即生活，要培养孩子们的交往技巧。

◎ 帮助养成良好的学习习惯，掌握科学的学习技能，提供系统的学习指导。

◎ 将社会主义核心价值观融入家庭教育工作实践，举办家长培训讲座和咨询服务，举办经验交流会，组织社会实践活动，及时了解、沟通和反馈学生思想状况和行为表现等。

◎ 中小学老师每学期至少组织 1 次家庭教育指导和 1 次家庭教育实践活动。幼儿园每学期至少组织 1 次家庭教育指导和 2 次亲子实践活动。

◎ 掌握学校开展家庭与青春期教育指导工作方案的编制方法。

◎ 具备以下专业素养：能够与家长进行平等而朴实的、真诚而虚心的对话；不会对家长教育观念的任何内容感到棘手，能够对讨论式、参与式等方法应用自如；有一定的教养经验，能够与家长产生共鸣，或者能够站在家长的角度体谅人，但同时又有坚定不移的教育价值观；能够非常清晰地把握住指导的目的及实施要点，不试图把自己的观点强加于人，不轻易否定别人，有强烈的同情心与认同感。在目标的定位上，讲求多层次性，即以学生身心优化发展为一级目标，以家庭教育理想化为二级目标，以指导家长实现理想化教育为三级目标。

家 长 行 为 清 单	◎ 认真对待孩子提出的问题和看法，不要表现出漠视的态度。 ◎ 保持平和热情的态度，对孩子提出的所有问题都要耐心地做出回答。 ◎ 给孩子准备一个房间，最低应该留给他房间的一部分，让他有一片属于自己的小天地，主要供他玩耍、学习。 ◎ 对于孩子的有些表现，可以向孩子说明，他本身已经很可爱了，或者很优秀了，用不着再表现自己。 ◎ 在家里安放一个陈列架，这样的话，孩子就可以在上面尽情展示自己制作的东西了。 ◎ 尽量让孩子做他力所能及的事情，不要越俎代庖。 ◎ 保持耐心，只要这与他的创作活动有关，就不能因为孩子的房间里或者桌面上很乱而责备他。 ◎ 在孩子做作业的时候，家长尽量也保持学习状态。 ◎ 尽量抽出时间，和家人一起，带孩子到他感兴趣的地方旅游。 ◎ 指导和帮助孩子制定他的个人计划，教会他完成计划的方法，并监督他落到实处。 ◎ 注意自己的言行，如果你希望孩子怎么做，请你自己也要遵循合理的行为标准，并留心使孩子照着做。 ◎ 教育孩子不要歧视别人，帮助他们与来自不同社会文化阶层的孩子们正常交往。 ◎ 从来不用辱骂来惩罚孩子。 ◎ 多提供一些机会，让孩子独立思考问题。 ◎ 从来不对孩子说，别的孩子怎么样怎么样，这让他觉得自己比别的孩子差。 ◎ 多准备一些经典的书籍，让孩子从小养成读书的习惯。 ◎ 每天抽出一点时间，多与孩子单独在一起，干什么都行。 ◎ 多向孩子提供书籍和材料，以便他能干自己喜欢的事。 ◎ 定期为孩子读点东西，一起讨论一下其中的问题。 ◎ 从来不因孩子犯错误而嘲讽他，应帮助他寻找犯错的原因，寻找到解决的办法。 ◎ 激励孩子编故事，放开思维去幻想。 ◎ 认真对待孩子的个人要求，不要随便敷衍，或者不经思考，直接说不。

◎ 详细拟定一些计划，以帮助孩子了解更多的事情。

◎ 鼓励并允许孩子参与家务活动。

◎ 鼓励孩子发现问题，随后引导他们自己解决这些问题。

◎ 如果孩子喜欢背诵、讲故事、唱歌曲等有意义的事，请多鼓励并提供一些专业支持。

◎ 不要空洞地、不真诚地表扬孩子，这会让他们觉得你虚伪。

◎ 教给孩子与各种年龄的成年人自由交往的方法，教会他们如何保护自己。

◎ 帮助孩子成为有个性的人。

◎ 允许孩子玩废弃物，鼓励他们废物利用。

◎ 不存在完全不能与孩子讨论的话题，关键在于你怎么看。

◎ 在孩子所做的事情中，不断寻找值得赞许的东西，并充分表达出来。

◎ 激发他们的潜力，发挥孩子积极认识，以便让他们自己发现自己的能力。

◎ 诚实地评价自己对孩子的感情，对于某些问题，可以直接表达你的态度。

◎ 处处表现出信心，让孩子变得理智起来。

◎ 让孩子有机会真正自己做决定，只有在他们自己不能做决定的时候，才给他们一些建议。

◎ 通过一些方式，如提出一个问题，帮助孩子寻找值得注意的电视节目。

◎ 给孩子独立的机会，勉励孩子尽量不依赖成年人。

◎ 允许孩子失败，从来不对孩子的失败表示瞧不起。

◎ 让孩子独立完成他所做的任何探索，即使不会有积极的结果也没有关系。

青少年行为清单

◎ 记住，你是这个家庭的一分子，为了这个家庭尽责，是你的责任。

◎ 记住每个家庭成员的爱好是什么，他们对什么事情不会容忍。

◎ 父母或者其中一人外出打工，这是他们在为家庭的责任使然，理解父母外出打工也是为了给你创造更美好的未来，这会使你早熟懂事，自理能力、学习能力较强，心理更为成熟。

◎ 到了青春期，你要对自己的未来进行重新思考。

◎ 学会与父母相处，对人对事有主见，既听从父母的教诲，又不对父母的意见盲从。如果和父母有不同意见，请选择沟通的方式。

◎ 如果父母选择了自己的生活，要理解他们。有些事情等你成年了就会明白。

◎ 父母是不能选择的。无论遇到什么样的父母，你都要和他们一起，构建自己的美好未来。

◎ 让自己身体强健、充满活力、情绪高涨、生活愉快。

◎ 尊重生命不仅仅是尊重自己的生命，也包括尊重别人，甚至是一切生物，要给予他们生命的权利。

◎ 掌握一定的营养知识，在家庭中养成良好的饮食习惯。

◎ 养成良好的生活习惯，生活作息及其起居要有规律。通过锻炼身体，增强体质，预防疾病，戒烟，不要酗酒，合理调配饮食，养成良好的饮食习惯，要有充分的睡眠和劳逸结合的作息制度，适当的文娱活动，注意性格陶冶，保持稳定的情绪和愉快的心境，培养良好的社会适应能力等方式保护脑力。此外，还要养成良好的卫生习惯。

◎ 对于父母的建议，要多听取，他们毕竟比你的阅历和经验要多一些。尝试新鲜的事物，在这个尝试与练习的过程中，犯错是不可避免的，去改正自己的错误非常重要。

◎ 责任感是一个人日后能够立足于社会、获得事业成功与家庭幸福至关重要的人格品质。这一点，请你牢记。

◎ 做好自己分内的事。比如，整理书包，洗自己的衣服等。

◎ 帮助爸爸妈妈做一些家务事，因为实践是最好的体验。

◎ 要向善，要学会守礼，要学会尊重和谦让，要知道感恩和尽孝。

◎ 要知道，还有许多人比你差。要了解处于低生活水平人们的生存状态，感受生活的艰辛，全面认识社会，形成关心弱势群体、自觉扶贫济困的意识。

◎ 爱国必须知国，应该理直气壮地宣扬民族英雄，了解他们的事迹，懂得崇敬他们。

◎ 一个人的人格从哪里表现出来？简单地理解，就是在实际生活中，你是否与人"容易相处"。

◎ 行动中方向坚定，不畏艰难，努力进取，有坚强而求实的行动意志。

◎ 拥有基本情感的体验，并能保持一种乐观的情绪基调。

◎ 主动地予人以爱、同情和赞赏，并能接纳别人的感情。

◎ 积极情感是内源性的，不以外界的积极反应为前提。

◎ 能够正常地表达感情，不压抑，并用理智控制在对他人无害的范围内。

◎ 客观地知觉自己、悦纳自己，并能在近期目标行为中扬长避短和在长远目标上采取扬长补短的策略。

◎ 拥有一种不断完善和发展自己的稳定驱动力，并能同时使他人和社会受益。

◎ 拥有基于社会和个人现实与理想基础上的明确的个人目标体系。

◎ 具有对人类和生活的美好感情和对社会的责任感。

◎ 真诚地善待他人，尊重他人，能与群体中成员保持基本融洽的关系。

◎ 在个人行为决策上，既有自主性，又能承认自身经验的有限性，合理地看待他人的意见。

◎ 能保持个性中共同性与独特性的协调统一。

◎ 能通过成熟的行为技巧，达到行为动机与效果的统一。

◎ 积极参加学校组织的家庭教育活动，感受家庭的魅力，理解父母的辛劳。

◎ 努力学习，这也是你的责任。

青春期社会教育

QING CHUN QI SHE HUIJIAO YU

　　就学是为了就业，成长是为了创造。青春期的社会教育主要是帮助孩子明白自己今后的社会角色和责任，掌握与人交往的基本方法，为他们将来进入社会打下基础。

任何社会都是由具体的人组成的，社会的良性运行和协调发展离不开个体的参与和建设。因此，青春期的社会教育主要是帮助青少年充分认识社会的本质，了解和掌握自己应该具有什么样的条件、能力，才能在以后的社会中找到自己的位置，并走出一条成功的人生道路。在本章，我们将讨论：

- ·人是如何从一个生物个体成长为一个社会人的？
- ·个体的人格和角色技能是如何形成和发展的？
- ·怎样培养有利于社会良性运行和协调发展的人格和角色？
- ·离开家庭的青少年该做些什么？
- ·如何去适应友谊与爱情的变化？
- ·青少年为什么会感到孤独？
- ·青春期早期的友谊通常是怎样的？
- ·青少年为了保持一致而会相互施压吗？

您将了解到：

- ·是什么让某些青少年如此欢迎？
- ·青少年有异性朋友是好还是坏？
- ·青春期男孩和女孩一样容易恋爱吗？
- ·确定恋爱关系对青少年而言是有利还是有弊？
- ·同居是测试婚姻适合度的好方法吗？
- ·青少年婚姻应该怎样发展？

在本章中，甚至可能会提醒您思考：

- ·青少年暴力现象普遍吗？

　　本章帮助您认识到，帮助孩子学会正确地认识社会和学会与社会打交道的技能是多么的重要！

任何社会都是由具体的人组成的。人是如何从一个生物个体成长为一个社会人的？个体的人格和角色技能是如何形成和发展的？怎样培养有利于社会良性运行和协调发展的人格和角色？这些，其实都与人的社会化有关。

一、社会化与社会教育的概念

1. 社会化的概念

所谓社会化，是指个体在与社会的互动过程中，逐渐养成独特的个性和人格，从生物人转变为社会人，并通过社会文化的内化和角色知识的学习，逐渐适应社会生活的过程。社会化的基本特征有：一是社会强制性。即社会为了延续自身，就不得不对新生的人口实施教化，强迫他们接受社会所规定的价值观念和行为模式。如"灌输式的教育"和"强制性的义务教育"。二是个体能动性。即在个体社会化的过程中，个体并不总是完全被动地接受社会影响，还会主动地认识社会，加工、改造周围的社会环境，进而影响他人。主要表现为个体的自觉性、选择性、积极性和创造性。三是终身持续性。即个人认识社会、适应社会和改造社会，并使自己成为合格的社会成员的过程是一个终身持续的过程。即人们通常所说的"活到老，学到老"。

社会化是个人得以适应社会、参与社会生活，在社会环境中独立生存的必要前提。发展社会化是一个人适应社会变迁所必经的途径。

社会化的基本内容主要包括：一是生活技能的社会化。包括生活自理能力、日常生活知识、生活适应技能等。二是职业技能的社会化。传授生产技能和职业技能，为个体进入社会从事职业生涯打好基础。三是行为规范的社会化。这是社会化的核心，是个体适应社会生活和形成人格特征的关键。包括政治规范、法律规范、道德规范和角色规范的社会化等内容。四是生活目标的社会化。一方面要把社会目标内化为个体的生活目标；另一方面要造就出成千上万胸怀大志，努力将自己的知识、技能、才智和创造力等能动地外化于社会、为社会造福的人，使其成为社会文化的承上启下者。

社会化的过程理论主要有以库利的镜中我理论和米德的角色扮演理论为代表的自我意识理论，弗洛伊德的人格发展理论，埃里克森的八阶段理论，哈维格斯特的六阶段理论，生命历程理论。

　　库利（1864~1929）是美国早期的著名社会学家和社会心理学家，也是美国传播学研究的鼻祖。理论研究的重点是探讨个人如何社会化。他认为：人性与社会性的统一就构成了和谐社会。初级群体是构成和谐社会的细胞。

　　米德·乔治·赫伯特（Mead,George Herbert,1863~1931）是美国心理学家。20世纪最重要的自我理论家之一。他的主要观点是，人一生下来并不存在自我，随着从外部世界获取实践经验，人学会了将自我作为一个对象来考虑，并形成了对于自我的态度和情感。对自我的发展来说，产生社会交往的社会环境是十分重要的。

　　奥地利医生兼心理学家、哲学家、精神分析学的创始人西格蒙德·弗洛伊德（1856~1939）认为：人格结构的最基本的层次是本我，相当于他早期提出的潜

期别	年龄	心理危机（发展关键）	发展顺利	发展障碍
婴儿期	0~1岁	对人信赖←→对人不信赖(trust vs. mistrust)	对人信赖，有安全感	与人交往，焦虑不安
婴儿后期	2~3岁	活泼自主←→羞愧怀疑(autonomy vs. shame and doubt)	能自我控制，行动有信心	自我怀疑，行动畏首畏尾
幼儿期	4~5岁	自信←→退缩内疚(initiative vs. guilt)	有目的方向，能独立进取	畏惧退缩，无自我价值感
儿童期	6~11岁	勤奋进取←→自贬自卑(industry vs. inferiority)	具有求学、做事、待人的基本能力	缺乏生活基本能力，充满失败感
青年期	12~18岁	自我统合←→角色混乱(identity vs. confusion)	自我观念明确，追求方向肯定	生活缺乏目标，时感彷徨迷失
成人前期	18~25岁	友爱亲密←→孤独疏离(intimacy vs. isolation)	成功的感情生活，奠定事业基础	孤独寂寞，无法与人亲密相处
成人中期	26~60岁	精力充沛←→颓废迟滞(generativity vs. stagnation)	热爱家庭，栽培后进	自我恣纵，不顾未来
成人后期	60岁以上	完美无憾←→悲观绝望(integrity vs. despair)	随心所欲，安享天年	悔恨旧事，徒呼负负

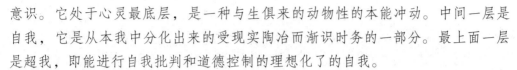

意识。它处于心灵最底层，是一种与生俱来的动物性的本能冲动。中间一层是自我，它是从本我中分化出来的受现实陶冶而渐识时务的一部分。最上面一层是超我，即能进行自我批判和道德控制的理想化了的自我。

美国心理学家 E. 埃里克森在 1950 年出版的《儿童和社会》一书中，把个人心理成长的历程分为八个阶段，并且以个体在各个时期的典型心理反应来表示社会化的八个阶段。埃里克森从人格发展入手，卓有成效地分析了人在社会化的各个阶段的基本矛盾和内心冲突，他将社会化视为终生的课题，并认为其中相对独立的每一阶段都是前一阶段的终点和后一阶段的起点，前一个社会化阶段任务不能顺利完成，势必影响下一个社会化阶段任务的完成。

哈维格斯特在 1953 年出版的《人类发展》一书中，把人一生的社会化过程划分为六个阶段，并具体描述了各阶段的发展任务。

生命历程理论是兴起于 20 世纪初的一种研究方法，在 20 世纪 60 年代以后得到迅速发展。该理论的基本思想，是将个体的生命历程看作是更大的社会力量和社会结构的产物。

2. 社会教育的概念

人的社会化的途径，一般包括社会教化和个体内化两种方式。

社会教化是社会通过社会化的执行者实施社会化的过程。它与广义的教育类同。在个体发展的不同阶段，社会化的执行者及其所起的作用各不相同。社会化的执行者，包括家庭、学校、社会组织及社会制度、社会文化等。社会制度、社会文化对于个体的社会化具有决定性的影响，但在社会化的初期阶段，对个体最直接的相互作用最多的是家庭与学校。

家庭。通过家庭生活的某些方式把社会的规范和准则等转交给儿童，使之逐渐社会化。父母对人、对己、对物的态度，往往就是儿童的行为准则。父母的教养态度与儿童个性的关系密切。父母如果采取保护的、非干涉的、合理的、民主宽容的态度，儿童就显出独立性、积极性、态度较好、情绪安定等性格特征；如果双亲采取拒绝、干涉、溺爱、支配、独裁、压迫的态度，儿童就会显出神经质、依赖性、反抗性、情绪不稳定等性格特征。

同辈群体。同辈群体的交往具有开放性和全面性。研究发现，在儿童社会化的过程中，随着年龄的增长，同辈群体的作用越来越大。在同辈群体中，他们彼此模仿、互相影响。在群体中，他们能做独处时不敢做的事。信息沟通的文化融合作用。在同龄人之间他们可以得到更多的价值认同，并起到人格引导和定向作用。

学校。学校对个人社会化的作用，主要是建立以学习为纽带的基本社会关系，学习过程是调适和学习过程，不断学习各种知识和技能，也培养组织纪律性和竞争、协调意识。

大众传媒。心理学家发现，今天孩子们的智力水平比他们的父辈和父辈的父辈都有了显著的提高。新西兰、瑞典、丹麦、比利时和以色列等国的心理学研究也表明，在跨度为30年和更长的阶段内，智商测验的平均成绩实际上提高了10分到30分。但网络在社会化过程中可能产生一些问题，如影响个人的价值观念和行为规范。特别是那些信息垃圾，有可能直接导致青年社会化的失败。青少年长时间在室内与电脑独处，使社会被隔离成为一个个独享空间，这种无形的隔离带，使他们陷入现代孤独之中。人际关系日趋淡薄。

个体内化则是指一个人经过一定方式的社会学习，接受社会教化，将社会目标、价值观念、社会规范和行为方式转化为自身稳定的人格特质和行为反映模式的过程。它是个人认识社会现实，加深社会影响，并使之转化为个人内部意识和内在素质的过程。主要方式包括：模仿学习、主观认同、角色扮演、自我强化、反思总结五种，这五种内化方式不是相互孤立而是相互关联的，它们之间相互渗透、相互作用，共同实现个体的内化。

◆ 人的社会化条件 ◆

人具有思维能力：人具有不同于其他一切动物的特殊生理条件（没有先天的本能行为模式、直立行走、高级神经活动等）。

人具有语言能力：通过语言学习文化及规范，实现社会化。

人具有学习能力：通过模仿、学习、积累知识、创造过程，实现社会化。

人有较长的生活依赖期：包括生理方面、心理方面、物质方面、社会方面。

青春期是人的社会化过程中的认同与角色混淆时期。儿童进入青春期的时候，他们的身体起了变化。青少年看待世界和思考问题有了新的方法。他们的角色除了儿童时期的女儿、儿子、朋友、学生等外，又加进男友、女友、运动员、学者及许多其他的角色。这些新角色必须平缓地与原来的角色结合成新的角色集，以促进强烈的自我认同。在这之前的早些阶段，如果他们已形成了较强的信任感、自主感、主动性和勤奋感，进入青春期后，他们就比那些没有形成这些感觉意识的人有更好的机会获得强烈的自我认同感，避免角色混淆。因此，青春期青少年的社会教育尤其重要。

本书所指的社会教育是指青春期少年在社会化过程中，如何融入社会，如何与社会打交道的教育，主要教育内容为青少年在这个时期应接受的社会基本规则、规范、人际关系、生涯规划等。其目的是帮助青少年充分认识社会的本质，了解和掌握自己应该具有什么样的条件、能力，才能在以后的社会中找到自己的位置，并走出一条成功的人生道路。

青少年的社会教育需要家庭、学校、社会共同完成，由于社会化的障碍因素的影响，青少年的社会教育主要应由学校和家庭承担主要任务。

3. 社会问题行为

社会问题行为也可以称为社会失范现象。它指社会规范在某些方面和程度上的模糊、混乱和趋于多元化的现象。由于分化与整合不能完全同步，价值规范的更新转换难以完全协调，势必造成一定范围内的社会失范。在社会规范对什么事情可以去做、什么事情不可以去做还处于摇摆不定的状态时，人们特别是青少年容易陷入矛盾状态之中，在社会化过程中无所遵循、无所适从。于是，诸如离家出走、自杀、青少年犯罪等问题就出现了，而且呈上升趋势。

 GSG 案例库

"网络红人"包包与阿紫是两个90后花季少女，她们个人空间开通后，迅速吸引了数百万网民的注意。这对双胞胎女孩自称"贱女孩"，她们在个人空间的自传体小说上，骂父母，骂老师，骂男人，并称自己是"在刀刃上跳芭蕾舞的姑娘"，是"附在男人体内的寄生虫"。

青春期的青少年的行为不能获得社会的赞许，又不能融入同龄人中去，也无法得到成人的认同，他们就会对学校和家庭产生厌恶，进而选择一些比较极端的方式发泄他们的愤怒和不快的情绪，如逃学、早恋、性侵犯、偷拿别人财物、攻击别人、自杀、离家出走等。这些问题行为的根源有的是心理问题，有的是能力问题，当然，也有我们通常所说的品德问题。但主要还是因为心理困扰造成的，多半与家庭有关。

(1) 离家出走

无论对于学校还是家庭，青少年离家出走都是非常严重的事情。一般地，像青少年离家出走的事件，大多是矛盾积累到一定程度后才发生的，不然，他们不会轻易离家出走，毕竟家庭给了他们的一切，有割不断的亲情。

GSG 案例库

> 一位家长打电话向我求助，自己上初二的孩子离家出走了！其原因是家长要孩子暑假补课，但孩子不愿意。家长报警后，警察找到了他。原来，他从家里出来后，与几个同学一起到离家30公里的郊区体验生活去了……
>
> 某报曾报道说，西宁市常住人口只有76万，但每年却有近400个孩子离家出走，连火车站的警察都忙不过来。这些孩子都是到火车站准备坐火车去外地，他们没有目标，只要离开他们的家就行。据统计，这些出走的孩子大多是12~17岁的中小学生，大多以初中生为主。
>
> 湖北某电视台报道，该市某中学有7名学生离校出走，希望孩子看到消息能返回学校或家里。在考试前一个月里，短短的几天就有三所学校同时发生了学生逃学离家出走事件。据教育部门的统计，离校出走的学生人数在一周内上升至31人。
>
> ……

为何孩子们不断地离家出走呢？为什么离家出走的孩子大多是中学生？为什么离家出走的时间一般都是在考试期间和刚开学？

离家出走的青少年中，有的是蓄意离家出走，有的是临时离家出走。前者早有计划，在离家出走前就已经下定决心离开家庭。临时离家出走的青少年是因为某事，如考试成绩不理想回家会受责骂，在害怕的情况下一时冲动离家出走的。比起蓄意离家出走的青少年，临时离家出走的青少年无论是情节还是危险性都要低一些。

一些老师认为，青少年离家出走是家庭教育的失败，跟学校关系不大。这是不负责任的说法，也是推卸责任的表现。青少年的离家出走，很少是单纯因为家庭原因造成的，比如，因为学习失败、交友不慎、恋爱受挫等，这些和学校多少都有些关联。而且，离家出走事件发生后，家长也会找到学校，学校怎么能独善其身？所以，学校从自身利益出发，也应高度重视孩子离家出走问题，何况这还是教育者的责任。

◆ 离家出走的原因有哪些 ◆

学习长时间受挫，学习压力大。由于家庭和学校都给孩子施加很大的压力，要求孩子努力学习，孩子无法适应。而成绩不好又会常受到老师的批评、同学的歧视、家长的冷落。离家出走对他们来说，是一种精神上的解脱。另外，一些学习成绩突然下降或面临留级、升学无望、成绩虽好却极度厌倦的孩子，也会离家出走。

家庭错误教育。很多家长都希望自己的孩子比别人的孩子强，如果孩子成绩不好，觉得孩子给自己丢脸。这对青春期叛逆性很强的孩子来说是不可接受的，于是，他们选择离家出走。

家庭变故。有些孩子离家出走是因为家庭出现重大变故，如父母其中一人过世，或者父母离婚等。

家庭暴力。因行为不被父母满意而被赶出家门。

人际关系不好。因为在学校被同学孤立而离家出走。

溺爱。从小被过度溺爱，因某事不能满足其要求，愤而离家出走。

不满家庭氛围。一些青少年离家出走是因为他们无法忍受家庭氛围造成的，如父母经常性吵架、打架等。一些蓄意离家出走的青少年希望通过自己的行为来改善家庭关系，但发现效果并不明显。

一些调查数据支持这样一个结论：在离家出走的孩子中，家庭条件比较好、家长管教比较严厉、学校老师压力大的孩子较多；家庭生活艰苦、家长和教师比较开朗的孩子，则不容易出走。而且，离家出走的孩子以初中学生为主，男孩居多，也有女孩。从上面的原因来看，既有孩子青春发育期的心理变化的原因，也有家长教育不当的原因。初中阶段的学生正处在心理断乳期，开始从心理上依附父母，发展为独立意向强烈。他们独立活动的愿望日益强烈，迫切要求得到别人的尊重、信任和友谊。如果家长还像从前那样对待他们，动辄打骂，便会使他们产生对立情绪，以致发展到离家出走。此外，这个阶段的孩子精力旺盛，求知欲强，而实际的知识水平不高，缺乏社会经验，容易受到社会上某些人和事的不良影响，并在其引诱下走上邪路。

离家出走后果比较严重，而且离家出走的现象愈演愈烈，这可能给青少年带来不可弥补的后果。因此，预防胜于矫正。家长和老师都要未雨绸缪，提前做好预防工作。

◆ 家庭方面 ◆

创造民主和谐的家庭氛围。平等对话能够让孩子跟你说真话，因为对青少年来说，让他感觉到心理安全比什么都重要。

父母要做好孩子的启蒙老师。如果父母言行不一，就会使青少年内心矛盾，丧失对父母的信任，进而对整个社会及其现实产生怀疑。

选择合适的教育方式。父母多用肯定性、赞赏性、鼓励性的语言对子女做出积极的评价。但奖励与惩罚不能太过，尤其是惩罚，须采用慎重态度。

给孩子留出时间和空间。不要把孩子的时间安排得满满的，剥夺了孩子的休息、玩耍以及社会交往的时间。

拥有稳固的家庭和良好的夫妻关系。家庭的不稳定和夫妻关系的不和谐，都会给孩子造成心灵上的伤害，当心理压力积聚到一定程度时，便会产生不良后果。作为父母，要深知自己教育和培养孩子的责任，不能率性而为，草率行事，争取建立和维护家庭结构的完善，营造一个宽松、和谐而健康的家庭环境。

不以成绩论英雄。父母不仅要重视孩子的智力发展，而且还要兼顾孩子的非智力因素。不要不切实际地过高估计孩子的能力，要求孩子做违背他们的意志的事。

◆ 学校方面 ◆

树立新的学生发展观。注重核心素养的培养，完善适合每个孩子发展的课程体系，不让学生成为考试的机器、分数的奴隶。

做好心理辅导。做好学生生涯教育和价值观培养，加强学生的德育教育和法制教育，开展青春期教育，做好心理健康教育，让学生学会自我保护。

教师要做学生的人生导师。人生导师是教育部明文要求的，教师应该遵照执行，要做一名有阳光的味道、富有人情味的教师。离开了情感，一切教育无从谈起。

注重专业知识学习。教师掌握青春期教育的专业技能和相关知识，及时提供科学指导。

当然，社会方面的工作更为重要。要净化社会环境，给青少年一个干净的空间。

大部分青少年的离家出走都是因为糟糕的家庭环境。对一些蓄意离家出走的青少年来说，他们的一些危险信号会事先释放出来，如果家长和教师比较敏感的话，是能够劝慰并阻止他们离家出走的。比如，他们会着手做一些物质上的准备，也许会存钱或收拾行李，会收集像好朋友的照片等私人纪念物品。一些青少年甚至会暗示自己要离家出走，有时候，他们会向好朋友透露自己的出走计划。对于老师和家长来说，无论是青少年的直接表达还是来自同伴之间的传言，都应该引起足够的重视。

　　有些青少年会在无意中透露出一些将要离家出走的信息，如突然改变一些往常的行为。他们在以前被老师或父母训斥的时候可能会反抗，最近突然变得安静起来。这并不是他们已经明白不应该做无谓的反抗，可能是在他们心里已经做好了离家出走的准备，而不屑与父母或老师争辩。有些青少年也可能会一改以前的温顺，突然跟老师或父母发生激烈争辩，等等。最明显的是，逃学、旷课突然增加了，往常的好朋友突然更换了，这些都需要引起教师和家长的注意。

◆ 青少年离家出走后怎么办 ◆

　　先从他的好朋友处打听消息，再询问所有可能知道孩子行踪的人，包括邻居、朋友、亲友、同事，甚至是保安等。

　　仔细到孩子经常出没的场所寻找，看看能否找到孩子或什么有价值的线索。

　　检查孩子的卧室、学校的抽屉等，看看能否发现什么线索，比如留言之类的纸条。

　　调阅孩子的电话记录，看看最近的通话记录并拨打。

　　如果能够进入孩子的电子邮箱，可以查阅电子邮件，看看能否找到什么有价值的线索。

　　报警。

　　发布寻人启事。

　　联系公益救助热线或机构。

　　……

(2) 自杀

　　近年来，社会自杀现象，特别是青少年自杀一直呈上升趋势。据有关人士介绍，目前处于10岁至25岁年龄段的青少年成为自杀或自杀未遂的主流人群，是青少年死亡的主要原因。在世界范围内，自杀死亡的人数仅次于交通事故和他杀，位居第三位。

以前的自杀人群主要是青少年，因为除了精神疾病外，青少年比儿童具有更成熟的认知能力，他们比儿童更能制定出有效的自杀计划。但近年来，儿童自杀数量开始出现上升势头。2017 年春节刚过，就发生了好几起儿童因为没有完成寒假作业自杀的事件。

根据相关的数据分析，自杀的成功比率虽然较低，为 100：1~350：1 不等。在一些统计资料中，女孩的自杀率是男孩的两倍，但男孩的自杀成功率却是女孩的 5 倍。之所以如此，是因为男孩更喜欢采用比较极端的方式，如跳楼、上吊、制造交通事故等，而女孩大多采用服药的方式，威胁的成分居多。

诸多的研究都证明了青少年的自杀行为与家庭教养过程有关。青少年自杀，除了给他们自己的人生带来不幸，也会给家庭带来苦痛，还会给社会造成损失。我们需要研究的是，青少年为什么自杀？他们为什么漠视生命？如何预防青少年自杀事件不再发生？这是社会教育的主要内容之一。

GSG 案例库

　　江苏省某高三学生李某，在学校以坠楼的方式自杀身亡。警方通过调查取证，最后得出自杀的结论：学习压力太大以至于无法承受。实际上，李某平时学习很努力，按他目前的成绩，考上大学问题不大。但是他的家长和老师要求他取得更好的成绩，因而给了他太大的压力。

现在的许多青少年对一些基本的道德准则毫无概念。我们必须重视生命并且肩负保护生命的责任。如果一个人不用这些准则要求自己，人们就会认为他缺乏基本的道德甚至是一个心理变态者。

为什么青春期的青少年会在社会网络的影响下做出不顾后果的事？

青少年很在乎朋友的肯定，也很看重他们的意见；青春期时，他们将最多的时间花在和同龄人相处上。家长们也许会因为自己和处于性成熟期的孩子逐渐变少的交流而感到难过，但这也正是青少年被社会接纳过程中必经的一个阶段。在这个阶段，他们觉得同龄人更加有趣。他们会利用一切可能的机会，和同龄人交流想法、建议、秘密和最近发生的新鲜事。

青少年自杀的原因。

突发事件。家庭重要成员离世；失去好友；搬离熟悉的家；重要事件，如失去工作、家园、地位等。

抑郁。一些孩子先是因为内向，接着会轻度抑郁，然后患上抑郁症，也可能同时伴有药物依赖和焦虑症。当个体抑郁的时候，他们会感到非常无助，同时也会感到绝望。比起成年人，青少年的抑郁更容易表现在生理上的不适。到了青春期，女孩比男孩更容易患抑郁症，这主要是由于女孩比男孩先进入青春期的原因。

家庭关系。如果父母和孩子存在很多冲突甚至有家庭暴力，或者父母对孩子的态度是消极的拒绝的，或者在其童年或更早时期，与父母情感缺失，或者父母因各种原因离世，或者被父母抛弃等，这些家庭原因都可能导致青少年自杀。如果青少年在家庭里长期处于孤立地位，一旦他们失去自己所爱的人或者物品，会容易采取自杀行为。

恋爱受挫。有些青少年自杀的原因是早恋。一是学校、父母对其早恋行为的处理不当造成的，二是青春期的孩子对感情比较执着，当其感情遇到成年人的阻拦时，他们可能会"殉情"。因此，对青少年的早恋问题，一般都要坚持"三不"原则，即不宜公开处理、不宜进行道德谴责、不宜贸然请家长。最常用的办法是先稳住大局，调查研究之后再干预。教师不能代替学生控制他的感情，只能引导和等待，不但要学会出手干预，还要学会静静等待。教师只要不过分干涉他们之间的关系，他们是会有所收敛的。

学业压力。过去，只有高中生面临高考压力。而现在，孩子为了上个好高中就必须上个好初中，为了上个好初中就必须上个好小学，为了上个好小学就必须上个好幼儿园……这样倒推的结果，是孩子们从小就要承受学业的压力。除此外，他们还得上各种特长班学习班，为的是能有各种证书好在将来上好学校时作为筹码，这都让孩子们难以承受。有些孩子，开始成绩不错，是老师和家长"炫耀"的资本，他本人也很享受别人的"羡慕"，但突然有一天，孩子成绩下降了，再碰上家长和老师施加压力，就可能使孩子走向极端。还有一些孩子，是因为到了一所好的学校后跟不上进度，或者是发现周围都是在学习上比他"厉害"的人，其虚荣心受到打击而选择自杀。

自身素质。现在的孩子普遍都是独生子女，家长难免对他们有点溺爱。从小受宠受到过多的呵护，他们的抗挫折能力和抗压能力就较差。他们从小在家以自我为中心，进入学校后才发现自己的地位受到了挑战，再加上学业压力，一些孩子的心态开始失衡。再加上他们对生命漠视，不懂得尊重生命，珍惜生命的价值，才会轻易想到自杀。还有一些孩子从小就非常听话，如果某件事没有达到家长和老师的要求，他们会深深地自责。老师和家长千万不能赞赏他们这种"自责"，这等于是引导他们进行自我攻击，自我攻击到了极点，就是自杀。此外，还有一些极端人性的孩子，会因为某个要求不如自己心意，拿自杀威胁父母和老师，这就要求家长和老师既要坚持原则，又要灵活机动。

社会诱导。目前，社会上、文学作品中一些关于自杀的文化现象也在侵蚀着孩子们的心灵。有资料表明，很多中小学生想到自杀都是"学"会的，而且很可能是故意模仿。如有的明星因为种种原因而选择自杀时，这本身就是一个榜样的作用，中小学生很可能因此认为这是解决苦恼的一种良好方式。这里面，也有一部分人因为"活得不好"而选择自杀。一些青少年会因被班上的同学孤立、受欺负、做错事使自我形象产生危机而自杀。

如何让青少年打消自杀的念头？这需要学校和家长及早干预，建立心理危机干预体系，对有自杀念头的学生能早发现早干预，做到防患于未然。

一些企图自杀的中小学生对死亡的概念比较模糊，部分人甚至认为死是可逆的，暂时的，有的甚至受电视剧的影响，认为死了还能穿越。他们之所以自杀，是因为自己不懂得生命的宝贵，害怕面对挫折，但更多的孩子不知道也从没想过死对自己和亲人意味着什么。所以，学校要加强生命教育，珍惜生命。我们要教育学生树立生命意识，坚定生活的信心。引导学生认识生命的可贵，珍惜生命的存在，欣赏生命的美好，尊重生命的价值。

家长要营造好的家庭氛围，好的亲子关系，关心孩子心理健康，理解沟通，不要逼迫、压制、冷漠等。父母对孩子的爱应该是理智的，有分寸的，绝不能溺爱。所以，家长首先要使孩子有勇气去面对生活中可能发生的危险与困难。逐步要求孩子做一些力所能及的劳动和家务。其次，家长要正确对待孩子的要求。以家庭的实际经济状况和有利于孩子的身心健康为前提，不能有求必应。过分满足孩子的需求容易引发孩子过高的欲望，养成越来越贪婪的恶习。一旦父母无力满足其要求时，势必引起孩子的不满，致使难以管教。当其欲望强烈而得不到满足时，就容易走上邪门歪道甚至自杀等。

当前青少年出现这些自杀的行为，除了心灵的冷漠外，还有重要的一点就是他们抗挫折的能力太差，经不起一点点的痛苦和磨难。针对这种情况，我们还应该加强生命磨炼的教育，及早地让他们适度经历一些诸如挫折、苦难、打击、逆境等，给他们一些挑战生命极限的心志运动，这样即使到了山穷水尽之境，还可以点起心中的灯，照亮自己的道路。

青少年自杀预警信号——

性情发生巨大改变。外向人突然变得内向，内向人突然变得外向，少语的人突然变得多语，反之亦然。

行为发生巨大改变。不按规律习惯作息，该干吗不干吗，不该干吗却去干吗。

语言发生巨大改变。日常说话的内容发生改变，尤其开始涉及生命意义、活着没劲、死了拉倒、自杀方式等时，语言征兆非常容易辨识。

身体发生巨大改变。生理的伤痛可能会直接引发自杀行为，如突然遭遇变故或伤残，陷入深度焦虑、忧郁失眠、恐惧恐慌中等。

可采取的措施——

无论家长还是教师，都要重视上述原因而产生的一些信号，要及时和他们谈话，以防止最坏结果发生；

做一个友善的倾听者，倾听的时候不能贬低或者轻视对方；

随时向有上述信号的孩子表达你的关心；

帮助他们一起寻找解决问题的办法，消除他们的孤独和无助感；

如果觉得他们最近特别反常的话，一定要想办法避免让他们独处；

想尽办法拖延他们自杀的时间，以寻找能够帮助他们解决的方法；

寻求专业人员的帮助，特别是心理专家的帮助，以便进行心理干预；

和他们成为朋友，让他们知道你会帮助他；

当他们排斥你的帮助时，你要代替他们寻求帮助。

一些社会因素对青少年自杀起到了推波助澜的作用。比如，一些新闻媒体过度曝光或大肆炒作，一些影视作品对于自杀缘由的详尽描述等，都可能引发青少年相应的效仿性自杀行为。

有时候，青少年会采取自杀方式希望获得他人的注意，还有一些青少年会把自杀行为当作一种求救信号，也有的青少年为了达到改变他人、控制他人的目的而采取自杀行为，如逼迫女友同意恋爱等。这种自杀行为不以死亡为目的，更多的只是一种信息传递方式，其目的是为了改善自己的生活境况。如果家长和教师忽视他们的这些企求，可能会导致死亡的发生。

大多数的青少年自杀都不是临时发生的，大多会经历一个较长的预演时期，而且，一些企图甚至给老师和家长有所提及：偷拿财物、说谎话、叛逆、离家出走、砸东西、跟老师发生激烈冲突等。当这些手段没有引起老师和家长的注意，他们才会选择自杀的方式。如果老师和家长能够引起重视，及时采取一些措施，悲剧也不会发生。

自杀未遂的人会在相当长的一段时期内承受更大的心理压力，需要给与足够的心理支持。

(3) 青少年犯罪

青少年犯罪这个概念在犯罪学中一般是指已满11周岁而不满25周岁的人，包含"青年"和"少年"两个年龄段的人群，横跨了未成年人和成年人两个年龄区域。本书主要指未满十八岁的青少年。

近年来，由于发育年龄提前和频繁受暴力文化影响等原因，在我国，不满14周岁的未成年人危害社会的行为逐渐增多。一些青少年犯罪手段残暴之程度，影响之恶劣对社会产生了较大影响。

GSG 案例库

为抢劫手机，四川一名13岁少年小武将汽油泼向素不相识的女青年，纵火将对方烧成特重度烧伤。

一个年仅13岁的小易，在行走"江湖"的两年间，先后被警察抓过十余次，短短21天内，他和同伙疯狂撬车130余辆。

15岁的小魏在同学的生日宴会上认识了出手大方的大哥后，大哥成了他崇拜的偶像。一天，他为帮大哥出气，竟然手持木棒，将一个人头部打成重伤。

为追求新潮，3个90后女孩竟想出了用吸食毒品作为庆祝生日的方式，还邀请了3个男孩一起到宾馆"分享"毒品。

广西一名13岁少年杀害3名儿童后，被执行为期3年的收容教养。

17岁少年小新为了偷钱上网，竟然将奶奶当场砍死，将爷爷砍成重伤。

小王与小顾是同校同学，小王读初三，小顾读初一。一天，两人发生口角，小顾找到小魏，用一把长砍刀在校门口将小顾砍成九级伤残。

13岁的小费从6岁开始就经常偷拿家里的钱。小学六年级辍学后，他从电视台播放的一桩绑架勒索案中得到"启发"，于是，绑架杀害了同村的小伙伴小龙，并向小龙的父母勒索赎金。

　　广东河源市两名初中生为了上网费，潜入一名八旬老太家中盗窃，被发现后将老太残忍杀害。由于听说死者死亡前看到的东西会记录在瞳孔里，两名初中生又残忍地拿打火机将死者的眼珠烧掉。

　　……

　　只为抢一部手机，竟然向素不相识的女青年泼汽油并点燃，更不可思议的是，在泼汽油烧人到被警方控制的短短几天内，小武又接连犯下了盗窃和抢夺路人两起案件。小武父亲所谓的"看管"，就是用一根铁链将肇事的儿子锁在家里。像小易这样的"问题少年"，让警察头痛，更让家长绝望。而小新竟然因为偷钱上网而用菜刀把奶奶砍死！小魏家境贫困，母亲体弱，在他犯罪后，母亲一病不起，撒手人寰，父亲举债赔偿，弄得家破人亡……

　　青少年犯罪还有一个共同点，就是当事人都不认为自己的行为有多严重，小费杀害同村的小伙伴小龙后，竟然还问办案人员："案子现在已经破了，我能拿到你们的2万元悬赏金吗？"

　　青少年犯罪问题已经得到了我国有关部门及党和国家领导人的高度重视，我国也已颁布实施了《未成年人保护法》和《预防未成年人犯罪法》等法律法规，预防青少年犯罪工作已取得了一定的成绩和效果。但随着新的形势新的情况出现，青少年犯罪依然呈上升势头，情况不容乐观。

　　青少年犯罪属于反社会行为，其原因很多，主要包括环境原因（青少年所处周边环境影响）、人际关系原因（家庭成员、朋友等影响）、个人原因（人格特质和反社会行为的生物特质）。青少年走上犯罪道路的过程，主要是这些不良的主客观因素相互作用的结果。

◆ **环境原因** ◆

　　家庭经济困难或富有。一般地，来自中产阶级家庭的孩子犯罪率要比经济条件优越或者贫困家庭的孩子犯罪率低一些。

　　居住地区为犯罪高发区。犯罪高发地区有可能会存在一些行为不端的青少年团伙，这些人对青少年犯罪的引诱作用比较明显。

有些人会向青少年兜售毒品，这使犯罪的风险大大增加了。

学校教育问题。学校教育方法不当，是导致一些青少年流向社会、走向犯罪的重要因素。如果学校教育存在以下问题，可能导致青少年走向犯罪：一是片面追求升学率。好学生一旦考试落榜，就会感到前途无望，万念俱灰，差学生则破罐子破摔。这两种学生容易受到社会不良因素的诱发和影响，极易产生违法犯罪行为。二是学校对学生的处分不慎重考虑或处分后教育没有跟上。学校的校规校纪用得好，可对有不良行为的学生起到警告、震慑作用。若用不好，则会使受处分的学生产生悲观、消极情绪，从此自暴自弃。三是法制教育的缺乏或者流于形式。学校缺乏对青少年的思想品德和法制教育，是青少年违法犯罪不可忽视的一个重要因素。

电视剧经常上演暴力场面。封建迷信、凶杀暴力、淫秽色情及其他不健康的内容的黄色污染、以腐败现象为代表的灰色污染、带有黑社会性质暴力犯罪的黑色污染等，对青少年产生了极坏的影响。

社会转型带来的各种迷茫和困惑。我国正处于社会转型期，各种思想如潮水般涌来，各种社会现象此起彼伏，青少年头脑中对社会、经济、政治的感受导致了普遍的焦虑和抵制，这使他们在迷茫中容易走失方向。此外，法律制度的缺陷、执行方面存在的问题，以及对犯罪人员的改造措施等，也对青少年犯罪产生了一定的影响。

◆ 自身原因 ◆

自身不正确的世界观、人生观和价值观。

游手好闲、好逸恶劳、无事生非的不良嗜好和品行，特别是毒品和酒精危害极大。

自身性格的缺陷，常常具有怨恨和敌意的情绪并缺乏自控力。

心理的幼稚，常常表现出低自尊和消极的自我意象。一些人会通过否定他们的问题或拒绝承认自己行为和自我意象不一致来维持自己的自尊，他们拒绝为自己的行为负责。

自身生活需要、人格尊严得不到满足。

法制观念缺乏。

一旦受到外界因素的影响、刺激，极易走上犯罪道路。

◆ 人际关系原因 ◆

父母。家庭背景如何，对青少年成长和适应起着举足轻重的作用。首先，家庭处于分裂和紧张状态都会使青少年犯罪行为增加，如父母吵架甚至打架，会为孩子树立一个暴力的榜样，父母离异后，孩子无人管教处于放养状态等；二是父母文化程度不高，对孩子实行棍棒教育，缺乏耐心细致的说服教育；三是子女长期养成的不良习性，父母管不了；四是父母自身行为不端直接影响孩子。

朋友及同伴。一些青少年之所以和不良青少年保持紧密联系，大多是因为他们的家庭氛围不好或者他们被主流同伴抛弃，这些和不良青少年有紧密联系的青少年犯罪率较高。

◆ 对青少年违法犯罪的干预 ◆

预防甚于矫正。对青少年违法犯罪行为的干预应在他们违法犯罪之前进行，其目的是防止或减少其发生的概率。亡羊补牢本没有错，但"羊"都没有了，"牢"修得再结实也没有意义。其措施主要包括开展职业生涯规划教育、培养学生的特长或技能、配备专门的指导教师、开展亲社会价值观并充满着希望的项目等。

自身预防。加强自身素质的培养和提高，增加抵御犯罪感染的能力，应该是预防青少年犯罪的根本性措施。培养他们遵纪守法及公共道德观念，树立正确的世界观、人生观，增强其辨别是非和自我保护的能力，使之能自觉抵制各种不良行为及违法犯罪行为的引诱和侵害。

家庭预防。一是提高父母自身素质，优化家庭环境，父母应时刻注意自己的言行和爱好，给孩子做好表率；二是注意家教方法，不过分溺爱和纵容孩子；三是完善立法，让父母为孩子教育失责承担相应责任。

学校预防。一是要抓好素质教育和品德教育，培养学生有一个健全的人格和良好的品行；二是提高教师的政治素质和师德的培养；三是对学生进行丰富多彩的法制教育活动。

4. 道德教育

每个人都是从自己的父母、朋友、媒体人物身上获得道德评价标准的。因此，一个人社会道德观的形成，与他周围的环境有很大的关系。按照皮亚杰的观点，儿童的道德观和成人的差异主要表现在：儿童认为规则是固定不变的，而成人将规则看作是可以公开讨论、灵活的。儿童认为行为应根据他们导致的后果来评判，而成人则会考虑行为背后的意图。因此，有些道德水平良好的人也会违法犯罪。只要他们认为相应的规则有失公平或者与他们内心的道德准则不匹配，他们就会违法犯罪。与道德水平低下的人不同的是，他们一般不是为了私人利益而犯罪，更多的是为了他人而违法。

青少年和父母在基本的道德问题上通常会保持一致，他们的主要分歧在于界定某件事情是属于社会习俗还是个人选择；

由于青春期个体性冲动的增加和对恋爱的向往，容易诱发青少年的亲社会行为或反社会行为，这时成人的引导显得尤为重要；

青少年的道德行为能力越强，他的行为决策就越趋向于道德；

易怒的青少年易爆发反社会行为；

家庭关系良好环境里长大的孩子有利于道德的发展；

同伴对于青少年的道德行为起着非常大的作用；

学校教育能促进青少年道德水平向高水平阶段发展，学校的校风、班风对青少年道德会产生影响；

青少年的道德观受所在地方的文化影响，如中国的青少年比英国的孩子更愿意为救他人而冒险。

◆ **道德观教育** ◆

道德教育从来就是家庭、学校、社会教育的重点，其主要内容一般由以下部分组成。

值得信赖：诚实、正直、可靠、忠诚；

尊重别人：尊重他人，礼貌待人，宽容别人；

责任感：对自己负责，对家庭负责，对集体负责，对社会负责，不屈不挠，勤勉刻苦，自我克制等；

公平正义：遵守法律法规及规章制度，不占人便宜等；

合格公民：爱岗敬业，团结合作等。

◆ **道德发展** ◆

即是如何让青少年的道德水平往一个更高水平发展。教育方法是尽量创设一些贴近学生日常生活的、有意义的情境让他们思考。

如果青少年的道德观出现了偏差，家庭、学校、社会都要帮助他们了解、发现自己的这些道德偏差，最后让他们做出一些改变，按照公序良俗的道德标准来修正自己的道德偏差，规范自己的行为。

GSG 案例库

　　小强今年14岁了。他特别喜欢旅游。他的父亲答应他，如果小强自己存钱的话，可以在暑假的时候带他去新加坡。于是，小强开始了他的存钱计划。最后，他的储蓄足够支付他去新加坡的旅行费用了。但父亲改变了主意，原来，父亲准备买辆新车，但钱不够，需要小强把钱借给他。但小强想去旅游，不想把钱借给父亲……

　　问题：小强应该借钱给父亲吗？理由是什么？

　　父亲向小强借钱对吗？理由是什么？

　　小强如果不借钱给他的父亲，是不是不孝顺？

　　父亲食言了，怎么办？

◆ **社会责任** ◆

　　人是社会的人。人生活在社会里，就要承担一定的责任。社会责任感是一个人所有品德中影响力最大，也是最基本、最必备的品质。责任不是感情，而是贯穿人生的一个准则，其基础是良知。生命对于每个人来说都只有一次，是最宝贵的。而责任在我们降生的那一刻起，便落在我们的肩头！所以说，我们是也必须是扛着责任一路走来。责任融入生命之中，每时每刻都在追随着我们。

　　你生活在这里，就有规定，就有责任。

——卡尔·马克思

　　缺乏责任感，人们对抗不了苦难，抵御不了财色的诱惑，导致犯罪或堕落。相反，在责任感的激励下，人们能够克服自己的弱点而变得坚强勇敢。

——英国教育家塞缪尔·斯迈尔斯

　　什么是责任？做好你应做的事，这就是你的责任。因此，责任包括两个含义：一是要去做，二是要做好。

GSG 案例库

一辆在繁华闹市中失控的公交车，撞死一人后又和几辆车相撞，最后撞在路旁的树上停了下来，车毁人亡。公交车司机因何横冲直撞？原来是他正和一名乘客在车上扭打。这位司机接受媒体采访时说："我忘了自己正在开车。"

一名公交车司机行车途中突发心脏病，在生命的最后一分钟里，他做了三件事：把车缓缓地停在马路边，并用生命最后的力气拉下了手动刹车闸；把车门打开，让乘客安全地下了车；将发动机熄火，确保了车、乘客和行人的安全。做完了这三件事，他安详地趴在方向盘上停止了呼吸。这名司机叫黄志全，人们永远记住了他的名字。

第一位司机为什么会发生如此重大的交通事故？他忘记了自己的责任：遵守交通规则和保护乘客的安全。第二位司机在生命的最后一分钟为什么会这样做？为了保护乘客、车和行人的安全和生命。他是一个对自己、他人和社会负责任的人。这说明了责任感的重要性。

什么是社会责任感？社会责任感就是在一个特定的社会里，每个人在心里和感觉上对其他人的伦理关怀和义务。责任感可以浓缩为：对自己负责，对家庭负责，对社会负责。作为青少年，对自己负责，意味着努力学习，塑造自我；对他人负责，意味着关心、爱护、帮助他人；对集体负责，意味着为集体增添荣誉和力量；对社会负责，意味着要以良好的行为创造美好的社会。

◆ 对自己负责 ◆

不同的行为带来不同的后果，我们要做一个负责任的人。向今天负责的人，才能为明天负起责任，这才是对自己负责的人。

GSG 案例库

1922年美国国庆日前夕，一个11岁的美国男孩得到了一些禁用的烟火爆竹，其中包括一种威力巨大的"鱼雷"鞭炮。一天下午，他来到一座桥边，将"鱼雷"

引爆，自己也被警察带到了警察局，警察判定男孩交14.5美元的罚金。当时的14.5美元算是一大笔钱，可买145只母鸡。男孩的父亲代替交了罚金。父亲说："钱，我可以先借给你，但一年后还给我。"从此，小男孩就开始了艰苦的打工生活，做了许多零工活才还清他欠爸爸的那笔罚金。

这个男孩就是后来成为美国总统的里根。这件事让里根懂得了什么叫责任，那就是一个人要对自己的过失负责，犯了错就该勇于承担后果，不逃避，也不推卸责任。

◆ **对家庭负责** ◆

自觉地对家庭负责，即要关心家庭中发生的事，主动为家庭分忧解难，体谅父母的疾苦。每一个人在享受着家庭温暖的同时，也要为家庭生活的美满幸福出一份力。具体要求是：要有一颗感恩父母的心；主动做一些力所能及的事；当家庭遇到困难时，要尽力分忧解难；不向父母提过分的要求，尤其是在生活方面，不攀比，不奢华。

◆ **对工作负责** ◆

对工作负责，就是不因自己的喜恶对待工作，而更多考虑工作带给别人的需求。

 GSG 案例库

美国心理学博士艾尔森对全世界100名各领域的杰出人士做了一项问卷调查，结果让他十分惊讶：竟然有61%的人承认他们所从事的职业并非他们最喜欢的，至少不是最理想的。一个人竟然能够在自己不太理想的领域里，取得那样辉煌的业绩，除了聪颖和勤奋，靠的还有什么呢？直到遇到纽约证券公司的苏珊，艾尔森才得到了一个满意的答案。

苏珊是美国证券业界风云人物，她出生于中国台北的一个音乐世家。苏珊非常喜欢音乐，却阴差阳错地考进了大学的工商管理系。在谈到"你不喜欢你

的专业，为何你学得那么棒？不喜欢眼下的工作，为何你又做得那么优秀"时，苏珊认真地回答："因为我在那个位置上，那里有我应尽的责任，我必须认真对待。不管喜不喜欢，那都是自己必须面对的，都没有理由草率应付，都必须尽心尽力，那是对工作负责，也是对自己负责。"

◆ **对社会负责** ◆

对社会负责是个人对自己所应履行的各种义务及应承担的社会责任的自我意识，是对社会责任的一种觉悟。为他人负责，为集体负责，为社会负责，是文明社会公民的必修课程，它不仅是现代社会对公民的一种基本要求，是和谐社会中每一个社会个体必备的基本素质，也是一个人健康社会化和科学融入社会的重要内容及必备条件。

一个有社会责任感的人，应具备三种品质：坚持道德上正确的主张或真理，坚持实践正义原则，愿为他人做出奉献和牺牲。

GSG 案例库

小周是北京同仁堂上海分店的一名普通营业员，由于工作中的疏忽导致出现给客人报错服药剂量的错误，后在《新民晚报》上登出紧急寻人启事，终于找到买药的顾客，避免了一场可能发生的事故。

青少年社会责任感教育，应由学校、家庭、社会合作完成。

对于家庭来说，父母的教养方式、家庭氛围的好坏，直接影响着青少年责任意识的形成。父母要以身作则，率先垂范，在道德品质上、学识学风上为孩子树立好的榜样。

对于学校来说，除了完善和深化责任感教育的内容以及改进教育方式外，还要完善责任感教育的评价、监督、奖惩机制，营造从教学到教育、从管理到服务、从学生的学习到生活全方位的责任感教育氛围。通过这些具体的措施让学生在学校中承担各种责任，获得直接而深刻的责任体验。此外，学校要加强与学生家庭的沟通以及与社会合作，与家庭和社会形成合力，共同培养学生的社会责任感。

对社会来说，就是必须在教育和制度规范上营造良好的社会环境。

美国对青少年的社会责任教育，采用的是学校和全社会共同参与的方式。政府会积极利用大众传媒的力量和社会公共环境，对学生进行无孔不入的教育渗透。如每逢重大历史时期，美国政府都会通过大众传媒来宣扬国家意志，唤起广大民众的热情，或是转移注意力，或是统一思想和行动。此外，美国政府会积极地利用社会公共环境作为社会责任教育的主阵地。在美国，用杰出人物命名的地名、城市、街道、林地、机场、学校以及各种场馆的现象非常普遍。国家对城市投资的重点是社会政治环境的改善和各类标志性场所的建设。如白宫、国会大厦、华盛顿纪念塔、林肯纪念堂……正因如此，美国的城市以"物化"的方式凝结着美国的意识形态，积淀着美国的物质文明和精神文明，因此，它们也成了美国向其国民，包括青年学生进行社会责任教育的阵地和教材。

社会学家认为，当一个人富有责任心时，他的自我便开始真正形成。今天的许多青少年大多数是独生子女，由于父母的过分疼爱，使他们往往以自我为中心，缺乏责任感。培养学生的责任感刻不容缓。

二、社会发展中的人际关系

青春期的孩子希望走出家庭，与更多的人交往，并成为朋友。发展他们的人际关系，是这个时期青春期教育的重要内容之一。

◆ 沟通技巧 ◆

无论什么人际关系，都需要双方付出真心实意。在和对方相处时，要接纳对方的立场、想法、意见，当出现分歧时，应当先去倾听他们的心声，去理解他们的态度、想法和心情。

GSG 案例库

王林和来双阳是同班同学。王林成绩非常优秀，但来双阳却和老师、同学的关系非常友好。这让王林十分纳闷：来双阳成绩不如我好，也不会像我一样主动去跟同学、老师建立关系，更不会像自己一样拥有多项特长，但老师、同学们为什么都喜欢他？一次，王林跟同学打球的时候，看到来双阳走了过来。王林半讥讽地说："你来干吗，你的球打得那么烂，没人愿意跟你玩。"没想到，来双阳听后，说："是，我的确不会打球，我看过很多次你们打球，我觉得你们打得很好，所以很希望有机会可以跟你们学习一下。"王林听后，讥讽的心收回了，反而觉得挺不好意思……

接纳，是能够建立深入情感关系的第一步。本案例中，王林评价来双阳，是从学习成绩、是否有特长等方面来评价的。但这些指标只可以做参考，不能成为评价他人的唯一标准，更不能成为自己是否与对方交往的一个指标。正因为王林有了这样的比较标准，才使他难以理解来双阳为什么会比他更受欢迎。此外，王林嘲讽来双阳球技差也是不对的。每个人都有自己的特长，不应该用自己的长处嘲讽对方的短处。只有感受到被接纳的尊重，才能消除敌意，两个人才能够成为好朋友。如果来双阳也跟王林一样相互讽刺，这两个人就不可能成为朋友。

任何两个人，在想法、性情、感受上都不可能完全一致，每个人都应尊重这些不一致。一味地要求对方接受自己的不同，或者放弃自己立场去接受别人的不同，都不太可能形成平等、亲密的关系。

因此，每个人在跟别人交流的时候，表达自己的观点固然重要，但让对方了解你也很重要。需要注意的是两个人讲话的时间比例，不要一个人一直说，另一个人一直听，倾听不在于时间多少，而在于对方讲话时，你是否用心听了。听到对方故事里的心情和渴望，适当给出回应，是比较好的倾听方式。同时，要学会去接纳对方的心情、想法，向对方传达你对他的理解。感觉到被理解，对方才会觉得安全，也才会更愿意交流、交往下去。

同理心是指在人际交往过程中，能够体会他人的情绪和想法，理解他人的立场和感受，并站在他人的角度思考和处理问题的能力。简单地说，同理心即站在对方立场思考的一种方式。

◆ 人际交往准则 ◆

不轻易把对方看作是故意的，避免一开始就把自己放在对方的对立面；

在保护好自己的基础上，友好地与他人相处，不遮掩自己的限制，不嘲笑他人的不足；

不因为自己的不足否定自己，并且去向别人请教他的特长……

以上是建立好的关系的基础，同时还能够让你得到更大的进步。

1. 友谊

青春期之前，儿童对同伴关系的依赖并不固定，只要有共同兴趣，能玩在一起就可以了。但到了青春期，随着青少年离开家庭的时间和次数越来越多，社交圈子开始扩大，他们与朋友和同伴相处的时间也增加了。跟同伴、同学开始有更多的交流、更深的交往，这一关系甚至会比这一阶段与父母的相处更亲密。由于他们的社会认知技能已经比小时候有了发展，对人的特别是同伴的了解更加深入，这使他们与同伴之间的互动变得更加亲密、更有意义。此外，他们从小学到初中再到高中、大学，在这个过程中，他们会结识更多的陌生的同伴。同伴交往的状况是青少年在班级里生活、学习得是否开心的重要影响因素。而且，随着性成熟，会出现对爱情的渴望。因此，如何与人打交道变得迫切起来。

GSG 案例库

李一菲今年上高中了。妈妈发现了一个现象，她总是一个人待着，从来不去找同学玩，也没有同学来找她玩。妈妈非常奇怪，经过了解，发现李一菲不喜欢跟同学们玩。至于原因，竟然是李一菲觉得自己的同学太虚荣，太肤浅，自己不喜欢他们。这样，半年下来，李一菲在班里也没交到要好的朋友，在班级里总显得有些游离，对自己的班级也没有什么归属感。她课余的时间，多半待在家里在网上看动漫度过。

案例中的李一菲，因为看到同学的一个"缺点"，便把这一"缺点"扩大化，认为这个同学"虚荣"，那个同学"肤浅"，因此拒绝跟同学交往。时间一久，造成她在班级里的孤立：一方面，在学校里，李一菲找不到归属感和伙伴，得不到大家的认可，得不到学校生活中的许多快乐；另一方面，她跟人交往的技能得不到锻炼与提升，她不知道怎么跟别人交流，从而选择少跟人接触。这样会使她的信息来源、生活方式变得狭窄和单调，从而变成了只能跟网络进行交流。

比生理的需求更高层次的需求是对安全和归属感的要求。对于青少年来说，跟同伴、同学关系融洽、相互支持、信任，就可以获得安全和归属感。另外，与同伴交往是学生时代锻炼社交能力、建立人际关系的练习和演练。通过这个过程，能够获得同伴的友好、信任，能体会到价值感。同时，可以学习到如何跟他人合作、分享和相处。

因为都是同龄人，同伴之间更能感知同一个年龄阶段遇到的困扰和问题，更能产生共鸣。在同伴的交往中，既能感知亲密关系中的分享、信任带来的喜悦和价值感，有时也难免会产生意见不一致、吵架和冲突带来的难过、失落、愤怒等心情。在这个过程中，青少年要能够去学习调整自己与同伴相处的方式，加深对自己和同伴关系的认识。因此，尝试换一个角度去看同学关系，多找找对方的优点。学习开放自己的内心，去欣赏多元的性格特点，你就会发现，其实每种性格都有其可爱之处。如果你实在不太会处理人际关系，就向人际关系比较好的同学请教，怎么样跟别人交流，并尝试去做，让自己在练习中提高技能。

青春期阶段，青少年会因为同伴关系使自己产生压力，他们本来希望从同伴那里获得自我价值感，但他们如果在青春期被同伴排斥、忽略，甚至产生不良行为影响的话，就会对其个体发展产生负面消极的影响。

青春期友谊主要被用来分享成熟的情感、感受、问题、人际冲突和个人的思想，他们需要随时和他们站在一起的朋友，如果这种需要没有得到满足，青春期的友谊就可以宣告结束了。因此，在青春期，和同伴成功地建立起友谊是非常重要的一件事情。之所以他们把友谊看得如此重要，是因为青少年对自己的不确定和焦虑，他们缺少清晰确定的人格和可靠确定的同一性。他们需要朋友在身边，并从他们身上获得力量。

◆ 如何对待自己的朋友 ◆

积极参加集体活动。集体活动对于青少年在学校中的友谊非常重要，有助于他们加强与同伴间的联系，是他们获得友谊的关键途径。

诚挚地对待自己的朋友。对待朋友应该坦率而真诚，之所以强调诚挚，是因为这有利于友谊的巩固和发展，任何不真诚或虚假的行为都会成为青少年友谊破裂的主要原因。

相互理解。能够站在对方角度思考问题，理解对方有时候对自己说话和做事的方式。

你可以做很多让自己受到同伴欢迎和尊重的事：

尽可能地选择与自己志趣相投的人作为朋友；

行为、习惯等许多方面具有相似性；

在大家犹豫不定时展示自己的果断；

严格遵守并表现出与同伴相似的行为，不把自己的意愿强加到同伴的身上；

掌握几项特长；

积极参与学校的各种活动，并在活动中处于领导地位；

发展和展示他人喜欢的个人特质以及学校确保他人接纳的社会技能；

注意形象，不猥琐；

学习成绩好；

交往能力强；

运动能力强……

2.异性交往

青春期最重要的社会目标之一就是实现异性交往。拥有异性朋友对于青春期的青少年来说有好处，这使女孩在与异性相处时变得自在坦然，并了解男孩的想法。而男孩除了这些之外，还获得了表现自己感受的机会。

◆ 从儿童到青春期，个体的交往会经历三个阶段 ◆

自动交往。发生在幼儿阶段。这个时期的幼儿完全凭自己的喜好和人交往，在和其他小朋友一起玩耍的时候，可能不一定会真正参加他们的活动，而是一个人在旁边玩耍。

同性交往。主要发生在小学低年级阶段。个体主要和同性的人在一起玩耍，是为了友谊而交往。

异性交往。发生在青春期。个体在交往中获得快乐和友谊。许多人会从友谊发展为恋爱。

(1) 恋爱和失恋

青春期个体的异性交往可能会发展成为爱情。一般地，男孩开始恋爱的时间要比女孩早一些，因此，男孩的恋爱经历可能也会比女孩多一些，而且，他们恋爱的速度更快，频率更高。

我们在第三章《青春期心理教育》中已经讨论过这个问题，在这里就不再讨论，仅对失恋的情况进行一些介绍。

失恋常常让青少年难以接受。更为严重的是，父母和教师等成年人对这个问题往往会低估其严重性，往往会用诸如"你还小，哪懂什么爱不爱的事情""明天就会好起来的"等进行劝导，反而让孩子陷入更加痛苦的境地。但事实上，情感的破裂对青少年的打击非常大，这会使他们悲伤相当长一段时间，导致精神萎靡、学业成绩下降，甚至出现健康问题。他们可能会单独关在屋里不出来，听一些伤感的音乐，会说一些"这辈子再也不恋爱"的话，甚至还会借酒浇愁等。这都需要我们关注，毕竟失恋也是引起青少年自杀的一个主要原因。

◆ 如何帮助他们解决失恋问题 ◆

不要批评他们，应该告诉他们，失恋会痛苦，这是正常的，允许他们去感受和悲伤；

鼓励他们说出来；

告诉他们痛苦的过程终究会过去，明天会更好；

带他们出去玩玩；

督促他们用休息、锻炼、饮食等来照顾自己的身体，分解痛苦；

把那些有曾经感情痕迹的物品统统处理掉；

告诉他们人生会有很多的不顺，你迟早会碰到；

建议他们把重要的事情先放一放，等过了这段时间再说；

提醒他们在这个时候最好不要做出什么重大的决定，因为这个时候的任何决定都可能是不理智的；

鼓励和帮助他们寻找到解脱的方法，如发展一个爱好，结交一些新朋友等。

(2) 约会

约会的内容在前面第三章已经涉及过，在这里，再简单地做一些介绍。

青春期的青少年，其约会目的可能有：

玩乐和消遣。主要目的是娱乐，他们把约会当作一种乐趣。

找人陪伴自己。渴望友谊和被他们认可、接纳、关怀。

获得某种形式上的地位。约会是否频繁从某种意义上说明他地位的高低，一些青少年会把约会作为自己获得或维持地位的手段，他们希望通过约会提升自己的地位。

获得社会经验。通过约会，了解和掌握与不同类型的人相处的方法，在这个过程中，学会合作、理解、沟通等许多的技能技巧。

获得性满足。利用约会获得性满足也是一部分青少年约会的目的。

为挑选爱人做准备。如果与某个固定的异性同伴约会的时间越长，就越有可能成为今后的爱人，约会为他们提供了相互了解的机会。

......

对于家长和教师来说，青少年约会的最大风险就是性行为。一些男孩甚至用性来威胁女孩：如果不愿意，就停止约会。约会中的性行为对女孩的伤害非常大，因为这些性行为大多是在没有保护措施下实施的。

约会中也会因为各种原因发生暴力现象。这些暴力行为包括身体的、情感的、性的攻击，而且男孩比女孩更容易发生暴力行为，其原因是他们的嫉妒和愤怒。女孩为了报复男孩也会选择一些暴力手段。

如果约会发展成为恋爱关系，对大多数家长和教师来说，是不可接受的。他们非常担心青少年约会中做出的那些不成熟的承诺，当然，最主要的担心是性行为和约会影响到他们的学业。因此，会不断地提醒和要求青少年不要和异性约会。不过，对于青少年来说，他们最初的约会目的并不是性行为，也不会去考虑约会是否会给自己的学业带来什么影响，他们主要是想享受有一个人陪伴自己的那种感觉。因此，他们在开始选择约会对象的时候，多少还是会考虑一些安全的因素。

青少年确定恋爱关系的弊端：
受到约束；
发现不了更适合自己的朋友或恋人；
常会因对方吃醋而减少社交行为；
影响学业；
如果分手会受到伤害。

必须要告诉青少年，确定恋爱关系的约会会迫使他们过早地产生性行为，并投入到婚姻之中，这对他们来说，是非常不利的。

(3) 同居

所谓同居，是指未婚而住在一起的情形，是恋爱关系的延伸。现在，许多人换了一个词，叫作试婚。

同居的情况也有很多种，比如冲动型同居、互助型同居、结婚型同居、友爱型同居等。

冲动型同居。指确定（也许没有确定）恋爱关系的青少年，在仓促的情况下做出的决定。一见钟情就是属于此类。他们会认为这样做是正确的，不需要什么承诺，也没有打算要什么结果。他们只是想要在一起生活、玩乐而已。

互助型同居。因为生活或精神上的原因，比如，都在外地或者国外求学，为寻求安全或帮助而采取的同居行为，一开始就没有婚姻的计划。在同居期间，他们会投入一定的感情，但一旦诸如求学之类"任务"完成，同居就宣告结束，维持的时间不会太长。

结婚型同居。两个人是为了将来结婚而进行的同居。两个人都会做出婚姻的承诺，有婚姻测试的意味。

友爱型同居。即两人关系亲密，但又不想结婚，其个人生活包括财务相对独立，是婚姻的另外一种替代形式。这种情况在成人中较多，当事人大多经历过一段痛苦的经历，因此，他们选择和对方无限期同居而不结婚。此外，现在我们国家的一些老年人，因为做伴或者经济上的原因，也会选择友爱型同居方式。

虽然大多数同居者不后悔他们的同居选择，但不满意的比例却是非常的高，许多人都觉得这段经历对他们来说并不令人感到高兴，相当一部分人在分开的时候会感到痛苦，特别是那些没有结婚的女性，她们认为这段时间被对方剥削了，一些人甚至提起了赔偿。

同居对今后的婚姻有很大的影响，会造成婚后质量的降低。一份调查问卷表明，婚前同居的人在婚后产生婚外情的比例远远大于未同居者，而且婚姻破裂的比例也大大增加了，且婚前同居的次数、人数越多，这两个数据越大。事实证明，试婚不是一个好方法，不一定能获得更快乐、更稳定的婚姻。

婚前同居最大的问题在于未婚生子。这些孩子在学校的表现远不如已婚父母养育的孩子，而且会出现更多的行为问题。

◆ **预防与教育** ◆

早婚会降低学生的学业成就，需要家长和教师给学生用恰当方式引导清楚；

会面临很多的问题：意外怀孕、不成熟、经济困难、双方家庭的纠纷；

婚前怀孕对身体和心理的伤害都非常大；

结婚年龄越小，婚姻不幸或离婚的可能性越大；

早婚的人社会地位较低；

要考虑社会舆论和伦理道德的影响。

3. 师生关系

青少年的大部分时间都是在学校度过的，因此，他们和老师的关系更加平等，更趋近两个成人之间的关系。

 GSG **案例库**

> 成晨成绩不错，有个性，很受女生的青睐，但他跟班主任关系不太好，经常会发生一些小摩擦。他会不时打破学校、班级里的规则。班主任跟他谈过多次，但效果不佳。一天，成晨再一次违反学校的规矩：没穿校服。在被班主任批评时，他跟班主任大吵了一架。吵架后，他和班主任的关系更加紧张，而且，他发现班上的同学也不怎么搭理他了。成晨让他自己在班上成了"孤家寡人"……

与老师之间发生不一致或误会时，较好的方式是，跟其他信任的同学、老师讨论。如果不能解决，也可以在合适的时间跟老师直接交流，告诉老师自己的心情，请老师给自己一点时间。这样的交流，一是会让老师了解你的心情，二是迈出了自己跟老师之间坦诚交流的第一步。

因自己的习惯而对某些老师的教学、管理方式不满意，一些学生会选择和老师对抗，有的学生会尝试着调节自己，慢慢适应老师的方式。成晨属于前者，他固守着原来的期待，去挑战老师的极限，这明显是一个师生交往的误区。老师每天面对很多学生，不一定有足够的精力去关注到每个学生背后的心情，不一定能体会到学生是因为不适应而挑战权威，更可能把成晨这类行为单纯地当成违规，甚至是挑衅。

　　青春期的个体，越来越有自己的想法、主见。因此，他们跟老师之间的关系也越来越接近成人之间平等的关系。但平等的前提是相互尊重，包括老师对学生的尊重，也同样包括学生对老师应有的尊重。学生应体谅老师维护学校规定、管理班级的角色，接受老师的管理风格。有问题及时跟老师沟通，而不是藏在心里，并挑战老师"权威"。好的关系是双方共同努力的结果，在其他人际关系中亦是如此。学生需要主动跟老师建立关系，在学校生活中多请教老师，多依靠老师。

4. 群体交往

　　到了青春期，青少年的群体意识开始增强，他们迫切地需要被某个群体接纳，特别是男孩更在乎这一点。但无论男孩还是女孩，希望得到同伴的喜爱是一样的。到了青春期中期，希望他们喜欢的小团体接纳他们的意愿更为强烈，他们非常在意自己喜欢的小团体对他们的态度，任何负面的反应都会使他们感到不安。

◆ 时尚 ◆

　　为什么青春期的孩子会追求时尚？这是因为，青少年追求时尚，无论是在衣着、谚语还是音乐方面，都会让他们感到安全。如，如果他和别人穿着一样，他就不会被人嘲笑。另外，他的同伴会通过其追求时尚的情况，来判断对方是否和自己有着共同的爱好。他们会故意让自己表现出和别人不一样，以彰显自己的独立感。

◆ 手机 ◆

　　今天，手机已经普及。但我们会发现，现在的青少年特别爱打手机，更喜欢上网交流。即使和同学出去玩了一整天，回到家后，他们也会用手机和同学聊个没完。这是他们自己判断自己有没有朋友、有多少朋友、关系"铁不铁"的方式。对他们来说，无论和同伴相隔多远，只要有手机，有网络，他们都能获得对方的帮助，这让他们很有安全感。此外，手机也会成为青少年身份象征。因为他们可以自己选择不同的颜色、款式和功能，给手机设置不同的铃音。

但是，手机的不利因素也很多。最主要的是，它对青少年的学业造成了影响。正因为如此，现在的许多学校禁止使用手机。

◆ 青春期语言 ◆

青春期的孩子会使用自己的"语言"，这是他们的"发明专利"。这些语言一般都高度概括，个性分明。比如，他们会用"343"代表"I LOVE YOU"，用"3433"来代表"I LOVE YOU TOO"等。这些语言除了表明自己是某个团体的成员之外，还表达了他们自己的隐私，因为成年人，主要是老师和家长很难理解他们说的什么意思。这些语言的使用可培养群体成员的内聚感。

◆ 音乐 ◆

大多数青少年都喜欢音乐。因为音乐能帮助他们放松并改善心情，能给某些集体活动助兴，还能帮助他们消磨时间和缓解无聊情绪，表达自己对各种问题的感受并把自己归类于某歌手的志同道合者，当然，戴着耳机听音乐会让他们觉得自己很酷。

青少年喜欢音乐还有一个很重要的原因，那就是现在的许多歌曲的内容都与爱情有关。这些歌曲描写爱情时，大多描述得非常浪漫，让人感觉爱情能够战胜一切，是生命中最大的快乐。而爱情歌曲中描述的分手、没有回报、背叛等，会让青少年和自己遭遇结合起来，好像自己在诉说一样。还有一些歌曲，歌颂反抗、寂寞等，都与青少年的想法合拍，自然会使他们着迷。

教育我们的青少年，他们可以做很多的事情让自己受到同伴的欢迎和尊重：

尽可能地选择跟自己兴趣、爱好相似的人做朋友；

在群体成员中保持自己的个性的同时，也要照顾群体成员的感受，如有必要，应做出一些改进，以让自己变得更像这个群体的成员；

如果感觉到群体成员的某些行为主张不符合主流社会潮流，应选择退出该团体；

让自己承担相应的道义和责任。

三、生涯规划

生涯规划也是青春期教育的重要内容之一，在这个阶段，需要帮助他们对自己的人生进行一个详细的规划，使其成为一个有目标、有理想、有方向的人，这样，他们才会真正懂得如何去走自己的路。

生涯启蒙、生涯探索、自我探索、学业规划、职业探索、生涯规划、教育探索等是青春期学生生涯教育的七个渐进阶段。但在中学阶段，不可像大学生职业生涯教育那样直接进入职业探索等阶段，其生涯教育的任务是不一样的。中学阶段的生涯教育，主要是让他们对自己的兴趣和长处有一个清晰的认识，知道自己是"谁"，要成为"谁"；知道自己在哪里，未来要去哪里；帮助他们在了解社会、自己、职业中，把自己在校的学习和未来的生涯发展联系起来，使其目标更明确、视野更开阔。青春期生涯教育应成为激发学生的潜能、促进他们自觉进行自我管理的有效工具。

由于中学阶段是一个相对封闭的环境，中学的课程都是基础课程、基本素质内容，和生涯发展没有直接的联系。学生不知道自己的特长、兴趣和爱好是什么，学校也没有给学生相关方面的指导，更无法引导学生自主发展自己的特长和兴趣。学生对生涯、职业生涯的认识比较模糊，这使他们在面临高考时，对专业选择和没有考上大学后如何选择人生往往会不知所措。

一个人的兴趣爱好从14岁开始趋于稳定，个体对职业的爱好和价值观在青春期阶段开始变得现实和具体，其知识和能力也显著增强，在职业需求上呈现既注意自己的职业兴趣又注意职业角色、职业社会地位以及社会对该职业的需要程度。这个时期还是青少年个人职业生涯的尝试期。

因此，在青春期开展职业生涯教育，能满足青少年的兴趣爱好定型和进行职业探索的需要，有利于帮助他们思考未来的自己和对自己的未来进行科学的规划和设计。

在青春期阶段，生涯规划教育内容不能仅仅从职业角度出发，一定要从生涯角度去设计。如果让青春期的青少年过早地关注职业与职业生涯，会让他们对职业生涯的探索产生厌倦。青春期的生涯教育要让学生清楚地明白，职业、职业生涯是他们人生发展中的一个阶段，作为青少年，需要在全局、全程、全面地了解人与自然、人与自己、人与社会中，启蒙自己的职业生涯意识，进而探索职业世界。

新高考制度的改革，增加了学生对课程的选择性，学生可以根据自己的兴趣和发展方向自主选择三门选考课程，也就是选择自己读大学的专业，其实就是职业规划。因此，就算是为了进一步适应新高考制度的改革，让学生认识自己，了解社会，了解职业生活，为今后的职业做出科学的选择，生涯规划教育也是势在必行的。

GSG 案例库

清华大学博士研究生刘某因不喜欢自己的化学专业而选择放弃，重新参加高考。他用五年的时间证明自己更适合建筑专业。如果五年前他就能对自己的职业生涯有一个明确定位，他能收获更多。

一份调查表明：68.9% 的高三毕业生不知道职业兴趣，43.2% 的大学生对自己所学专业不满意。如果可以重新选择，66.6% 的大学生表示将选择别的专业。许多学生只是根据自己的高考成绩选择能上哪所大学、哪个专业，对今后的职业根本没有规划，一片迷茫。

1. 生涯规划教育的内容

自身条件分析。一是影响学生职业生涯的个人因素，如家庭因素、生理条件、心理条件、性别因素、个人潜能等；二是自身条件的关系，如个人兴趣、性格、能力等因素；三是掌握分析自身条件的方法，如自我分析、他人评价、心理测量等。

职业价值观导向。职业价值观支配着人的理想、行为和态度，指一个人对职业好坏、职位高低的主观评价。

目前，国内外常用职业锚的方法对职业价值观进行分类。

职业锚理论产生于在职业生涯规划领域具有教父级地位的美国麻省理工大学斯隆商学院、美国著名的职业指导专家埃德加·H. 施恩（Edgar.H.Schein）教授领导的专门研究小组，是在对该学院毕业生的职业生涯研究中演绎成的。所谓职业锚，就是个体在面临职业选择时无论如何都不会放弃的、至关重要的价值观。施恩将人的职业价值观概括为技术/智能型职业锚、创造/创业型职业锚、安全/稳定型职业锚、自主/独立型职业锚、创造/创业型职业锚、服务型职业锚、挑战型职业锚、生活型职业锚等8个职业锚位。职业锚没有好坏之分，但需要引导青少年将个人的职业价值观与国家需要、社会需要、组织需要结合起来，使个人的职业价值观尽量与国家需要、社会需要和组织需要结合起来，这也是生涯规划教育的重要目的之一。

社会就业形势教育。包括社会职业类别及其发展状况、人才与劳动力需求状况。如我国将国民经济行业分成20个门类、95个大类、396个中类和913个小类。在生涯规划教育中，把国家职业分类及其发展状况、人才与劳动力需求状况告诉青少年，使他们能够更好地树立职业价值观，确立和选择职业理想。

个人生涯规划制定。帮助青少年懂得生涯规划的含义、规划本身所包含的要素、制定规划应考虑的移速、制定规划的方法步骤等，最后让他们制定一个切合其实际情况的职业生涯规划并指导实施。

2. 认识自己

认识自己，就是认识自己的生理特点，认识自己的理想、价值观、兴趣爱好、能力、性格等心理特点，客观地评价自己。认识自己的优势、劣势，自己的与众不同和发展潜力。

◆ 兴趣 ◆

兴趣指性质，对事物喜好或关切的情绪。它表现为人们对某件事物、某项活动的选择性态度和积极的情绪反应。兴趣为需要为基础，在人的实践活动中具有重要的意义。兴趣可以使人集中注意，产生愉快紧张的心理状态。这对人的认识和活动会产生积极的影响，有利于提高工作的质量和效果。

兴趣以需要为基础，可以分为物质兴趣和精神兴趣、直接兴趣和间接兴趣、个人兴趣和社会兴趣三类。

物质兴趣主要指人们对物质生活，如衣食住行等的兴趣和追求。精神兴趣主要指人们对精神生活，如学习、研究、文学艺术、知识的兴趣和追求。直接兴趣指对活动过程的兴趣。如有的青少年想象力丰富，富于创造性，喜欢制作各种模型，在制作过程中全神贯注，表现出浓厚的兴趣。间接兴趣指对活动过程所产生的结果的兴趣，如有的青少年喜欢绘画，每当完成一幅画，他都会对自己取得的成果表现出极大兴趣。个人兴趣是个体对特定的事物、活动及人为对象，所产生的积极的和带有倾向性、选择性的态度和情绪。社会兴趣指社会成员对某一领域的普遍兴趣，或社会某一领域对社会成员的普遍需求。兴趣会对人的认识和活动产生积极的影响，但却不一定有利于提高工作的质量和效果。兴趣具有社会制约性，人所处的历史条件不同，社会环境不同，其兴趣就会有不同的特点。

心理学研究表明，无论是学业还是职业，人只有在与自己兴趣类型相吻合的环境中才能够最好地发挥自己的潜能，产生最强的成就感与满足感。

GSG 案例库

　　上高中了，刘芳一直在为高中文理分科的事情睡不着觉。学校里很多人只要能学理科，都不去学文科。芳芳是文理科都好，都喜欢。但是她一直有当心理医生的愿望，却又特别喜欢历史和考古。但当心理医生只能学理科，这可怎么办呢？

　　文理分科是我国的国情。在之前相当长的一段时间，学生选文还是选理，对学生乃至家长、老师都是一番艰难的抉择。影响学生做出选择的因素有很多，主要包括：某个学生擅长文还是理，未来就业形势，个人的兴趣、爱好及理想。但有时候其他因素也会影响到一个学生的选择，如成绩较差的学生更多会被建议选文；如果某科教师的实力强劲，则易吸引学生选择此科。

　　高中生的职业生涯规划，可以说是从文理分科开始的。学文科和学理科对于一个学生高考选择专业以及今后的职业生涯发展有着重要的影响，很多学生在高中低年级的时候对于职业的认识并不十分明确，会糊里糊涂地做出决定。芳芳属于比较有想法的孩子，所以对文理科的事情想得比较多。事实上在选择文理科之前，我们需要对于某个职业需要什么专业的人才有个大概的了解，这样才能让职业生涯规划的道路上少一点遗憾。选择文理科不应该因为理科很差才去学文科，要考虑自己的兴趣和未来职业规划，同时相关信息要准确。比如，若想学心理学，但是误以为心理学招收文科生，而在文理分科时报了文科，那可能就要和你喜欢的专业和职业失之交臂了。

◆ 性格 ◆

性格是人的性格倾向。就像分别用自己的两只手写字一样，虽然都可以写出字来，但惯用的那只手写出来的字会更自然、更好看。性格是指表现在人对现实的态度和相应的行为方式中的比较稳定的、具有核心意义的个性心理特征，是一种与社会相关最密切的人格特征。在性格中，包含有许多社会道德含义。性格表现了人们对现实和周围世界的态度，并表现在人的行为举止中。

GSG 案例库

小莉外形很好，但性格比较内向，她希望自己长大以后能做一些技能性的工作，如会计、统计等。但妈妈却希望她能够考广播学院的播音主持专业，将来做一名主持人。小莉为此很不愿意：她不喜欢当众讲话，不喜欢抛头露面，甚至有些害怕。最近，家里一直因为她的事吵吵闹闹，妈妈还把小莉内向的原因归为爸爸遗传，甚至引发了夫妻矛盾，这可怎么办呢？

小莉妈妈的做法完全没有必要，更不能因此事把责任归咎到爸爸的性格上。

性格主要体现在对自己、对别人、对事物的态度和所采取的言行上。职业选择时需要通过进一步了解自己的性格类型，找到优势和劣势，比如：是否有打破常规思考的能力？是否敢于冒险、敢于尝试新事物，能克服障碍？适应能力如何？兴趣是否广泛？对新事物接受能力怎么样？好奇心如何？是否有全局观？交际能力如何？能否感染别人和激励别人？是否能洞察别人，能否理解他们的需要和动机？是否富于创造力？是否善于思考？是否善于解决问题？是否有韧性，在困境中不轻易放弃？做事的条理性怎么样？对枯燥的事务性工作是否有耐心？是否不喜欢任何重复或例行的事物，不愿意按传统或常规的方式行事？是否严谨？组织性、纪律性怎样？是否倾向于关注可能发生的事情，而非实际的或极可能发生的事情？在工作细节的完成上是否到位？独自工作时效率怎么样？当缺少人际支持时，做事的动力怎么样？是否固执己见？对失败和没有把握的事情是否感到紧张有压力……

◆ 能力 ◆

能力是顺利完成某一活动所必需的主观条件。能力是直接影响活动效率，并使活动顺利完成的个性心理特征。能力总是和人完成一定的活动联系在一起的。每个人在具体的活动中表现出来的能力是不一样的。如果离开了具体的活动，那么，就既不能表现人的能力，也不能发展人的能力。

霍华德·加德纳（Howard Gardner）是世界著名教育心理学家，最为人知的成就是多元智能理论，被誉为"多元智能理论"之父。他认为，能力是一个人解决实际问题所需的心理条件，它不是单一的。加德纳认为每个人都拥有八种相互独立的能力：语言智能、逻辑数学智能、空间智能、肢体运作智能、音乐智能、人际智能、内省智能、自然探索智能。而且，每个人在这些方面的能力有高有低，有的人长于语言表达，有的人则长于身体运动。但无论如何，我们都能在自己身上找到做事的能力。

◆ 职业价值观 ◆

职业价值观在选择专业时是一个较为复杂的因素，它既受社会文化环境、性别和年龄等方面的影响，又受个人的性格、兴趣的影响。

一般来说，一个人的职业价值观与其理想基本是一致的，但无论以什么专业作为理想专业，其职业价值体系中均应以充分体现自己的兴趣，把发挥个人能力及个性放在第一位。然后，再考虑一些外在因素，如这个专业将来对应职业的工资、社会地位以及工作的稳定性等。在进行专业选择时，最好就这个方面的问题与家人、教师进行认真的讨论，以便澄清个人和家庭的核心职业价值观到底是什么，再做出专业和将来的职业选择。如果听从父母和教师的安排，选择自己不喜欢不擅长的专业，在以后的学习中，就会因为自己对这个专业的不认可，而无法从学习中获得快乐。

虽然做任何事都需要付出更多的努力才能够做好，但努力跟兴趣密切相关，如果个体所从事的专业与其个性、兴趣、能力、价值观等不符合，对她来说，学习将是一件非常不容易的事情。因此，父母和教师要多征求青少年的意见，不要把自己的意见强加给青少年。

GSG 案例库

    李小勇马上就要填报高考志愿了。他自己对医学影像专业非常感兴趣，也想长大后能从事医学影像专业，但从小他对图片不是很敏感。也许因为母亲是会计的原因，李小勇一直对数字很敏感，数学成绩非常好。对于父母给他的从事经济学相关专业的建议，李小勇陷入了两难……

    根据霍兰德的职业兴趣理论，假设人大概分为六大类，即现实型 R、探索型 I、艺术型 A、社会型 S、企业型 E、常规型 C，那么，其职业环境也分成相应的同样名称的六大类。当他们择业的时候，其人格与职业环境的匹配就成为形成职业满意度、成就感的基础。SDS 职业兴趣测试是以霍兰德职业兴趣理论为基础，并根据中国的职业市场情况与用语习惯设计而成。通过这个测试，可以帮助测试者相对准确地了解自身的个性特点和职业特点之间的匹配关系，同时为测评者在进行专业选择和职业选择时，提供客观的参考依据。在青春期生涯规划教育中，教师可以借鉴和使用这个测试。霍兰德的职业兴趣一般是适合高中生的，主要供高中生选择专业时参考。

    需要强调的是，在职业生涯的探索过程中，不同的人生阶段都应采用不同的职业匹配理论来进行职业定位与发展。作为兴趣与职业匹配的理论重点，首先必须要明确兴趣与爱好，以及兴趣与职业的相应关系。因为，职业不但需要满足你的个人兴趣，更是你实现个人独立、家庭安康，以及自我价值的手段。因此，使用兴趣与职业匹配的理论，在青春期阶段对青少年进行生涯规划教育，是其实现人生理想的一个重要方向。

本章，我们已经讨论了以下青春期知识内容——

◎ 所谓社会化，是指个体在与社会的互动过程中，逐渐养成独特的个性和人格，从生物人转变为社会人，并通过社会文化的内化和角色知识的学习，逐渐适应社会生活的过程。

◎ 社会化的基本特征有：社会强制性、个体能动性、终身持续性。

◎ 社会化的基本内容主要包括：一是生活技能的社会化，二是职业技能的社会化，三是行为规范的社会化。

◎ 社会化的过程理论主要有以库利的镜中我理论和米德的角色扮演理论为代表的自我意识理论，弗洛伊德的人格发展理论，埃里克森的八阶段理论，哈维格斯特的六阶段理论，生命历程理论。

◎ 青春期是人的社会化过程中的认同与角色混淆时期。

◎ 社会教育是指青春期少年在社会化过程中，如何融入社会，如何与社会打交道的教育，主要教育内容为青少年在这个时期应接受的社会基本规则、规范、人际关系、生涯规划等。其目的是帮助青少年充分认识社会的本质，了解和掌握自己应该具有什么样的条件、能力，才能在以后的社会中找到自己的位置，并走出一条成功的人生道路。

◎ 社会问题行为也可以称为社会失范现象。它指社会规范在某些方面和程度上的模糊、混乱和趋于多元化的现象。包括逃学、早恋、性侵犯、偷拿别人财物、攻击别人、自杀、离家出走等。

◎ 离家出走的原因包括：学习长时间受挫，学习压力大；家庭错误教育；家庭变故；家庭暴力；人际关系不好；溺爱；不满家庭氛围等。

◎ 大部分青少年的离家出走都是因为糟糕的家庭环境。对一些蓄意离家出走的青少年来说，他们的一些危险信号会事先释放出来，如果家长和教师比较敏感的话，是能够劝慰并阻止他们的离家出走的。

◎ 除了精神疾病外，青少年比儿童具有更成熟的认知能力，他们比儿童更能制定出有效的自杀计划。

◎ 现在的许多青少年对一些基本的道德准则毫无概念。我们必须重视生命并且肩负保护生命的责任。如果一个人不用这些准则要求自己，人们就会认为他缺乏基本的道德甚至是一个心理变态者。

◎ 青少年自杀的原因：突发事件、抑郁、家庭关系、恋爱受挫、学业压力、自身素质、社会诱导。

◎ 有时候，青少年会采取自杀方式希望获得他人的注意，还有一些青少年会把自杀行为当作一种求救信号，也有的青少年为了达到改变他人、控制他人的目的而采取自杀行为，如逼迫女友同意恋爱等。

◎ 大多数的青少年自杀都不是临时发生的，大多会经历一个较长的预演时期，而且，一些企图甚至给老师和家长有所提及：偷拿财物、说谎话、叛逆、离家出走、砸东西、跟老师发生激烈冲突等。当这些手段没有引起老师和家长的注意，他们才会选择自杀的方式。如果老师和家长能够引起重视，及时采取一些措施，悲剧也不会发生。

◎ 自杀未遂的人会在相当长的一段时期内承受更大的心理压力，需要给与足够的心理支持。

◎ 青少年犯罪还有一个共同点，就是当事人都不认为自己的行为有多严重。

◎ 青少年犯罪属于反社会行为，其原因很多，主要包括环境原因（青少年所处周边环境影响）、人际关系原因（家庭成员、朋友等影响）、个人原因（人格特质和反社会行为的生物特质）。青少年走上犯罪道路的过程，主要是这些不良的主客观因素相互作用的结果。

◎ 对青少年违法犯罪的干预策略：预防甚于矫正、自身预防、家庭预防、学校预防。

◎ 如果青少年的道德观出现了偏差，家庭、学校、社会都要帮助他们了解、发现自己的这些道德偏差，最后让他们做出一些改变，按照公序良俗的道德标准来修正自己的道德偏差，规范自己的行为。

◎ 社会责任感就是在一个特定的社会里，每个人在心里和感觉上对其他人的伦理关怀和义务。

◎ 青少年社会责任感教育，应由学校、家庭、社会合作完成。

◎ 当一个人富有责任心时，他的自我便开始真正形成。今天的许多青少年大多数是独生子女，由于父母的过分疼爱，使他们往往以自我为中心，缺乏责任感。

◎ 无论什么人际关系，都需要双方付出真心实意。在和对方相处时，要接纳对方的立场、想法、意见，当出现分歧时，应当先去倾听他们的心声，去理解他们的态度、想法和心情。

◎ 对于青少年来说，跟同伴、同学关系融洽、相互支持、信任，就可以获得安全和归属感。

◎ 青春期最重要的社会目标之一就是实现异性交往。拥有异性朋友对于青春期的青少年来说有好处，这使女孩在与异性相处时变得自在坦然，并了解男孩的想法。而男孩除了这些之外，还获得了表现自己感受的机会。

◎ 必须要告诉青少年，确定恋爱关系的约会会迫使他们过早地产生性行为，并投入到婚姻之中，这对他们来说，是非常不利的。

◎ 所谓同居，是指未婚而住在一起的情形，是恋爱关系的延伸。现在，许多人换了一个词，叫作试婚。虽然大多数同居者不后悔他们的同居选择，但不满意的比例却是非常的高，许多人都觉得这段经历对他们来说并不令人感到高兴，相当一部分人在分开的时候会感到痛苦，特别是那些没有结婚的女性，她们认为这段时间被对方剥削了，一些人甚至提出了赔偿。

◎ 青少年的大部分时间都是在学校度过的，因此，他们和老师的关系更加平等，更趋近两个成人之间的关系。

◎ 到了青春期，青少年的群体意识开始增强，他们迫切地需要被某个群体接纳。

◎ 为什么青春期的孩子会追求时尚？这是因为，青少年追求时尚，无论是在衣着、谚语还是音乐方面，都会让他们感到安全。

◎ 现在的青少年用手机和同学聊个没完。这是他们自己判断自己有没有朋友、有多少朋友、关系"铁不铁"的方式。对他们来说，无论和同伴相隔多远，只要有手机，有网络，他们都能获得对方的帮助。

◎ 青春期的孩子会使用自己的"语言"，除了表明自己是某个团体的成员之外，还表达了他们自己的隐私。

◎ 大多数青少年都喜欢音乐。因为音乐能帮助他们放松并改善心情，能给某些集体活动助兴，还能帮助他们消磨时间和缓解无聊情绪，表达自己对各种问题的感受并把自己归类于某歌手的志同道合者。

◎ 生涯启蒙、生涯探索、自我探索、学业规划、职业探索、生涯规划、教育探索等是青春期学生生涯教育的七个渐进阶段。

◎ 一个人的兴趣爱好从14岁开始趋于稳定，个体对职业的爱好和价值观在青春期阶段开始变得现实和具体，其知识和能力也显著增强，这个时期还是青少年个人职业生涯的尝试期。

◎ 在青春期阶段，生涯规划教育内容不能仅仅从职业角度出发，一定要从生涯角度去设计。

◎ 生涯规划教育的内容，包括自身条件分析、职业价值观导向、社会就业形势教育、个人生涯规划制定四个方面。

◎ 认识自己，就是认识自己的生理特点，认识自己的理想、价值观、兴趣爱好、能力、性格等心理特点，客观地评价自己。认识自己的优势、劣势，自己的与众不同和发展潜力。

◎ 兴趣指性质，对事物喜好或关切的情绪。它表现为人们对某件事物、某项活动的选择性态度和积极的情绪反应。

◎ 性格是人的性格倾向。是指表现在人对现实的态度和相应的行为方式中的比较稳定的、具有核心意义的个性心理特征，是一种与社会相关最密切的人格特征。

◎ 能力是直接影响活动效率，并使活动顺利完成的个性心理特征。能力总是和人完成一定的活动联系在一起的。

◎ 职业价值观既受社会文化环境、性别和年龄等方面的影响，又受个人的性格、兴趣的影响。

本章行为清单

教师行为清单

◎ 帮助青少年理解社会规范和价值观念，明确告诉他们什么事情可以去做、什么事情不可以去做。

◎ 学习长时间的受挫会使青少年的学习压力过大，教师不应简单地指责青少年"不好好学"。

◎ 离家出走后果比较严重，而且离家出走的现象愈演愈烈，这可能给青少年带来不可弥补的结果。预防胜于矫正。老师要未雨绸缪，提前做好预防工作。

◎ 注重核心素养的培养，完善适合每个孩子发展的课程体系，不让学生成为考试的机器、分数的奴隶。

◎ 做好学生生涯教育和价值观培养，加强学生的德育教育和法制教育，开展青春期教育，做好心理健康教育，让学生学会自我保护。

◎ 教师要做学生的人生导师。人生导师是教育部明文要求的，教师应该遵照执行，要做一名有阳光的味道、富有人情味的教师。离开了情感，一切教育无从谈起。

◎ 掌握青春期教育的专业技能和相关知识，及时提供科学指导。

◎ 加强生命教育，珍惜生命。我们要教育学生树立生命意识，坚定生活的信心。引导学生认识生命的可贵，珍惜生命的存在，欣赏生命的美好，尊重生命的价值。

◎ 注意青少年的自杀预兆，要及时和他们谈话，以防止最坏结果发生。

◎ 做一个友善的倾听者，倾听的时候不能贬低或者轻视对方。

◎ 随时向有自杀信号的孩子表达你的关心。

◎ 帮助他们一起寻找解决问题的办法，消除他们的孤独和无助感。

◎ 如果觉得他们最近特别反常的话，一定要想办法避免让他们独处。

◎ 想尽办法拖延他们自杀的时间，以寻找能够帮助他们解决的方法。

◎ 寻求专业人员的帮助，特别是心理专家的帮助，以便进行心理干预；和他们成为朋友，让他们知道你会帮助他。

◎ 当他们排斥你的帮助时，你要代替他们寻求帮助。

◎ 抓好素质教育和品德教育，培养学生有一个健全的人格和良好的品行。

◎ 提高教师的政治素质和师德的培养。

◎ 对学生进行丰富多彩的法制教育活动。

◎ 如果青少年的道德观出现了偏差，要帮助他们了解、发现自己的这些道德偏差，最后让他们做出一些改变，按照公序良俗的道德标准来修正自己的道德偏差，规范自己的行为。

◎ 完善和深化责任感教育的内容以及改进教育方式，还要完善责任感教育的评价、监督、奖惩机制，营造从教学到教育、从管理到服务、从学生的学习到生活全方位的责任感教育氛围。

◎ 发展他们的人际关系，是这个时期青春期教育的重要内容之一。

◎ 能够站在青少年的角度思考问题，理解他们和人相处的、说话和做事的方式。

◎ 对于失恋的学生，不要批评他们，应该告诉他们，失恋会痛苦，这是正常的，允许他们去感受和悲伤。

◎ 告诉青少年，约会中的性行为对女孩的伤害非常大，因为这些性行为大多是在没有保护措施下实施的。

◎ 告诉青少年，同居对今后的婚姻有很大的影响，会造成婚后质量的降低。

◎ 和学生建立和谐良好的师生关系。

◎ 帮助他们处理好群体交往问题。

◎ 教育我们的青少年，他们可以做很多的事情让自己受到同伴的欢迎和尊重。

◎ 帮助学生，开展生涯规划。

◎ 对青少年违法犯罪行为的干预应在他们违法犯罪之前进行。其措施主要包括开展职业生涯规划教育、培养学生的特长或技能、配备专门的指导教师、开展亲社会价值观并充满着希望的项目等。

<table>
<tr>
<td rowspan="12" style="vertical-align: middle; text-align: center;">

**家
长
行
为
清
单**

</td>
<td>

◎ 请注意你的言行，离家出走的青少年中，有的是蓄意离家出走，有的是临时离家出走的。前者早有计划，在离家出走前就已经下定决心离开家庭。临时离家出走的青少年是因为某事，如考试成绩不理想回家会受责骂，在害怕的情况下，一时冲动离家出走。

◎ 创造民主和谐的家庭氛围。平等对话能够让孩子跟你说真话，因为对青少年来说，让他感觉到心理安全比什么都重要。

◎ 父母要做好孩子的启蒙老师。如果父母言行不一，就会使青少年内心矛盾，丧失对父母的信任，进而对整个社会及其现实产生怀疑。

◎ 选择合适的教育方式。父母多用肯定性、赞赏性、鼓励性的语言对子女做出积极的评价。但奖励与惩罚不能太过，尤其是惩罚，须采用慎重态度。

◎ 给孩子留出时间和空间。不要把孩子的时间安排得满满的，剥夺了孩子的休息、玩耍以及社会交往的时间。

◎ 拥有稳固的家庭和良好的夫妻关系。家庭的不稳定和夫妻关系的不和谐，都会给孩子造成心灵上的伤害，当心理压力积聚到一定程度时，便会发生不良后果。作为父母，要深知自己教育和培养孩子的责任，不能率性而为，草率行事，争取建立和维护家庭结构的完善，营造一个宽松、和谐而健康的家庭环境。

◎ 不以成绩论英雄。父母不仅要重视孩子的智力发展，而且还要兼顾孩子的非智力因素。不要不切实际地过高估计孩子的能力，要求孩子做违背他们的意志的事。

◎ 青少年离家出走后怎么办？先从他的好朋友处打听消息；仔细到孩子经常出没的场所寻找；检查孩子的卧室、学校的抽屉等；调阅孩子的电话记录、电子邮件，看看能否找到什么有价值的线索；报警；发布寻人启事；联系公益救助热线或机构……

◎ 如何让青少年打消自杀的想法？这需要学校和家长及早干预，建立心理危机干预体系，对有自杀念头的学生能早发现早干预，做到防患于未然。

◎ 家长首先要使孩子有勇气去面对生活中可能发生的危险与困难。其次，家长要正确对待孩子的要求。

◎ 无论家长还是教师，都要重视"自杀"信号，一旦亮起红灯，要及时和他们谈话，以防止最坏结果发生；做一个友善的倾听者，倾听的时

</td>
</tr>
</table>

候不能贬低或者轻视对方；随时向有上述信号的孩子表达你的关心；帮助他们一起寻找解决问题的办法，消除他们的孤独和无助感；如果觉得他们最近特别反常的话，一定要想办法避免让他们独处；想尽办法拖延他们自杀的时间，以寻找能够帮助他们解决的方法；寻求专业人员的帮助，特别是心理专家的帮助。

◎ 学校教育问题。学校教育方法不当，是导致一些青少年流向社会、走向犯罪的重要因素。如果学校教育存在以下问题，可能导致青少年走向犯罪：一是片面追求升学率。好学生一旦考试落榜，就会感到前途无望，万念俱灰，差学生则破罐子破摔。这两种学生容易受到社会不良因素的诱发和影响，极易产生违法犯罪行为。二是学校对学生的处分不慎重考虑或处分后教育没有跟上。

◎ 家庭背景如何，对青少年成长和适应起着举足轻重的作用。家庭处于分裂和紧张状态都会使青少年犯罪行为增加，对孩子实行棍棒教育，父母自身行为不端都会直接影响孩子。

◎ 提高父母自身素质，优化家庭环境，父母应时刻注意自己的言行和爱好，给孩子做好表率；注意家教方法，不过分溺爱和纵容孩子。

◎ 青少年和父母在基本的道德问题上通常会保持一致，请你记住这一点。

◎ 如果青少年的道德观出现了偏差，要帮助他们了解、发现自己的这些道德偏差，最后让他们做出一些改变，按照公序良俗的道德标准来修正自己的道德偏差，规范自己的行为。

◎ 对于家庭来说，父母的教养方式、家庭氛围的好坏，直接影响着青少年责任意识的形成。父母要以身作则，率先垂范，在道德品质上、学识学风上为孩子树立好的榜样。

◎ 当一个人富有责任心时，他的自我便开始真正形成。今天的许多青少年大多数是独生子女，由于父母的过分疼爱，使他们往往以自我为中心，缺乏责任感。培养学生的责任感刻不容缓。

◎ 帮助孩子认识到，无论什么人际关系，都需要双方付出真心实意。在和对方相处时，要接纳对方的立场、想法、意见，当出现分歧时，应当先去倾听他们的心声，去理解他们的态度、想法和心情。

◎ 告诉孩子，任何两个人，在想法、性情、感受上都不可能完全一致，每个人都应尊重这些不一致。一味地要求对方接受自己的不同，或者放弃自己的立场去接受别人的不同，都不太可能形成平等、亲密的关系。

◎ 和孩子交流的时候，表达自己的观点固然重要，但让对方了解你也很重要。

◎ 要学会去接纳对方的心情、想法，向对方传达你对他的理解。

◎ 在青春期，和同伴成功地建立起友谊是非常重要的一件事情。

◎ 青春期最重要的社会目标之一就是实现异性交往。要鼓励孩子正常地交往。

◎ 失恋常常让青少年难以接受。父母和教师等成年人对这个问题往往会低估其严重性。

◎ 对于家长和教师来说，青少年约会的最大风险就是性行为和暴力现象。

◎ 一些男孩甚至用性来威胁女孩：如果不愿意，就停止约会。约会中的性行为对女孩的伤害非常大，因为这些性行为大多是在没有保护措施下实施的。

◎ 必须要告诉青少年，确定恋爱关系的约会会迫使他们过早地产生性行为，并投入到婚姻之中，这对他们来说，是非常不利的。

◎ 告诉孩子，同居对今后的婚姻有很大的影响，会造成婚后质量的降低。

◎ 婚前同居最大的问题在于未婚生子。这些孩子在学校的表现远不如已婚父母养育的孩子，而且会出现更多的行为问题。

◎ 帮助孩子处理好师生关系。

◎ 鼓励孩子与群体交往，做到时尚、新潮等。

◎ 教育我们的青少年，他们可以做很多的事情让自己受到同伴的欢迎和尊重。

◎ 生涯规划也是青春期教育的重要内容之一，做父母的应该了解和掌握。

<table>
<tr>
<td>

学
生
行
为
清
单

</td>
<td>

◎ 无论如何，不要离家出走，这是非常严重的事情。

◎ 不能贪图便宜，记住，不是自己的东西想都别想。

◎ 生命是父母给我们的最好的礼物，珍惜生命的存在，欣赏生命的美好、尊重生命的价值。天大的事情，多与老师和父母沟通，不选择自杀。

◎ 加强自身素质的培养和提高，增加抵御犯罪感染的能力。培养自己遵纪守法及公共道德观念，树立正确的世界观、人生观，增强辨别是非和自我保护的能力，使自己能自觉抵制各种不良行为及违法犯罪行为的引诱和侵害。

◎ 让自己变得有道德起来。

◎ 责任在我们降生的那一刻起，便绑在我们的肩头！你必须是扛着责任一路走来。责任融入生命之中，每时每刻都在追随着我们。

◎ 不同的行为带来不同的后果，要做一个负责任的人。向今天负责的人，才能为明天负起责任，这才是对自己负责的人。

◎ 自觉地对家庭负责，即要关心家庭中发生的事，主动为家庭分忧解难，体谅父母的疾苦。

◎ 对工作负责，就是不因自己的喜恶对待工作，而更多考虑工作带给别人的需求。

◎ 积极发展自己的人际关系。

◎ 在和对方相处时，要接纳对方的立场、想法、意见，当出现分歧时，应当先去倾听他们的心声，去理解他们的态度、想法和心情。

◎ 接纳，是能够建立深入情感关系的第一步。

◎ 在跟别人交流的时候，表达自己的观点固然重要，但让对方了解你也很重要。

◎ 在人际交往过程中，能够体会他人的情绪和想法，理解他人的立场和感受，并站在他人的角度思考和处理问题的能力。简单地说，同理心即站在对方立场思考的一种方式。

◎ 不轻易把对方看作是故意的，避免一开始就把自己放在对方的对立面；在保护好自己的基础上，友好地与他人相处，不遮掩自己的限制，不嘲笑他人的不足。

◎ 不因为自己的不足否定自己，并且去向别人请教他的特长……

◎ 和同伴成功地建立起友谊是非常重要的一件事情。

◎ 积极参加集体活动。集体活动对于青少年在学校中的友谊非常重要，

</td>
</tr>
</table>

学 生 行 为 清 单	有助于他们加强与同伴间的联系，是他们获得友谊的关键途径。 ◎ 诚挚地对待自己的朋友。对待朋友应该坦率而真诚，之所以强调诚挚，是因为这有利于友谊的巩固和发展，任何不真诚或虚假的行为都会成为青少年友谊破裂的主要原因。 ◎ 相互理解。能够站在对方角度思考问题，理解对方有时候对自己说话和做事的方式。 ◎ 不建议在大学以前谈恋爱和约会。 ◎ 对于家长和教师来说，青少年约会的最大风险就是性行为。请你理解。 ◎ 同居对今后的婚姻有很大的影响，会造成婚后质量的降低。 ◎ 和老师的关系更加平等，更趋近两个成人之间的关系。 ◎ 与老师之间发生不一致或误会时，较好的方式是，跟其他信任的同学、老师讨论。如果不能解决，也可以在合适的时间跟老师直接交流。 ◎ 多参加集体活动。 ◎ 追求时尚也正确，但要考虑不侵害其他人的利益。 ◎ 在学校里，尽量不使用手机。 ◎ 对于青春期自己"发明专利"的语言，请注意它的公益性。 ◎ 尽可能地选择跟自己兴趣、爱好相似的人做朋友。 ◎ 在群体成员中保持自己的个性的同时，也要照顾群体成员的感受。如有必要，应做出一些改进，以让自己变得更像这个群体的成员。 ◎ 如果感觉到群体成员的某些行为主张不符合主流社会潮流，应选择退出该团体。 ◎ 让自己承担相应的道义和责任。 ◎ 树立职业价值观。 ◎ 做好自己的生涯规划。

后 记

2005年冬天，时任中国管理科学研究院基础教育研究所所长的刘正荣教授率领他的团队，来到我校主持一个全国性的班主任论坛，我与刘所一见如故。也是自那时起，我们开始了持续不断的合作，转眼间已经过去了12个年头。在这十余年的合作过程中，特别是担任中国青年政治学院心理研究所副所长以后，我们抱着"为教育做点事"的想法，以四中为平台，学校的400多位教师，7000多名学生共同参与，完成了全国教育科学规划"十一五"课题"研训一体教师专业化成长研究"、中国教育学会"十二五"教育科研课题"中小学整体课堂管理的理论与实践研究"两个课题研究工作，取得了非常好的合作成绩，学校也取得了突飞猛进的发展，多次荣获全国、省市级表彰，成为齐鲁大地一所有影响的名校。

刘所经常说这样一句话："做教育科研就像谈恋爱，恋爱的目的并不完全是为了能结婚生子，而是享受恋爱过程中的愉悦和快感。"确实，刘所是个勤奋的人，从来没有让自己前进的脚步停下来，他的这种勤奋进取、不知疲倦的精神也感染了周围的许多人。今天四中热火朝天的教育科研氛围和全体教师不断创新进取的精神，都和刘所这十几年来的影响有很大的关系。

十余年来，我和刘所结下了非常深厚的情谊。我们一起学习、一起研究，在无数次的思维碰撞中，产生出了众多的教育火花。在这些火花中，最闪亮的就是这本《青春期密码——GSG青春期整体教育方案》了。

世界卫生组织把10~19岁界定为青春期。这个阶段的青少年既是未来的夫妻和父母，也是国家建设的储备人才。在这个由儿童逐渐发育到成人的过渡时期，人的身体素质、心理素质、道德素质、情感储备、知识智慧等品格素养都会基本形成。近年来，由于青春期教育的缺失，越来越多的悲剧正在我们身边发生——学生厌学、抑郁自杀、弑长辈毒同学、未婚先孕、性犯罪、校园欺凌、毒品和艾滋病……很多现象，就像病毒一样在青少年中不断肆虐。这对下一代人的幸福人生、家庭和谐及社会文明构成了严峻挑战，已成为当今未成年人教育的特殊难题。科学的青春期教育势在必行，能否得到全面、科学的青春期成长指导，对一个人能否阳光、健康地度过青春期、成就未来事业和享有幸福美满人生具有决定性意义。

正是基于这样的考虑，我们认为，青春期教育是对青少年终身发展负责的教育，同时又是关系到家庭幸福及社会安定和谐的教育。不仅如此，青春期教育还可以整合学校中现有的心理健康教育、安全教育、性教育、法制教育、家庭教育等内容，大大减少学校课程安排的困难和学生课业负担。于是，我们在四中开始了青春期教育的探索。通过大量的调查研究，我们把青春期教育的内涵进行了扩展，将以前习惯上的"青春期教育"即"性教育"的做法进行了完善，把青春期教育的内容延展到青春期的生理教育、心理教育、智力教育、家庭教育、社会教育等五个方面，重点在解决青春期孩子"精力过剩"后的"分流"方面进行了探索，为了帮助青少年学生将精力转移到学习上来，提出了"学科班会"的概念，根据"提高学生利用所学知识分析问题、解决问题的能力"的要求，进行了学科班会的理论设计和实践探索，目前来看，这种探索是有益的，而且是非常有价值的。因为，它的出发点和落脚点都是在为孩子们的终身发展奠基。

开展青春期教育，还必须要先让教师懂得青春期如何教育，才能提高教育的有效性。正是因为如此，这部《青春期密码——GSG青春期整体教育方案》，第一次提出了GSG青春期整体教育的概念，把"引导被教育者自我成长"作为贯穿全书的主线，图书采用模块写作方式，以青春期生理教育、心理教育、智力教育、家庭教育和社会教育五个模块的教育内容、原理、策略为主，分别制定了教师行为清单和家长行为清单，全书介绍了300个左右的实际案例，其中多为这几年在青春期教育实践和研究中的真实案例或者根据有关新闻报道改写，现实意义非常强。而且，在漓江出版社编辑老师的精心组织策划下，版式新颖，阅读轻松，图书在几经修改后，无论是语言还是版式，其个性特色愈来愈明显。青春期密码，它是青春的成熟，是多思的烂漫。

当然，正如刘所在前言中所说的那样，这并不是一部完美无缺的作品，由于我们开展青春期教育的时间还不是很长，加之出版时间紧迫，还有不少遗憾没有来得及弥补，但毕竟我们已经走出了第一步。这一步，是期待和盼望，期待大家多给予理解，盼望大家多提出建议。在此，深表感谢！

刘绍华

2017年4月8日于淄川